EXPOSITION RÉTROSPECTIVE

DE

L'ART FRANÇAIS

AU TROCADÉRO.

Exposition Universelle Internationale de 1889
A PARIS.

EXPOSITION RÉTROSPECTIVE

DE

L'ART FRANÇAIS

AU TROCADÉRO.

LILLE,
IMPRIMERIE L. DANEL.

1889.

A Monsieur ALFRED DARCEL, *Directeur du Musée des Thermes et de l'Hôtel de Cluny, Délégué du Commissariat spécial des Beaux-Arts à l'Exposition Universelle de 1889.*

MON CHER ET ÉMINENT COLLABORATEUR,

Lorsque mon ami Edouard Lockroy m'a invité en 1888 à organiser les sections des Beaux-Arts à l'Exposition Universelle de 1889, j'ai pensé que l'on pourrait utilement, à côté du Musée des moulages du Trocadéro, qui embrasse l'histoire de l'Architecture et de la Sculpture françaises du douzième au dix-neuvième siècle, disposer, dans les galeries qui doivent compléter ce Musée, la série des objets mobiliers qui, pendant la même période, attestent la puissance de l'Art français.

La Commission des Monuments Historiques était tout naturellement désignée pour ordonner cette partie de l'Exposition Universelle et, dans cette Commission, vous étiez qualifié pour diriger l'Exposition projetée.

Au premier appel que nous leur avons adressé, les collectionneurs se sont joints à nous. De son côté, M. le Directeur des Cultes a montré le plus grand empressement à solliciter de l'Episcopat français le prêt des Trésors de nos Eglises.

MM. de Baudot et Gautier ont bien voulu, d'accord avec M. Viollet-le-Duc et le Bureau des Monuments Historiques, préparer tout ce qui se rapporte à l'installation matérielle, tandis que M. Geoffroy-Dechaume présidait à la mise en place des monuments dont la reproduction avait été confiée à M. Pouzadoux.

Grâce à tous ces concours, grâce à la participation des Musées des Départements et des Architectes diocésains, grâce aussi à la collaboration de MM. Molinier, de Lasteyrie, Spitzer, Foulc, Du Sartel, P. Eudel, Desmottes, Maillet du Boullay, Mannheim, Dreyfus, Barbaud, grâce, enfin, à la générosité des collectionneurs, vous avez fait une œuvre des plus complètes et qui a provoqué l'admiration d'un public sans cesse renouvelé.

Dans quelques jours, toutes ces merveilles que vous avez groupées avec un goût si sûr et une sévérité dans le choix qui fait de l'Exposition du Trocadéro une exposition irréprochable, vont être dispersées et il ne restera de ces splendeurs que le Catalogue si complet que vous et vos dévoués collègues en avez dressé, et qui en conservera le souvenir auprès de tous ceux qui, comme nous, admirent et honorent l'Art français sous toutes ses formes.

J'ai tenu à inscrire votre nom à la première page de ce Catalogue en vous adressant l'expression de ma reconnaissance et en vous priant de remercier tous ceux qui nous ont aidés.

Veuillez recevoir, mon cher et éminent Collaborateur, l'assurance de mes sentiments les plus distingués.

Antonin PROUST.

Octobre 1889.

Commission de l'Exposition Rétrospective d'objets d'art du XIIIe au XVIIIe siècle.

M. Alfred DARCEL, *Président.*

M. Raymond BARBAUD, *Secrétaire.*

M. Henri DARCEL, *Secrétaire-Adjoint.*

MM. AMIAUD.
- BING.
- Ed. BONNAFFÉ.
- H. BOUILHET.
- Ph. BURTY.
- CHABRIÈRES-ARLÈS.
- CHAMPFLEURY.
- Th. DECK.
- A. DESMOTTES.
- Raf. ERCULEI, à Rome.
- Paul EUDEL.
- Ed. FOULC.
- FOULD.
- GANAY (Cte DE).
- Édouard GARNIER.
- P. GASNAULT.
- GAVET.
- GIRAUD, à Lyon.

MM. HOCHON.
- LE BRETON, à Rouen.
- LEROUX.
- MAILLET DU BOULLAY, à Rouen.
- Ch. MANNHEIM.
- MARTIN-LEROY.
- Ch. MÈGE.
- Emile MOLINIER.
- EUG. MUNTZ.
- ROBINSON, à Londres.
- ROTHSCHILD (Bon Alphonse DE)
- ROTHSCHILD (Bon Gustave DE)
- SARTEL (DU).
- SCHLUMBERGER.
- Paul SÉDILLE.
- SICHEL.
- SPITZER.
- Edmond TAIGNY.
- H. TOLLIN.
- VERMEERSCH, à Bruxelles.
- VUGUEUX.
- Ch. YRIARTE.

Rédacteurs du Catalogue.

Époque Mérovingienne
M. Alfred Darcel.

Époque Carolingienne
M. Alfred Darcel.

Époque du Moyen-Age
MM. Alfred Darcel et Émile Molinier.

Epoque de la Renaissance
MM. Alfred Darcel et Émile Molinier.

Dix-septième et dix-huitième siècles

Argenterie : M. Paul Eudel.
Bijouterie : M. Charles Mannheim.
Bronzes et Ameublement : M. Maillet du Boullay.
Faïence : M. Jules Mannheim.
Porcelaine : M. Charles Mannheim.

EXPOSITION RÉTROSPECTIVE

DE

L'ART FRANÇAIS

AU TROCADÉRO

ÉPOQUE MÉROVINGIENNE

BIJOUX.

1. **Deux objets plats, droits d'un côté, en courbe allongée de l'autre.** (Art scandinave).

    La tranche droite est couverte d'entrelacs, de deux monstres enlacés d'un bout, et, de l'autre, de deux têtes de monstres saillantes. Plat supérieur couvert de serpents, dont plusieurs à tête humaine, enlacés sur un fond quadrillé, ou orné d'un réseau, sur lequel font saillie six boutons espacés irrégulièrement et ornés sur leur plat de rosaces et de spirales. Plat inférieur couvert d'un réseau à jour d'entrelacs et de spirales. La partie courbe est lisse.
    Bronze. (M. Victor Gay).

2. **Boucle ornée de grenats.** (Ve siècle).

    Boucle rectangulaire, et plaque cordiforme obtuse, toutes deux serties de plaques de grenat sur paillon. — Provient des fouilles de Caranda (Aisne), ainsi que tous les bijoux mérovingiens prêtés par M. F. Moreau.
    Bronze. (M. F. Moreau).

3. **Boucle ornée de grenats.** (Ve siècle).

    Boucle et plaque rectangulaires, toutes deux serties de grenat sur paillon. Deux quatre lobes en pâte verte occupent le centre de la plaque.
    L'ardillon porte un grenat rectangulaire à sa base.
    Bronze. (M. F. Moreau).

4. **Boucle.** (Ve siècle).

    Boucle ovale à ardillon orné d'un grenat rectangulaire à sa base.
    Argent. (M. F. Moreau).

5. **Boucle ovale.** (V siècle).

    Bronze plaqué d'argent. (M. F. Moreau).

ÉPOQUE MÉROVINGIENNE.

6. Boucle, plaque et contre-plaque de ceinturon. (Ve siècle).
Boucle ovale à ardillon courbe sortant d'un écusson semi-circulaire.
Plaque et contre-plaque allongées, lobées, fixées chacune par trois boutons, et gravées de zig-zag, etc.
Bronze argenté. (M. F. Moreau).

7. Boucle et plaque de ceinturon. (Ve siècle).
Boucle ovale, ardillon prolongeant un écu semi-circulaire gravé d'une croix. Plaque allongée bordée par cinq lobes sur lesquels sont placés les clous de rivure. Large bordure gravée de lignes encadrant des zig-zags.
Bronze argenté. (M. F. Moreau).

8. Plaque de ceinture. (Ve siècle).
Plaque carrée fixée par quatre clous, large bordure gravée de lignes encadrant des zig-zags. Au centre, une natte cruciforme dans un double anneau perlé.
Bronze gravé et doré. (M. F. Moreau).

9. Grande fibule à arcade. (Ve siècle).
L'arcade est terminée par deux palmettes fixées d'un côté à un demi disque d'argent, et, de l'autre, à une longue queue. Sur le demi disque sont appliquées symétriquement des bandes d'argent gravé de zig-zags, portant des pierres cabochons.
Bronze doré et argent. (M. F. Moreau).

10. Fibule à arcade. (Ve siècle).
Arcade s'appuyant, d'un côté, à un rectangle muni de cinq boutons latéraux, et, de l'autre, à une ellipse amortie par une tête de monstre. Des tables de grenat sont serties dans le rectangle, sur l'arcade et sur la queue où ils sont bordés par une grecque ciselée, et sur la tête du monstre.
Bronze doré. (M. F. Moreau).

11. Fibule à arcade. (Ve siècle).
Arcade en trapèze munie de deux boutons latéraux, à queue interrompue par une partie transversale garnie de deux boutons latéraux et terminée par un bouton.
Bronze argenté. (M. Leman).

12. Petite fibule à arcade. (Ve siècle).
Arcade à trois faces garnie à chaque extrémité par un bouton en forme de gland.
Bronze. (M. Leman).

13. Fibule à arcade, à queue en forme de balustre plat. Un zig-zag entre deux filets est ciselé sur l'arcade. Aiguille à ressort. (Ve siècle).
Bronze argenté. (M. Leman).

14. Trois fibules à arcade. (Ve siècle).
Arcade terminée à une extrémité par une queue et s'appuyant, à l'autre, sur une traverse. Un bouton conique prolonge l'arcade et chacune des extrémités de la traverse.
Bronze. — Une de ces fibules est dorée. (M. Leman).

15. Fibule à arcade terminée d'un côté par une tête de dragon, dont les yeux sont en grenat, de l'autre, par un trèfle obtus garni de grenat. Des zig-zags courent sur les côtés de l'arcade. (Ve siècle).
Argent doré. (Mme Victor Gay).

16. Fibule à arcade, dite digitée. (Ve siècle).
Arcade terminée, d'un côté, par un demi disque d'où rayonnent cinq doigts, et, de l'autre, par une queue à bords contre-lobés terminée en tête de monstres. Des ciselures dessinent des rinceaux en biseau ; cinq grenats sont sertis à la pointe de chaque contre-lobe de la queue.
Bronze plaqué d'argent. (M. F. Moreau).

BIJOUX.

17. Fibule à arcade, dite digitée. (Ve siècle).
Même forme que la précédente, avec quelques différences dans l'ornement ; les appendices portent chacun un grenat. (M. F. Moreau).

18. Fibule à arcade, dite digitée. (Ve siècle).
L'arcade se prolonge, d'un côté, en queue, de l'autre, en demi cercle muni de cinq doigts, portant chacun un grenat. Des grenats plus petits sont distribués sur l'arête de l'arcade et de la queue.
Bronze plaqué d'argent. (M. F. Moreau).

19. Petite fibule à arcade, dite digitée. (Ve siècle).
Tête semi circulaire portant latéralement trois glands : tige portant latéralement deux glands semblables.
Bronze doré. (M. Leman).

20. Deux fibules à arcade, dites digitées. (Ve siècle).
Arcade lisse bordée d'un galon perlé, s'appuyant d'un côté à un demi cercle ciselé, garni de cinq boutons portant un grenat, et de l'autre à un lozange, ciselé de figures géométriques, amorti par l'imitation d'une tête de monstre.
Bronze doré. (M. F. Moreau).

21. Deux fibules en forme de griffon, la tête retournée et mordant son aile. (Ve siècle).
Les contours et les membres en bronze sont sertis de plaques d'or ornées de filigranes et de perles encadrant quelques grenats irréguliers. L'œil est formé d'un grenat rond serti d'or au milieu d'une pierre blanche schisteuse.
Bronze et or. (Musée d'Arras).

22. Fibule. (Ve siècle).
Forme de candélabre plat, à nombreuses moulures et à contours irréguliers formant comme une base et une pointe.
Bronze. (M. Leman).

23. Six petites fibules en forme d'oiseau de profil. (Ve siècle).
Surface ciselée et ornée de grenats pour figurer l'œil et parfois l'aile.
Bronze doré. (M. F. Moreau).

24. Petite fibule en forme de taureau, la tête de face. (Ve siècle).
Bronze argenté. (M. F. Moreau).

25. Petit fibule en forme d'S terminée à chaque extrémité en tête d'oiseau, dont l'œil est formé par un grenat. Le corps ciselé de zig-zags. (Ve siècle).
Bronze doré. (M. F. Moreau).

26. Fibule circulaire, formée par quatre serpents à tête d'oiseau enlacés. Au centre un grenat enchâssé entre quatre grenats circulaires. (Ve siècle).
Métal blanc doré. (Mme Victor Gay).

27. Fibule, circulaire d'un côté, et à deux lobes de l'autre, couverte de tables de grenats serties dans des filets d'or.
(Ve siècle).
(Musée d'Arras).

28. Fibule circulaire, ciselée de cinq spirales symétriques entourées par un grainetis ; bord saillant. (Ve siècle).
Bronze doré. (Mme Victor Gay).

29. Deux fibules circulaires. (Ve siècle).
1e Décorée de quatre triangles séparés par deux S en saillie encadrant une perle bleue centrale. — Bronze.
2e A ombilic et à filet de bordure ; — œils de perdrix percés au centre.
— Bronze. (M. F. Moreau).

ÉPOQUE MÉROVINGIENNE.

30. Deux fibules circulaires. (V⁰ siècle).
1ᵉʳ. Au centre, une perle verte entourée de plaques de grenat sur paillon quadrillé.
Argent.
2ᵉ. Au centre, une plaque verdâtre, entourée de plaques de verre vert.
Bronze. (M. F. Moreau).

31. Fibule en rosace. (V⁰ siècle).
Au centre, les débris d'une perle verte entourés de plaques de grenat sur paillon quadrillé.
Argent. (M. F. Moreau).

32. Fibule en forme de deux queues d'hirondes opposées, semées de petits carrés lisses sur fond maté. (V⁰ siècle).
Bronze. (M. Leman).

33. Fibule circulaire bombée, enchâssant une cornaline sur laquelle est gravé un animal au pied d'un arbre. (V⁰ siècle).
Bronze. (M. Leman).

34. Fibule en forme de rosace à jour munie de six boutons coniques à son pourtour.
(V⁰ siècle).
Bronze. (M. Leman).

35. Quatre rouelles. (V⁰ siècle).
Deux sont formées par un ombilic central où s'appuient quatre rayons se bifurquant à angle droit pour porter un anneau extérieur.
Bronze.
— Une est composée d'un anneau central où s'appuient quatre rayons bifurqués à angle droit qui supportent un anneau extérieur.
Bronze.
— Une est formée de trois rayons en volute portant une courte tige qui se lie au cercle extérieur.
Bronze. (M. F. Moreau).

36. Monture de deux épées. (V⁰ siècle).
Bracelet, torques, anneau, cinq boucles, une fibule et trois barettes, une pendeloque.
1ʳᵉ Épée. Lame droite à pointe, poignée à fusée droite à section ovale, recouverte de l'imitation d'une torsade. Pommeau cordiforme garni de plaques de grenat, virole inférieure ornée d'un quadrillé.
2ᵉ Épée. Lame à un seul tranchant, poignée à fusée droite, à section ovale, avec trois frettes simulées. Pommeau rectangulaire garni de plaques de grenat, virole semblable dentelée à sa partie inférieure.
Entrée du fourreau garnie de plaques de grenat séparées par une baguette perlée de grenat, et terminés par deux demi-disques de grenat formant feston.
— Bracelet cylindrique, s'élargissant vers les extrémités à section droite.
— Torques formé d'une tige à pans, amincie à ses extrémités où elle se ferme à crochet.
— Anneau renflé de chaque côté du chaton ovale gravé du nom d'HEVA.
— Deux boucles ovales à plaque ovale, garnies de plaques de grenat.
— Boucle circulaire à plaque garnie de grenat, ornée de trois perles d'or extérieurement.
— Deux boucles ovales une grande et une petite.
— Fibule circulaire garnie de plaques de grenat.
— Deux barettes de fourreau ? rectangles garnis de tables de grenat en saillie sur deux pointes de fer opposées.
— Barette ovale en fer, ornée de deux disques et de deux triangles de grenat sertis en or.

BIJOUX. 5

— Pendeloque formée d'un petit anneau auquel pend un anneau sertissant un disque de grenat.

Découverts en 1842, à Pouan (Aube), présumé être le lieu de la défaite d'Attila en 451.

Publié par Peigné-Delacour dans *Le lieu de défaite d'Attila*.
(Musée de Troyes).

37. Monture d'escarcelle. (Ve siècle).

Plaque allongée symétrique, limitée d'un côté par une ligne courbe descendant brusquement à ses extrémités, de l'autre par une accolade à sommet rentrant, rejoignant la première de façon que chaque extrémité figure un bec d'oiseau. Des plaques de grenat serties dans l'or disposées en chevron, couvrent la surface ; — Or.
Une petite boucle de bronze dépend de ce joyau. (M. F. Moreau).

38. Deux bracelets. (Ve siècle).

Cylindres lisses, augmentant de diamètre à mesure qu'ils s'approchent de leur extrémité qui est terminée par une section plane.
Bronze. (M. F. Moreau)

39. Anneau. (Ve siècle).

Chaton plat sur un anneau orné à son insertion de trois perles et gravé d'un monogramme formé des lettes : S D K.
Bronze. (M. F. Moreau).

40. Anneau. (Ve siècle).

Anneau circulaire intérieurement, à huit faces extérieurement, et à deux chatons. Un grand rectangulaire, un petit circulaire, l'un et l'autre gravées d'une croix de forme différente.
Bronze. (M. F. Moreau).

41. Anneau. (Ve siècle).

Chaton plat et mordu par deux dragons qui y appliquent leurs deux pattes et portant le mot : PAX.
Or. (Mme. Victor Gay).

42. Anneau. (Ve siècle).

Chaton en pyramide quadrangulaire tronquée ornée de plaques de grenats sur son sommet et sur ses côtés, dans des battes lisses, accompagnées de filets et d'anneaux en filigrane.
L'anneau plat est bordé par deux filets et orné d'un filet central d'où partent des chevrons, le tout en filigrane.
Or. (Mme Victor Gay).

43. Anneau à double chaton lozangé, terminé à chaque extrémité par trois points, et gravé de l'inscription : MARCO NIVIA.
Or.
Fouilles de la place du Ralliement d'Angers, 1867 à 1869.
(Musée archéologique d'Angers)

44. Anneau lisse. (Ve siècle).
Bronze. (Musée d'Arras).

45. Paire d'anneaux d'oreilles. (Ve siècle).

Grand anneau formé par deux fils tordus, enfilant une perle polyédrique, engendrée par un cube à angles rabattus. Les faces, carrées et triangulaires sont garnies de plaques de grenat serties dans des battes droites, cantonnées, en pointe, de petits cylindres vides : un fil tordu les rejoint.
Or. (Musée d'Arras).

46. Trois anneaux d'oreilles. (Ve siècle).

Anneau portant un joyau cubique tronqué sur chaque angle. Chaque face porte une table de grenat sertie sur une batte lisse.
Argent et grenat. (M. F. Moreau)

ÉPOQUE MÉROVINGIENNE.

47. Anneau d'oreille. (V⁰ siècle).
Même forme que les précédents; une petite perle garnit l'angle de chaque chaton.
Argent et grenat. (M. F. Moreau).

48. Deux anneaux d'oreilles, portant un joyau cubique rabattu sur chaque angle; cinq points sont gravés sur chaque face lozangée. (V⁰ siècle).
(M. F. Moreau).

49. Quatre colliers de verroterie et ambre. (V⁰ siècle).
Perles de verre cylindriques, cubiques, sphériques plus ou moins aplaties, en verre opaque de plusieurs couleurs, et en verre blanc. (M. F. Moreau).

50. Fibule circulaire, à bouton central émaillé de bleu. (V⁰ siècle).
Cuivre. (M. Leman).

51. Fibule à six rayons courbes terminés par un petit disque, avec bouton central saillant. Traces d'émail sur le champ et sur les boutons. (V⁰ siècle).
(M. Leman).

52. Fibule lozangée, à bouton central saillant, émaillé de rouge, flanquée de deux anneaux, l'un à 3 disques extérieurs, l'autre perlé à l'extérieur
(V⁰ siècle).
(M. Leman).

53. Fibule lozangée, flanquée d'une queue en forme de fer de lance. Un disque d'émail jaune occupe le centre du lozange. (V⁰ siècle).
(M. Leman).

54. Fibule circulaire flanquée, d'un côté, d'un trapèze, de l'autre, d'une tête d'animal. Secteurs d'émaux rouges et bleus sur la partie circulaire. (V⁰ siècle).
(Mᵐᵉ Victor Gay).

55. Fibule à arcade flanquée de deux glands. Alvéoles triangulaires sur l'arcade ayant contenu de l'émail. (V⁰ siècle).
(M. Leman).

56. Pièce d'applique, en forme de croissant creusé d'alvéoles dont une est remplie d'émail rouge. (V⁰ siècle).
(M. Leman).

57. Petite châsse en forme de coin. (VII⁰ siècle).
Ame en bois revêtue de plaques de cuivre repoussé.
Face. Partie verticale, une série d'anneaux enlacés encadrant une étoile. Partie inclinée, cinq personnages de face, à mi-corps.
Revers. Partie inclinée, même sujet. Partie droite lisse, contournée par l'inscription en lettres capitales, MVMMA. (*Mummolus abbas* ?) FIERI. IVSSIT. IN. AMORE : SCE. MARIE. ET. SCI. PETRI.
Extrémités. Un personnage debout, les deux bras levés, vêtu d'une tunique, sous un entrelacs. Il ne reste que l'ornement supérieur de l'autre extrémité.
Cuivre repoussé et doré.
Publiée dans *le Bulletin Monumental*, 1880. (Eglise St-Benoit-sur-Loire).

58. Châsse. (VI⁰ au VII⁰ siècle).
Cuivre estampé et doré cloué sur une âme de bois de chêne, formée d'un seul bloc, en forme de coin.
Face antérieure. Une croix à branches égales et cloisonnées, à centre ovale, terminée par des cabochons. Des entrelacs cantonnent la croix. La croix est rapportée et elle a perdu les morceaux de verre ou de grenat qui la décoraient Dans les chatons circulaires qui terminent les bras sont enchâssés un morceau de verre rouge et deux morceaux de verre bleu : ce sont des additions modernes.

Face postérieure. Deux listels en sautoir cantonnés de deux croix et de deux figures de saints, nimbés, à mi-corps, les bras étendus.

Côté droit. — Entrelacs.

Côté gauche. — Entrelacs et petite porte de cuivre (restauration). Sur les flancs vers le haut, deux anses en fer destinées à recevoir des cordons de suspension.

Publiée dans la *Gazette des Beaux-Arts*, 2e période, tom. XXXVI. 1887, p. 156. et *Bulletin archéologique de la Corrèze*, tome IX. p. 492.

59. Tableau reliquaire, pentagone. (VIe au XIIe siècle).

Assemblage factice de fragments provenant de pièces d'orfèvrerie d'époques différentes.

Au centre un quatre-lobes à redans en filigrane touffu avec cabochons, encadrant un disque de nacre. Bordure faite d'un galon de filigrane tordu, peu abondant, avec cabochons et quelques pierres antiques et un camée. Autour du médaillon, l'intervalle est garni de plaques de verre fixées par des bandes de métal lisse ou quadrillé.

Dans le bas une plaque de verroterie rouge et bleue coupe deux fragments d'argent repoussé représentant des tiges symétriques de caractère oriental.

(Eglise de Conques, Aveyron).

60. Tableau reliquaire, hexagone irrégulier. (VIe au XIIe siècle).

Une partie rectangulaire est surmontée par un demi hexagone, à côtés inégaux en pente.

Au centre, une grosse pierre cabochon brun-roux sertie dans une batte dont la platine est repoussée de neuf autres petites battes sertissant des cabochons. Un anneau de verroteries rouges l'entoure, entouré lui-même d'un second anneau d'argent niellé. Quatre plaques trapézoïdales de même matière et de même travail, qui devaient former les côtés d'une pyramide, sont appliquées à plat.

L'entourage est fait latéralement de plaques de verre couvrant des reliques, et de plaques de verro erie. Dans le bas une frise de cabochons sertis dans des battes repoussées, séparées par des motifs formés de quatre consoles en S rayonnant autour d'un petit cabochon. Au-dessus, une frise d'argent repoussé de rinceaux dorés du XIIe siècle. A la partie supérieure, une frise de filigranes et de cabochons.

La partie supérieure est occupée, au centre, par un verre couvrant des reliques, serti par les fragments d'une figure en argent repoussé et doré. Des frises de filigranes et de cabochons couvrent les côtés.

Publié partiellement dans le *Trésor de Conques*, par A. Darcel.

(Eglise de Conques, Aveyron).

IVOIRE.

61. Diptyque. — Art romain. (IIe au IIIe siècle).

Triomphe de Bacchus. — Bacchus nu couronné de pampres, tenant un cylix et un sceptre, debout sur un char traîné par un centaure accompagné d'une bacchante portant un cratère. Un bacchante à pied accompagne le dieu.

La scène se passe sur les eaux où nagent des syrènes et des poissons.

Dans le haut, des enfants cueillent des raisins dans des corbeilles ; à côté, trois enfants foulent la vendange. Au-dessus, deux bœufs au galop emportent le vin dans un tonneau sur un char, tandis que deux autres traînant la vendange vont vers le pressoir. Au-dessous, à la hauteur de la tête de Bacchus, un cavalier précédé par un homme soufflant dans une conque et suivi par un homme portant deux corbeilles, l'une sur l'épaule, l'autre à la main.

Triomphe de Diane, portant une torche sur un char traîné par deux taureaux au galop. Au-dessus de leur tête un homme portant une conque semble les guider ; à côté, une femme nue tenant une corbeille levée.

Dans le haut une femme demi-nue, couchée tournée vers un chien. Derrière elle une autre debout, vue de dos.
A droite un petit génie assis devant une corbeille tient un bâton ? du côté opposé une petite figure de femme nue debout dans une coquille. Au-dessous des taureaux une figure demi-nue assise sur les flots tient un homard d'une main, un monstre de l'autre : des poissons et des syrènes voguent sur les eaux. Bordure d'olives posées en zig-zag.
Une monture en argent ciselé de place en place de feuilles entablées à nervures attache les deux feuillets au dos en cuir de la reliure d'un Manuscrit.
(Ce manuscrit du XIII° siècle, contient l'*Office des fous* et la *Prose de l'âne*, composés par Pierre de Corbeil, archevêque de Sens, mort en 1222).
(Bibliothèque de Sens).

62. Femme couchée, la tête appuyée sur la main ; ses cheveux descendent de chaque côté du visage, et une draperie cache la partie inférieure du corps à partir de la ceinture. (III° au IV° siècle).
(M. Roussel).

63. Pyxide, ou boîte à hosties. (V° siècle).
Cylindre orné d'hommes à pied et à cheval combattant des lions et des tigres. Un lion court sous la place réservée pour la serrure. Fond et couvercle en ivoire avec fragments de la poignée en argent. (Cathédrale de Sens).

64. Pyxide. (V° siècle).
Cylindre d'une pyxide. A droite de la place réservée à la serrure, la crèche et trois bergers. A gauche l'adoration des rois mages.
Le couvercle et le fond manquent.
(Musée d'antiquité de la Seine-Inférieure).

65. Feuillet de diptyque. — Art romain. (V° siècle).
Plaque rectangulaire divisée en trois registres :
1° Le Jugement de Salomon.
2° Le Baptême du Christ. (Saint Jean est vêtu en berger armé du pédum).
3° Le Miracle des Noces de Cana.
Le Christ à nimbe lisse, chaussé de sandales, porte un volumen ainsi que l'apôtre qui le suit.
Bordure d'oves dans le chanfrein et de perles sur le plat. (M. F. Mallet).

66. Feuillet de diptyque. (VII° siècle).
Trois scènes de la légende de saint Remy :
1° Saint Remy ressuscitant une jeune fille dans l'église de Saint-Jean-Baptiste de Reims.
2° Le miracle du saint Chrême.
3° Le baptême de Clovis, par saint Remy et saint Vast, en présence de la reine Clotilde.
Bordure de feuilles entablées interrompue par des rosaces dorées.
(Musée de la ville d'Amiens).

67. Plaque rectangulaire, divisée en deux parties par une moulure montante décorée de perles. — Art romain. (V° siècle).
A gauche, l'Enfant Jésus dans la crèche avec le bœuf et l'âne.
A droite, l'*Adoration des rois*, vêtus à la phrygienne. Une bordure d'oves et de perles encadre la plaque sur trois côtés. (Musée de Nevers).

68. Feuillet de diptyque. — Art latin. (VI° siècle).
Saint Pierre nimbé, discutant avec un autre apôtre nimbé, peut-être saint Paul. Dans le haut, entre les deux saints, le buste en médaillon du Père Eternel nimbé. On lit sur la moulure d'encadrement, au-dessus de saint Pierre : SCS PETRVS, et au-dessus du Père Eternel : A.-Ω.
Dans le champ, à côté de l'auréole de l'autre apôtre, on lit ; SCS ; le nom du Saint, qui était en arrière, a disparu par la cassure de l'ivoire. Au revers les dents d'un tric-trac séparées par une frise de feuillages, gravées en creux au XI° siècle. (Musée Crozatier, au Puy).

ÉPOQUE CAROLINGIENNE

IVOIRE.

69. Plaque de reliure d'Evangéliaire. (IXᵉ siècle).

Plaque rectangulaire représentant la Crucifixion. Le Christ à nimbe lisse est fixé par quatre clous à la croix au pied de laquelle le serpent s'enroule, quatre anges volant s'inclinent autour de sa tête, sous le Soleil et la Lune en bustes dans des disques.

A droite du Christ : l'Eglise reçoit dans un calice le sang de sa plaie, et la Vierge, les mains tournées vers lui. A gauche, la Synagogue portant un pennon, s'éloigne : St-Jean, et, au-dessous, St-Longin, armé de la lance. L'homme portant l'éponge, est placé symétriquement de l'autre côté de la croix en avant, chacun, d'un édicule où sont des priants.

Dans la partie inférieure, les saintes femmes au Tombeau.
Bordure de feuilles entablées.
Monture en vermeil frappé d'une frise de palmettes ciselées.
Publié par le R. P. Martin dans les *Mélanges d'archéologie et d'histoire*.

Le 2ᵉ plat de la reliure est un composé d'éléments divers. Une rosace centrale en onyx représentant une tête laurée, est placée entre quatre plaques à dessin d'or sur vernis brun provenant de châsses, et quatre disques d'ornements en émail champlevé, de travail Rhenan et des cabochons dont une entaille sur améthyste représentant une Victoire, maintenue par des feuilles servant de griffes, dans des battes entourées d'un cordelé.

Le manuscrit est un évangéliaire du IXᵉ siècle, orné des figures des Evangelistes, de frontispices et de lettres ornées à entrelacs. (Eglise de Gannat).

70. Reliure d'Evangéliaire. (IXᵉ siècle).

1° Le Christ assis entre deux Apôtres.
2° La Vierge assise entre deux Apôtres.
Monture en argent du XVᵉ siècle. (Eglise de St Andoche, de Saulieu).

71. Feuillet de diptyque. (IXᵉ siècle).

Feuillet rectangulaire divisé en deux registres. Dans le haut la Crucifixion. Le Christ est fixé par quatre clous à la croix entre deux soldats, saint Jean et la Vierge, et le Soleil et la Lune en bustes, au-dessus des bras de la croix.

Dans le bas, les saintes femmes au tombeau. Au centre, un édicule à dôme dont les portes sont ouvertes. A gauche, l'ange assis. A droite, deux saintes femmes. Au-dessous, trois soldats couchés à terre.

Bordure de feuillages symétriques formant palmettes.
(Cathédrale de Nancy).

72. Ceinture de St-Césaire. (VIIIᵉ siècle).

Lanière en cuir et boucle d'ivoire articulée à charnière sur une plaque représentant deux soldats armés de lances dormant appuyés sur un édicule, probablement le tombeau du Christ. Bordure d'oves, fond à jour.
Publiée dans *le Bulletin Monumental*, 1877.
(Eglise de Notre-Dame la Major, à Arles)

73. Olifant. (Xᵉ siècle).

Olifant, décoré de sept frettes figurées encadrant cinq zones d'animaux réels ou fantastiques, isolés ou combattant, les uns placés sous des arcs en plein cintre.

Sur la zone supérieure, deux oiseaux affrontés à un calice, sur la seconde deux

lions affrontés au *homa*, sur la troisième un homme en courte tunique avec un animal sur chaque épaule, sur la cinquième un homme monté sur un dromadaire.
La moitié de la zone supérieure a été enlevée. (Musée de Toulouse).

74. Boîte rectangulaire. — Art Byzantin. (IXe siècle.).

Formée de plaques d'ivoire montées dans des frises ornées d'anneaux encadrant des rosaces ou des bustes. Couvercle plat par dessus un biseau.
Les plaques représentent des luttes d'hommes armés de lances ou d'épées et d'un bouclier combattant entre eux ou contre des animaux.
Sur le couvercle, deux cavaliers dont un lance une flèche.
La face postérieure manque. (Cathédrale de Lyon).

75. Peigne liturgique, dit **de Saint-Loup.** (IXe siècle).

Peigne rectangulaire à dents opposées. La partie centrale en arc plein cintre dont la convexité est tournée vers les petites dents, est repercée à jour et encadre deux lions galopant, affrontés à une tige feuillue dont un bélier mord l'extrémité.
Des treize grosses dents de la base, deux sont consolidées par des anneaux de cuivre et garnies d'une frise en vermeil à travers laquelle elles passent, et qui est ornée de filigranes soudés sur le fond et de pierres cabochons.
L'arc de la partie centrale a été revêtu au XIIIe siècle d'une archivolte de vermeil gravée de l'inscription PECTEN. S. LVPI. Du côté opposé, un ornement feuillagé. (Cathédrale de Sens).

76. Peigne liturgique dit **de Saint-Gauzelin,** évêque de Toul (922 + 962). (Xe siècle).

Peigne à dents opposées et dont il ne reste qu'un côté armé de dix grosses dents. Il ne reste plus que la dent latérale de côté opposé. L'intervalle est repercé à jour d'un arc plein centre entre deux arcs angulaires, portés sur deux colonnettes. Sous l'arc central, un calice d'où sort un ceps chargé de raisins, entre deux oiseaux adossés. Sous les arcs angulaires, un ceps où perche un oiseau. Bordures de feuilles formant palmettes. Perles d'émail dans les yeux des oiseaux, dans quelques parties de l'architecture. et dans l'œil qui sépare les palmettes de la bordure. (Cathédrale de Nancy).

ORFÉVRERIE ET BIJOUX.

77. Plaque circulaire de fibule, en or, décorée de pierres cabochons et de filigranes tordus. (VIIe-VIIIe siècle).

Au centre un verre blanc sur paillon, entouré d'un rang de perles d'opale dans de petites battes cylindriques. Sur le bord quatre cabochons opalins, carrés, séparés par quatre cabochons grenat ronds accostés de deux pierres plus petites, bleues ou vertes.
Les battes lisses et droites s'infléchissent au sommet pour former un filet saillant, puis remontent obliquement pour sertir la pierre.
Les filigranes sont faits de deux fils tordus ensemble, non aplatis au marteau.
Trouvé à Huddersdorf, près Sarrelouis. (M. Gustave Loustau, à Crépy).

78. Anneau. (VIIIe siècle).

Anneau muni d'un large chaton circulaire décoré d'un anneau central, et de quatre arcs appuyés à la circonférence dessinant une croix, de deux filets de bordure, le tout en cadrant de petits anneaux ; le tout en filigrane. Au centre un grenat cabochon monté sur une batte lisse portée sur une galerie à jour faite de petits arcs entrecroisés. Au pourtour quatre autres grenats, deux émeraudes cabochons et deux turquoises : de petites rosaces creuses, percées d'un trou au centre, et qui maintenaient peut-être une perle, sont distribuées trois par trois autour des turquoises et des émeraudes.

Le revers est orné de deux anneaux concentriques encadrant des spirales en filigrane. Trouvé dans la tombe d'un évêque, abbé de Déols au XIIe siècle.

(M. Bled).

79. Bijou. (VIIIe siècle).

Boule de cristal de roche entourée par quatre frettes d'or, maintenant à leur croisement une plaque carrée ornée de perles, et portant au croisement opposé un cylindre terminé en sphère ; des filigranes ornent les frettes et le bouton.

(Musée d'Arras).

80. Avant-corps d'un griffon ayant du servir d'extrémité à un bras de siège : une croix est gravée sur sa poitrine. (IXe siècle).

Bronze argenté. (Cathédrale de Lyon).

81. Reliquaire de Pépin. (IXe siècle).

Reliquaire en forme de coin ; — âme en bois revêtue d'or rouge.

Face. La partie rectangulaire porte en relief le Christ en croix entre St-Jean et la Vierge. Une ouverture rectangulaire entre la croix et les deux personnages est fermée par des fragments d'or repoussé provenant d'ailleurs et par des plaques d'émail cloisonné rouge, dont les cloisons dessinent des branchages symétriques. L'inscription du *titulus* est en filigranes tordus ainsi que la bordure avec cabochons et intailles. Le toit bordé de même est couvert de filigranes formant des écailles encadrant un fleuron. Parmi les cabochons un émail de même nature que ceux des ouvertures.

Revers. La partie rectangulaire est percée de trois arcs en plein cintre, dont le fond est garni d'émaux cloisonnés verts, sur fragments en or vert repoussé. L'archivolte des arcs, leur séparation, les bordures sont faites de frises de filigranes, de cabochons et d'intailles portés sur des arcatures de filigranes. Sur les galons de séparation des arcs, des émaux semblables à ceux de la face. Le toit porte deux aigles affrontés, en or repoussé, à ailes en émail cloisonné opaque sur fond gauffré de trémies. Bordures latérales de filigranes et cabochons. Sur la bordure inférieure, un galon de même nature mais d'époque postérieure en argent doré ; sur la supérieure, une bande de vermeil frappé du XVIe siècle interrompue par une intaille en cornaline représentant une Victoire.

Côtés. Les croupes du toit sont couvertes de trémies, bordées de galons de filigranes qui descendent jusqu'au bas, et sont munies d'une poignée mobile. Les deux parties verticales sont recouvertes de fragments du XIIe siècle. L'un représente St-Jean assis, portant l'agneau, et l'autre un Évangéliste assis.

Publié par M. Ch. de Linaz : *Le Reliquaire de Pépin d'Aquitaine.*

(Église de Conques, Aveyron).

82. A dit de Charlemagne. (IXe siècle).

A Carolingien portée sur une traverse. Âme en bois revêtue de plaques de filigranes accompagnant des cabochons d'argent repoussé et doré, etc.

Face. Le sommet et les côtés sont revêtus de filigranes rares soudés sur le fond alternant avec des cabochons. Une grosse boule de cristal sertie par un anneau formé de cylindres creux jointifs qui sertissaient peut-être des pierres, occupe le sommet. L'étrier à trois branches qui le maintient est d'époque postérieure.

La traverse inférieure est couverte de fragments de plaques d'argent doré repoussé de rinceaux et de grosses fleurs de style oriental. Sur la traverse sont fixés deux « stèles » couvertes, chacune, d'un ange tenant un encensoir en argent repoussé du XIIe siècle.

Revers. Au sommet un joyau formé de deux anneaux de filigrane fixés par des clous sertissant une intaille antique et bordés par une série de petits boutons en émail cloisonné alternant avec des rosaces de filigranes : de petites boules filigranées amortissant chaque bouton. Jambages couverts de filigranes soudés et de cabochons.

La traverse est flanquée de frises d'argent repoussé et doré ; portant, les unes, les parties de l'inscription : IHE (SVS) NAZA (R) ENVS REX IVDEO ; les autres, des entrelacs de caractère mérovingien et des rinceaux, provenant d'une pièce de dimensions considérables.

Des galons couvrent le revers des stèles.

La tranche est recouverte intérieurement et en partie, extérieurement, de lames de vermeil quadrillées, que complètent des fragments divers savoir : un fragment d'inscription : ABRAS FORMAVIT BEGO RELIQVIAS QVE LO (CAVIT)...... SSVA DOMINI QVE CRVX et les pieds nus d'une figure.

Publié dans le *Trésor de Conques* par A. Darcel.

(Eglise de Conques, Aveyron).

83. Reliquaire, en forme de lanterne. — Travail byzantin. (IXe siècle).

Ce reliquaire se compose de deux cylindres d'argent de diamètres différents superposés et entourés comme d'un réseau d'une armature ajourée, formée de feuilles d'argent doré plaquées sur des lames de cuivre rouge. Ce réseau servait autrefois à retenir une étoffe ou un parchemin lamé d'or, que M. Rupin y a vu il y a quelques années. A la base du cylindre supérieur et autour du couvercle plat, était enchâssé un rang de perles fines dont trois seulement subsistent. Sur le couvercle s'attache une anse hémicirculaire tournant sur pivot, portant à son point culminant une sorte de chaton sur lequel est niellé un monogramme disposé aux extrémités d'une croix centrale : Λ, Ε, Τ, Δ, Ο, Υ.

Pieds en forme de boules au nombre de trois. (Eglise de Beaulieu, Corrèze).

84. Calice et patène de St-Gauzelin, évêque de Toul (922-962).

(Xe siècle).

Calice — Coupe en hémisphère outrepassé, portée sur nœud reposant directement sur un pied en douçine, munie de deux auses.

Des bandes de filigranes accompagnant des cabochons garnissant le bord et le pied, couvrent les anses. Les battes des pierres sont droites et couvertes de filigranes.

Patène. — Fond à cinq lobes et bord circulaire décoré d'une frise de filigranes de cabochons et d'émaux cloisonnés transparents. Torsade de bordure en argent relativement moderne. Les deux pièces sont faites de lames d'or appliquées sur une âme d'argent. (Cathédrale de Nancy).

85. Reliure d'évangéliaire. (IXe ou Xe siècle.)

Cette reliure se compose de deux ais de chêne. Le premier est recouvert d'une plaque d'or ornée d'émaux cloisonnés et de pierreries ; le second est recouvert ainsi que le dos, d'une basane rouge sur laquelle une croix est dessinée au moyen de clous de fer. Les agrafes, qui ferment le volume, se composent de lanières de cuir terminées par un fermoir d'argent niellé qui s'engage dans une pointe d'argent surmontée d'une boule fixée au plat inférieur.

Plat supérieur. — Les tranches du plat sont garnies de feuilles d'argent doré. Le revêtement se compose de seize plaques d'or émaillées ou ornées de pierreries formant bordure et encadrant une seconde bordure décorée de feuillages repoussés et de pierreries, au centre de laquelle se trouve une plaque d'or de forme rectangulaire, bordée elle-même d'une inscription exécutée en émail cloisonné. Sur cette plaque est représenté, assis sur un siège bas orné d'arcatures, le Christ, de face, les cheveux longs partagés sur le milieu du front, imberbe, la tête entourée d'un nimbe crucifère décoré d'une bordure perlée. De la main droite levée il bénit à la latine ; dans la gauche il tient un livre fermé. Ses pieds reposent sur un escabeau. Toute cette plaque est exécuté au repoussé. Les bords sont ornés d'un ruban d'or frisé et cantonnée de quatre grenats cabochons sertis dans des battes filigranées ; elle est entourée d'une inscription en lettres capitales formée de quatre plaques d'émail cloisonné. Cette inscription est ainsi conçue :

(MATHEVS ET MARCVS) LVCAS S$\overline{CS}$Q' IOHANE (S)
(VOX H)OR$\overline{V}$ QVATVOR REBOAT TE X$\overline{PE}$ REDEMPTOR.

Matheus et Marcus, Lucas sanctusque Johannes
Vox horum quatuor reboat te, Christe, Redemptor

ORFÉVRERIE ET BIJOUX. 13

Les parties de l'inscription placées entre crochets ont été restaurées.

La première bordure qui se trouve en contre-bas de la partie centrale, est en or repoussé et offre un ornement cordiforme composé de feuillages affrontés, disposés régulièrement et répétés. Sur cette bordure sont fixés huit cabochons dont les battes sont entourées d'un fil tordu. Cette partie paraît être due à une modification apportée dans la reliure au XIIe siècle.

Bordure extérieure. — Elle se compose de quatre plaques rectangulaires d'émail cloisonné, deux pour le haut, deux pour le bas, et de quatre autres plaques de forme barlongue, placées deux à deux sur les flancs. Ces émaux alternent avec des plaques d'orfèvrerie rectangulaires ou barlongues sur lesquelles sont fixés des cabochons. Les émaux représentent des fleurons disposés symétriquement ou des entrelacs de branchages terminés par des fleurettes. Les émaux employés sont, comme pour l'inscription, le bleu foncé translucide, le bleu turquoise, le gris de lin opaque, le vert translucide, le blanc et le jaune opaque, le bleu nuancé de blanc ; le dessin est très fin.

Les plaques d'orfèvrerie sont ornées en leur centre de cabochons d'émeraude, de cristal, de saphir, de sardonyx, de turquoise ; six de ces plaques offrent une ornementation repoussée composée de têtes de serpents affrontés et tenant des perles fines dans leur gueule. Le reste du champ, bordé d'un ruban frisé, est occupé par des filigranes disposés en rinceaux ou relevés et retournés en forme de cônes. Les deux plaques d'orfèvrerie qui décorent les angles inférieurs paraissent postérieures ; elles sont probablement du XIIe siècle et ne sont ornées que de filigranes terminés par des fleurettes. Toutes les battes sont filigranées. De plus, sur les bordures qui sertissent les plaques sont estampées des fleurettes à cinq pétales. L'ensemble du travail, sauf les quelques remaniements postérieurs indiqués plus haut, appartient à l'époque carolingienne.

Le manuscrit contient l'*Evangile pour les fêtes de l'année* en 187 feuillets ; on en trouvera plus loin la description à la série des *Manuscrits*.

Provient de la Cathédrale de Sion. — Publié par H.-E. Gaullieur, secrétaire général de l'Institut genevois, dans son *Mémoire sur quelques livres Carolins ou de l'époque Carolingienne, à l'occasion d'un manuscrit latin avec couverture d'or, provenant du chapitre cathédral de Sion en Valais, et désigné sous le nom d'Évangéliaire de Charlemagne* (lu à la section des sciences morales et politiques, le 30 septembre 1853) ; — par M. Darcel, *Gazette des Beaux-Arts*, 1865, t. XIX ; — par M. Ed. Aubert, *Reliure d'un manuscrit, dit Évangéliaire de Charlemagne*, dans les *Mémoires de la Société nationale des Antiquaires de France*, 4e série, t. V, 1874. p. 1 et suiv. ; — dans *L'Art ancien à l'Exposition de 1878*, p. 229.

(Collection Spitzer).

86. Reliure de l'Evangéliaire de Saint-Gauzelin, Evêque de Toul (922-962), fondateur de l'Abbaye de Bouxières-aux-Dames, près Nancy.

Reliure : sur le dessus, croix en relief en or, se raccordant avec une bordure semblable et enchâssant quatre feuilles d'argent où chacun des évangélistes est gravé. La croix est formée d'un disque central porté sur arcades de filigrane, portant lui-même un émail cloisonné sur fond d'or représentant la Vierge.— SCA MARIA — cantonné de quatre émaux cloisonnés circulaires et de quatre cabochons sertis par des feuilles, le tout monté sur des arcades de filigrane.

La bordure se compose de douze plaques saillantes ornées de cabochons sur arcades ou sur de hautes battes, sur fond de filigrane : un en argent est d'époque postérieure.

Dessous : plaque d'argent repoussé représentant l'Agneau pascal, au centre d'une croix chargée de rinceaux à demi-feuilles lobées, rejoignant une bordure semblable. Les quatre symboles évangéliques figurés dans le fond. Les reliefs sont dorés.

Le manuscrit en très bon état (vignettes, lettres ornées, figures, emblèmes, meubles, ustensiles), est du IXe siècle. On y trouve outre les *Evangiles, les Canons d'Eusèbe, le Prologue à Gérome, l'Epître à Carmen*, différentes pièces de vers et prologues d'Evangiles, une biographie de St-Luc, des tables, des mots Hébraïques, un petit écrit de deux pages, de octo beatitudinibus, une table des matières.

Cf. *La Lorraine* par M. Auguin.

(Cathédrale de Nancy).

87. Anneau, de St- Gauzelin, Evêque de Toul (922-962). (Xe siècle).
Anneau d'argent, gravé de traits en croix séparés par des traits transversaux. Chaton lisse enchâssé d'un silex blanc. (Cathédrale de Nancy).

ÉPOQUE DU MOYEN-AGE

PIERRE.

88. Chapiteau. (XIIe siècle).
A chaque angle une tête de monstre mord des tiges descendantes qui s'enlacent avec les queues de deux dragons affrontés sur chaque face.
Des feuilles de bronze garnissent les fonds, dans l'intervalle de chacun des éléments de la décoration. (Musée de Reims).

89. La Vierge et l'Enfant Jésus ; — statuette. (XVe siècle).
La Vierge debout, tient sur son bras gauche l'Enfant Jésus qui saisit de ses deux mains la main droite de sa mère.
La Vierge, vêtue d'une robe à étroite ceinture et d'un manteau rejeté en arrière, est coiffée d'un voile et d'une couronne ; l'Enfant Jésus est vêtu d'une robe.
Pierre peinte en rouge et en bleu verdâtre. (M. Maciet).

MARBRE.

90. La Vierge au Calvaire. (XIVe siècle).
La Vierge debout, les mains jointes, regardant vers la terre à gauche.
(M. G. Dreyfus).

91. La Vierge de l'Annonciation. (XIVe siècle).
La Vierge debout, tenant un livre de la gauche et levant la droite ouverte ; elle est coiffée d'un voile manteau par-dessus une robe ajustée.
(M. Maillet du Boullay)

92. Ange céroféraire. (XIVe siècle).
Ange debout, vêtu d'une robe et d'un manteau agrafé sur la poitrine par un fermail à quatre lobes, portant sur son côté droit un chandelier de ses deux mains.
Provient de l'Eglise de Poissy. (M. Schiff).

93. Buste de femme. (XIVe siècle).
Coiffée d'un voile, le menton caché par une guimpe, qui se perd sous le bord d'un vêtement entourant les épaules et la poitrine.
Provenant d'une effigie funéraire. (M. G. Le Breton).

94. Buste de femme. (XIVe siècle).
Tête de femme jeune, coiffée en cheveux avec une tresse pendante de chaque côté du visage, par-dessus une mèche coupée carrément dont elle est séparée par une lame de bronze.
Sur la tête, une couronne lisse, percée de trous qui devaient maintenir des chatons.
Epaules nues.
Doit provenir d'une effigie tumulaire. (M. Dufay).

IVOIRE.

95. Pleureur. (XIVᵉ siècle).
   Statuette d'un homme entièrement couvert par une cagoule dont le capuchon à pèlerine le coiffe en entourant le visage. ; ses mains sont jointes sous la cagoule. (Musée du Puy).

96. Femme poète. — Italie. (XIVᵉ siècle).
   Figure debout d'une femme âgée, coiffée d'un voile retenu par une couronne de lauriers ; le menton enveloppé par une guimpe ; elle est vêtue d'une robe et d'un manteau drapé. Elle porte de la main gauche deux livres fermés, et un globe de la droite. (M. F. Bischoffsheim).

97. L'Adoration des Rois ; — bas relief. (XIVᵉ siècle).
   La Vierge couchée sur un lit à dais, tient l'Enfant Jésus qui reçoit les présents des trois Mages.
   En avant du lit, placé obliquement, saint Joseph et la crèche.
   Albâtre. (M. Daguerre).

98. Le Couronnement de la Vierge ; — bas relief. (XIVᵉ siècle).
   La Vierge assise, les mains jointes, est couronnée par la Trinité assise au-dessus d'elle.
   Un ange agenouillé dans le bas, écarte les pans de son manteau.
   Albâtre. (M. Daguerre).

99. Une martyre ; — bas relief. (XIVᵉ siècle).
   Sainte agenouillée, la tête couronnée, penchée sur un billot, est flagellée tandis qu'un bourreau armé d'un cimeterre s'apprête à la frapper.
   Un roi préside au supplice ; au sommet, trois anges dans les nuages.
   Albâtre. (M. Daguerre).

100. Médaillon. (XVᵉ siècle).
   Face : Le roi René, de profil à gauche, coiffé d'un bonnet. ✛ Renatus Dei Gracia iherusalem et siciliæ rex et cetera.
   Revers : Une ruche portant les deux lettres gothiques R I liées par quatre cordes effilées, réunies au sommet, et que traverse une lanière portant les mots en un.
   Bordure de deux bâtons noueux, entre les extrémités desquels, au sommet, la date : MCCCCLXI, et dans le bas : OPVS PETRVS DE MEDIOLANO.
   Albâtre (Musée d'Aix, Bouches du Rhône).

IVOIRE.

101. Fragment de croix. (XIᵉ siècle).
   Intersection d'une croix. — Travail Rhenan.
   Face. Le Christ en majesté, à nimbe crucifère, tenant le livre et bénissant, assis sur un arc.
   Revers. L'agneau à nimbe crucifère, avec la croix, dans un lozange — sous l'aigle et sur le lion. — Fleurons en dehors du lozange.
   (M. Ch. Mannheim)

102. Tau. (XIᵉ siècle).
   Douille creusée d'une niche enveloppant une figure, accompagnée de deux volutes, toutes couvertes de rinceaux sur leurs faces et qui entourent un animal.
   Un personnage, tête nue, tenant un livre et une croix est figuré d'un côté. Une syrène à double queue de l'autre.
   Dent de morse. (Musée d'Antiquités de la Seine-Inférieure).

ÉPOQUE DU MOYEN-AGE.

103. Tau. (XIIe siècle)

La poignée à huit faces, deux verticales, trois en-dessus, et trois en-dessous, creusées en canal, est décorée sur chacune des faces verticales de rinceaux de chaque côté d'une tête de lion qui mord la douille : quatre palmettes symétriques rayonnant du centre de la face supérieure, se combinent avec les rinceaux. La douille est ornée d'un tore entre deux filets.

Provient de l'abbaye de Coulombs. (Musée de Chartres).

104. Crosse. (XIe siècle).

Douille cylindrique, nœud aplati ; crosseron à section polygonale terminé par une tête de dragon, enveloppant un cerf dévoré par un lion.

Publié dans les *Mélanges d'archéologie et d'histoire*.

(Cathédrale de Vannes).

105. Crosse. (Du XII au XIIIe siècle).

Volute encadrant deux personnages qui soulèvent le couvercle d'un tombeau dans lequel saint Trophime (?) est couché.

Publié dans les *Mélanges d'Archéologie et d'Histoire*.

(Eglise de St-Trophime, à Arles).

106. Plaque de reliure. — Art byzantin. (XIIe siècle).

Plaque rectangulaire représentant le Christ en Majesté, à nimbe crucifère, jeune, tenant le livre et bénissant à la grecque, assis sur un anneau de feuilles de laurier, et enveloppé par une auréole ogivale, formée d'une torsade perlée qui s'arrête contre l'anneau. Le Soleil et la Lune, en bustes dans des disques et deux chérubins sont à ses côtés dans l'auréole. Les quatre symboles évangéliques sont placés aux angles en dehors.

Bordure de feuilles entablées. (M. Ed. Foulc).

107. Plaque rectangulaire. — Art grec. (XIIe siècle).

La Crucifixion. Le Christ fixé sur la croix par quatre clous, entre saint Jean et la Vierge, sous un arc en partie oblitéré. (M. Maillet du Boullay).

108. Fragment de bas-relief. (XIIIe siècle).

L'Arrestation du Christ, dont la main est saisie par un soldat placé derrière lui, vêtu d'une cotte d'armes sur un vêtement de mailles, et coiffé d'une cervelière. Un autre coiffé et vêtu de mailles, s'aperçoit derrière lui.

(M. Maillet du Boullay).

109. La Vierge et l'Enfant-Jésus. (XIIIe siècle).

La Vierge assise allaite l'Enfant-Jésus assis sur son genou droit. La Vierge est vêtue d'une robe montante, fendue sous les aisselles, et d'un voile manteau maintenu par une couronne d'argent. Le Christ est vêtu d'une robe et porte le globe du monde.

Siège cubique. (Musée d'Antiquités de la Seine-Inférieure).

110. La Vierge et l'Enfant-Jésus. (XIIIe siecle).

La Vierge assise est coiffée d'un voile court retenu par une couronne, vêtue d'une robe à ceinture, agrafée sur la poitrine par un fermail et porte un ample manteau posé sur ses épaules et ramené sur ses genoux. Elle tient, debout sur son genou gauche relevé par la pose du pied sur un chien, l'Enfant-Jésus qui prend de la droite la lanière du manteau de sa mère.

Siège cubique orné d'arcatures à fronton.

Les costumes sont bordés d'orfrois d'or d'où s'échappent des tiges qui recouvrent les gerçures de l'ivoire. Revers du manteau peint en bleu. Visages peints de couleur de carnation.

Le groupe est placé sur une terrasse hexagone soutenue par un massif en retraite flanqué de balustres, reposant sur une base également hexagone, du XVIIe siècle. (Eglise de Villeneuve-lès-Avignon).

IVOIRE.

111. La Vierge et l'Enfant-Jésus. (XIII⁰ siècle).

La Vierge debout, portant sur son bras gauche l'Enfant-Jésus auquel elle présente une fleur de la main droite.

Elle est coiffée d'un voile que maintient une couronne d'orfévrerie, vêtue d'une robe à étroite ceinture à boucles et d'un manteau retenu par deux lanières sur la poitrine. Un fermail est appliqué sur sa poitrine et un joyau pend à son cou par un ruban. L'Enfant-Jésus est vêtu; il tient une boule de la main gauche et tend la droite vers la fleur que lui présente sa mère. (M. G. Le Breton).

112. Boîte cylindrique à couvercle, munie de deux charnières et d'une serrure à moraillon, portée sur trois pieds, et munie latéralement de quatre anneaux mobiles, deux sur la boîte, deux sur le couvercle, en cuivre doré. Autour de la serrure et des pentures, sur la boîte et le bord du couvercle, des arabesques symétriques composées, antérieurement, de rinceaux où sont posés des lièvres et des paons, postérieurement, de deux paons buvant dans une coupe d'où monte un fleuron : le tout en or bordé d'un filet rouge-brun.
Art oriental. (XIII⁰ siècle).
(Musée de Dijon).

113. Saint Jean au Calvaire. (XIII⁰ siècle).

Petite figure de saint Jean, debout tenant un livre, le menton appuyé sur la main droite. (M. Maillet du Boullay).

114. La Vierge et l'Enfant-Jésus. (XIV⁰ siècle).

Très petite Vierge assise tenant l'Enfant-Jésus debout sur son genou gauche.
(M. Th. Weber).

115. Diptyque de la Vie de la Vierge et de la Passion.
(XIV⁰ siècle).

Chaque feuillet est divisé en trois registres par une frise creusée d'une gorge garnie de rosettes.

Les sujets se développent en commençant par le bas à gauche, et en suivant d'un feuillet à l'autre.

1° L'Annonciation. — La Visitation.
2° L'Annonce aux bergers. — La Crèche. — Les Rois.
3° La Présentation au Temple. — Jésus parmi les docteurs.
4° Les Noces de Cana. — La Cène.
5° Le Calvaire. — La Résurrection. — L'Ascension.
6° La Pentecôte. — Le Couronnement de la Vierge. (M. C. Mège).

116. Feuillet de diptyque. (XIV⁰ siècle).

La Crucifixion, sous un arc ogive lobé, protégé par un fronton à crochets. Deux anges portant, l'un le Soleil, l'autre la Lune, émergent de chaque côté du fronton.

Le Christ attaché par trois clous; à sa droite, la Vierge et Longin qui le perce de la lance; à sa gauche, l'homme qui lui présente l'éponge, et saint Jean.
(M. Maillet du Boullay).

117. Triptyque. (XIV⁰ siècle).

Partie centrale terminée en arc ogive, divisée en deux registres par un bandeau orné de rosaces. Le registre inférieur, abrité par trois arcs lobés, sous frontons à crochets, représente la Vierge debout entre deux anges céroféraires. Le registre supérieur, abrité par un arc lobé, représente le Christ en croix, entre la Vierge et Longin à sa droite, saint Jean et l'homme à l'éponge à sa gauche. Figures de haut relief.

Chacun des deux volets, terminé à la partie supérieure en angle aigu, est divisé comme la partie centrale en deux registres, abrités chacun sous un arc à fronton.

Volet gauche : Les trois Rois. — Le Portement de croix.
Volet droit : La Présentation au Temple. — La Descente de croix.
Traces de peintures. (Eglise de Saint-Sulpice, Tarn).

118. Polyptyque. (XIVᵉ siècle).

Au centre, la Vierge en relief, couronnée, debout sous un dais, tenant l'Enfant Jésus sur son bras gauche ; de chaque côté deux volets, représentant : L'*Annonciation*, la *Visitation*, la *Nativité*, l'*Adoration des Mages* et la *Présentation au Temple*. (M. Charles Mège).

119. Diptyque de la Passion. (XIVᵉ siècle).

Chaque feuillet est divisé en quatre registres par une frise creusée d'une gorge que garnissent des rosettes.

1ᵉʳ Feuillet : L'Entrée à Jérusalem. — La Cène. — Le Baiser de Judas. — La Marche au Calvaire.

2ᵉ Feuillet : Le Lavement des pieds. — Jésus au Jardin des Olives. — La Flagellation. — Le Calvaire. (Mlle Grandjean).

120. Crosse. (XIVᵉ siècle).

Naissance de la volute accostée sur chaque face par un ange agenouillé, tenant de ses deux mains une branche de chêne qui s'échappe de la volute, sur laquelle s'appliquent de place en place d'autres branches. Celle-ci encadre, d'un côté, le Christ en croix entre la Vierge et saint Jean, de l'autre, la Vierge entre saint Denis et un bénédictin agenouillé.

Une rainure creusée sur la circonférence de la volute devait maintenir une crête de métal. (M. Ch. Mannheim).

121. Crosse. (XIV siècle).

Tige à quatre arcades avec fronton orné de crochets, comprenant, d'un côté, la Vierge entre deux anges céroféraires, de l'autre, l'*Annonciation*. Crosseron orné de feuilles de figuier. Dans la volute le couronnement de la Vierge.

Travail français. Crochets en os de travail italien. (M. Th. Weber).

122. Coffret. (XIVᵉ siècle).

Caisse rectangulaire à couvercle plat.

Couvercle divisé en quatre parties par les bandes réservées pour la monture, les deux intérieures étant subdivisées par une bande transversale, les deux extrêmes étant occupées par deux quatre-lobes superposés. Un sujet du *Roman de la dame de Vergy*, occupe chaque compartiment, en commençant par le haut à gauche.

1º Un jeune homme et une jeune femme causant debout. 2º Un jeune homme assis prenant la main d'une jeune femme assise vis-à-vis de lui. 3º Le jeune homme repoussant la main qui l'embrasse. 4º Jeune femme et homme encapuchonné. 5º La dame de Vergy assise tenant sur ses genoux un chien dont elle fait la toilette. 6º La dame mettant un chien à terre au pied d'un arbre, de l'autre côté, un jeune homme portant un faucon, caresse un chien. 7º Jeune homme et jeune femme assis se caressant. 8º Jeune homme tirant un glaive devant une jeune femme qui joint les mains.

Face divisée en quatre compartiments par les bandes réservées pour la monture, la place de la serrure occupant l'angle supérieur des deux compartiments centraux.

1º La dame de Vergy évanouie sur son lit, une suivante la contemple, un glaive est suspendu à côté d'elle. 2º Son amant se perçant du glaive en présence de la dame. 3º Même scène, une main retire le glaive. 4º Homme encapuchonné dont la main agit dans le compartiment précédent. Le même homme portant le glaive.

Face postérieure, quatre compartiments :

1º Deux hommes, dont un coiffé d'un capuchon, se prenant la main. 2º L'homme au capuchon assis derrière un arbre, voit un jeune homme et une jeune femme s'embrasser, un petit chien entre eux. 3º L'homme au capuchon assis prend la main d'une dame couronnée assise près de lui. 4º Jeune homme agenouillé donnant une lettre à une jeune femme.

Les deux côtés latéraux manquent ainsi que la monture.

(M. Ch. Mannheim).

IVOIRE.

123. Couvercle de coffret. (XIVᵉ siècle).
Reproduction du couvercle du numéro précédent, retraçant quelques scènes du *Roman de la dame de Vergy*. (M. Ch. Mannheim)

124. Coffret rectangulaire à couvercle élevé sur quatre côtés en doucine. — Travail italien. (XIVᵉ siècle).
Caisse. Faces garnies de plaques d'os représentant des hommes nus sous un manteau, ou des femmes en robe et en manteau portant des banderolles : deux tours percés d'une fenêtre encadrent les personnages des deux grandes faces. De longues feuilles montent contre les angles. Monture marquetée de rosaces d'os et d'ébène. (Église de Saint-Trophime d'Arles).

125. Coffret rectangulaire à toit plat. (XIVᵉ siècle).
Le couvercle est divisé en quatre parties couronnées chacune par un arc sous un fronton à crochets, qui abrite des scènes d'amour entre un jeune homme et une dame.
La face antérieure, divisée et ornée de même, représente quatre sujets analogues. La face postérieure, divisée en trois parties, représente le jeune homme et la jeune femme chevauchant un faucon au poing, entre deux scènes analogues aux précédentes.
Extrémité de gauche. Tristan et Yseult voyant l'image du roi dans la fontaine, aux bords de laquelle ils sont assis.
Extrémité de droite. La licorne poursuivie se réfugie près d'une Vierge.
Garniture en fer. (M. Mente).

126. Coffret rectangulaire à toit plat. (XIVᵉ siècle).
Couvercle divisé en quatre parties, chacune sous un arc ogive à fronton garni de crochets, abritant une scène d'amour.
Face antérieure à quatre compartiments, comprenant chacun une scène semblable. Même sujet sur chaque extrémité. Face postérieure divisée en trois compartiments, dont le central représente un jeune homme et une jeune femme à cheval, un faucon au poing.
Garniture en fer. (M. Ch. Mannheim).

127. Couvercle de boîte à miroir. (XIVᵉ siècle).
Disque encadrant un jeune homme à cheval, un faucon au poing, baisant une jeune femme à cheval à côté de lui, vêtue d'un surcot à capuchon et à manteau. Quatre dragons à pattes sont posés autour du disque.
(M. Maillet du Boullay).

128. Boîte cylindrique, à couvercle. (XIVᵉ siècle).
La boîte est divisée en deux zônes. L'inférieure divisée en compartiments par des arcs ogives figure : la *Visitation*, l'*Annonciation*, l'*Adoration des rois*, la *Crèche*, la *Présentation au temple*. La zône supérieure figure, sans séparation : la *Marche des rois*, l'*Annonce aux bergers*, le *Massacre des innocents, un moissonneur et un soldat*, la *Fuite en Égypte*
Sur le couvercle, le *Jugement dernier*. Le Christ montrant ses plaies entre la Vierge et saint Jean en prière, au-dessus de trois ressuscités sortant du tombeau. (Musée de Dijon)

129. Boîte rectangulaire à couvercle plat. (XIVᵉ siècle).
Chaque face est divisée en deux zônes horizontales, subdivisées elles-mêmes verticalement en compartiments. Chacun est couronné par une arcature abritant des scènes de la légende de sainte Anne, de la Vierge et de l'Évangile. Les sujets commencent sur la face antérieure, celle de la serrure, par le premier compartiment du bas à gauche, et se suivent de gauche à droite en montant.
1ʳᵉ zône. — Joachim et Sainte-Anne offrant chacun un agneau sur l'autel. — Joachim et Anne recevant les offrandes des hébreux. — Joachim réfugié parmi ses troupeaux, reçoit de l'ange la nouvelle qu'Anne concevra. —

Joachim et Anne s'embrassent et Anne reçoit de l'ange la nouvelle du retour de son mari. — Joachim et Anne dans leur maison : Anne en prière. — La nativité de la Vierge. — La présentation au temple. — La Vierge tissant : la Vierge lisant : la Vierge servie à table par les anges. — Joseph et les veufs portant des baguettes, se présentent au temple. — La baguette de Joseph fleurit. — Mariage de Joseph et de la Vierge. — L'Annonciation.

2e zône. — Joseph doute de la virginité de la Vierge : l'ange rassurant Joseph. — Joseph à genoux devant la Vierge. — La visitation. — La crèche. — L'annonce aux bergers. — La Circoncision. — L'adoration des rois. — La Purification. — Le massacre des Innocents. — Jésus parmi les docteurs — Le baptême du Christ. — Jésus chez Simon.

Couvercle. — La résurrection de Lazare. — L'entrée à Jérusalem. — La Cène. — Le lavement des pieds. — Jésus au jardin des Olives. — Le baiser de Judas : Judas pendu. — La Flagellation. — La crucifixion.

Art français. (Musée de Toulouse).

130. Très petite pyxide. (XIVe siècle).

Boîte cylindrique à couvercle plat à recouvrement, montée en argent.

Trois avant-corps de lions la supportent. La charnière est terminée à chaque extrémité par une rosace ainsi que le moraillon qui s'engage dans un crochet à pivot : deux frettes latérales descendent sur le bord du couvercle. Bouton central en hémisphère portant un oiseau, qu'accompagnent quatre autres oiseaux posés sur le couvercle entre les garnitures.

(M. le Comte de la Bourmène).

131. Pyxide. (XIVe siècle).

Petite boîte à couvercle plat à recouvrement, montée en argent doré et portée par trois dragons dont les queues se réunissent sous le fond, et qui sont fixés à un anneau qui la circonscrit. Charnière fixée d'un côté à une longue queue terminée par une feuille et s'épanouissant en trois feuilles sur le couvercle. Moraillon attaché à une partie dormante semblable, percé, dans sa partie mobile, d'une ouverture où passe un tenon fixé sur une étoile. Un crochet fixé au moraillon s'engage dans l'œil du tenon. De chaque côté des frettes montantes coupées au niveau du couvercle répètent la charnière. Bouton en pyramide portant un anneau mobile quadrilobé. (M. Nodet).

132. Triptyque transformé en diptyque. (XVe siècle).

Les deux volets détachés ont été réunis dans une monture en bois semée de fleurs de lys d'or sur fond noir, de façon à former pendant au tableau central qui est en plein cintre et monté de même.

Une arcature divise le tableau et les volets en deux registres, et une autre garnit le cintre.

Tableau central. *Bas :* Le Christ en croix entre la Vierge suivie de saint Jean-Baptiste, et saint Jean suivi de sainte Marguerite. *Haut :* Le Couronnement de la Vierge.

Volet de droite. *Haut :* La Crèche ; *bas :* le Massacre des Innocents.

Volet de gauche. *Haut :* Le *Noli me tangere. Bas :* la donatrice, habillée en religieuse, agenouillée devant un prie-Dieu, sous la lettre M, assistée de sainte Catherine.

Revers, peint au XVIIe siècle : l'Annonciation et le Baptême du Christ.

(M. Nollet).

133. Peigne liturgique. (XVe siècle).

Peigne à deux rangs de dents opposés, séparés par une frise divisée en quatre compartiments ciselés de figures de saints et de scènes de l'Evangile. — Face : Une sainte Marie et un saint diacre martyr, l'*Annonciation*, un martyr et saint Jacques, saint Barthelémy et saint Jude. — Revers : saint Jean-Baptiste et sainte Catherine, saint Paul et saint Pierre, saint Simon et saint Evêque, saint Fiacre et saint Laurent. (Cathédrale de Reims).

134. Main de Justice. (XVᵉ siècle).
Sur les trois boutons de la poignée l'inscription : LVDOVIC REX FRAN-
CORV, et les lis. (Collections de Bruges et Attenbough).
(M. Th. Weber).

BOIS.

135. Extrémité inférieure d'un bâton de crosse. (XIIᵉ siècle).
Quatre zônes superposées, abritées chacune sous des arcs surbaissés portés par des colonnes encadrant les sujets suivants : L'Annonciation ; — La Visitation ; — La Crèche ; — L'Annonce aux bergers ; — Les Rois à cheval ; — L'Adoration des Rois ; — Les Rois avertis par l'Ange ; — La Présentation au Temple.
Au-dessus de la dernière zône l'inscription : PRIMVS.
(Deux autres éléments font partie d'une collection particulière ; le quatrième manque).
Bois de buis. — Attribué à Saint Ciprien, + 509. (Cathédrale de Reims).

136. Porte peinte. (XIIIᵉ siècle).
Elle est faite avec cinq ais horizontaux, provenant de plusieurs panneaux, fixés sur des traverses au moyen de clous à tête de diamant placés diagonalement à l'intersection de lignes se croisant et formées par l'enlevage de la couche de peinture qui recouvre et laisse apparaître l'apprêt blanc sous-jacent.
L'ais supérieur représente les bustes de trois évêques mitrés et en chasuble ; l'un bénissant et tenant une crosse, l'autre tenant un livre et parlant.
Le second ais représente le corps de trois autres évêques qui semblent prolonger les bustes précédents mais qui proviennent d'ailleurs. On y voit des mains tenant l'une un livre, l'autre le bâton d'une crosse, le bas de la chasuble, la tunique, l'aube et le siège.
Le troisième ais répète à peu près le second.
Le quatrième en très mauvais état laisse deviner quelques draperies.
Une peau collée sur le bois était recouverte d'une épaisse couche d'apprêt blanc sur lequel la peinture était exécutée par teintes plates, éclairées par une couleur d'un autre ton, les traits étant redessinés en noir.
(Musée de Clermont-Ferrand).

137. Châsse peinte. (XIIIᵉ siècle).
Châsse en forme de grange : sur la face antérieure ; trois bustes nimbés, sur le toit un buste oblitéré, sur un pignon *saint Laurent*, sur l'autre, un saint évêque.
Face postérieure : Sainte Ursule, développant son manteau soutenu à chaque extrémité par un ange volant, pour abriter quatre saintes martyres : Sainte Florenciana, sainte Mabilia, sainte Eclecta, sainte Cristancia. Deux écus à chaque extrémité : l'un oblitéré, l'autre portant « d'or au taureau de sable. »
Sur le versant du couvercle : La Vierge assise tenant l'Enfant Jésus, entre Sainte Cécilia dont l'image n'existe plus et Saint Adriev (André).
Deux écus, dont l'un, seul visible, est « de sable au taureau de gueules. »
(Cathédrale d'Albi).

138. La Vierge et l'Enfant-Jésus. (XIIIᵉ siècle).
Vierge assise, tenant l'Enfant-Jésus debout sur son genou gauche. La Vierge couronnée par dessus un voile court, est vêtue d'une robe ample maintenue par une ceinture à boucle et d'un manteau agrafé sur la poitrine par un fermail à quatre lobes. Elle tient une tige de la main droite.
L'Enfant-Jésus vêtu d'une longue robe sans ceinture, tient un globe de la main gauche et bénit de la droite.
Traces de peinture rouge sur le manteau de la Vierge, et bleue sur son revers ainsi que sur la robe du Christ. — Bois de noyer. (Mᵐᵉ Victor Gay).

ÉPOQUE DU MOYEN-AGE.

139. Vierge assise tenant l'Enfant-Jésus sur ses genoux.
Ecole d'Auvergne. (XIIIᵉ siècle).
(M. Desmottes).

140. Sainte-Geneviève, statuette. (XIIIᵉ siècle).
Femme jeune, debout, lisant dans un livre et tenant de la gauche un cierge (?) disparu. — Elle est vêtue d'une robe à ceinture, d'un manteau posé sur les deux épaules et coiffée d'un voile. (M. Wasset)

141. Ange, un genou plié, regardant de côté. — Statuette ; bois de chêne.
(XIIIᵉ siècle).
(Société des Antiquaires de l'Ouest, à Poitiers).

142. La Vierge et l'Enfant-Jésus, statuette. (XIVᵉ siècle).
La Vierge debout, coiffée d'un voile court maintenu par une couronne, et vêtue d'une robe lâche à ceinture et d'un ample manteau ; fortement hanchée, elle porte l'Enfant-Jésus sur son bras gauche et une fleur de la main droite. Jésus vêtu d'une tunique tient une boule de la main gauche et bénit de la droite. — Bois de noyer. (M. C. Mège).

143. Saint personnage debout ; — bois peint et doré. (XIVᵉ siècle).
(M. Desmottes).

144. Sainte Anne et la Vierge. — Flandres. (XVᵉ siècle).
Sainte Anne assise sur un siège à accoudoirs, tient de la main gauche un livre ouvert posé sur son genou et pose la droite sur l'épaule de la Vierge assise sur un coussin devant elles, et tenant l'Enfan-Jus sur ses genoux.
(M. Maillet du Boullay).

145. La Vierge et l'Enfant-Jésus. (XVᵉ siècle).
La Vierge assise tient l'Enfant du bras gauche et de la main droite elle lui présente une fleur. Elle est coiffée du dominical qui est soutenu par une couronne d'argent. (Ile de France).
Provient de la collection Carrand. (M. Desmottes).

146. Vierge agenouillée devant un prie-Dieu. (XVᵉ siècle).
(M. Desmottes).

147. Vierge, assise sur une stalle et tenant l'Enfant-Jésus dans ses bras.
(Ce groupe est posé sur un socle polychrômé de la même époque).
(XVᵉ siècle).
(M. Desmottes).

148. Vierge assise. (XVᵉ siècle).
La Vierge, assise dans une chaière à dossier, tournée vers la droite, tient un livre ouvert sur ses genoux. — Elle est couronnée et vêtue d'une ample robe nouée par un ruban à la ceinture, et d'un manteau posé sur les deux épaules. Sur la terrasse, une main frappée, marque d'un atelier d'Anvers. (M. Mohl).

149. Sainte Anne assise.
Anne assise dans une chaière à dossier, tournée vers la gauche, porte sur ses genoux un livre entr'ouvert, et une pomme de la main droite. Elle est coiffée d'un ample voile sur une guimpe, et vêtue d'une robe à ceinture en lanière ornée d'orfèvrerie et d'un manteau.
Sur la terrasse, la main de l'atelier d'Anvers. (M. Mohl).
Nota. — Cette figure et la précédente devaient primitivement former un groupe.

150. Le mariage de la Vierge. (XVᵉ siècle).
Groupe de quatorze personnages. — Ecole du nord de la France.
(M. Desmottes).

151. Sainte Madeleine, statuette. (XVᵉ siècle).
Debout tenant de la main droite la boîte aux parfums. (M. Desmottes).

152. Saint Michel, statuette. (XVᵉ siècle).
Le Saint, coiffé d'une ample chevelure, vêtu d'une robe à ceinture, d'une étole croisée et d'un manteau agrafé sur la poitrine par un fermail, les ailes éployées, debout, frappe le démon renversé sous son pied, et enfonce dans sa gueule la pointe de son écu croiseté.
Bois de chêne. (M. d'Allemagne).

153. Saint Antoine. (XVᵉ siècle).
Le saint est debout, barbu, vêtu d'une robe à ceinture maintenant une patenôtre, d'un scapulaire, et d'un manteau à capuchon. Il tient un livre ouvert de la main droite et appuie la gauche sur un tau où un cochon pose une de ses pattes. Des flammes sortent de la terrasse. (M. Nollet).

154. Saint Antoine. (XVᵉ siècle).
Vieillard barbu, coiffé d'un beguin à longues oreillères, vêtu d'un manteau à capuchon, d'un scapulaire et d'une robe, tenant un livre ouvert de la main droite, la gauche appuyée sur un bâton ; un cochon est derrière lui.
(M. Picard).

155. Saint Jacques, statuette peinte et dorée. (XVᵉ siècle).
(M. Desmottes).

156. Saint Yves, statuette. (XVᵉ siècle).
Saint Yves debout, vêtu d'une ample robe à pélerine et à large collet, qui l'enveloppe tout entier, coiffé d'un bonnet plat, regarde à terre. (M. Nollet).

157. Triptyque à volets peints. (Fin du XVᵉ siècle).
Partie centrale carrée, représentant l'Adoration des Rois, et, dans la partie supérieure, leur suite à cheval ; soubassement à jour et couronnement d'un réseau également à jour, porté par deux colonnes latérales.
Sur les volets sont peints : La Crèche et la Présentation au temple.
Bois peint et doré. (Eglise de Thenay, Loir-et-Cher).

158. Autel domestique, sculpté en haut relief, peint et rehaussé d'or, représentant la Visitation. (XVᵉ siècle).
(M. Desmottes).

159. Bras reliquaire, peint et doré, provenant d'une église des environs d'Abbeville. (XVᵉ siècle).
(M. Desmottes).

160. Le roi Charles VIII. (XVᵉ siècle).
Assis tenant sceptre et couronne fleurdelisée ; — bois de chêne. (M. Wasset).

161. Deux petites statuettes. (XVᵉ siècle).
Personnages richement vêtus.
Attribuées à l'école de Bourgogne. (M. Desmottes).

162. Jessé. (XVᵉ siècle).
Il est assis dans une stalle, la tête appuyée sur la main gauche ; — bois peint et doré. (M. Desmottes).

163. Évêque tenant son livre d'heures ; — bois peint. (XVᵉ siècle).
(M. Desmottes).

164. Personnage debout, richement vêtu les mains jointes ; — bois peint.
(XVᵉ siècle)
(M. Desmottes).

165. Sainte Femme, les mains jointes ; — bois peint et doré. (XVᵉ siècle).
(M. Desmottes).

ÉPOQUE DU MOYEN-AGE.

166. Un Prophète. (XVᵉ siècle).
>Vieux, barbu, coiffé d'un bonnet, vêtu d'une longue robe à ceinture, ouverte sur une tunique, de chausses larges et chaussé de patins ; il regarde en l'air, une main levée ; — bois de noyer. (M. Wasset).

167. Un prophète. (XVᵉ siècle).
>Vieux, barbu, coiffé d'un chaperon, vêtu d'une longue robe à manches, sans ceinture, regardant en l'air, une main sur sa poitrine, sur une robe intérieure ; il est chaussé de patins sur des chausses larges ; — bois de noyer.
>(M. Wasset).

168. Personnage debout, vu de profil. (XVᵉ siècle).
>Fragment d'un rétable ; — bois peint et doré. (M. Desmottes).

169. Sainte-Catherine, debout, tenant de la main droite l'épée au repos et de la gauche un livre d'heures. (XVᵉ siècle).
>Provient de l'abbaye de Marquette (Nord). (M. Desmottes).

170. Une des trois Marie. (XVᵉ siècle).
>Femme debout, coiffée de longs cheveux tombant, retenus par un cercle orné d'un joyau sur le front ; elle est vêtue d'une robe à corsage carré et d'un manteau, et porte de ses deux mains un vase à parfum dont elle soulève le couvercle ; — bois de noyer. (M. Nodet).

171. La Vierge et l'Enfant-Jésus. (XVᵉ siècle).
>La Vierge debout, coiffée de longs cheveux, vêtue d'une robe à corsage carré, sur une guimpe ouverte en pointe, et d'un manteau, porte de ses deux mains l'Enfant-Jésus, qui tient le globe. La figure est placée dans une niche formée de deux colonnes sur une base angulaire, supportant un entablement semblable ; — bois de noyer. (M. Nodet).

172. Saint-Georges. (XVᵉ siècle).
>Figure debout, coiffée d'une salade à mezail, le bas du visage protégé par une mentonnière, vêtue d'une armure complète, à solerets arrondis.
>(M. d'Allemagne).

173. Saint-Pierre. (XVᵉ siècle).
>Homme barbu, coiffé d'abondants cheveux, vêtu d'une robe et d'un manteau, un livre sous le bras gauche dont la main relève la robe, montrant une robe de dessous. (M. d'Allemagne).

174. Coffret rectangulaire à couvercle plat. Allemagne. (XVᵉ siècle).
>Couvercle. L'Amour, couronné, muni de deux grandes ailes, assis sur le dos de deux hommes couchés à terre ; une femme se tient debout à chaque extrémité, près d'une banderole portant une inscription. Une inscription couvre la frise qui entoure la scène dont chaque angle est orné d'une rose.
>Faces antérieure et postérieure, représentant des jeunes hommes et des jeunes femmes debout de chaque côté d'arbres, sur un fond quadrillé : faces latérales, un lion et un pélican. (M. Mante).

175. Panneau de coffre. (XVᵉ siècle).
>Panneau rectangulaire couvert d'un réseau rayonnant obliquement autour de rosaces. (M. A. Picard).

176. Deux panneaux de coffre. (XVᵉ siècle).
>Panneaux rectangulaires à réseau flamboyant sous un arc en accolade, à crochets, en avant d'un fénestrage.
>L'un abrite une fleur de lys fleuronnée sur un fond en réseau ; l'autre un écu. Une frise formée de tiges portant un long fruit, surmonte le tout.
>(M. A. Picard).

BOIS. 25

177. Lutrin. (Fin du XVᵉ siècle).

Aigle porté sur un pied formé de quatre piles réunies par un arc en plein-cintre et munies d'arcs-boutans reçus par des contreforts à pinacles garnis de statues.
Le tout repose sur un pied quadrangulaire muni d'une tête saillante sur chaque arête ; — bois de chêne. (Eglise de Puligny, Côte-d'Or).

178. Pupitre à deux versans. (XVᵉ siècle).

Monté sur une tige à vis mobile dans une traverse fixée dans un tréteau dont les pieds sont munis de contreforts ; — bois de chêne.
Provient de la Chapelle du Château de Saint-Maurice d'Etelan (Seine-Inférieure). (M. J. Maciet).

179. Douze Miséricordes. (XVᵉ siècle).

Sous le siège à côtés polygones un groupe est sculpté. Saint Eustache dans le torrent, tandis qu'un loup et un lion emportent ses enfants sur chaque rive. — Un homme perçant un tonneau. — Un menuisier rabotant. — Un monnoyeur(?) — Deux hommes luttant les pieds opposés et se tenant les deux mains. — Une femme brouettant son mari qui mange. — Cavalier au galop. — Peaussier. — Barbier. — Boulanger suivi de sa femme qui joint les mains, devant un four ouvert d'où s'échappe un homme du côté opposé. — Homme battant le beurre dans une baratte. — Homme traînant dans un charriot un homme avec une femme assise devant lui ; — bois de chêne.
(Abbaye de Saint-Denis).

180. Stalle de diacre. (XVᵉ siècle).

Siège à haut dossier, porté antérieurement par deux panneaux à réseau, séparés par une colonne engagée portant un dragon, et flanqués de deux autres colonnes engagées, portant une figure et montant sous les accoudoirs. Accoudoirs moulurés portés sur des panneaux lisses.
Le dossier rectangulaire est orné de deux arcs lobés, à fronton courbe muni de crochets feuillagés, sur un réseau aveugle ; une moulure dont la gorge est garnie par un cep de vigne, sert de couronnement. Le montant d'encadrement, à gauche, est muni d'un contrefort à pinacle, l'autre est simplement mouluré ; — bois de chêne. (Abbaye de St-Denis).

Nota. — Les amorces des arcs extérieurs, les mortaises creusées de chaque côté du siège, et les amorces des moulures d'encadrement des panneaux support, plus hautes à gauche qu'à droite, indiquent que cette stalle faisait partie d'une série de trois stalles d'inégale hauteur, destinées à asseoir l'officiant, le diacre et le sous-diacre.

181. Stalle à trois sièges mobiles. (XVᵉ siècle).

Chaque siège est mobile entre deux joues. Chaque joue est composée de deux panneaux superposés d'inégale largeur, réunis par une partie courbe intermédiaire, et supporte un accoudoir. Leurs faces sont décorées de fenestrages à jour et leurs tranches de faisceaux de colonnes. — Une figure, religieuse ou grotesque, est fixée sur la moulure de la tranche de la partie courbe. — Les miséricordes des sièges mobiles représentent : l'une, un homme courbé marchant sur un bâton et une béquille ; l'autre, un homme agenouillé, la main droite sur la bouche, tenant une banderolle de la main gauche ; le troisième, un homme dormant le coude appuyé sur un coussin ; — bois de chêne. (M. Martin Le Roy).

182. Deux joues de Stalles. (XVᵉ siècle).

Deux extrémités d'une rangée de stalles basses décorées sur leurs deux faces.
Face extérieure. — Un arc et un demi arc ogives, encadrés sous un même arc plein cintre, à lobes intérieurs, abritant chacun une figure, sous une frise oblique garnie de feuilles de chardon. La moulure séparative des deux arcs la traverse et se développe au-dessus en une volute et une demi-volute gar-

nies de feuilles de chardon intérieurement. La tranche est garnie par un pilastre se présentant d'angle, surmonté par un lion dont les pattes sont appuyées sur la volute de couronnement.

Face intérieure. — Traces de l'accoudoir et du siège mobile, accompagnés de moulures, de colonnes et d'animaux posés sur la moulure d'encadrement de l'arc réservé pour la miséricorde ; — bois de noyer. (M. Emile Peyre).

183. Siège dit de la mère de St-Bernard. (Fin du XVe siècle).

Fauteuil à dossier rectangulaire, muni de deux accoudoirs portés sur des panneaux à jour.

Le dossier est divisé en trois panneaux à jour imitant un natté.

Les traverses, les montans de section rectangulaire sont incrustés de bois blanc et noir dessinant des hexagones et des losanges. Les traverses de renfort, sous celles qui portent le siège, sont gravées de rosaces à doubles rangs, de pelotes, dont le trait est peint en noir ; — bois de chêne.

Provient de l'Abbaye de Clairvaux. (Musée de Troyes).

184. Chaise. (XVe siècle).

Siège hexagone irrégulier porté par six pieds. Les quatre latéraux qui sont tournés, se prolongent pour supporter les accoudoirs courbes qui s'emmanchent au prolongement des deux pieds postérieurs qui sont carrés et montent pour supporter une traverse formant dossier. Cette traverse porte au centre un mascaron au milieu d'un cartouche à contours découpés.

Des feuilles entablées décorent la moulure de la traverse antérieure du siège ; — bois de noyer. (Eglise abbatiale de St-Denis).

185. Douze Panneaux carrés assemblés trois par trois.
(Fin du XIVe siècle).

Chaque panneau est couvert par une rosace circulaire à réseau intérieur. Une figure, un animal est placé à chaque angle extérieur. Au centre d'une des rosaces, un écu chargé du briquet de Bourgogne, traversé par deux flèches en sautoir ; — bois de noyer. (M. Ch. Mannheim).

186. Trois fragments de la décoration d'une charpente de maison.
(XVe siècle).

Face d'un montant. — Valet de chiens sonnant d'un cornet. Il est coiffé d'un bonnet plat pardessus une pèlerine à capuchon, vêtu d'une jacques courte, de chausses collantes et chaussé de brodequins. — Il porte un large coutelas en bandouillère. Deux lévriers courent derrière ses jambes.

Face de deux écoinçons. — Un cerf chassé gravit une côte plantée d'arbres. — Un cerf au refuge sous des arbres ; — bois de chêne. (M. Nadet).

BRONZE.

187. Chandelier. (XIe siècle).

Tige à six pans, renflée, portant, par l'intermédiaire de moulures, sur un pied en forme de lys renversé à trois pétales descendant entre les pieds courbes à griffes. Un chapiteau au-dessus duquel s'épanouit un lys au centre duquel monte une pointe termine la tige. (Mme Victor Gay).

188. Heurtoir. (XIIe siècle).

Sainte Clotilde debout, les pieds posés sur une tête de monstre.
(M. C. Mège).

BRONZE. 27

189. Clochette à jour. (XIIe siècle).

La clochette est divisée en deux zones. La zone supérieure est formée de rinceaux ; l'inférieure, par les quatre symboles évangéliques séparés par un fleuron symétrique. Une anse sert de poignée.
Publié dans les *Annales archéologiques*. (Séminaire de Reims).

190. Pied de chandelier. (XIIe siècle).

Trois feuilles, formant palmettes rayonnant de la tige, portent chacune un lion ayant dans sa gueule un fleuron, au-dessus d'une jambe reposant sur une griffe et interrompue par une couronne. (Mme Victor Gay).

191. Pied de chandelier. (XIIe siècle).

Pyramide triangulaire formée par trois dragons dont la tête pose à terre entre leurs deux pattes, et dont les ailes se développent en rinceaux symétriques à jour. (Mme Victor Gay).

192. Deux éléments de la base d'un Cierge pascal : — un pied et un panneau d'entre-deux. (XIIe siècle).

Le pied est formé par un grand dragon descendant, la tête placée sur une plate-forme semi-circulaire où deux lions mordent chacun une de ses oreilles. Un homme assis sur son dos saisit ses deux ailes ouvertes verticalement. Sur la queue, terminée par de vigoureux stipules enroulés en volute, qui enveloppe un second dragon plus petit, un homme est posé que chevauche un autre homme.

Le panneau, limité inférieurement par deux lobes de la rencontre desquels s'échappe un fleuron symétrique, a pour éléments constitutifs deux spirales appuyées sur chaque lobe, de chaque côté d'une tige centrale d'où s'échappent des rinceaux terminés par de larges feuilles cannelées. Les deux spirales enveloppent chacune un centaure. Une tête de dragon fait saillie à la base de la tige centrale, au sommet de laquelle un homme est assis, au-dessus de deux hommes barbus à califourchon chacun sur un dragon à tête humaine.

Des cristaux de roche cabochons sont enchâssés dans la base du pied, dans la bordure des lobes, sur l'échine du grand dragon, et dans la tige du panneau. Provient de l'église de Saint-Rémy. — Publié dans les *Mélanges d'Archéologie et d'Histoire*. (Musée de Reims).

193. Une paire de chandeliers bas, sans tige. (XIIe siècle).

Pied triangulaire porté sur trois griffes réunies deux à deux par deux dragons symétriquement enlacés. Un oiseau est posé en saillie à l'extrémité supérieure de chaque griffe. Nœud sphérique séparé par trois côtes en trois sections que remplit un dragon sur fond ajouré. Bobèche en doucine sous laquelle s'accrochent trois dragons. (Collection Spitzer).

194. Chandelier bas, à tige. (XIIe siècle).

Pied triangulaire à jour, formé par l'enlacement symétrique de dragons d'où naissent des branches feuillagées, porté sur trois dragons. Nœud formé de rinceaux à jour posant sur le pied et portant une courte tige semée d'ornements en saillie, et terminée par un nœud lisse. Bobèche en doucine sur laquelle rampent trois dragons. — Bronze doré. (Collection Spitzer).

195. Chandelier. (XIIe siècle).

Homme vêtu d'une longue tunique monté sur un lion dont il ouvre la gueule. Une tige monte de son dos et s'épanouit en un lys formant le binet. (Collection Spitzer).

196. Chandelier. (XIIe siècle).

Homme vêtu d'une longue tunique, à califourchon sur un lion, tient de la main gauche une tige qui monte de son dos et s'épanouit en un lys formant le binet. (Collection Spitzer).

ÉPOQUE DU MOYEN-AGE.

197. Chandelier bas. (Fin du XIIe siècle).
Pied formé par trois branches posées sur une griffe et portant chacune un ange assis tenant un livre ouvert sur ses genoux, dont les ailes tombantes se rejoignent avec celles de l'ange adjacent. Un nœud formé de rinceaux à jour porte trois petits hommes assis, la tête penchée en avant, qui soutiennent sur leurs épaules une moulure d'où monte la bobèche garnie de feuilles montantes.
(Cathédrale de Lyon)

198. Chandelier. (XIIe siècle)
Homme nu monté sur un dragon à corps hémisphérique qu'il frappe d'une lance dans sa gueule relevée vers lui. La queue du monstre monte en rinceau dans le dos de l'homme et porte la bobèche gauffrée sur les bords.
(Collection Spitzer)

199. Encensoir. (XIIe siècle).
Coupe à culot hémisphérique sur lequel font saillie quatre bouillons, et à panse à quatre faces avec saillie en quart de sphère près du bord ; anneau sur chaque angle. Couvercle faisant à sa base la contrepartie de la coupe, terminé par une succession de tourelles à jour en retraite les unes sur les autres, et à toit sphérique avec poinçons.
Chaînes de suspension et lys. (M. Daguerre).

200. Encensoir. (XVe siècle).
Coupe sphérique et à quatre pans avec saillie en quart de sphère près du bord, porté sur un haut pied en doucine. Couvercle en pyramide à facettes percée de fenestrages. (M. A. Picard).

201. Encensoir. (XIIe siècle).
Coupe sphérique à quatre pans avec saillie en quart de sphère près du bord. Couvercle carré, à saillies correspondantes à celles de la coupe, surmonté, en retraite, d'un toit à deux pignons, à faîte courbe. Le tout percé d'ajours rectangles.
(Cathédrale d'Auxerre)

202. Chandelier. (XIIe siècle).
Tige cylindrique interrompue par trois nœuds à jour, sur une calotte à jour ornée de têtes en relief, et portée sur trois griffes. (Mme Victor Gay).

203. Pied de chandelier. (XIIe siècle).
Cône ajouré par des rosaces qui se croisent, portant une courte tige à moulures et porté sur trois griffes surmontées d'une tête d'animal projetée en avant.
(Mme Victor Gay).

204. Crucifix couronné, à quatre clous, les pieds portés sur un *suppedaneum*, vêtu d'un jupon à ceinture. (XIIe siècle)
(M. H. d'Allemagne).

205. Crucifix à quatre clous, vêtu d'un jupon à ceinture gravée.
(XIIe siècle).
Bronze doré. (Mme A. Picard).

206. Crucifix à quatre clous, vêtu d'un jupon à ceinture gravée.
(XIIe siècle).
(M. H. d'Allemagne).

207. Crucifix couronné, à quatre clous, vêtu d'un jupon à ceinture.
(XIIe siècle).
(M. H. d'Allemagne).

208. Petit chandelier. (XIIIe siècle).
Tige cylindrique interrompue par un nœud à jour, portant une bobèche à pointe et porté sur un pied à trois lobes bombés, réunis par une feuille formant redan et reposant sur une griffe. Une collerette de feuilles garnit le dessous et le dessus du nœud ainsi que les extrémités de la tige.
Cuivre doré. (Mme Victor Gay).

BRONZE.

209. Petit chandelier itinéraire. (XIIIe siècle).
Tige à pans, interrompue par trois nœuds, terminée en croissant qui porte une pointe centrale entre deux appendices latéraux bifurqués. La tige porte sur trois tiges articulées à charnière et pouvant se réunir dans son prolongement.
(Mme Victor Gay).

210. Petit chandelier itinéraire. (XIIIe siècle).
Tige à pans interrompue par un nœud, portant un croissant dont une extrémité est garnie d'un binet et l'autre d'un appendice bifurqué. (Mme Victor Gay).

211. Chevalier. — Statuette. (XIIIe siècle).
Il est debout, coiffé d'un heaume cylindrique à visière, et vêtu d'une cotte d'armes courte, à ceinture, sur un vêtement complet de mailles. Il tend les deux mains devant lui.
Bronze doré. (Mme Victor Gay).

212. Crucifix couronné d'épines, fixé par trois clous, vêtu d'une draperie.
(XIVe siècle).
Bronze doré. (M. H. d'Allemagne).

213. Crucifix semblable au précédent. (XIVe siècle)
(Mme Victor Gay).

214. Ange debout, vêtu d'une robe et d'un manteau. (XIVe siècle).
Bronze doré. (M. J. Maciet).

215. Chanoine debout, vêtu d'une robe et d'un manteau à capuchon carré relevé sur la tête. (XIVe siècle)
Cuivre repoussé et doré. (M. J. Maciet).

216. Chandelier. (XIVe siècle).
Homme vêtu d'une longue tunique, monté sur un lion dont il ouvre la gueule. Sur son dos monte un binet exagone, à moulures, percé sur deux arêtes d'une ouverture ogivale sous un oculus.
Modèle du XIIe siècle employé à la fin du XIVe.
(Musée d'Antiquités de la Seine-Inférieure).

217. Chandelier. (XIVe siècle).
Tige hexagone annelée, portant une bobèche d'où monte une tige terminée par un binet percé d'un orifice latéral, portée sur une pyramide hexagone dont trois arêtes se prolongent pour former le pied. (Mme Victor Gay).

218. Chandelier. (XIVe siècle).
Tige hexagone à nœud, portant une bobèche d'où monte une longue pointe et reposant sur une pyramide à six pans à peine indiqués, portée par trois pieds.
(Mme Victor Gay).

219. Homme debout, vêtu d'une robe et d'un chapeau plat à larges bords, tenant un livre et le pan de son manteau. (XVe siècle).
La tête est très inclinée en avant.
Bronze doré. (M. J. Maciet).

220. Médaillon. — La reddition d'une ville. (XVe siècle).
Un cavalier, suivi de plusieurs autres, s'avance de la droite vers des personnages qui s'inclinent devant lui. Murs d'une ville en second plan. Montagne au fond.
Bronze fondu, ciselé et doré. (Musée d'Aix, B du R).

221. Chandelier. (XVe siècle).
Tige à six pans, pointue, portant à son milieu deux binets sur un bras en demi-arc, reposant, par l'intermédiaire de moulures, sur un plateau circulaire porté sur trois pieds à tête de chien. (Mme Victor Gay).

222. Chandelier. (XVᵉ siècle)
Tige conique portant deux binets latéraux, reposant sur un plateau porté sur trois pieds.
(Mᵐᵉ Victor Gay)

223. Chandelier. (XVᵉ siècle).
Chandelier à pied circulaire, à tige cylindrique, annelée et à binet polygonal, percé de deux orifices latéraux.
Trouvé à Saint-Lô, rue des Ruettes, sur l'emplacement de l'ancien hôpital.
(Musée de Saint-Lô).

224. Chandelier. (XVᵉ siècle).
Tige hexagone annelée, portant un binet percé de deux orifices opposés et muni de deux saillies opposées, reposant sur un plateau circulaire porté par trois pieds.
(Mᵐᵉ Victor Gay).

225. Chandelier. (XVᵉ siècle).
Tige à quatre pans, annelée, portant un panneau à bords découpés, percé d'un quatre-lobes, sur lequel portent deux binets de chaque côté d'une pointe centrale. Pied à six faces en doucine reposant sur trois pieds.
(Mᵐᵉ Victor Gay).

226. Pied de chandelier. (XVᵉ siècle).
Tige hexagone annelée, terminée par trois demi-arcs ogives reposant chacun sur une griffe, lobés intérieurement.
(Mᵐᵉ Victor Gay).

227. Très petit chandelier. (XVᵉ siècle).
Tige cylindrique à nœud, portant une bobèche conique, sur un pied conique creusé d'une gorge, porté sur trois poires.
(Mᵐᵉ Victor Gay).

228. Deux très petits chandeliers. (XVᵉ siècle).
Tige à trois nœuds, terminée en pointe, portée sur un pied circulaire bordé de feuilles rondes cannelées.
(Mᵐᵉ Victor Gay).

DINANDERIE.

229. Coquemar ; de style oriental. (XIIᵉ siècle).
Il affecte la forme d'un lion dressé sur ses quatre pattes, la queue abaissée. La crinière est largement indiquée par des stries et terminée par un dessin dentelé. L'anse est formée par une espèce de dragon, sommairement traité, dont la queue s'appuie sur la croupe de l'animal et dont les pattes viennent se poser sur sa tête, près de l'ouverture carrée qui servait à introduire le liquide dans le vase. Sur les jambes du lion on voit quelques dessins gravés terminés en forme de fleurs de lys.
(Collection Spitzer).

230. Coquemar. (XIIᵉ siècle).
Il représente une sirène moitié oiseau, moitié poisson, dont la queue se relève pour former l'anse et vient se rattacher derrière les épaules. Un bec, coudé en forme de tête de dragon, est fixé sur la poitrine de l'oiseau qui pose sur ses deux pattes et l'extrémité des ailes. Une ouverture cylindrique, munie d'un couvercle bombé et d'un anneau de suspension, est pratiquée à l'extrémité de la queue du monstre, derrière la tête. La sirène porte les cheveux longs et divisés sur le milieu du front ; elle est vêtue d'une double robe à manches longues et ajustées, et de ses deux mains elle tient dans sa bouche un instrument cylindrique, sorte de flûte ou de flageolet. Deux rinceaux naissent de la queue du monstre et se replient sur ses ailes. Les ailes, les cheveux et les rinceaux sont ornés de gravures.
(Collection Spitzer).

DINANDERIE.

231. Coquemar. (XIIIe siècle).

En forme d'un chien de chasse dressé sur ses quatre pattes, la queue courte, les oreilles pendantes, tenant entre ses dents un goulot de forme cylindrique. L'anse, recourbée, est formée par un dragon de haut relief dont la tête se raccorde à la tête du chien et la queue à sa croupe. Une ouverture carrée, fermée par une petite soupape, est placée à la partie supérieure de la tête du chien et sert à remplir l'aiguière. Sur les pattes et la tête du chien et sur le dragon, quelques gravures. (Collection Spitzer).

232. Coquemar. (XIIIe siècle).

En forme d'un cheval dressé sur ses quatre pieds, la queue pendante. La tête est harnachée et la bride pend sur le cou. L'anse est formée par un lézard dont la queue s'appuie sur la croupe du cheval et la tête sur sa crinière. Sur le haut de la tête, entre les deux oreilles on voit une ouverture carrée, s'ouvrant à charnière, destinée à introduire le liquide dans le vase ; sur le poitrail prend naissance, sur un mufle de lion, un robinet terminé par une tête de dragon et surmonté d'une petite figurine de lion.
(Collection Spitzer).

233. Coquemar. (XIVe siècle).

Le lai d'Aristote. — Aristote, vêtu à la mode du XIVe siècle d'une jaquette ajustée, de chausses collantes, de souliers pointus lacés sur les côtés, imberbe, les cheveux longs, entourés d'un cercle d'orfévrerie est représenté à quatre pattes et forme le corps de l'aiguière. Campaspe est assise sur son dos ; d'une main elle tient les rênes rattachées au mors qu'elle a mis dans la bouche du philosophe, de l'autre elle tenait un fouet qui a disparu. Elle est vêtue d'une robe longue, serrée à la taille par une longue ceinture en forme de lanière et ses cheveux qui bouffent sur les joues sont entourés d'un diadème d'orfévrerie. Une ouverture pratiquée à la partie postérieure du crâne de Campaspe servait à introduire le liquide dans l'aiguière, tandis qu'un robinet fixé à la poitrine d'Aristote servait de goulot. (Collection Spitzer).

234. Mortier. (XIII siècle).

Cylindre lisse, évasé à l'ouverture, reposant sur une moulure et ciselé d'un tore sous le limbe. Trois tiges montent de trois têtes de lion en saillie sur les moulures inférieures. (M. Mohl).

235. Mortier. (XIIIe siècle).

Cylindre lisse évasé à la partie supérieure, reposant sur un filet saillant d'où montent six contreforts à toit en biseau. (M. Mohl).

236. Mortier. (XIIIe siècle).

Surface lisse sur laquelle montent quatre tiges, trois terminées par une fleur de lys, la dernière interrompue par une anse rectangulaire. (M. Mohl).

237. Coquemar en forme de buste de femme. (XVe siècle).

Buste de jeune femme coiffée d'un hennin cylindrique et vêtue d'une robe ouverte en pointe sur un corsage horizontal dégageant la poitrine. Large ceinture d'où descendent les plis d'une jupe interrompue.
Le buste pose sur une tige cylindrique renflée dans le haut et élargie inférieurement par des moulures. (M. Gavet).

238. Mortier. (XVe siècle).

Surface moulurée de deux tores dans le bas et dans le haut au-dessus d'une frise de rinceaux de branchages, interrompue par un écu. Huit contreforts partant d'une coquille montent jusqu'à la frise. Deux dauphins servent d'anses.
(M. Mohl).

239. Mortier. (XVe siècle).

Surface lisse sur laquelle montent trois tiges partant d'une griffe, interrompues par un mascaron et amorties par une feuille de vigne. La quatrième est interrompue par une anse rectangulaire. Sous le limbe, une frise de chiens poursuivant des lièvres. (M. Mohl).

ÉPOQUE DU MOYEN-AGE.

240. Mortier. (XVᵉ siècle).
Cylindre évasé à l'ouverture. (Collection Spitzer).

241. Mortier. (XVᵉ siècle).
Cylindre légèrement évasé vers son orifice. Au dessus d'une base ornée de moulures, s'élèvent quatre arcades d'architecture gothique, de style flamboyant, abritant quatre figures en bas relief : La Vierge nimbée et couronnée, portant l'enfant Jésus ; deux des rois Mages, également nimbés et couronnés ; Saint Laurent, nimbé, portant le gril, instrument de son supplice, et la palme du martyre. Sur les flancs et vers l'orifice deux anses. (Collection Spitzer).

242. Aiguière. (XVᵉ siècle).
La panse piriforme, légèrement aplatie, repose sur un pied élevé dont le galbe se rapproche de la forme conique. Le bec affecte la forme d'un dragon dressé sur son arrière-train, les ailes fermées. A l'anse recourbée se rattache le couvercle bombé que termine un bouton en forme de fleuron.
(Collection Spitzer).

243. Aiguière. (XVᵉ siècle).
Le vase piriforme repose sur un pied élevé de forme légèrement conique. Le goulot est formé par un lion assis placé au centre de la panse, l'anse par un dragon qui, de ses pattes, saisit l'orifice du vase et retourne la tête. Au col du dragon se rattache le couvercle bombé monté à charnière que surmonte un bouton en formant le fleuron (Collection Spitzer).

244. Aiguière. (XVᵉ siècle).
La panse piriforme et aplatie repose sur un pied circulaire et conique interrompu par un anneau. L'anse est formée par un dragon qui saisit l'orifice du vase et retourne la tête. Le couvercle bombé surmonté d'un fleuron de style gothique qui forme bouton est monté à charnière et se rattache à l'anse. Le goulot part du milieu de la panse de l'aiguière et affecte la forme d'un aigle à deux têtes, formant un double bec. (Collection Spitzer).

245. Aiguière. (XVᵉ siècle).
En forme de chien. Anse formée par un dragon ; pas de goulot.
(Cathédrale de Lyon).

246. Aiguière. (XVᵉ siècle).
Panse piriforme portée sur un haut pied en doucine moulurée à l'ouverture. Couvercle en ménisque amorti par un cône. Anse lisse avec poucier formé de deux glands opposés. Goulot à tête de dragon.
(Musée d'Antiquités de la Seine-Inférieure).

247. Aiguière. (XVᵉ siècle).
La panse piriforme, légèrement aplatie repose sur un pied circulaire dont le galbe général rappelle la forme conique. L'anse est formée par un dragon qui saisit l'orifice du vase et retourne la tête ; au col de l'animal se rattache le couvercle bombé et monté à charnière que surmonte un fleuron de style gothique formant bouton. Le goulot qui naît de la panse du vase, est formé par un aigle à deux têtes, les ailes abaissées, formant un double bec.
(Collection Spitzer).

248. Aiguière. (XVᵉ siècle).
Le vase piriforme et orné sur sa panse de rainures superposées, repose sur un pied élevé, décoré de moulures. Le bec est en forme de volute et terminé par une tête de dragon qui forme goulot ; une lame de cuivre percé d'un trèfle le consolide et le rattache à la panse à sa partie médiane. A l'anse, également en forme de volute se rattache le couvercle bombé terminé par un bouton feuillagé. (Collection Spitzer)

DINANDERIE.

249. Aiguière. (XVe siècle).

La panse, de forme basse et aplatie, est ornée de raînures circulaires ; elle repose sur un pied bas de forme conique. Le bec très saillant naît directement de l'orifice du vase; il affecte la forme d'un demi-cylindre creux, soutenu par un mascaron d'homme barbu. A l'anse en volute, se rattache le couvercle bombé que surmonte un petit oiseau. (Collection Spitzer).

250. Aiguière. (XVe siècle).

La panse, de forme basse et aplatie, est ornée de rainures circulaires et repose sur un pied conique. Le bec en forme de tête de dragon est orné, à l'endroit d'où il naît de la panse, d'un mascaron d'homme barbu. A l'anse en volute, se rattache le couvercle de forme légèrement conique et terminé par un bouton. (Collection Spitzer).

251. Aiguière. (Fin du XVe siècle).

La panse, de forme piriforme, est godronnée en spirale et les godrons sont alternativement unis et recouverts de guirlandes de feuillages gravés. Le pied élevé et de forme circulaire est orné de moulures ; le bec, en forme de tête de dragon, naît du milieu de la panse ; une tige le consolide à sa partie postérieure. L'anse, recourbée en forme de volute est terminée à sa partie inférieure par une tête de dragon et, à sa partie supérieure, au moyen de deux serpents, se rattache au couvercle de forme hémisphérique aplatie que surmonte un bouton feuillagé. (Collection Spitzer).

252. Aiguière. (XVe siècle).

La panse est de forme cylindrique et repose sur une base en talus. Elle s'élargit brusquement vers son orifice en forme de poire ; un couvercle bombé, qui se rattache à une anse carrée, la surmonte. Le bec, en forme de proue de navire, naît directement de l'orifice du vase. Sur le couvercle est rapportée une plaquette circulaire en argent, de travail italien, sur laquelle sont gravés deux écussons accolés, surmontés d'un chérubin. (Collection Spitzer).

253. Croix de procession. (XVe siècle).

Croix à branches terminées par des fleurs de lys gravées. Christ rapporté, cloué par trois clous ; hampe à douille lozangée, terminée par un petit nœud aplati. (Eglise de Wattignies, Nord).

254. Pot à aumônes. (XVe siècle).

Cylindre reposant sur une moulure avec couvercle muni d'une anse rectangulaire à têtes de dragon, mobile entre deux tenons en forme de têtes. Un moraillon descend dans la garniture d'une serrure terminée en couronne renversée. (Cathédrale de Beauvais).

255. Pot laveur. (XVe siècle)

Vase sphérique à facettes, à ouverture polygonale, avec couvercle en dôme à pans. Il est muni de deux becs opposés à tête de dragon et de deux tenons semblables où s'articule une anse mobile trilobée, renflée à son sommet. Elle y est creusée d'une cavité sphérique où se meut librement l'extrémité en boule de la queue d'un anneau à quatre lobes où passent les longs maillons d'une chaîne. (Musée d'Auxerre).

256. Plateau, en cuivre repoussé. — Atelier flamand pour l'Espagne. (XVe siècle).

Au fond, un écu en tête de cheval, sous un heaume ayant pour cimier un lion tenant un glaive qu'entoure une banderolle, accompagné de longs lambrequins qui couvrent tout le fond ; marly et bords lisses.

L'écu est « coupé en tête mi-partie : de... au lion passant et de... à la castille de... en pointe de.... aux trois pals de... ». Devise ALACREA. (M. E. Orville).

257. Plat, en cuivre repoussé. (XVᵉ siècle).

Au fond un grand écu en tête de cheval « coupé : en chef, d'une fleur de lys florencée : en pointe, d'une aigle éployée » accompagné des lettres PA. DV. Entourage formé par une cordelière et un natté. Bords portant une inscription interrompue par des têtes de lion en relief accompagnées de fleurons estampés. (M. E. Orville).

258. Aigle formant lutrin. (Fin du XVᵉ siècle).

Aigle les ailes éployées portant une rosace à jour dans un carré, qui forme pupitre et antérieurement un autre pupitre à charnière sur sa poitrine et sur la boule où posent ses pattes. Cette boule est enveloppée par une couronne à fleurs de lys et à fleurons alternés. Le pied circulaire à nombreuses moulures porte une tige à balustre.

L'encadrement du pupitre porte gravée l'inscription : Mᵉ Nicolas Maury recepveur av conte de Rosnay en 1651. (Eglise de Rosnay, Aube).

259. Aigle formant lutrin. (XVᵉ siècle).

Aigle à ailes éployées, tenant un petit dragon renversé entre ses pattes, posées sur une sphère. Tige cylindrique annelée, portant par l'intermédiaire de nombreuses moulures sur un pied hexagone, mouluré.

(Eglise de Honfleur, Calvados).

SCEAUX.

260. Sceau gravé sur ardoise. (Fin du XIIᵉ ou Cᵗ du XIIIᵉ siècle).

Il représente un évêque debout revêtu de ses ornements pontificaux, mître en tête et crosse en main et donnant la bénédiction de la main gauche. Au pourtour, inscription : GVIDO PREN (est) ENSIS EPISCOPUS, origine incertaine.

Trouvé en 1885 au lieu dit : *Le bon duel*, sur les terres de la ferme de Beaurepaire, à Longpont (Aisne),

Cf. L'abbé Corneaux, curé de Longpont : *Lecture faite à la Société nationale des Antiquaires de France* le 13 Juillet 1887.

(Eglise de Longpont, Aisne).

261. Matrice du sceau de Deutz. (XIIᵉ siècle).

Au centre un Château entouré de murs, légende : + SIGILLVM . LIBERE . CIVITATIS . TVICIEN ; et au-dessus de la ville : Q . E . ARCHIEPI . COLON. — Cuivre.

Deutz fut déclaré ville libre par Othon en 957.

(Musée archéologique d'Angers).

262. Matrice du sceau de la commune de Dijon. (XIIᵉ siècle).

Au centre personnage à cheval, le faucon au poing, légende : SIGILLVM COMMVNIE DIVIONIS ; autour une série de vingt arcs en plein cintre encadrant chacune une tête d'homme. — Bronze.

La commune de Dijon fut établie en 1187. (Musée archéologique d'Angers).

263. Soixante-deux sceaux français. (Collection de M. H. Hoffmann).

1. *Bague mérovingienne en or.* + AROLVOMEI autour d'une croix évidée au centre et recroisetée. — VIIᵉ siècle.

2. *Robert de Tol.* + SIGILLVM . ROBERTI . DE . TOL. Cavalier armé de toutes pièces, l'épée à la main droite, le bouclier au bras gauche. — Sceau rond en ivoire. XIIᵉ siècle.

3. *Église de Saint-Barthélemy de Beauvais.* ✝ SIGILL' : SC'I : BARTOMEI : BELVACENSIS. Le saint, de face et à mi-corps, la tête nimbée, tient un coutelas et un évangéliaire. — Sceau circulaire en bronze. XIIIe siècle.

4. *Chapitre de Saint-Quentin de Beauvais.* ✝ SIGILL' : CAPIVLI : S̄C̄I : QV̄ITINI : BELVAC'. Le saint debout, tenant une palme et un livre, les pieds posés sur une base ornée de trois clous de la Passion. — Sceau ogival en bronze. XIIIe siècle.

5. *Eglise de Notre-Dame de Senlis.* ✝ SIGN̄V SCE MARIÆ SILNECTENSIS ECCLE. La Sainte-Vierge assise de face, voilée, nimbée, tenant une croix et un sceptre fleurdelisé. — Sceau ogival en ivoire, du XIIe siècle. — Les Archives Nationales ne possèdent qu'un fragment d'empreinte de ce sceau, appendu à une charte de l'an 1213.

6. *Olivier Rufier.* — ✝ S : OLIVERII : RVPHIER'. Écusson en pointe, semé de billettes. — Sceau rond en cuivre. XIIIe siècle.

7. *Confrérie du Pain dans l'église Saint-Pierre de la Tour, au Mans.* ✝ S. CONFRATE : PANIS : IN ECC̄A : SC̄I PET̄ : DE : CVRIA : CENOM̄. Saint Pierre assis et bénissant ; devant lui, une figure drapée et agenouillée tient des balances. Sceau circulaire en cuivre. XIIIe siècle.

Chapitre de Notre-Dame de la Buxière (Bourbonnais). ✝ SIGILLVM : CAPITVLI : BEATE : MARIE : BVS : SERIENSIS. La Vierge-Mère couronnée et tenant un lis, est assise sur une escabelle. — Sceau rond en cuivre. XIIIe siècle.

9. *Couvent de Saint-Bénigne de Dijon.* ✝ S'. CONVENTVS. S'. BENIGNI. DIVIONIS. Le saint à mi-corps, nimbé, tenant une palme et un livre. Deux mains de bourreaux tiennent des broches et percent les épaules du martyr. — Sceau rond en cuivre. XIIIe siecle.

10. *Commune de Semur-en-Brionnais.* ✝ SIGILLVM . COMMVNIE . D . SEMVRION. Le maire à cheval, l'épée au poing, la tête couverte d'un chaperon ; son bouclier porte les armes de Bourgogne. Au tour, six bustes d'échevins. — Sceau orbiculaire en cuivre. XIIIe siècle.

11. *Chapitre de l'église de Saint-Flour.* ✝ S : CAPITVLI : ECCLESIE : SANCTI : FLORI. Le saint, assis sur un siège dont les montants sont formés par des griffons, tient une crosse et lève la main droite pour bénir, de chaque côté une fleur de lis. — Sceau rond en cuivre. XIIIe siècle.

12. *Ville de Condom.* ✝ SIGILLVM : COMVNITATIS : VILLE : CONDOMENSIS. Vue de la ville avec son église, ses tours, ses murs crénelés et un pont. Au revers, la même légende et deux clefs entourées de pampres. — Grand sceau orbiculaire en cuivre, avec contre-sceau séparé. XIIIe siècle.

13. *Prieuré de Saint-Germain.* ✝ S : CVRIE : PRIORATVS S. GERMANI LAREI. Cavalier armé de toutes pièces, galopant vers la droite. Treillis pointillé. — Sceau rond en cuivre. XIIIe siècle.

14. *Couvent de Sainte-Marie de Fontibus.* ✝ S : CONVENTVS SC̄E MARIE DE PONTIB'. Vue du couvent. — Sceau rond en cuivre. XIIIe siècle.

15. *Sceau anonyme.* Chevalier armé de toutes pièces, galopant à droite, l'épée au poing. Au revers, le même sujet, tourné à gauche. — Sceau orbiculaire en cuivre. XIIIe siècle.

16. *Durats d'Obite* (Navarre). ✝ : SIGILLVM : IVRATORVM : ET : CONCILII : DE : OLITO. Oranger garni de fruits, sommé d'une étoile et environné de huit tourelles. — Sceau rond en cuivre. XIIIe siècle.

17. *Robert, fils du comte Robert de Clermont.* ✝ . S. R. FILII. COMITIS. R. CLAROMON : TENSIS. Cavalier vêtu d'une cotte de mailles et armé d'un bouclier, l'épée au poing, la tête couverte d'un casque à sommet plat. — Sceau orbiculaire en bronze, trouvé en 1842 dans la Seine, près du Louvre. XIIIe siècle.

ÉPOQUE DU MOYEN-AGE.

VRGVNDIE. IN. DOLA. Ecu de Bourgogne et de Franche-Comté, soutenu et surmonté par des animaux fantastiques. — Sceau rond en cuivre. XIV° siècle.

19. *Compagnons du serment de France et de la monnaie de vierzon.* ✝ S' AV GLAIGNŌS. DOV. S̄MAT. D'. FRĀCE. Z. LA MONOIE. D. VSŌ. Ec. au lion grimpant, chargé d'un lambel (armes de la maison de Brabant). — Sceau rond en cuivre. XIV° siècle.
Trouvé près de la voie romaine de Tours à Bourges.

20. *Guillaume de Trébes* (Aude). ✝ S̄ GVILLIELMI. DE. TREBIS. Aigle éployé. — Sceau ayant la forme d'un écu en pointe ; cuivre. XIV° siècle.

21. *Guillaume Boniface.* SEEL-GVILL. BONIFACI. Ecu couché. Sur un semis de trèfles, un casque à grille surmonte l'écu ; sur le casque, un personnage à mi-corps, tenant dans chaque main un bâton noueux.— Sceau rond en cuivre. XIV° siècle.

22. *Frère Guillaume Poular d'Erambert.* S' F. GVILLI. POVLAR DERAMBERT. Moine agenouillé et nimbé, tenant à la main droite un évangéliaire. De chaque côté, un arbre ; dessous, un écriteau portant les lettres S. G.(Saint-Guillaume, archevêque de Bourges). — Sceau rond en cuivre. XIV° siècle.

23. *Arnaud Ramis, roi des Merciers du Roussillon et du Cérot.* ARNAUDO : RAMIS : REX : MERCERIORŪ : ROCILIONIS : ET CERITĀ, en minuscules. Ange à mi-corps, aux ailes déployées, soutenant un écusson. — Sceau rond en cuivre. XIV° siècle.

24. *Consuls de Fousseret* (Haute-Garonne). S' C̄NSULŪ UNIŪSITAT' UILLE DE FOSORETO. Ecusson entre trois palmes. — Sceau orbiculaire et cuivre. XIV° siècle.

25. *Hubert de Saint-Nazaire.* ✝ S' VB'TI MARACII D'SC̄O NACARIO — Sceau rond en cuivre. XIV° siècle.

26. *Église des Saints-Macchabées à Lyon,* SIGILLVM. SANCTORVM. MACHABEORVM. Sous un dais gothique, la sainte Vierge debout et de face, les bras étendus symétriquement au-dessus de sept personnages. — Sceau ogival en cuivre. XIV° siècle.

27. *Chapitre de l'église de Notre-Dame des Oliviers, à Murat* (Cantal). SIGILLŪ : CAPITULI : ECCL'IE : BEATTE : MARIE : DE : MURATO. La Vierge à l'Enfant, couronnée et tenant un sceptre, est assise de face sous un dais gothique. De chaque côté, une figure agenouillée et un écu en pointe. En exergue, un lion couché. — Sceau ogival en argent. XIV° siècle.

28. *Bailliage de Mâcon.* ✝ S : CONMVNE : REGIVM : MATISCONEN : BAILLIVIE. Ecusson aux fleurs de lis sans nombre, brochant sur une rosace. — Sceau rond en cuivre. XIV° siècle.

29. *Chapitre de l'ordre de Cîteaux* : S : DIFFINITORV̄ : CAPLI : GENERALĪ : CIST'. ORDIS. La sainte Vierge debout et de face, étendant les bras pour protéger huit abbés de Cîteaux agenouillés. — Sceau rond en cuivre XIV° siècle.

30. *Commune de Dijon.* ✝ SIGILLVM : CONMVNIE : DIVIONIS. Au centre, un cavalier, tête nue, un faucon sur le poing droit. Bordure formée de vingt bustes, qui représentent les échevins de Dijon. — Grand sceau orbiculaire en cuivre. XIV° siècle.

31. *Alice de Gourville, dame de Ruffec* (Charente). ✝ S' ALIZ DE GORVILLE . DAME . DE . ROFEC. Armes dans une bordure gothique. — Sceau rond en argent. XIV° siècle.

32. *Geoffroy Pauvreau, abbé de Maillezais* (Vendée). ✝ S'. FRIS . GAVFRIDI . POVRELLI . ABBIS . SC . P . MALLEACĒSIS. L'abbé debout et de face sous un dais, la crosse à la main droite, la bible dans l'autre. — Sceau ogival en cuivre. XIV° siècle.

33. *Frère Jehan Barbu, hôtelier de Marmoutier-lez-Tours.* S. F. IOHOIS . BARBV . HOSTELARII . MAIOR . MON. Saint-Jean-Baptiste tenant l'agneau crucifère. — Sceau ogival en cuivre. XIV° siècle.

18. *Cour du comte de Bourgogne, à Dôle.* ✝ SIGILLVM : CVRIE : COMITIS·

34. *Contrats de Bressuire* (Deux-Sèvres), *pour le rachat.* ✝ S: DES CONTRAIZ. DE BE SVVRE : POVR LE RACHAPT. Ecu en pointe, chargé de fleurs de lis, et entouré de trois rameaux. — Sceaux rond en cuivre. XIVe siècle.

35. *Scel aux causes de l'église de Saint-Pierre de Douai.* SIGILLVM : ECCLE- SIE : SCI PETRI : DVACENSIS : AD : CAVS'. Sous un dais gothique, saint Pierre tenant les clefs et relevant un moine. — Sceau rond en argent. XIVe siècle.

36. *Ernold de Marizy.* ✝ SIGILLVM . ERNOL . DE . MARISI. Fleur de lis florencée entre une étoile et un croissant. — Sceau circulaire en bronze. XIVe siècle.

37. *Prévôté de Melun.* S . PREPOSITVRE . MELEDVNI. Au centre, quatre fleurs de lis. — Sceau rond en bronze. XIVe siècle.

38. *Abbé de Saint-Quentin* (près Beauvais), de l'ordre de la Sainte-Trinité. ✝ S'MINISTRI : DOM : SCI . QVINTINI . ORD' . SCE : TNIT. Le saint assis de face et encloué par deux bourreaux. — Sceau circulaire en bronze. XIVe siècle.

39. *Collecteur du pape dans le duché de Bar.* S : D : ACCURSII DE PASSIIS COLLECTUS. DNI. NRI. PAPE, en minuscules. Écusson aux armes de la maison de Bar ; au sommet le buste de Saint-Jean-Baptiste, tenant un agneau et une fleur de lis. — Sceau ogival en cuivre. XVe siècle.

40. *François Romain.* S FRANÇOIS ROMAIN, en minuscules. Lion assis, tenant un casque qui a pour cimier une tête de licorne ; à son cou est attaché un écu chargé d'un château fort. — Sceau rond en cuivre. XVe siècle.

41. *Étienne, Albert de la Roche-Abeille.* ✝ S : NOBILIS : STEPHANI : ALBERTI : DNI : D'ORENO : 7 DE RVPEAPIS. Ecu penché, surmonté d'un casque ailé que soutiennent deux griffons. — Sceau orbiculaire en cuivre. XVe siècle.

42. *Jehan de Poies.* S : IEHAN : DE : POIES, en minuscules. Écu heaumé. — Sceau rond en cuivre. XVe siècle.

43. *Anne de Saint-Jorre, abbesse de Mont-Sainte-Catherine.* S. ANNE DE STO IORRO ABOT E MOTIS BTE CATERINE, en minuscules. La Vierge à l'enfant sous un dais gothique ; à ses pieds l'abbesse à genoux et son écusson. — Sceau ogival en cuivre. XVe siècle.

44. *Abbaye des Fontaines* (diocèse d'Uzès). S. CONUENTVS : MONASTERII : DE : FONTANIS : IN : FRACIA. AVE MARIA, en minuscules. Le Christ en croix, et à ses côtés les deux Marie. Dans le haut, un ange tenant une palme ; dans le bas, deux religieuses en prière. — Sceau ogival en cuivre. XVe siècle.

45. *Cour spirituelle et Sainte-Trinité de Toulouse.* S. CVRIE SPIRITUALIS ET SETE TRINITATIS THOLOSE, en minuscules. Sur un fond quadrillé et semé de rosaces, un archevêque bénissant, tenant la croix pastorale. — Sceau rond en cuivre. XVe siècle.

46. *Chanoine et curés de Notre-Dame de Vaux-sur-Poligny.* S : CANONICOR' : Z : CURATOR' : BEATE : MARIE : DE : VALLIBUS, en minuscules. La Vierge nimbée, tenant dans ses bras l'Enfant-Jésus. — Sceau ogival en cuivre. XVe siècle.

47. *Cour de la Châtellenie de Pontailler.* SIGILŪ : CURIE : CHASTELL : DE : PONTECILLO en minuscules. Pont de cinq arches, surmonté d'un écusson entre deux lis, aux armes du duc de Bourgogne. — Sceau rond en cuivre. XVe siècle.

48. *Cour de Bèze.* SIGILLVM. CVRIE. BESVENSIS. Dans une niche à trois arcades, Saint-Pierre assis, coiffé d'une mître, la main droite levée pour bénir, une clef à la main gauche, de chaque côté un écusson. Sceau rond en cuivre. XVe siècle.

ÉPOQUE DU MOYEN-AGE.

49. *Olivier de Vienne*, *évêque d'Autun*. SIGILLŪ : MAGNŪ : DOMINI : OLIUERII : DE UIANA EPĪ : EDUEN en minuscules. Sous un dais, un évêque nimbé, debout, tenant la crosse et l'épée. A ses pieds les armes de la famille de Vienne. Sceau ogival en cuivre. XVe siècle.
50. *Sceau attribué à l'abbaye de la Clarté-Dieu* (diocèse de Tours). SALUE : MATER : PIETATIS : NOBILLE (sic) : TRICLINIUM, en minuscules. Sous un dais gothique, flanqué de deux tourelles avec herses et fenêtres, la Sainte Vierge assise et tenant sur ses genoux le corps de Jésus détaché de la croix. — Sceau orbiculaire en cuivre. XVe siècle.
51. *Monnaie de Tours*. ✝ LE : SEEL : DE : MONNOIE : DE : TOVRS : DE : SERMENT : DE : FRĀCE. Ecu de France entre deux tours ; dessus, le buste mitré de Saint-Martin, accosté des lettres SM, dont chacune est surmontée d'un lis. Sceau rond en cuivre. XVe siècle.
52. *Sauf-conduit de Gilles de Rais*. SEEL : POUR : SAUV : CŌDUIT : DE : GILLES : SIRE : DE : RAYS : Z : DE : POUSAUGES, en minuscules. Ecu couché, chargé d'une croix ; dessus, un heaume sommé d'une tête de cygne entre deux ailes ; le tout accosté de deux cygnes. — Sceau rond en cuivre. XVe siècle.
   Gilles de Rais, fils de Guy de Montmorency-Laval, était maréchal de France, compagnon d'armes de Jeanne d'Arc. Jugé pour crime de félonie envers le duc de Bretagne, il fut pendu et brûlé à Nantes, le 27 octobre 1440.
53. *Cour de Vannes*. S DES COMTRAZ DE LA COVRT DE VANZ B, en minuscules. Ecu blasonné de dix hermines. — Sceau rond en cuivre. XVe siècle.
54. *Tabellionage de la prévôté de Pont-à-Mousson*. ✝ SEELDOV : TABELLION : DE : LA : PREVOSTEI : DE : LA : CITEI : DOV : PONT. Chevalier armé de toutes pièces, un pennon à la main droite, l'écu au bras gauche. Il est debout sur un pont flanqué de deux tourelles. — Sceau rond en cuivre. XVe siècle.
55. *Christophe de Longwy, seigneur de Raon*. CRISTOFLE : DE : LONGVI : CHEVALIER : SEIGNEVR : DE : RAHON, en minuscules, sur un ruban déroulé. Cavalier au galop, armé de toutes pièces, l'épée au poing. — Sceau orbiculaire en cuivre. XVe siècle.
56. *Châtellenie de Dun* (duché de Bar). ✝ S'. DE . MONSIGN'. LE . DUC DE . BAR . EN . SA . CHASTELL' IE . DE . DUN, en minuscules. Sur un fond quadrillé, château-fort entre deux écussons. — Sceau rond en cuivre. XVe siècle.
57. *Nicolas d'Aucourt*. S. NICOLLA DE EAVCOURT. Ecu heaumé, supporté par un homme et un lion. — Sceau rond en cuivre. XVe siècle.
58. *Claude de Boussut, seigneur de Caveron*. CLAVDE : DE : BOVSSVT : SR : DE : CAVERON. Ecu heaumé, supporté par deux lions. Dans le haut, une gerbe de blé entre deux faucilles. — Sceau rond en cuivre. XVe siècle.
59. *Guillaume de Goullons*. CASTELLANORVM : SIGILLVM : G : DE : GOVLLONS : PREFECTO. Porte de ville hersée, flanquée de deux tourelles à créneaux et à girouettes. Dans le fond, un clocher. — Sceau circulaire en cuivre. XVIe siècle.
60. *Antoinette de Leugney, abbesse de Batan*. ANTHOINE . DE . LEVGNEY . ABBESSE . DE . BATAN. Sous le portail grillé d'une église gothique, l'abbesse debout, tenant la crosse et l'évangéliaire ; à ses pieds, un écu en losange. La légende et l'écu sont plaqués d'argent. — Sceau ogival en cuivre. XVIe siècle.
61. *Charles de Wignacourt, abbé de Nogent-sous-Coucy* (1529-44). CAROLUS . DE . WIGNACOURT : ABBAS : DE : NOGENTO en minuscules. La Vierge à l'Enfant assise sous un dais. Dans le bas, les armes de l'abbé et la crosse. — Sceau ogival en bronze.
62. *Jacques de Gomicourt*. IACQVES . DE . GOMICOVRT. Ecu penché, soutenu par deux licornes et surmonté d'un casque grillé à tête de licorne. — Sceau rond en cuivre. XVIe siècle.

MÉDAILLES.

Collection de M. Wasset.

264. **Philippe le Bon à cheval.** (XVᵉ siècle).
Métal de cloche. — Sans revers.
265. **Louis XI.** (XVᵉ siècle).
Étain. *Revers* : l'ordre de St.-Michel.
266. **Charles le Téméraire.** (XVᵉ siècle).
Plomb. *Revers* : les briquets.
267. **Marie de Bourgogne.** (XVᵉ siècle).
Bronze. *Revers* : Maximilien d'Autriche.
268. **Maximilien d'Autriche.** (XVᵉ siècle).
Bronze. *Revers* : Marie de Bourgogne.
269. **Louis XII.** (XVᵉ siècle).
Petit bronze. — Sans revers.
270. **Anne de Bretagne.** (XVᵉ siècle).
Bronze doré. — Sans revers.
271. **Louis XII.** (XVᵉ siècle).
Épreuve d'un sceau en plomb doré.

ORFÉVRERIE ET BIJOUX.

272. **Reliquaire de Begon.** (XIᵉ siècle).
Édicule hexagone en partie à jour porté sur une base carrée, et surmonté par un dôme. Sur une âme en bois, sont fixées des lames d'argent particllement doré.
Sur une des faces de la base, Samson combattant le lion avec l'inscription : AVCTOREM MORTI... (Les autres plaques manquent) sauf le fragment d'une inscription : SIC NOSTER DAVID SATANAN SVPERA.
Sur la partie hexagone, des bustes nimbés tenant un volumen et bénissant, séparés par des colonnes qui les dépassent pour encadrer des verres qui font de ce reliquaire une lanterne.
Le dôme, couvert de zones alternativement dorées et d'argent, imitant les tuiles semi-cylindriques, porte à sa base l'inscription: ABBAS SANCTORVM BEGO PARTES HI.... ORVM DANIELIS TR.... HICHAB....
Publié dans le *Trésor de Conques*, par A. Darcel.
(Eglise de Conques, Aveyron).

273. **Reliquaire cylindrique pédiculé.** (XIIᵉ siècle).
Cylindre vertical, orné de quatre cabochons ovales, et cerclé, haut et bas, par une frise de filigrane, porté sur un pied en doucine par l'intermédiaire d'un nœud, et amorti par un clocher en doucine portant une boule et un fruitelet.
Cuivre gravé et doré, orné de cabochons. (Mᵐᵉ Vᵒʳ Gay).

274. **Reliquaire du Pape Pascal.** (XIᵉ siècle).
Massif rectangulaire porté par une base chanfreinée, et amorti par un toit onduleux.
Face. — Le Christ en croix, fixé par quatre clous, entre le Soleil et la Lune, St-Jean et la Vierge posés sur des escabeaux au-dessus de l'inscription : ME FIERI JVSSIT BEGO CLEMENS QVI DOMINVS SIT, le tout sur une plaque de

vermeil. Au-dessous, repoussé dans une plaque d'argent fragment d'une figure d'ange portant un encensoir le fragment d'inscription : SIT RELIQVIAS DE.... qui doit s'intercaler dans l'inscription du socle.

Sur le toit, une plaque repoussée de deux palmettes et d'un ovale encadrant une découpure en forme de croix cantonnée de l'inscription CRVX XPI deux fois répétée, accompagnée de cabochons. Les côtés sont couverts d'entrelacs repoussés encadrant de gros cabochons. Le revers du toit est couvert d'entrelacs amortis par des fleurons de style oriental. Sur le biseau et sur la base l'inscription en capitales : ANNO AB INCARNATIONE DOMINI MILLESIMO DOMINVS PASCALIS II PAPA.... XPI ET SEPVLCRO EIVS ATQUE PLURIMORVM SANCTORUM.... IT A ROMA HAS.... I.

Ame en bois revêtue de plaques d'argent repoussé, en partie doré.

Publié dans le *Trésor de Conques* par A. Darcel.

(Eglise de Conques, Aveyron)

275. Crosse de Saint-Robert, abbé de Molême et abbé de Cîteaux, en 1098.

(XIe siècle).

Douille à huit pans, nœud sphérique, crosseron à section carrée terminé par une tête de dragon enveloppant une étoile. Filigrane lisse ou tordu appliqué sur une âme percée à jour, et dessinant des rosaces, des œils de perdrix, etc, entre des filets de filigrane tordu plus gros. Un grenat cabochon garnit le centre de l'étoile.

Les feuillages forme crêtant et la console rattachant le crosseron au nœud sont du XVIe siècle. — Argent doré. (Musée de Dijon).

276. Autel portatif de Begon. (Ct du XIIe siècle).

Plaque de porphyre rouge, sertie par des plaques d'argent niellé (1106).

L'encadrement supérieur de la plaque qui est formé d'éléments disparates rapportés postérieurement se compose de deux frises de filigranes et de deux bandes d'argent repoussées d'ornements du XVIe siècle. Deux plaques d'argent fixées dans le haut et le bas du porphyre, sont niellées de l'inscription : *Anno ab incarnatione domini millesimo : C sexto K jvlii dominvs poncivs barbastrens episcopvs et sancte fidis virginis monachvs hoc altare begonis abbatis dedicavit et de + XPI et sepvlcro eivs mvltas qve alias sanctas reliqvias hic reposvit.*

Les tranches sont couvertes de plaques d'argent niellé représentant des personnages en buste sous des arcatures en plein-cintre, sur un fond maté et doré.

D'un côté le Christ, ayant à sa droite sainte Marie, sainte Cécile et saint Paul, à sa gauche sainte Foi, saint Vincent et saint Pierre.

D'autres saints et les apôtres occupent les arcades des autres côtés.

Publié dans le *Trésor de Conques* par A. Darcel.

(Eglise de Conques, Aveyron).

277. Autel portatif. (XIIe siècle).

Plaque d'albâtre oriental enchâssée dans une bordure d'oves entourée par une frise de filigranes et de cabochons interrompue, haut et bas par trois disques d'émail cloisonné sur fond d'or et sur les côtés par deux plaques semblables. Les disques représentent en buste : le Christ entre les quatre symboles évangéliques et l'agneau pascal. Les plaques : sainte Foi (S. FIDES), sainte Marie et deux saintes. (Eglise de Conques, Aveyron)

Publié dans le *Trésor de Conques*, par A. Darcel.

278. Grande Châsse de saint Laumer. (XIIe siècle).

Caisse rectangulaire avec toit à deux versants. Chaque face est limitée et divisée, ainsi que le versant correspondant, en cinq parties par des frises saillantes. Celles d'encadrement sont décorées d'un motif composé de quatre rinceaux symétriques deux à deux, encadrant un fleuron, accompagnés à leur point de départ par deux pierres cabochons serties par la plaque même. Un gros cabochon serti de même les sépare. Les frises de séparation sont frappées de motifs à peu près semblables sans pierres intercalées. La frise horizontale qui sépare la caisse du toit est ornée de verroteries sur paillon, grandes et petites alternées, serties dans la plaque. Elles doivent remplacer

ORFÉVRERIE ET BIJOUX. 41

des émaux dont il reste un exemplaire, cloisonné, opaque, blanc, bleu cendré et noir.

Face antérieure : Caisse. Le Christ en croix, nimbé, fixé par quatre clous, l'A et l'Ω, sur les bras de la croix ; à sa droite la Vierge et l'Eglise, nimbée, couronnée tenant un calice et la lance ; à sa gauche : saint Jean et un personnage en costume antique, un pan de son manteau sur la tête, chaussé, montrant l'inscription : VERE FILIVS DEI ERAT.

Toit : Au centre le Christ assis en Majesté : à sa droite et à sa gauche les quatre Evangélistes.

Face postérieure : Frises de séparation différentes de celles de la face, et consistant dans une suite de feuillages opposés encadrant une rosace. Caisse, cinq abbés (?) nimbés, imberbes, tonsurés, vêtus de l'aube, de l'étole et de la chasuble, tenant un livre : quatre sont crossés.

Toit : Saint Paulacius, dont la tête manque, S. LIBORIUS et S. MARTINUS, assis, nimbés, mitrés et crossés, vêtus de l'aube, de la tunique et de la chasuble sur laquelle est posé le pallium, un livre en main : saint Pierre et saint Jacques.

Pignons : Un saint archevêque en costume pontifical assis. Un saint abbé assis. Bois revêtu de cuivre repoussé et estampé.

Publié dans la *Gazette Archéologique*, 1883 et dans le *Bulletin du Comité des Travaux historiques*, 1883. (Église de Moissat-Bas, Puy-de-Dôme).

279. Reliquaire phylactère. (XIIe siècle).

Disque avec partie centrale saillante, entouré par six lobes à jour, séparés à leur jonction par un redan aigu. Au centre un cristal de roche cabochon entouré d'un anneau de filigranes ; sur chaque redan, un buste d'homme ou une tête d'aigle repoussée. Tranche revêtue d'une bande frappée de rinceaux à larges feuillages lobés.

Revers, en cuivre doré, gravé de l'inscription circulaire en lettres onciales, « + de môte. calvarie : de sco eadivondo : de inocentib. » Au centre une inscription en lettres cursives du XIIIe siècle indique les autres reliques contenues. Argent doré et filigranes.

(Musée d'Antiquités de la Seine-Inférieure).

280. Reliquaire de la Sainte Epine. (XIIe siècle).

Quatre écus en cristal de roche montés en orfévrerie sont portés par un pied en doucine et surmontés par un clocheton.

Il porte sur la tranche du pied les inscriptions suivantes.
   « de Spinea corone domini. »
   « de Lancea domini. »
   « de Clavo domini. »

Provient de l'abbaye d'Oisy.

Publié dans les *Annales Archéologiques*. (Religieuses Augustines d'Arras).

281. Reliquaire, dit de Samson. (XIIe siècle).

Edicule formé de deux faisceaux de colonnes posés sur une frise et supportant un arc trilobé sous un fronton aigu, encadrant un arc géminé et porté par une tige à nœud sur un pied circulaire. Le nu de l'arc, la frise et les rampans du fronton sont garnis de filigranes et de pierres cabochons ou de grosses perles d'émail bleu. Le nœud porte quatre médaillons représentant chacun un homme qui combat un lion en relief sur émail bleu. Des feuillages lobés sont rapportés sur la tige et la naissance du pied. — Cuivre.

Publié dans les *Mélanges d'Archéologie et d'Histoire*. (Cathédrale de Reims).

282. Petit reliquaire, en forme de coin, cuivre doré, orné de cabochons.
(XIIe siècle).

Ame en bois, revêtue de plaques de cuivre doré et repoussé d'un perlé, formant croix de St-André accompagnée de neuf cabochons sur des battes cylindriques garnies d'un anneau filigrané à leur base ; une bélière et une boucle de suspension sont fixées à chaque extrémité. (Cathédrale de Lyon).

283. Reliquaire de la vraie croix. (XIIᵉ et XIVᵉ siècles).

Ce reliquaire, de travail grec, se compose d'une boite à coulisse. Le fond creusé d'une croix à double traverse est repoussé de deux figures de Constantin et d'Hélène à mi-corps chacun au-dessous d'un ange. Dans le bas, deux logettes carrées renferment des reliques. Bordure avec ornement courant interrompu par des pierres remplacées au XIVᵉ siècle. Couvercle à coulisse au centre duquel une croix est réservée cantonnée de deux anges et des deux figures de St-Jean et de la Vierge, repoussés et gravés d'ornements. Croix au revers au milieu d'imbrications à jour.

Le support du XIVᵉ siècle est formé par deux anges en vermeil à figure peinte agenouillés sur une plateforme portée par quatre lions. L'inscription suivante y est gravée « cest saintvaire quil a de la vraie croix fist ainsi aestofer noble dame madame Marguerite Dare dame de Jaucovrt pries nostre segnievr povr liqvil li doint bone vie et bone fin amen. » L'écu lozangé « parti à dextre de sable de deux léopards et à senestre d'hermine au lion de sable » est appliqué sur la terrasse. (Eglise de Jaucourt, Aube).

284. Reliquaire. (XIIIᵉ siècle).

Burette en cristal, de travail oriental, gravée sur chaque face d'un aigle aux ailes éployées sur un pied rond, interrompu par une boule de cristal. Bandes d'argent niellé. Le pied porte gravés au trait quatre médaillons représentant :

1º Le Christ en croix ;
2º La Vierge tenant l'Enfant-Jésus ·
3º Un saint et deux personnages à genoux ;
4ᵉ Sainte-Valérie présentant sa tête à Sainte-Martial.

Monture en cuivre et en argent niellé. (Eglise de Milhaguet).

285. Croix reliquaire, à doubles traverses, terminées en trèfle. (XIIᵉ siècle).

Croix à section carrée, portée sur une boule, creusée, à chaque intersection, d'une croix destinée à enchâsser une parcelle de la vraie croix. Des filets de filigrane bordent les plats ou les ornent. — Argent doré.

(Eglise de Conques, Aveyron).

286. Croix reliquaire, à doubles traverses, terminées en trèfle. (Fin du XIIᵉ siècle).

Ame en bois revêtue sur la face de filigranes fixés par des pointes, encadrant des cabochons, et à chaque extrémité du fut et des bras, un disque niellé représentant un saint personnage en buste. Une petite croix est réservée à l'intersection des branches supérieures. Le christ est du XVIIᵉ siècle.

Revers : revêtu de plaques d'argent en partie doré : un nielle couvre les intersections et l'extrémité des branches. A l'intersection : le Christ en Majesté, et l'agneau pascal ; aux extrémités les quatre symboles évangéliques et deux anges debout. (Eglise de Wasnes-au-Bac, Nord).

287. Croix reliquaire, à doubles traverses, terminées carrément. (XIIᵉ siècle).

Ame en bois recouverte sur la face de filigranes abondans fixés par des pointes et des rosettes ; alternant avec des cabochons et une entaille. A la croisée supérieure une croix réservée pour la relique.

Revers : plaques, d'argent repoussé de grands fleurons.

(Eglise du Dorat, Hte Vienne).

288. Croix reliquaire. (XIIᵉ siècle).

Croix à branches s'élargissant aux extrémités terminées carrément.

Face. A l'intersection une croix de même dessin en filigrane d'or garni de perles dans l'œil des rinceaux, accompagnant des cabochons à batte lisse. Des filigranes semblables accompagnant des cabochons, en argent doré, garnissent le reste de la surface.

Revers. Même décor couvrant moins le fond. La croix centrale est remplacée par une croix en argent frappé de rinceaux à rosettes et à feuilles aiguës, et du monogramme IHS à chaque extrémité. La tranche est recouverte d'un galon.

Provient de l'abbaye du Valasse à qui elle aurait été donnée par l'Impératrice Mathilde (Musée d'Antiquités de la Seine-Inférieure).

ORFÉVRERIE ET BIJOUX.   43

289. Croix d'autel. (XIIe siècle).

Croix plate, élargie en rectangle à chaque extrémité ornée d'un gros cristal cabochon serti à griffes. Un christ en relief couronné, à jupon émaillé y est fixé par quatre clous. Le pied est formé par trois dragons ailés, descendants, dont les corps se relient par des branchages symétriques, encadrant des oiseaux. — Cuivre doré.   (M. Maillet du Boullay).

290. La Vierge assise et l'Enfant Jésus. (XIIe siècle)

La Vierge couronnée sur son voile, vêtue d'une ample robe, le manteau rejeté derrière les épaules, porte sur son genou gauche l'Enfant Jésus, vêtu, couronné, tenant un livre et bénissant.
Son siège est une chaise à pieds tournés, à dossier bas en forme d'arcature plein-cintre, et à accoudoirs à jour.
Bronze doré.   (M. Nollet).

291. La Vierge assise et l'Enfant Jésus. (XIIe siècle).

La Vierge, couronnée, sur son voile, un manteau agrafé sur chaque épaule, tient sur son genou gauche l'Enfant Jésus, habillé, la gauche appuyée sur un livre et bénissant de la droite.
Le siège cubique est muni de deux accoudoirs, supportés par un arc trilobé, qui maintiennent un coussin.
La terrasse est recouverte de deux frises de rinceaux
Argent repoussé, sur une âme en bois, et en partie doré.
   (Eglise de Conques, Aveyron).

292. La Vierge et l'Enfant Jésus. (XIIe siècle).

Ce groupe se compose de plaques d'argent battu et repoussé, appliquées sur une âme de bois : La Vierge, assise de face sur un siège bas, orné de bordures d'oves, est vêtue de long et couronnée. Sa robe longue laisse apparaître ses pieds, chaussés de souliers pointus, qui posent sur un coussin ; un voile couvre à moitié ses cheveux, et un manteau est agrafé sur son épaule droite. De la main droite, tendue en avant, elle tient une sorte de cylindre creux destiné à recevoir sans doute une tige de fleur. De la gauche elle soutient l'Enfant Jésus, assis de face, vêtu d'une tunique et d'un manteau.
De la main gauche, il s'appuie sur un livre ouvert sur lequel on lit : IHS XPS ; de la droite, complètement ouverte et levée, il fait un geste de bénédiction.
L'enfant Jésus, comme la Vierge, portent des couronnes d'orfévrerie, sortes de larges bandeaux ornés de filigranes, de pierres gravées et de camées antiques. Un autre camée est fixé sur la poitrine de la Vierge. — Argent.
Publiée par M. Ernest Rupin dans le *Bulletin de la Soc. arch. de la Corrèze*, t. II, 1879-80, p. 231 et suiv. — L. Palustre, *Bulletin Monumental*, 1880, p. 597 et suivantes (planche). — R. de Lasteyrie, *Revue des Sociétés savantes*, 7e série, t. III, année 1881 p. 270 et suivantes (grav.).
   (Eglise de Beaulieu).

293. Figure d'applique. (XIIe siècle).

Le personnage dans lequel on reconnaît un apôtre, est représenté debout, tourné vers la droite, barbu, les cheveux longs et frisés ; il ramène son bras gauche vers le corps et, de la main droite, tient un livre fermé.
Bronze fondu et doré.   (Collection Spitzer).

294. Figure d'applique. (XIIe siècle).

Le personnage, dans lequel on reconnaît un apôtre, est représenté debout et tourné vers la gauche, barbu, les cheveux longs et frisés ; il lève la main gauche et, de la droite, tient un livre fermé.
Pendant du numéro précédent.
Bronze fondu et doré.   (Collection Spitzer).

295. Bras reliquaire de sainte Félicité. (XII e siècle).

Lames d'argent clouées sur une âme de bois. Ce bras est revêtu d'une manche ajustée, terminée au poignet par une bordure quadrillée comprise entre deux bandeaux ornés de filigranes et de cabochons. Sur la manche sont rapportés

des médaillons d'argent estampé et doré représentant des aigles éployés.
A mi-hauteur du bras s'ouvre une petite fenêtre ajourée qui permettait
d'apercevoir la relique. Entre le pouce et l'index est fixée une boule, sans
doute une pomme. Le médius manque.

Publié par M. Ernest Rupin, dans le *Bulletin de la Société hist. et arch. de la
Corrèze*, t. IV, 1882, p. 25 (dessin). (Eglise de Beaulieu, Corrèze).

296. Fragment de reliquaire. (XIIe siècle).

Lozange, percé au milieu d'une ouverture rectangulaire fermée par une plaque
à coulisse percée d'un quatre-lobes. Trois trous ronds sont percés à chaque
angle du lozange. Cinq quatre-lobes sont percés sur le revers.

Une petite tige terminée par une boule, amortit le lozange, et la trace d'un
pied se remarque à l'angle opposé. — Cuivre doré. (M. J. Maciet).

297. Pyxide. (XIIe siècle).

Cuivre doré. (Eglise Notre-Dame de Saint-Omer).

298. Crosse et garniture inférieure du bâton. (XIIe siècle).

La crosse se compose d'une douille ornée d'une zône gravée, d'un bouton orné
d'un rang de perles et du crosseron terminé par le corps ailé d'un dragon
qui mord une croix.

La garniture conique est interrompue par un nœud
Bronze ciselé et doré.
Provient des fouilles de l'église de l'abbaye Toussaint, à Angers, en 1845.
Tombe présumée de l'abbé Robert I, (1118-1141).
Publiée dans le *Bulletin des Comités historiques, 1849*.
(Musée archéologique d'Angers).

299. Mors de chape. (XIIe siècle).

Deux plaques rectangulaires portant deux figures repoussées de saintes
debout, et bordées par des feuilles lobées. L'articulation des deux plaques
est cachée par une bande, ornée de pierres cabochons.
Cuivre repoussé et doré. (Musée d'Antiquités de la Seine-Inférieure).

300. Boucle et plaque de ceinture. (XIIe siècle).

Plaque carrée ornée d'un homme à cheval sur un lion sur fond à jour.
Boucle demi-ovale.
Bronze. (M. A. Picard).

301. Anneau, dit de saint Loup. XIIe siècle).

Anneau d'or, terminé à chaque extrémité par une tête de dragon mordant le
chaton annulaire garni de feuilles servant de griffes pour sertir un saphir
cabochon. (Cathédrale de Sens).

302. Joyau circulaire. (XIIe siècle.).

Entièrement couvert de battes lisses enchâssant des pierres cabochons, dont
il reste trois améthystes.
Une grosse pierre centrale était entourée de huit pierres, quatre circulaires et
quatre ovales, cantonnées près du bord, par une petite améthyste. — Or.
(Musée d'Arras).

303. Châsse de saint Avit. (Fin du XIIe siècle).

Châsse en forme de grange, avec poinçon fleuronné à chaque extrémité de son
faîte garni d'une crête.

Face: La caisse est ornée de cinq arcs en plein cintre, celui du centre étant
trilobé : encadrant les figures du Christ debout, tenant la croix de résurrection et bénissant, entre saint Pierre et saint Jacques à sa droite : saint Paul
et saint Mathieu à sa gauche. Le toit est orné de quatre médaillons encadrant
chacun un ange debout sur les nuages, tenant un livre, une palme, un encensoir.

Extrémités: La Vierge portant l'Enfant Jésus, une religieuse est agenouillée à
ses pieds ; saint Avit debout tenant sa crosse et un livre. SCE AVITE.

ORFÉVRERIE ET BIJOUX. 45

Revers : Même disposition que la face. Sur la caisse, saint Jean vêtu d'une robe de peau portant l'agneau dans un disque entre saint André et saint Jean évangéliste à sa droite ; saint Barthelemy et saint Nicolas archevêque à sa gauche. Les quatre anges du toit portent un encensoir, un chandelier, le calice, un chandelier.

Un galon frappé de rosaces accompagné de rinceaux symétriques couvre les divisions de la construction.

Argent repoussé et en partie doré. (Dames bénédictines de Verneuil, Eure).

304. Châsse de saint Thaurin. (XIIIᵉ siècle).

Édicule en forme d'église, orné sur chacune de ses grandes faces de trois arcs portés sur des faisceaux de colonnes et d'un arc semblable sur chaque pignon. L'arc central et celui de chaque pignon sont recouverts par un fronton. Des contreforts maçonnés, ornés de niches et supportant des pinacles formés d'un édicule à jour, sous un clocher flanqué de quatre clochetons, séparent les arcs.

Le toit couvert de figures en relief est muni d'une crête qu'interrompt un clocher central.

L'édifice repose sur une terrasse portée par quatre griffes.

Les archivoltes des arcs et les rampans des frontons sont garnis de plaques d'émail champlevé alternant avec des filigranes fixés par des clous, encadrant des cabochons. Des bouquets de feuilles d'érable ornent les arcs, et de grandes volutes terminées par les mêmes feuilles ornent les frontons et forment la crête du toit. Des feuilles de lierre sont rapportées dans les lobes intérieurs des arcs. Les amortissements des quatre frontons sont formés par un bouton orné de six émaux en amande champlevés, de France et de Castille, sous une pomme de pin entourée de feuilles d'érable.

Le clocher central à quatre pans à jour entre des contreforts d'angle à pinacles est couvert par une pyramide à six pans amortie par une pomme de pin semblable aux précédentes.

Le socle se compose d'une frise gravée d'une inscription émaillée de noir, d'un cavet frappé de rinceaux en relief, et d'une large frise couverte d'émaux champlevés représentant des animaux en réserve sur fond bleu ou rouge, alternant avec des filigranes symétriques à rosettes fixés par des clous, encadrant un cabochon.

La légende de saint Thaurin est représentée sur les parois et sur le toit, avec quelques scènes qui y sont étrangères, dans un ordre qui provient de restaurations subies par la châsse en 1830.

Face principale : Arcade centrale : Saint Thaurin en évêque. A gauche : Saint Thaurin arrive à Evreux défendu par le démon, représenté par trois animaux.

A droite : Saint Thaurin prêchant le peuple d'Evreux.

Face postérieure : Un diacre. Saint Thaurin jeune ? (Le Prévost). Deodat ? (Le P. Martin).

Arcade de gauche : Saint Thaurin baptise les Ebroïciens convertis.

Arcade de droite : Saint Thaurin ressuscite Euphrasie, fille de son hôte.

Extrémité de gauche : Le Christ assis et lisant, (restauré en partie).

Extrémité de droite : Ange portant les instruments de la passion, (moderne).

Toit. Face antérieure : Euticie conçoit saint Thaurin pendant son sommeil. — Euticie présente son fils au pape Clément. — Baptême de saint Thaurin par saint Denys en présence de saint Clément.

Face postérieure : Saint Clément confie saint Thaurin enfant à saint Denis. — Saint Thaurin accompagne saint Denis eu Gaule. — Saint Thaurin consacré évêque. — Saint Thaurin ressuscite Marinus. — Saint Thaurin mis au tombeau parle aux assistants.

Sur le listel du soubassement est gravée et émaillée de bleu l'inscription : + *Abbas Gilibertvs fecit me fieri. Qvadam nocte dvm in lecto svo Sancta. Eutica fessa qviesceret vidit sibi astare angelvm vtervm svm virga tangentem et pavlvlvm post precedere virgam ad instar lilii cvivs flores nimivm dabant oderem. Nato infante baptisavit evm Sanctvs Clemens papa qvem Sanctus Dyonisivs de sacris fontibvs svscepit. Beatvs Dyonisivs filiolvm sum.*

Publié par Aug. Le Prevost. *Notice sur la châsse de saint Thaurin*, à Évreux, 1838. Le P. P. Martin. *Mélanges d'archéologie*. P. I. G. Bourbon. *La châsse de saint Thaurin d'Evreux.* (Eglise de Saint-Thaurin, à Évreux).

305. Châsse en forme de grange. (XIIIᵉ siècle).

Ame en bois revêtue de feuilles ornées d'un quadrillé formé d'œls de perdrix, les jonctions sont cachées par des bandes repoussées de doubles rinceaux. A chaque extrémité un Christ en croix entre la Vierge et saint Jean appliqué en relief.

Des écus d'hermine sont appliqués sur les pignons et au milieu des compartiments du revêtement. — Cuivre repoussé. (Cathédrale de Vannes).

306. Reliquaire. (Cᵗ du XIIIᵉ siècle).

Ce reliquaire se compose d'un pied de forme circulaire, bombé, et muni d'un rebord plat, porté sur trois griffes de lion, et d'un disque à six lobes reposant sur une tige interrompue par un nœud méplat à huit côtes.

Sur le rebord du pied est rapportée une frise de rinceaux exécutés en filigrane d'argent doré, semés de cabochons et sur le pied lui-même, sous quatre arcs, sont gravés les symboles des Évangélistes, sur un fond pointillé.

Le reliquaire est orné sur sa tranche d'une frise d'ornements en argent estampé et de cabochons de cristal de roche. Le centre de la face est occupé par une figure du Christ en Majesté, assis entre deux candélabres, la tête entourée d'un nimbe crucifère, bénissant de la main droite, la main gauche appuyée sur un livre fermé. Cette figure est entourée d'un cercle de rinceaux et sur chacun des six lobes qui l'environnent sont représentés des personnages à mi-corps : sainte Madeleine tenant un vase à parfums, deux apôtres, saint Jean, saint Paul et saint Pierre. Figures gravées et dorées se détachant sur un fond niellé, quadrillé ou semé de rinceaux.

Le centre du revers est occupé par une rosace découpée à jour, divisée en six compartiments, dans chacun desquels on voit un lion héraldique ou un dragon. Chacun des six lobes est recouvert de rinceaux exécutés en filigrane, encadrant des cabochons et une cornaline gravée antique sur laquelle on distingue un homme nu, un genou en terre, tenant d'une main un oiseau, de l'autre une branche d'arbre.

Ce revers s'ouvre à charnière et laisse apercevoir la plaque percée de trous, destinée à loger les reliques. Ces cavités sont disposées sur les lobes et au centre et entourées d'inscriptions. Au centre, autour d'une ouverture cruciforme : ✚ DE : LIGNO : DOMINI : — Sur les lobes : ✚ DE CORPORE : BEATE : MARGARETE : ✚ DE SCA : MARIA : MAGDALENA : ✚ DE : SCO : STEPHANO. — ✚ DE : SCO : IACOBO. — ✚ DE : SCO PHILIPPO : — ✚ DE : SCO BARTHOLOMEO.

Cuivre, argent niellé et filigrane d'argent doré.— Travail du nord de la France. (Collection Spitzer).

307. Reliquaire phylactère, posé sur un pied. (XIIIᵉ siècle).

Phylactère. Centre hexagone, bordé par six demi cercles : six autres plus petits et en retraite garnissant la jonction des premiers.

Revers gravé de la figure du Christ assis et bénissant.

Pied, formé d'une tige interrompue par un nœud à cinq boutons saillants, et s'épanouissant sur un pied circulaire porté par trois dragons. Des feuillages ciselés ornent les lobes, la tige, les boutons du nœud, la base de la tige et une zône du pied.

La partie supérieure de la tige est moderne, et date de l'arrangement de l'ensemble.

Cuivre ciselé et doré. (Cathédrale de Reims).

308. Reliquaire phylactère, de la dent de Saint-Nicolas. (XIIIᵉ siècle).

✚ : DENS : S : NICHOLAI :

Ovale pointu accompagné de quatre feuilles à trois lobes. Il porte un anneau à une extrémité et l'autre est percée d'un trou, ce qui indiquerait qu'on le portait au cou dans les processions solennelles ou qu'on le fixait sur un pied. (Eglise de Saint-Nicolas, d'Arras).

ORFÉVRERIE ET BIJOUX.

309. Reliquaire phylactère. — Travail allemand.
(XIIIe siècle).

Ce phylactère, qui était autrefois monté sur un pied, affecte la forme d'une rosace à douze lobes dessinés suivant des segments de cercles. Ces douze lobes sont disposés symétriquement, trois par trois, autour d'une partie centrale de forme rectangulaire inscrivant elle-même un autre rectangle dont les angles sont contrariés avec ceux du premier. Au centre est enchâssée une loupe en cristal cantonnée de grenats, d'émeraudes et de perles fines ; c'est sous ce cristal qu'étaient déposées les reliques. Sur les bords, quatre autres gros cabochons, deux agates laiteuses et deux améthystes, sont sertis. Le reste de la décoration se compose de rinceaux très finement gravés, disposés symétriquement et se détachant sur un fond guilloché.

Le revers est décoré d'une rosace et de rinceaux exécutés par le moyen de la dorure sur un fond de cuivre patiné en brun. Le bord est tracée une inscription en lettres semi-capitales, semi-onciales, presque entièrement effacée, donnant le commencement de la salutation angélique : AVE MARIA GRASIA (sic) PLENA DOMINVS TECVM ET BENEDICTVS....

Cuivre gravé. (Collection Spitzer).

310. Reliquaire phylactère. (XIIIe siècle).

Ce reliquaire se compose d'une plaque en cuivre gravé et doré, en forme d'amande, qui autrefois était dressée sur un pied par une de ses extrémités. La face est divisée par deux lignes d'inscription en deux parties : dans le haut on voit Sainte-Valérie à genoux, remettant sa tête entre les mains de saint Martial qui, debout près de l'autel, vêtu des insignes épiscopaux, nimbé, la bénit, tandis qu'elle reçoit également la bénédiction de Dieu dont la main, entourée d'un nimbe crucifère, sort des nuages. Dans le bas est représenté Saint-François d'Assise, debout, nimbé, les mains étendues, levées, marquées de stigmates. Près de lui, à gauche, se tient Sainte-Claire, également nimbée, à laquelle le Saint montre ses stigmates. Sur le bord de la plaque est gravée l'inscription suivante :

✦ DETVNICA : Beat I : FRANCISCI : conFessoris : ET : DE CAPILLIS : Elus : DECAPILLIS Beat E : CLARE VirGinIS : ET : DE TVNICA : ET : DE VELLO Elus DE : TVNICA : BEATI : ANTONII : CONFESOris.

Au revers sont deux capsules placées l'une au-dessus de l'autre, recouvertes de cabochons et renfermant des reliques qui sont désignées par l'inscription suivante, gravée en cinq lignes sur les bords du reliquaire :

✦ SanCtI MARCILIS (sic) : APostoLI ✦ SanCtI LAVRENCII : MartiRIS II SanCtI II BLASII EPiscopI ETMartiRIS III SanCtI : GEORGII : MartiRIS II SanCtI ; NICHOLAI : : EPiscopII SanCtI : CHrist OFORI : MartiRIS III S SanCtE : PRISCE : VIRGinis : SanCtI SILVANI : MartiRIS III SanCtE : MARINE : VIRGinis II SanCtE : CATERINE : VIRGInis : ET Marti : RIS III SanCTE PETRONILLe : SanCtE : VALERIE : VIRGinis : ET MARTIRIS : SanCtI : PARDVLFI : conFessoris DE TVNICA. BeatI ; ACOBI : APostoLI.

Publié par M. Ernest Rupin dans la *Revue des Sociétés savantes*, 7e série, t. V. 1881. — *Gazette des Beaux-Arts*, 2e période, t. XXXVI, 1887, p. 148.

(Collection Spitzer).

311. Reliquaire cylindrique. (XIIIe siècle).

Porté par une tige à nœud sur un pied circulaire, ayant pour couvercle un cylindre en retraite sous un toit conique.

Le cylindre est orné d'une frise de rinceaux de filigranes striés, alternant avec des cabochons, entre deux arcatures à jour en filigrane. Le couvercle est décoré de même.

La tige et le pied sont gravés de galeries de feuilles entablées, portées sur des doubles tiges enlacées, sur fond maté.

Cuivre. (Eglise de Notre-Dame de Saint-Omer).

312. Vase reliquaire, du Paraclet. (XIIIe siècle).

Gobelet de cristal à pans, monté sur un pied à pans, qui en continue les profils en s'évasant, et muni d'un couvercle formé de deux gorges successives, que

surmonte un crucifix. Une des gorges est ornée de rubis entre quatre perles, l'autre est émaillée de vert translucide à points rouges et blancs.
Ce reliquaire contenant des reliques de Saint-Bernard et de Sainte-Agnès a été rapporté de terre sainte par Enguerrand, comte de Boves qui en fit présent au Paraclet d'Amiens.
Cristal et argent. (Cathédrale d'Amiens).

313. Triptyque reliquaire. (XIIIᵉ siècle).
Partie centrale terminée en arc plein cintre, encadrant le Christ en croix entre Saint-Jean et la Vierge, accompagnés : le premier, d'un chevalier vêtu de mailles sous sa cotte d'armes, avec ailette chargée de la croix de Toulouse ; la seconde, d'une dame agenouillée.
La partie rectangulaire est percée d'un premier rang de quatre rosaces, de deux rangs d'arcs ogives, et de deux rangs de rosaces, qui encadrent des reliques des lieux de la terre sainte dont la désignation est gravée en français sur les bandes lisses de séparation.
Volets. Mêmes dispositions. Dans le demi arc de droite, Zacharie et la Visitation ; dans celui de gauche, Saint-Jean « bouche d'or. »
Cuivre gravé et doré.
Publié par E. Viollet le Duc dans le *Dictionnaire du Mobilier*.
(M. Martin le Roy).

314. Deux tableaux formés par la partie centrale d'un triptyque et ses deux volets. (XIIIᵉ siècle).
Tableau central, en ogive lobée, chargé de six quatre-lobes en filigrane à cabochons, cantonnés de huit trilobes semblables renfermant des reliques, dont la désignation est repoussée sur la plaque de fond. Les deux volets réunis pour faire pendant au fond portant chacun cinq quatre-lobes sous une ellipse, en filigrane à cabochons, enchâssant des reliques désignées par des inscriptions repoussées sur le fond.
Argent doré.
Publié par A. Darcel dans le *Trésor de Conques*.
(Eglise de Conques, Aveyron).

315. Triptyque reliquaire. (XIIIᵉ siècle).
Tableau central en arc lobé plein cintre, dont la bordure est faite de frises d'argent niellé et le fond de plaques de cuivre repoussé de quatrelobes enchâssant des reliques sur un fond de ceps de vigne. Au centre, une statuette d'évêque crossé et mitré portant sur sa poitrine un reliquaire phylactère. Dans l'arc, un autre bijou provenant probablement d'un reliquaire est percé d'une croix cantonnée de cinq cristaux de roche sertis par des feuilles et encadrant des reliques.
Les volets de même forme et de même décor portent des quatrelobes reliquaires sur un fond orné de fleurs de lys dans des lozanges accompagnés de feuilles.
Cuivre repoussé et doré et argent niellé. (Église de Sainghin, Nord).

316. Croix reliquaire. (XIIIᵉ siècle).
Petite croix, dont les branches sont terminées en fleur de lys, revêtue de plaques d'argent doré repoussé de rinceaux à rosaces. La face porte un petit Christ d'ivoire fixé par quatre clous sur une croix de bois. Des cabochons montés à griffe et des battes garnies de plaques de cristal de roche protégeant des reliques ornent les extrémités. La croix est portée par une tige carrée, percée d'un haut fenestrage enveloppant un cylindre de cristal et porté sur une boule.
Argent repoussé et doré, orné de cabochons. (Eglise de Flaujac, Aveyron).

317. Croix reliquaire, du Paraclet. (XIIIᵉ siècle).
Bois de chêne, entaillé de distance en distance pour recevoir des reliques, revêtu de lames d'argent ciselées, bordés de filigranes dorés de la plus grande richesse et sertissant des pierres gravées antiques. Les extrémités en forme de quatre-lobes sont revêtues des mêmes filigranes.
Sur la face, la figure du Christ en croix gravée sur fond croiseté, en réserve sur fond niellé. Au-dessus, Dieu le Père, tenant de la main droite le globe du

monde et de la gauche une croix. Sous les pieds du Christ, un homme revêtu d'un suaire, sort d'un tombeau, au dessus de sa tête se lit :

ADAM

Au revers, les quatre feuilles qui terminent le bras et la tête de la croix, sont revêtus des plaques gravées des animaux symboliques des évangélistes, l'aigle, le bœuf et le lion, tandis que l'agneau est placé, dans le médaillon central, gravés sur fond niellé.

La tige et les bras, revêtus de filigranes, autour de six logettes rectangulaires, renferment des reliques sous des plaques de cristal de roche.

Le long des flancs des quatre bras de la croix, sont mentionnées, en beaux caractères du XIIIe siècle, les reliques précieuses qu'elle renfermait. Différentes inscriptions relatent la présence de ces reliques.

Provient de l'ancienne église du Paraclet d'Amiens.

Publié par M. G. Durand, archiviste du département de la Somme.

(Cathédrale d'Amiens).

318. Croix d'autel. (Fin du XIIIe siècle).

Ame en bois, revêtue sur les faces de plaques d'argent repoussé de rinceaux courants entre deux frises de cuivre gravé et doré. Les extrémités découpées en fleur de lys, revêtues de plaques de cuivre gravé de tiges de vigne ou de lierre, portent au centre un médaillon.

Le Christ en relief et un évangéliste dans chaque médaillon.

L'intersection carrée outrepassant la croix, garnie de ceps de vigne en relief et rapportés encadre un disque niellé d'une croix sur un fond de ceps.

(Eglise de Bousbecque, Nord).

319. Croix de procession. (XIIIe siècle).

Ame en bois, revêtue de plaques de cuivre, repoussé de médaillons à quatre-lobes sur chaque branche terminée par un trèfle. Saint Jean, la Vierge, un ange et Adam ressuscitant garnissent chacun des médaillons. Un Christ couronné est fixé par trois clous sur un *suppedaneum*. Des cristaux cabochons sont sertis dans des battes repoussées dans les plaques de revêtement, sur la tige et sur les trèfles des extrémités.

Revers. Une tige montante garnie de demi-feuilles est réservée sur fond maté. Les quatre symboles évangéliques dans les quatre-lobes et l'agneau pascal dans un disque, placé à la croisée. (Musée de Bordeaux).

320. Chef de saint Adrien. (XIIIe siècle).

Tête d'un homme jeune, sans barbe, coiffé de longs cheveux, avec frange tombant sur le front. Autour du col un galon frappé de rosettes. Argent doré.

L. Palustre. *Mélanges d'Art et d'Archéologie*, t. III. (Cathédrale de Tours).

321. Bras reliquaire de saint Vincent. (XIIIe siècle).

Main bénissante sortant d'une manche étroite qui dépasse une manche plus large.

La première est frappée d'un losange encadrant des griffons.

La seconde est repoussée, dans le bas, d'une croix à branches coupées en biseau, avec crucifix à trois clous. Au-dessus une ouverture pour la relique est fermée par une plaque de filigrane tordu combiné avec des pierres cabochons.

Bois revêtu d'argent en partie doré.

Publié par A. Darcel dans le *Trésor de Conques*.

(Eglise de Conques, Aveyron).

322. Bras reliquaire. (XIIIe siècle).

Bras revêtu de la manche de l'aube, garni d'un poignet de filigranes et de cabochons, et de la manche de la tunique plus courte. Un large galon la borde et descend des deux côtés, formé de plaques d'argent repoussé ou décoré de filigranes encadrant des cabochons, interrompus par des émaux champlevés.

Argent repoussé, orné d'émaux et de filigranes.

(Musée d'Antiquités de la Seine-Inférieure).

ÉPOQUE DU MOYEN-AGE.

323. Bras reliquaire de Saint Landelin. (XIIIe siècle).

Main de vermeil, sortant du poignet d'une tunique formé d'une frise de filigranes à jour, portant de petites rosaces, interrompus par des cabochons. La manche de la tunique en argent repoussé, est bordée haut et bas et verticalement de chaque côté par des filigranes semblables, interrompus par des boutons ou des losanges d'argent niellé sertis comme des pierres. Sur le côté, entre deux bandes de filigranes, l'inscription niellée en lettres onciales : PROTEGAT HÆC DEXTRA NOS SEMPER ET INTVS ET EXTRA.
AVE : LANDELINI SACRA CONTINET OSSA BENIGNI.
Argent repoussé orné de filigranes et de cabochons.

(Eglise de Crespin, Nord).

324. Bras reliquaire. (XIIIe siècle).

La main est bénissante. Le bras est revêtu d'une manche de tunique, passée par-dessus une manche d'aube munie au poignet d'un orfroi gravé de rinceaux. L'aube, aussi bien que la partie inférieure du bras, sont bordées d'un orfroi très large dans lequel étaient sertis autrefois des cabochons. Toute la manche est semée de rosaces gravées inscrites dans des cercles, et sur l'un des flancs du bras s'ouvre une petite fenêtre grillée.

Cuivre battu, gravé et doré. (Eglise de Saint-Fréjoux, Corrèze).

325. Bras reliquaire. (XIIIe siècle).

La main est bénissante. La manche de la tunique laisse apercevoir la manche de l'aube bordée d'un ornement quadrillé inscrivant des fleurettes ; elle est elle-même garnie, à son poignet et à sa base, d'un large orfroi enchâssant des cabochons. Toute la manche est semée de cercles gravés inscrivant des rosaces ou des fleurs de lys épanouies ; sur l'un des côtés se voit une petite fenêtre munie de découpages en forme d'entrée de serrure.

Cuivre battu, gravé et doré. (Eglise de Vigeois, Corrèze).

326. Bras reliquaire de Saint-Émélien. (XIIIe siècle).

La main est représentée bénissante ; le médius manque. Le bras est entouré d'une manche plissée, garnie, au poignet et à la base du reliquaire, d'un bandeau de filigrane sertissant des cabochons. Sur l'un des côtés de la manche est fixée une plaque percée de trous ronds permettant de voir l'intérieur du reliquaire.
Argent.
Publié par M. Ernest Rupin, dans le *Bulletin de la Société arch. de la Corrèze*, t. IV, 1882, p. 25 (dessin). (Collection Spitzer).

327. Figure d'applique. (XIIIe siècle).

Saint Luc. — L'Évangéliste est assis sur un siège bas et tourné vers la droite ; il est représenté barbu et les cheveux longs. Les yeux sont formés par des perles de verre. Il écrit sur un pupitre supporté sur un pied élevé ; de la main gauche il tient un canif, de la droite un style. Sur le pupitre on lit l'inscription suivante, tracée en lettres onciales :

XPISTVM DE TVMVLO SVSCITAT ISTE LEO.

(Christum de tumulo suscitat iste leo).

Cette plaque, doit provenir de la décoration d'une couverture d'évangéliaire.
Cuivre repoussé, gravé et doré. (Collection Spitzer).

328. Figure d'applique. (XIIIe siècle).

Saint Luc. — L'Évangéliste est assis sur un siège bas et tourné vers la gauche ; il est représenté barbu et les cheveux longs ; les yeux sont formés de deux perles de verre, Il écrit sur un pupitre placé sur un pied élevé ; de la main gauche il tient un canif, de la droite un style. Sur le pupitre, on lit l'inscription suivante, tracée en lettres onciales :

IVRA SACERDOTIS HIC NOTAT ORE BOVIS.

Cuivre repoussé, gravé et doré. (Collection Spitzer).

ORFÉVRERIE ET BIJOUX.   51

329. La Vierge et l'Enfant-Jésus.   (XIIIᵉ siècle).

La Vierge est assise de face sur un siège bas dont les côtés sont décorés d'arcatures en plein cintre gravées. Vêtue d'une robe longue à manches étroites et d'un manteau doublé de vair, un voile sur la tête, que ceint une couronne ornée de perles d'émail, elle soutient sur son genou gauche l'Enfant-Jésus et de la main droite tient une pomme. Celui-ci est vêtu d'une robe longue et couronné. De la main gauche il tient un livre fermé, de la droite il bénit. Les yeux de la Vierge et de l'Enfant-Jésus sont formé de perles d'émail. Sur les genoux de la Vierge s'ouvre une cavité oblongue fermée par un couvercle conique surmonté d'une colombe, ce qui indique que cette Vierge servait à contenir la réserve eucharistique. Le groupe entier repose sur un pied de calice, de cuivre doré, de forme circulaire et gravé, muni d'un nœud méplat.

Cuivre fondu, ciselé et doré.   (Collection Spitzer).

330. Saint-Jean Évangéliste.   (XIIIᵉ siècle).

Saint-Jean debout, tenant un livre fermé de sa main gauche, cachée par les plis de son manteau, la main droite sur la poitrine, regarde en haut et de côté la tête inclinée vers sa droite. — Argent doré.

Cette figure faisait partie d'une *Crucifixion*.   (M. Maillet du Boullay).

331. Calice et patène de l'évêque Hervé, fondateur de la Cathédrale de Troyes, mort en 1223.   (XIIIᵉ siècle).

Coupe hémisphérique, portée sur une courte tige interrompue par un nœud cotelé et sur un pied circulaire en doucine allongée. De longues feuilles descendent sur le pied dont le fond est quadrillé. Le fond, le bord, le nœud et la tranche du pied seuls sont dorés.

La patène porte, gravée au centre, la main de Dieu sur un disque crucifère.

Argent en partie doré.   (Cathédrale de Troyes).

332. Ciboire.   (XIIIᵉ siècle).

Coupe à bord cylindrique, formée par un hémisphère aplati, portée par un pied en doucine. Couvercle de même forme amorti par une tige en doucine portant un bouton muni d'un anneau. Le limbe de la coupe et du couvercle gravés. La coupe, le couvercle, sont ornés de fleurons en relief et symétriques à l'extrémité de doubles tiges gravées. — Vermeil.   (Cathédrale de Sens).

333. Crosse.   (XIIIᵉ siècle).

Douille ornée de hautes ogives gravées, sous un quadrillé dont elle est séparée par une moulure.

Nœud orné de nielles alternativement lozangés et quadrilobés, représentant une fleur de lys et une rosace.

Crosseron terminé par une tête de dragon, garni d'une double crête de feuilles Sur chaque plat une bande d'argent niellée de feuilles courantes.

Cuivre ciselé et doré, avec des parties en argent niellé.

                                                    (Musée de Saint-Omer).

334. Mors de chape.   (XIIIᵉ siècle).

Cette agrafe forme un quadrilobe divisé en son milieu par une charnière. Sur la face, gravée de larges fleurons, sont fixés sous des niches d'architecture gothique deux petites figurines d'applique : la Vierge à gauche, saint Jean à droite.

Le bord de l'agrafe est découpé, orné d'un rang de feuilles gravées et percé de trous de façon à permettre de coudre le mors sur la chape.

Cuivre repoussé, gravé et doré.   (Collection Spitzer).

335. Bâton de Chantre.   (XIIIᵉ siècle).

Gros bouquet de feuilles découpées, à l'extrémité d'une hampe, couverte à sa partie supérieure par deux galons en spirale, l'un doré, l'autre noir, estampés. Garniture inférieure terminée en pointe.   (Mᵐᵉ V. Gay).

ÉPOQUE DU MOYEN-AGE

336. Couronne du Paraclet. (Fin du XIIIᵉ siècle).

Cette couronne garnie de fleurons en forme de lys ornés de pierres cabochons est suspendue par des chainettes. Elle a été rapportée, dit-on, de Palestine par Enguerrand de Boves ; cependant le travail tout français semblerait faire croire que les reliques qu'elle contenait auraient seules été rapportées de là.
Argent doré. (Cathédrale d'Amiens).

337. La Vierge et l'Enfant-Jésus. (XIVᵉ siècle).

Sur une terrasse à huit pans décorée de moulures, de contreforts en forme de niches, de rosaces en creux et de roses en relief, est placée la Vierge assise sur une chaire à haut dossier, surmontée de feuillages découpés et de pinacles d'architecture. Les côtés de la chaire sont décorés, au lieu d'accoudoirs, d'une claire-voie de style gothique, surmontée de deux figures de lions. A la base on voit, sous des dais, deux anges tenant des instruments de musique. La Vierge, vêtue de long, drapée dans un grand manteau à bordure gemmée, retenu sur la poitrine par une cordelière, un voile ceint d'une couronne sur la tête, porte sur son bras gauche l'Enfant-Jésus vêtu d'une longue chemise à orfroi gravé ; il se retient de la main gauche au voile de sa mère, et de la droite tient une pomme formée d'une grosse perle fine. Au revers du dossier du siège s'ouvre à charnière une cavité de forme ovale destinée à renfermer les reliques. Au-dessous on lit, disposée sur deux lignes, l'inscription suivante :

SOL, REGNUM, MATER, PRECE CUNCTA REGUNTUR.
NOS REGIT ET SALVAT QUÆ SUPER OMNIA POLLET.

Sur la base, un poinçon en forme d'écusson, deux fois répété.
Argent repoussé et doré. (Collection Spitzer).

338. Tête d'ange, coiffée de longs cheveux bouclés. (XIVᵉ siècle).
Cuivre doré. (Mᵐᵉ Victor Gay).

339. Saint Évêque martyr. (XIVᵉ siècle).

Figure debout, d'un évêque mitré, vêtu de l'aube, de l'étole, de deux tuniques et de la chasuble, les mains gantées, tenant de la gauche la crosse et une palme de la droite.
Cuivre repoussé et doré. (Musée d'antiquités de la Seine-Inférieure).

340. Statuette reliquaire. (XIVᵉ siècle).

Sur une base à huit pans, talutée, ornée de quatrefeuilles découpés à jour et de lions, de dragons et d'animaux fabuleux gravés, reposant sur quatre figures de lions de ronde bosse, est debout un prêtre, vêtu de l'aube, de l'étole et de la chasuble. Il porte devant lui un reliquaire en forme d'église, de style gothique.
Cuivre repoussé, ciselé et doré. — Travail français ou allemand.
(Collection Spitzer).

341. Chef reliquaire. (XIVᵉ siècle).

Chef de Sainte, coiffée de longs cheveux tombant, en vermeil, vêtue d'une robe dégageant le haut de la poitrine et portant cinq cabochons comme agrafes.
Le métal de la face et de la poitrine est recouvert par un canevas revêtu de peinture imitant la carnation.
Argent en partie doré. (Eglise de Conques, Aveyron).

342. Chef reliquaire. (XIVᵉ siècle).
Répétition du numéro précédent. (Eglise de Conques, Aveyron).

343. Chef reliquaire de Sainte-Essence. (XIVᵉ siècle).

La sainte de face, les cheveux partagés sur le milieu du front et retombant sur le cou. Le crâne, coupé un peu au-dessus du front, s'ouvre à charnière et se ferme au moyen de deux clavettes ; il est percé, à son sommet, de quatre trous circulaires disposés en croix, destinés à laisser voir la relique. Le chef est fixé sur une base talutée, dont les angles sont munis de pattes découpées sur lesquelles étaient sans doute autrefois rivés des pieds. Au dessus des chacune de ce pattes est gravé un ange à mi-corps dans un quadrilobe inscrit dans un cercle. Sur la partie antérieure est gravée sur trois lignes l'inscription suivante, en majuscules gothiques :

HIC EST CAPVT VNI (us) — DE VNDECIM MILIB (us)
VIRGINUM ET MARTIRV (m).

Ce chef, défiguré par une série de couches de peinture moderne qui en cachaient l'inscription, servait, il y a encore peu de temps, à contenir des reliques de sainte Luce. Il est probable qu'il faut y reconnaître le chef de sainte Essence qui se trouvait autrefois à l'abbaye de Grandmont. On sait, en effet, que dans la distribution du trésor de la célèbre abbaye, le couvent des Ursulines de Brive reçut en partage le chef de sainte Essence, qui y est encore aujourd'hui conservé dans un reliquaire moderne. A une époque qu'il est impossible de préciser, la relique a sans doute été séparée du reliquaire, qui est resté en la possession de la principale paroisse de Brive. — C^f. l'abbé Texier, *Dictionnaire d'Orfèvrerie* col. 894.

Cuivre estampé, ciselé et doré, (Église St-Martin de Brive, Corrèze).

344. Reliquaire. (XIVe siècle).

Tourelle à huit pans, surmontés d'un toit également à huit pans. Quatre des côtés sont percés de hautes fenêtres en arc brisé, divisées en deux parties par des meneaux surmontés de quatre feuilles. Sur les quatre autres, côtés sont simulées d'autres ouvertures gravées. Pied cylindrique de forme conique, à tige interrompue par un nœud sphérique côtelé. Sous le pied est gravée à la pointe une inscription presque moderne : R. DE COYROUX. — Provient du couvent de Coyroux, près d'Obazine. (Église St-Martin-de-Brive, Corrèze).

345. Reliquaire à pied. (XIVe siècle).

La Vierge et l'Enfant-Jésus. Au-dessous du reliquaire, base à jour représentant une suite d'arcades, et feuilles sur lesquelles se détache, au repoussé, une coquille d'or ; la partie inférieure du pied reproduit le même décor. Le pied lui-même est formé par le calice d'une large fleur renversée avec boule à fleurons au milieu.

Vase de cristal, monture filigranée. (Église Saint-Michel, à Limoges).

346. Monstrance circulaire. (XIVe siècle).

Disque porté sur une tige formée de panneaux superposés à un cylindre reliquaire qui repose sur un pied à quatre lobes aigus.

La montre est entourée par un anneau portant six lobes encadrant un rinceau, et circonscrits par un deuxième anneau orné de crochets en feuillage sur sa tranche : une croix à doubles branches est ajustée sur son bouton d'amortissement. Des pierres taillées serties dans des battes en cuvette ont été fixées sur le cercle extérieur de la montre.

Tige cylindrique portée par une tige à six pans séparés par des contreforts, au-dessus d'un édicule à jour formé par six contreforts combinés avec des frontons à crochets. Deux branches torses qui partent de la base de l'exagone portent chacune un petit ange.

La base de l'édicule amortit le toit conique à lucarnes d'un cylindre de cristal, dont la garniture moulurée, maintenue par quatre frettes, repose sur le pied ciselé, sur fond quadrillé, de la Flagellation, de la Résurrection, du Christ aux limbes et du Jugement dernier.

Le pied repose sur quatre petits lions.

Une rosace en émail cloisonné transparent, sertie d'une batte cotelée pyramidale a été fixée sur le pied, au milieu de la Résurrection. — Argent doré.

Publié par A. Darcel dans le *Trésor de Conques*.

(Église de Conques, Aveyron).

347. Croix. — Italie. (XIVe siècle).

Face. Croix plate, terminée par un quatre-lobes à chaque extrémité. La tige interrompue par un quatre-lobe semblable. Une rosace en émail champlevé est appliquée entre chaque médaillon. Crucifix à trois clous, en bronze doré. A chaque extrémité une figure à mi-corps, de la Vierge, Saint-Jacques, Saint-Jean évangéliste et un évangéliste tenant un livre, en cuivre repoussé.

Revers. Semblable, sans aucun ornement, sauf un émail.

Cuivre doré, (Cathédrale d'Auxerre).

348. Mors de chape. (XIVe siècle).

Ce mors se compose de deux parties trilobées réunies par une charnière centrale. Sur chacune de ces parties est représenté en bas-relief un apôtre assis, nimbé, une main levée, un livre dans l'autre. Fond gravé et semé de quatrefeuilles.

Cuivre doré et gravé. (Collection Spitzer).

349. Crosse. (XIIIe siècle).

Douille garnie de trois dragons descendants.
Nœud en sphère aplatie, gravée sur le ménisque supérieur de quatre anges en buste dans des anneaux.
Crosseron de section octogonale, partant de quatre têtes de dragon en saillie, gravé de demi-feuilles lobées sur chaque face, à volutes enroulées sur elles-mêmes, et reliées par des feuilles, terminé par une tête de dragon.
Cuivre fondu, ciselé et doré.
Provenant de l'abbaye de Châlis (Musée archéologique de Senlis).

350. Crosse de l'évêque Pierre d'Arcis (1395). (XIVe siècle).

Tige à pans se rétrécissant pour former au-delà d'un nœud, la volute qu'interrompt une tête de dragon d'où sort la continuation que termine une seconde tête de dragon.
La tige sort d'un nœud d'argent reposant sur une virole de cuivre gravée du mot : CVSTODIAT.
Cuivre doré. (Cathédrale de Troyes).

351. Boite cylindrique. (XIVe siècle).

Petite boîte dont le couvercle à centre conique est amorti par une tige sertissant un cabochon.
Le pourtour, gravé d'ondes et d'une frise d'armoiries, interrompue par quatre écus en verre doré.
Le bandeau du couvercle, porte des perles serties à griffes, séparant les lettres onciales, droites ou couchées qui semblent former l'inscription : *Tou a ma dam.*
Cuivre. (M. Ch. Mannheim).

352. Boite de miroir. (XIVe siècle).

De forme circulaire, cette boîte de miroir se compose de deux valves réunies l'une à l'autre par une charnière. Sur la face principale, sous une arcature trilobée, dont les écoinçons sont ornés de mascarons, on voit saint Georges, monté sur un cheval au galop, dirigé vers la gauche, plantant sa lance dans la gueule du dragon qu'il foule aux pieds. Vêtu d'une armure complète à solerets excessivement pointus, sa tête est recouverte d'un heaume couronné et orné d'un volet ; il porte au bras gauche un bouclier triangulaire et le cheval est houssé. Au second plan, à gauche, sur un rocher, est représentée la fille du roi de Lydie ; à droite, elle est figurée une seconde fois, à genoux et en prière, sur le sommet d'une tour.
Cuivre repoussé et doré. (Collection Spitzer).

353. Coupe de madre montée sur un pied d'orfévrerie. (XIVe siècle).

Coupe en sphère aplatie munie d'une poignée plate, relevée, et d'un couvercle de même profil Tige hexagone interrompue par un nœud aplati, orné de rosaces à quatre feuilles allongées, pied circulaire sur lequel descendent de longues feuilles aiguës. — Cuivre estampé. (Mme Vor Gay).

354. Anneau, du Pape Grégoire XI, (1373). (XIVe siècle).

Anneau d'or, portant un chaton octogone allongé, sertissant une améthyste gravée d'un christ en croix entre deux tiges de marguerite. La tranche du chaton est trilobée, et son fond porte l'inscription : *Gregorius XI Pont. Max* MCCCL X XVIIII. qui est du XVII. siècle, ainsi que la pierre.
(Cathédrale de Sens).

ORFÉVRERIE ET BIJOUX. 55

355. Anneau. (XIVᵉ siècle).

Anneau formé par six lozanges à jour réunis bout à bout par quatre points, et portant trois points à leur pointe libre. Chaton carré gravé de la lettre G qui commence l'inscription : GIATENS, dont chacune des lettres onciales à jour remplit le vide de chaque lozange. Des perles percées sont fixées, six autour du chaton, une de chaque côté des quatre points séparatifs des lozanges. — Or.
(Musée de Reims).

356. Rosace à quatre lobes, entourant un petit disque gravé d'une croix portant à chaque extrémité les lettres : C P S E. — Or. (XIVᵉ siècle).
(Mᵐᵉ Victor Gay).

357. Petit fermail circulaire. (XIVᵉ siècle).

Composé de bandes plates formant les contours d'un carré dont le contour intérieur est garni de filets de filigrane plat, encadrant une rosace, réunis par une frette à chaque angle et s'opposant pour porter une petite rosace de chaque côté d'une pierre sertie dans une batte cylindrique. Une autre pierre garnit l'intervalle, accompagnée de points et de filigranes à sa base.
Ardillon ajusté sur l'angle de l'ouverture. — Or. (Mᵐᵉ Victor Gay).

358. Grand fermail circulaire. (XIVᵉ siècle).

Anneau à section demi-hexagone porté sur un anneau plat qui l'outrepasse et est perlé sur ses contours, orné de six pierres cabochon montées à quatre griffes sur des battes en pyramide renversée. — Argent doré.
(Mᵐᵉ Victor Gay).

359. Petit fermail circulaire. (XIVᵉ siècle).

Anneau plat portant quatre pierres cabochons sur des battes en doucine.
Argent doré.
(Mᵐᵉ Victor Gay).

360. Grand fermail. (XIVᵉ siècle).

Plaque percée circulairement au centre, à contour festonné de huit trilobes, portant autour de l'ouverture quatre pierres cabochons alternant avec quatre perles, et, sur chaque lobe du contour, un rubis ou un saphir, le tout monté sur de hautes battes cylindriques ; de petites rosaces creuses, montées sur une tige en spirale garnissent l'intervalle des pierres. Ardillon ajusté sur les bords de l'ouverture centrale.
Argent doré.
(Mᵐᵉ Victor Gay).

361. Grand fermail. (XIVᵉ siècle).

Assemblage de six petits anneaux à jour remplis chacun par une couronne, réunis par une rosace et un bouton, portant chacun un bouton extérieur, assemblés sur une plaque qui épouse leurs contours. Ardillon assemblé sur un des anneaux.
Argent doré.
(Mᵐᵉ Victor Gay).

362. Fermail annulaire. (XIVᵉ siècle).

Anneau plat gravé de quatre rosaces rectangulaire séparant l'inscription niellée : AVE MARIA GRATIA PLENA.
Ardillon articulé sur l'anneau.
Argent doré sur les rosaces.
(Mᵐᵉ Victor Gay).

363. Fermail annulaire. (XIVᵉ siècle).

Semblable au précédent, mais plus petit ; l'inscription niellée est illisible par suite de la sulfuration.
Argent niellé.

364. Fermail annulaire. (XIVᵉ siècle).

Anneau plat, gravé de l'inscription : AIRE ISAIEPSIAF NIA.
Argent.
(Mᵐᵉ Victor Gay).

ÉPOQUE DU MOYEN-AGE.

365. Fermail annulaire. (XIVᵉ siècle).
Anneau plat, bordé par une torsade portant l'inscription niellée : A VOS MOTROIRE NSEZ DEM.
Revers gravé de lignes sinueuses.
Argent. (Mᵐᵉ Victor Gay).

366. Fermail hexagone à côtés rentrant. (XIVᵉ siècle).
Gravé sur trois côtés d'un quadrillé et sur les trois autres de l'inscription en lettres onciales : + A DROS, deux fois répétée.
Revers gravé du même quadrillé alternant avec des croix juxtaposées.
Argent niellé. (Mᵐᵉ Victor Gay).

367. Fermail annulaire. (XIVᵉ siècle).
Anneau portant douze hautes battes cylindriques ayant serti une pierre, garnies à leur base de feuilles de fougère. Le tout rayonne obliquement du centre.
Bronze. (Mᵐᵉ Victor Gay).

368. Petit fermail circulaire. (XIVᵉ siècle)
Anneau plat, orné de quatre perles entre lesquelles est réservée sur fond niellé une inscription.
Revers gravé d'une inscription.
Ardillon assemblé sur l'anneau. — Or. (Mᵐᵉ Victor Gay).

369. Petit fermail, à six lobes. (XIVᵉ siècle).
Anneau plat, lobé, gravé de l'inscription : AVE MARIA GRACIA PLENA DOM.
Revers gravé d'une suite de petites croix jointives. — Or.
(Mᵐᵉ Victor Gay).

370. Petit fermail annulaire. (XIVᵉ siècle).
Anneau de section triangulaire, gravé d'un cordelé sur une arête saillante, portant deux petits cabochons sur battes moulurées. L'ardillon articulé entre deux arrêts porte par sa pointe sur une rosace. — Or.
(Mᵐᵉ Victor Gay).

371. Petit fermail circulaire. (XIVᵉ siècle).
Anneau plat portant sept battes cylindriques sertissant une pierre cabochon. Dans leur intervalle, deux oiseaux affrontés et des fleurons. — Or.
(Mᵐᵉ Victor Gay).

372. Fermail hexagone à côtés rentrant. (XIVᵉ siècle).
Sur le plat est gravée en lettres onciales : l'AVE MARIA. Sur le revers un perlé entre deux cordelés. L'ardillon manque.
Bronze. (Mᵐᵉ Victor Gay).

373. Fermail annulaire. (XIVᵉ siècle).
Anneau plat légèrement chanfreiné, bordé par un grainetis, garni de huit lobes intérieurs. Le revers creusé d'une gorge interrompue par quatre frettes.
Plomb. (Mᵐᵉ Victor Gay).

374. Saint-Nicolas assis. (XVᵉ siècle).
Saint-Nicolas, évêque, assis sur un pliant à dossier. Il est revêtu de tous les ornements pontificaux : aube, tunique ornée de franges et d'orfrois en sorte de laticlaves, chasuble antique de forme presque ronde relevée sur les bras ; mitre posée par dessus la calotte. Les mains sont revêtues de gants ; les pieds ont des sandales qui laissent voir les bas. La crosse richement ornée de la gauche. La main droite est levée pour bénir. A gauche la cuve traditionnelle ou le saloir d'où sortent les trois enfants ressuscités.
Des reliques sont disposées dans une capsa attachée au devant de la chasuble ainsi que sur le socle hexagone allongé en bois supporté par quatre lions de cuivre doré. — Cuivre repoussé et doré.
Publié par la *Gazette des Beaux-Arts*. (Eglise de Saint-Jacques d'Amiens).

ORFÉVRERIE ET BIJOUX.

375. Saint-Nicolas. (XVᵉ siècle).

Le saint debout, crossé, mitré et chapé, près du baquet où sont les trois petits enfants debout sur un socle hexagone allongé, percé de fenestrages.
Deux viroles réunies par deux frettes soudées sur le socle maintenaient un cylindre qui abritait une relique.
Cette statuette, fabriquée par un orfèvre d'Arras vers 1450, a été, d'après la légende, offerte à l'église d'Avesne-le-Comte par un prisonnier de guerre qui, revenant de captivité, à voulu remercier Saint-Nicolas de sa délivrance.
Argent. (Eglise d'Avesne-le-Comte).

376. Saint-Christophe. (XVᵉ siècle).

Ame en bois revêtue de plaques d'argent, sauf sur les carnations qui sont peintes.
Le saint porte l'Enfant-Jésus sur son épaule et traverse un torrent, appuyé sur un bâton fait d'un arbre. Il est vêtu d'une robe et d'un manteau bordé d'un galon orné de cabochons sertis à quatre griffes. Une caisse rectangulaire soudée du côté gauche sur un arbre, sert de reliquaire.
Terrasse hexagone portée par des lions.
Argent. (Eglise de Longpré-les-Corps-Saints, Somme).

377. Sainte-Foy. (XVᵉ siècle).

La Sainte, est debout, couronnée, pardessus ses longs cheveux tombant, vêtue d'une robe et d'un manteau. Elle porte de la droite abaissée, un glaive et un gril, et une palme de la gauche levée.
Argent en partie doré.
Publié dans le *Trésor de Conques* par A. Darcel.
(Eglise de Conques, Aveyron).

378. Statuette reliquaire. (Cᵗ du XVᵉ siècle).

Sur une base hexagonale, soutenue par trois lions de haut-relief et ornée d'arcatures gravées de style gothique, se tient debout un évêque en costume épiscopal. Les cheveux longs, coiffé d'une mitre en forme de *pileus*, de la main gauche il s'appuie sur une crosse terminée par une volute ornée de feuillage, de la droite il tient un vase en forme de corne à boire, qui était sans doute destiné à contenir une relique. Le visage n'est pas doré.
Argent en partie doré. — Travail allemand. (Collection Spitzer).

379. Saint-Jacques le Majeur. (Fin du XVᵉ siècle).

Le Saint est représenté debout et pieds nus, la barbe et les cheveux longs et frisés, coiffé d'un chapeau à larges bords dont le devant est orné d'une coquille. Il est vêtu d'une robe serrée à la taille par une ceinture et d'un vaste manteau dont il retient un pan de la main gauche, tandis que de la droite il s'appuie sur un long bourdon de pèlerin. Une panctière pend sur ses épaules. Sur le bord de la terrasse, sur laquelle repose la statue, est gravée l'inscription suivante : 1. 4. 92. WERNHART HIRAS (?). Base hexagonale flanquée de contreforts et ornée sur ses faces de découpages de style gothique flamboyant. Le visage, les mains et la robe ne sont pas dorés.
Argent repoussé, en partie doré. — Travail allemand, 1492.
(Collection Spitzer).

380. Buste reliquaire. (XVᵉ siècle).

Ce buste d'homme repose sur une base à huit pans décorée aux angles de contreforts de style gothique et sur ses faces d'ornements découpés à jour en forme de quatre-feuilles. Le saint est représenté de face, imberbe, les cheveux longs et frisés tout autour de la tête. Il est vêtu d'une chemisette et d'une sorte de chape d'étoffe à grands ramages, bordée d'un orfroi, sur lequel les cabochons alternent avec des feuillages repoussés. Sur la poitrine est fixé un gros cabochon de cristal en forme de cœur. Une couronne ouverte, à huit fleurons, quatre grands et quatre plus petits, en forme de feuilles profondément découpées et frisées, au bandeau décoré de pierreries et de filigranes, ceint le front du saint et sert à cacher la section de la calotte hémisphérique qui complète le crâne et ferme le reliquaire. Toute cette pièce est exécutée au repoussé;

elle est complètement dorée, sauf le visage et quelques ornements du costume. Sur le cou, à droite, est frappé un poinçon carré où on lit seulement les lettres HCESAUG *Cæsaraugusta*, Saragosse.

Ce buste, qui appartient à l'art de la fin du XVe siècle, n'est pas sans offrir quelque ressemblance avec les portraits du roi Ferdinand le Catholique († 1516).

Argent en partie doré. — Travail hispano-flamand exécuté à Saragosse.

(Collection Spitzer).

381. Buste reliquaire. (XVe siècle).

Ce buste de femme repose sur une base à huit pans presque semblable à celle du buste précédent. La sainte est représentée de face, vêtue d'une chemisette et d'une robe d'étoffe damassée, ouverte en carré sur la poitrine. La robe est semée de chatons circulaires enchâssant des pierreries. À son cou est suspendu, par une grosse chaîne à anneaux carrés, un médaillon formé d'une grosse améthyste entourée de perles fines, de grenats et d'autres pierreries disposées symétriquement. Les cheveux sont disposés en grosses tresses qui remontent le long des joues et cachent les oreilles, tandis qu'une autre partie de la chevelure, dénouée, retombe sur le dos. Une couronne gemmée, dont les chatons sont accompagnés de menus feuillages rapportés, ceint le front ; elle est à huit fleurons affectant la forme de fleurs de lis. La partie supérieure du crâne est montée à charnière et ferme le reliquaire. Le visage et quelques parties des vêtements sont seuls non dorés.

À la partie postérieure de la base, un poinçon illisible.

Même provenance que le numéro précédent, dont ce buste forme le pendant.

Argent en partie doré. — Travail hispano-flamand exécuté à Saragosse.

(Collection Spitzer).

382. Chef reliquaire de Saint-Dumine. (XVe siècle).

Le saint porte toute sa barbe, qui est longue, frisée, et divisée en deux parties au menton. Les cheveux, longs, sont relevés derrière les oreilles, tandis qu'une mèche est roulée en boucle sur le front. La partie supérieure du crâne, montée à charnière, sert de couvercle au reliquaire, qui repose sur un buste muni de trois pieds en forme de griffes de lion. Ce buste bordé d'un bandeau ajouré, est garni, à sa partie supérieure, de deux orfrois, l'un quadrillé, l'autre orné de feuillages gravés. Sur le devant de la poitrine est fixé un reliquaire de forme circulaire, muni autrefois d'un couvercle retenu par des charnières et des goupilles. À droite et à gauche sont disposés deux par deux, quatre écussons en argent émaillé : 1° « parti : au 1 burelé d'argent et d'azur de dix pièces, à la bande de gueules brochant sur le tout, qui est Gimel ; au 2 d'argent à la bande d'azur ccompagné de six roses de gueules (Beaufort), et coticé d'or et de gueules (Turenne) » ; 2° « de Gimel ». 3° « de Gimel ». 4° « parti au 1 de Gimel, au 2 d'or à la croix engrelée d'azur ». — Argent repoussé et ciselé ; doré, pour la barbe, les cheveux et les bandes d'ornements.

Première moitié du XVe siècle.

Publié par M. l'abbé Poulbrière dans son travail intitulé : *Promenade à Gimel*, *Bulletin Monumental*, V^e série, t. III. 1875. Planche — *Gazette des Beaux-Arts*, 2e période, t. XXXVI, 1887, p. 149. — *Bulletin archéologique de la Corrèze*, t. IX, p. 518.

(Église de Gimel).

383. Chef reliquaire de sainte Fortunade. (XVe siècle).

La tête légèrement penchée sur l'épaule gauche, est encadrée par les cheveux divisés sur le front et disposés en bandeaux bouffants descendant le long des joues. Les yeux à demi-ouverts seulement, sont sensiblement relevés vers les tempes. La partie postérieure du crâne, coupée suivant une section verticale, est montée à charnière. — Bronze fondu, ciselé et étamé.

Pied exécuté au commencement de notre siècle.

Publié dans la *Gazette des Beaux-Arts*, 2e période, T. XXXVI, 1887. p. 153, et dans le *Bulletin de la Société Archéologique de la Corrèze*, tome IX, page 519.

(Église de Sainte-Fortunade).

ORFÉVRERIE ET BIJOUX.   59

384. Reliquaire.   (XV⁰ siècle).

Le pied est à six lobes rentrants et la tige naît sur une base à six pans, munie de contreforts et décorée d'ornements découpés à jour. Le nœud méplat est formé de trois lobes repercés et terminés par des perles de métal qu'encadrent des feuillages, alternant avec des chatons surmontés de marguerites. Un chapiteau flanqué de deux figures d'anges, les ailes éployées, soutient le reliquaire. Celui-ci se compose d'une pièce de cristal de roche taillée à huit pans, enchâssée dans une monture qui affecte la forme d'une église gothique munie de bas côtés, surmontée d'une flèche à trois étages.
Argent doré. — Travail allemand.   (Collection Spitzer).

385. Reliquaire du voile de sainte Aldegonde.   (XVᵉ siècle).

Cylindre horizontal de cristal, porté sur une tige et soutenu par deux anges reposant sur une terrasse trilobée à chaque extrémité, surmonté par un édicule à jour; une figure de sainte Aldegonde agenouillée, recevant un voile d'un ange y est abritée.
Le cylindre est fermé à chaque extrémité par une garniture ornée d'un réseau à jour sur son disque, et de pierres cabochons montées sur battes garnies de feuillages dans la gorge. Les deux garnitures sont réunies par deux frettes opposées, sur lesquelles s'ajustent l'édicule d'amortissement et la tige de support. Celle-ci terminée supérieurement par deux volutes, est interrompue par un nœud cotelé et traverse un édicule exagone à jour, composé de contreforts portant des frontons à crochets.
La terrasse, rectangulaire au milieu, est terminée à chaque extrémité par deux trilobes qui l'outrepassent, et sur lesquels reposent les deux anges.
Des perles d'émail blanc ponctué de bleu, serties à griffe dans des chatons entourés de feuilles, garnissent la gorge de la moulure d'encadrement.
La terrasse repose sur six feuilles formant griffes.
Argent doré.   (Dames Ursulines de Maubeuge).

386. Ostensoir pédiculé.   (XVᵉ siècle).

Le pied est à six pans; il est orné sur toute sa surface de feuillages et de branchages repoussés et largement découpés. Du nœud méplat, pareillement décoré de feuillages, sortent six chatons élevés de forme rectangulaire portant chacun à leur extrémité une des lettres du nom de IHESVS, en caractères gothiques. De la tige, munie d'une sorte de chapiteau sur lequel repose le reliquaire en cristal de roche taillé à six pans, s'élancent trois branches terminées par des terrasses sur lesquelles se tiennent debout des anges qui des deux mains portent des branches soutenant les contreforts ajourés dont est flanqué le reliquaire. Celui-ci se termine par une crête ornée de tourelles ; un toit pointu, orné de crochets et terminé par une statuette de saint le surmonte.
Argent doré. — Travail flamand.   (Collection Spitzer).

387. Ostensoir pédiculé.   (XVᵉ siècle).

Le pied, de forme barlongue, est à quatre lobes semi-circulaires, décorés de quatre plaques quadrilobées offrant en buste les figures des Evangélistes accompagnés de leurs attributs ; ces figures sont gravées, niellées et se détachent sur un fond d'émail noir. La naissance de la tige forme un édifice à quatre pans de style gothique flamboyant. Sur chacune de ses faces est rapportée une figurine : sainte Agnès debout tenant un sceptre et un agneau, un saint évêque, mitré et crossé ; sainte Agathe portant un livre fermé et une paire de tenailles ; la Vierge, debout, couronnée, portant un sceptre de la main droite et soutenant l'enfant Jésus sur son bras gauche. Le nœud méplat est orné de six chatons décorés de fleurettes se détachant sur un fond d'émail noir et de six perles fines. Le reliquaire se compose d'un cylindre de cristal simulant une haute tour flanquée de deux contreforts et surmontée d'un clocheton gothique que termine un épi de faîtage orné de quatre perles fines. De chaque côté du reliquaire est fixée une tête du Christ, de face, placée sur une croix à branches égales.
Argent doré. — Travail allemand.   (Collection Spitzer).

388. Ostensoir pédiculé.   (XVᵉ siècle).

Cylindre de verre vert, maintenu par deux viroles festonnées, réunies par trois contreforts, portant un toit en doucine amorti par une croix sur une boule, et porté par une tige exagone interrompue par un nœud à six rosaces, fixé sur un pied hexagone à côtés rentrans. Un écu champlevé (sans émaux) est fixé sur le pied.

Argent en partie doré.   (Église de Conques, Aveyron).

389. Ostensoir pédiculé.   (XVe siècle).

Cylindre de cristal, monté verticalement dans deux viroles à jour, sur une base circulaire portée par une tige à nœud sur un pied à six lobes et sous un clocher carré à deux étages garni de contreforts. Les deux parties sont réunies par deux contreforts latéraux à panneaux, portés en encorbellement sur des consoles à jour. Une frise à jour entoure la base au-dessus d'un culot à six pans.

La tige à six pans gravés de fenestrages, est interrompue par un nœud plat, décoré de fenestrages descendants et montants, séparés par un fleuron rapporté alternant avec un bouton lozangé portant les lettres du mot : IHESVS.

A la base de la tige un édicule ajouré de fenestrages, à corniche creusée sous un toit. Pied à six faces en doucine, gravées de longs feuillages contournées, terminés circulairement.

Contreforts latéraux à deux piles, réunis par des fenestrages, flanqués sur la face d'une statue sous un dais, et amortis par des pinacles.

Clocher à quatre faces à jour à deux étages, séparés par une corniche et une galerie crénelée, flanquée sur chaque angle d'une poivrière. Un haut contrefort à fenestrages s'élève sur chaque arête de l'étage inférieur flanqué sur chaque face d'un édicule à pignon, portant un clocher cylindrique. Une flèche domine le tout.

Cuivre doré.   (Petit Séminaire d'Yvetot, Seine-Inférieure).

390. Ostensoir pédiculé.   (Fin du XVe siècle).

Le pied à six lobes semi-circulaires est entièrement recouvert de gravures reproduisant des motifs empruntés à l'architecture gothique flamboyante. La base de la tige est entourée de branchages entrelacés, et le nœud, méplat et repercé à jour, est décoré de six chatons d'émail bleu et vert translucide, sur lequel se détachent des lettres gothiques formant le chiffre IHS MRA (Jesus, Maria). La tige se termine par un chapiteau à six pans qui soutient la monstrance formée d'un cylindre de verre, surmonté d'un dôme godronné et bordé d'un ornement découpé.

Deux contreforts ajourés, ornés des statues de saint Christophe et de sainte Agnès, deux fois répétées, d'un saint moine, et de saint Dominique, flanquent la monstrance et le dôme que surmonte une flèche ajourée à deux étages A l'intérieur de cette flèche, on voit la Vierge debout, portant l'Enfant-Jésus, et saint Michel terrassant le démon.

Sous le pied, au bord, est gravée l'inscription suivante en lettres gothiques : ANNO + DNI + V (c) V (ir) GO DOROTHEA + IBENE + DEDIT + H (o) C CIBOR IV (m) + VT + ... ORETVR + P (ro) + PARENTIB (us) ET P (ro) EA + VSQ (ue) + AD + REVOCATIONEM.

Sous un des lobes est gravé un écusson chargé d'une double croix. Sous un autre est tracé à la pointe l'indication du poids de la pièce : *VII march. en II lœtem II vrt (?)*.

Argent doré. — Travail allemand.   (Collection Spitzer).

391. Ostensoir pédiculé.   (XVe siècle).

Il affecte la forme d'un clocher dont la flèche en cuivre dorée est épaulée par deux contreforts ; la tige, interrompue par un nœud à boutons en lozange, émerge d'une base à six lobes entre les contreforts qui portent le clocher : un tube en cristal se lève à volonté.

Provient de Moiry, (canton de Carignan).   (Cathédrale de Reims).

392. Petit Ostensoir pédiculé.   (XVe siècle).

Cylindre de cristal vertical, maintenu par deux garnitures circulaires, réunies par deux contreforts latéraux. La supérieure, entourée par une crête à jour, porte un dôme surmonté par un clocher à six pans, dont les arêtes sont garnies de crochets ; la garniture inférieure entourée par une corde

ORFÉVRERIE ET BIJOUX. 61

descendante porte sur deux consoles opposées qui reposent sur un nœud à boutons lozangés saillants, porté sur une tige exagone, sortant d'un pied à six côtes, légèrement courbes rentrants et gravées.

Argent en partie doré. — Pied de cuivre. (Eglise de Nedonchel).

393. Ostensoir pédiculé. (XVe siècle).

Cylindre vertical en cristal monté dans une garniture à crêtes, maintenu par deux contreforts pendants, amorti par un pinacle à jour et porté par une tige exagone interrompue par un nœud, plantée sur un pied en doucine à six lobes, reposant sur une galerie à jour.

Cuivre doré. (Musée d'antiquités de la Seine-Inférieure).

394. Ostensoir pédiculé. (XVe siècle).

Cylindre de cristal posé verticalement maintenu par deux garnitures circulaires, rendues solidaires par deux contreforts latéraux. La garniture supérieure, entourée par une crête, porte un dôme gravé d'imbrications, surmonté par une tour carrée à fenestrages et contreforts d'angle, sous un toit à crochets amorti par une boule et une croix.

La garniture inférieure, contrepartie de la première, porte, par deux consoles sur un nœud à boutons, une tige hexagone et un pied allongé à quatre lobes aigus.

Argent en partie doré. (Eglise d'Amettes).

395. Châsse pédiculée. (XVe siècle).

La base, de forme allongée et contournée à douze redans, repose sur quatre figures de lions accroupis, de haut-relief. Décorée de moulures, de feuillages exécutés au pointillé et de vingt-huit chatons enchâssant des pierres précieuses, elle se compose de plaques d'argent doré clouées sur une âme de bois.

En retrait sur cette première base, est placée une seconde base à douze lobes, alternativement semi-circulaires et en accolade, sur laquelle sont fixés six grands médaillons gravés et recouverts d'émaux translucides sur relief, en forme de quatrefeuilles. Sur ces émaux sont représentés le pélican s'offrant en pâture à ses petits, la Vierge et saint Jean, debout, le lion de saint Marc, l'ange de saint Mathieu, le bœuf de saint Luc. Tout autour de ces médaillons se développent de grands rinceaux gravés au pointillé, et au-dessus d'eux sont fixés six gros chatons.

La tige est à trois étages et à six pans. Les deux premiers étages sont flanqués de contreforts et d'arcs-boutants, percés de baies de style gothique remplies par des plaques recouvertes d'émail translucide, alternativement bleu et vert. Le troisième étage, plus large, est bordé d'ornements découpés à jour, appliqués sur un fond d'émail; et dans ses baies, surmontées de gables pointus, sont représentées en émaux translucides six figures de saints ou de saintes debout : saint Pierre, saint Paul, un saint abbé, sainte Catherine d'Alexandrie, trois apôtres, un saint évêque. Du sommet de cette tige, qui forme lanterne, partent deux tiges latérales et une tige centrale fort courte et s'épanouissant en quatre grandes feuilles. Ces feuilles supportent un reliquaire de forme barlongue, châsse ou coffret, muni d'un couvercle à quatre rampants jouant sur trois charnières, fermé au moyen d'une serrure à bosse, où vient s'engager un moraillon, et deux crochets.

Sur la face antérieure de ce coffret, la caisse et sur le couvercle sont fixés quatre médaillons quadrilobés émaillés, semblables, deux à deux, aux armoiries suivantes : écartelé en sautoir, aux 1 et 3 d'Aragon ; aux 2 et 4 de France, au lambel de gueules de trois pendants, qui est Naples. — De gueules au château d'argent, sommé de trois tours maçonnées de gueules, accosté de deux faucilles d'argent emmanchées d'or.

Sur le sommet de ce coffre, dont la décoration est complétée par des pierreries disposées symétriquement et des gravures au pointillé représentant le Christ, les symboles des quatre Evangélistes, le monogramme I H S O P S et des rinceaux, se dresse une monstrance cylindrique accostée de deux figures d'anges debout, portant deux écussons offrant les armoiries plus haut décrites. Un troisième ange tenant en main une couronne fleuronnée surmonte la monstrance.

Les deux tiges latérales qui prennent naissance au-dessous du coffre, garnies de crochets sur leurs arêtes, viennent se terminer aux deux extrémités du coffre lui-même et servir de support aux deux autres monstrances cylindriques en cristal de roche, accostées de contreforts, sommées de toits coniques terminés par un épi de feuillages.

A la naissance de ces tiges, sur la face principale, est fixé un écusson émaillé, d'or à une chèvre au naturel, au chef d'or chargé d'une montagne de sinople sommée d'une croix. Au revers est fixé un autre écusson : parti, au 1 d'Aragon ; au 2 écartelé, aux 1 et 4 de France ancien, aux 2 et 3 d'azur à 2 bars adossés d'argent.

Plusieurs poinçons sont frappés sur les différentes parties de cette monstrance.

Le poinçon de la ville de Barcelone et un poinçon de maître $\genfrac{}{}{0pt}{}{R\ A\ H}{C\ E\ T}$ (?)

Argent doré, émaux et pierreries. — Travail hispano-flamand.

(Collection Spitzer).

396. Reliquaire pédiculé. (Fin du XVᵉ siècle).

Le pied à six lobes, est orné sur sa tranche d'un bandeau découpé à jour et garni de feuilles découpées dans les angles rentrants. Chacun des lobes est recouvert d'une plaquette rapportée, couverte d'ornements de style gothique flamboyant ; sur deux des plaquettes sont fixées en outre des figurines en relief : le Christ en croix entre la Vierge et saint Jean, un soldat décapitant une sainte. La tige octogonale est interrompue par un nœud méplat, recouvert d'un décor emprunté à l'architecture gothique et entièrement repercé à jour. Six consoles feuillagées soutiennent le reliquaire proprement dit, qui affecte la forme d'un édifice gothique à six pans et à deux étages, flanqué de contreforts, surmonté d'un toit pointu et terminé par un fleuron. Les arcades sont fermées par un grillage formé de plaques de métal découpées à jour.

Argent doré et ciselé. — Travail espagnol (?). (Collection Spitzer).

397. Monstrance pédiculée. (XVᵉ siècle).

La monstrance, posée horizontalement, consiste en un cylindre aujourd'hui de métal, jadis de verre, fermé à ses extrémités par des montures de cuivre gravé ; l'une des extrémités s'ouvre à charnière ; sur l'une est gravé un ange à mi-corps ; sur l'autre une flamme. Au-dessus de ce cylindre se dresse un pignon flanqué de deux contreforts ; une croix surmontait autrefois ce pignon, percé en son centre d'une ouverture circulaire formant reliquaire, qu'entourent des trèfles et des quatre feuilles découpés à jour. La tige, de forme cylindrique, interrompue par deux anneaux et un nœud à pans coupés, naît d'une patte à six pans décorée d'ornements gravés de style gothique.

Cuivre gravé et doré. (Eglise d'Orliac-de-Bar, Corrèze).

398. Petit reliquaire pédiculé. (XVᵉ siècle).

Tour carrée percée d'un fenestrage sur chaque face, sous un toit conique, portée sur une tige cylindrique interrompue par un nœud sphérique, sur un pied à à quatre-lobes. — Cuivre. (M. Rupin).

399. Reliquaire pédiculé. (XVᵉ siècle).

Monstrance hexagone percée d'un fenestrage garni de verre, dans une lanterne à jour, faite de contreforts à pinacles portant des arcs à crochets, sous un toit pyramidal à six pans, garni de crochets sur les arêtes. La base de la lanterne est ornée d'une galerie descendante porte sur un culot hexagone à doucine renversée avec crête sur les arêtes. Celui-ci repose sur une tige hexagone à bouton garni de six losanges, et sur un pied octogone à huit lobes.

Argent en partie doré. (M. Nollet).

400. Reliquaire pédiculé. (XVᵉ siècle).

Figure en buste de Sainte-Appoline, portant une petite monstrance cylindrique horizontale, abritée sous un édicule porté par une tige à nœud godronné sur un pied en doucine à six faces lobées, garni d'une feuille au bas de chaque arête. L'édicule est formé par une plateforme sur laquelle montent quatre colonnes portant deux à deux un fronton ogive surbaissé trilobé et garni de crochets. Un toit en croix le surmonte.

Argent, en partie doré. (Eglise de Nedonchel, Nord)

ORFÉVRERIE ET BIJOUX.   63

401. Reliquaire pédiculé.   (XVe siècle).

Cylindre horizontal maintenu à chaque extrémité par une garniture circulaire flanquée de deux contreforts pendants, réunis par un arc surbaissé portant un clocher à jour qui interrompt une crête. Il est porté, par l'intermédiaire de deux volutes opposées sur une tige à nœud et sur un pied allongé à lobes ronds et aigus. Sur la face de chaque garniture latérale, Saint-Nicolas et Saint-Adrien. Sous la lanterne du clocher, Saint-Sulpice, évêque, patron d'Amettes.
Argent.   (Eglise d'Amettes, Nord).

402. Reliquaire à quatre-lobes, pédiculé.   (XVe siècle).

Quatre-lobes percé d'une rosace au centre, portant une croix au-dessus d'un nœud et porté par une tige hexagone interrompue par un nœud à six boutons, représentant la Sainte face, reposant sur un pied à six lobes à redans.
Cuivre doré.   (Eglise de Conques, Aveyron).

403. Reliquaire pédiculé.   (XVe siècle).

Petite caisse en forme d'église à une seule nef et à chevet carré, ornée sur chaque face de trois arcs ogives portés sur des colonnes en candélabre, toit à crête et clocher central.
Les arcs encadrent. *Face :* le Christ en croix, entre saint Barthélemy et saint Simon, (equerre) ; *revers :* saint Pierre et saint Paul ; *aux extrémités :* deux saints.
Le reliquaire est posé diagonalement sur une tige rectangulaire, interrompue par une moulure sortant d'un pied en doucine porté sur quatre lions.
Argent.   (Eglise de Plourah, Finistère).

404. Diptyque reliquaire. — (1475).   (XVe siècle).

Le revers est formé de deux feuilles de cuivre repliées latéralement pour encadrer les reliques, protégées par un verre.
Sur l'un, le couronnement de la Vierge sous trois arcs ; sur l'autre, une inscription datant le reliquaire de « l'an MCCCCLXXV » *fvt fet ceci p Laucriste. 1 Cloerce fi fer cet reliques p ly.*   (Eglise de Quimperlé).

405. Croix reliquaire.   (XVe siècle).

La face principale est ornée de cinq cabochons en cristal de roche reliés entre eux par neuf plus petits. Sous ces cabochons de petits habitacles où sont dé posées les reliques.
Sur la douille l'inscription : *De l'Église de Biudegine.*
Au revers de la croix, un long ruban sinueux porte des inscriptions gravées en français désignant les reliques contenues dans la croix :
De la p. (pierre ou place) ou Dieu plora pour Jérusalem.
Du mont d'Olivier.
De la roche du mont S. (Sinaï).
De le p. où le S. Esprit descendit sur les apotre.
Du sépulcre de N. S.
De le colonne du S.
De la vraie +.
De le g. (grotte) ou Dieu fu mis.
Du Sépulcre N. S.
De le p. ou Dieu fi le cene.
De p. ou St Etienne fu.
Du lieu ou nôtre Dame monta en Chieus.
Argent.   (M. A. Desmottes)

406. Croix reliquaire.   (XVe siècle).

Ame en bois, revêtue de plaques de filigrane soudé. Extrémités en quatre-lobes.
Face. Christ, rapporté, fixé par trois clous, portant un reliquaire ovale sur le nombril. Saint Jean et la Vierge en buste dans les lobes des deux bras. L'aigle et le bœuf dans ceux du haut et du bas. Pierres cabochons montées à quatre griffes sur les côtés.
La croix est fichée dans une douille en trapèze montant d'une boule portée par une douille conique, sur une terrasse en octogone allongé. Deux anges y sont agenouillés portant une pierre sertie à quatre griffes, au-dessus d'une caisse fermée par un cristal. Cuivre doré.   (Eglise de Moutier-d'Ahum.)

ÉPOQUE DU MOYEN-AGE.

407. Croix de procession. (XVᵉ siècle).

Ame en bois à extrémités lobées, revêtue de plaques de métal.

Face. Plaque gravée de doubles rinceaux sur fond quadrillé, entre deux bandes lisses garnies de crochets de feuilles.

A l'intersection une rosace garnie de quatre feuilles rayonnantes. A chaque extrémité, un quatre-lobes gravé : à droite de Dieu le père, à gauche de la Vierge, au sommet de l'aigle. Un Christ est fixé par trois clous.

Revers. La vierge portant l'Enfant-Jésus est fixée à la croisée.

Les quatre-lobes sont gravés de deux symboles évangéliques, d'un Saint-Jean et d'une sainte femme les mains jointes.

Le nœud, du XVIIᵉ siècle, est formé d'une boule aplatie, portant six panneaux creusés d'une niche, sous une pyramide tronquée. Des consoles garnissent les arêtes.

Argent doré. (Eglise de Rigarda, Pyrénées-Orientales).

408. Croix de procession. (XVᵉ siècle).

Croix formée de cylindres de métal, terminés par des sphères cerclées, qui y sont emmanchées à l'aide de douilles découpées en couronnes. Un dais ajouré et à frontons aigus abrite une figure du Christ, du Jugement dernier, en cuivre doré du XIIᵉ siècle, clouée à l'intersection.

Cuivre. (Musée d'Arras).

409. Croix de procession. (XVᵉ siècle).

Ame en bois terminée à chaque extrémité par un quatre-lobes, revêtu d'argent repoussé et gravé.

Face. Sur les plats un cep de vigne sur fond maté, entre deux frises lisses, garnies d'une crête de feuilles de vigne. A la croisée une rosace ajourée. A chaque extrémité dans un médaillon lobé, un émail transparent sur gravure, à carnations réservées figure, au sommet le Pelican, à droite et à gauche la Vierge et Saint-Jean en buste ; au bas un ange. Christ couronné d'épines, fixé par trois clous. Titulus INRI rapporté.

Revers. Mêmes dispositions. Trois symboles évangéliques et une sainte couronnée, portant une palme et un livre en émail transparent sur gravure garnissent les extrémités. La Vierge portant l'Enfant-Jésus est appliquée au centre. — Argent doré.

Fabriqué probablement à Perpignan. Sur chaque feuille d'argent se trouvent deux PP, puis, en dessous, trois autres lettres. Des monnaies fabriquées à Perpignan (1493) portent deux P. Ces mêmes lettres se trouvent sur un ostensoir gothique en possession de la fabrique de Rigarda. Provient de l'église de Vilella. Ce village (*Marca-Higarica* en 974) est aujourd'hui détruit ; il n'en reste que l'église presque en ruines. Les habitants de Rigarda y sont allés entendre la messe jusqu'à l'année 1644.

(Eglise de Rigarda, Pyrénées-Orientales).

410. Croix de procession. (XVᵉ siècle).

Ame en bois de section rectangulaire dont chaque branche est terminée par un quatre-lobes ; revêtue de plaques de métal noirci sur lequel sont appliquées des torsades de bordure et des médaillons accompagnés de feuilles. Six grelots coniques sont accrochés aux deux bras.

Face. Le Christ. Dans les quatre-lobes, le Pelican, la Vierge, Saint-Jean, Adam sortant du tombeau.

Revers. Dans la croisée un saint évêque, mîtré, chapé, tenant une crosse : les quatre évangélistes dans les quatre-lobes.

Nœud en sphère aplatie, ornée de feuilles étalées et d'une ceinture de douze médaillons contenant chacun un apôtre en pied en relief sur un fond noirci.

Argent doré. (Eglise d'Ahetze, Basses-Pyrénées).

411. Croix de procession. (XVᵉ siècle).

Ame en bois, à branches terminées en fleur de lys, revêtue de frises de cuivre estampé figurant une branche sinueuse à feuillages aigus, sur fond à jour peint en noir, entre deux gorges, garnies de clous à tête en rosace. Cristaux cabochons au centre des fleurs de lys, accompagnés d'un des symboles évangéliques ; disque crucifère sur émail bleu à l'intersection. Crucifix en cuivre argenté fixé par trois clous.

Revers. Mêmes dispositions, sauf que les frises ne sont pas repercées et qu'il n'y a point de pierres aux extrémités. Un quatre-lobes allongé, ménagé à l'extrémité de chaque fleur de lys, encadre un symbole évangélique. L'agneau occupe un disque placé à l'intersection.

Nœud sphérique, à panneaux fenestrés accompagnant six boutons en lozange.

Argent repoussé en partie doré. (Eglise de Sainghin, Nord).

412. Croix de procession. (XVᵉ siècle).

Ame de bois revêtue de plaques de cuivre estampé.

Face. Bras terminés en fleur de lys succédant à un quatre-lobes, encadrant un évangéliste. Sur le plat et dans les fleurs de lys des rinceaux de rosier. Christ rapporté, fixé par trois clous.

Revers semblable. Les symboles remplacent les évangélistes.

Douille en trapèze, s'embranchant dans l'extrémité inférieure de la croix, et nœud sphérique.

Cuivre. (Cathédrale d'Auxerre).

413. Calice. (XVᵉ siècle).

Le pied, à six pans, bordé d'un double rang d'ornements repercés à jour de style gothique, est muni à chacun de ses angles d'un redan semi-circulaire encadrant un motif cordiforme. Tout ce pied est travaillé à jour et décoré de fenestrages de style gothique, rangés symétriquement autour d'un motif composé d'une croix qui occupe le centre de chacune des surfaces planes déterminées par les angles. La tige cylindrique, ornée de feuillages gravés se détachant sur un fond guilloché, est interrompue par un nœud repercé à jour, orné de six lettres gothiques composant le nom IHESVS, chacune des lettres étant gravée sur un boutant saillant. Coupe évasée.

Argent doré. — Travail allemand. (Collection Spitzer).

414. Calice. (XVᵉ siècle).

Coupe ovoïde portée sur une tige hexagone, interrompue par un nœud à boutons, portée après une galerie fenestrée, sur un pied hexagone à lobes aigus.

Sur la coupe l'inscription + *Agnus, dei, quy tolis peta mdi.* Sur le pied, le calvaire gravé sur fond niellé.

Cuivre doré. (M. A. Picard).

415. Ciboire. (XVᵉ siècle)

Coupe en prisme exagone garnie de contreforts sur chaque angle, portée sur six tiges courbes qui se réunissent sur un bouton cotelé, porté sur une tige hexagone, à contreforts et sur pied allongé terminé par huit lobes assemblés deux à deux et séparés par des redans. Couvercle en pyramide à faces en doucine, muni de crochets sur les arêtes et amorti par une croix.

Argent doré. (Eglise d'Argelès-sur-Mer, Pyrénées Orientales).

416. Paix garnie d'ivoire. (XVᵉ siècle).

Plaque représentant la Crucifixion sous trois arcs à frontons aigus. Monture formée de tiges sinueuses accompagnées de cabochons dans des battes à griffes d'angle montées sur des feuilles, encadrée par des contreforts. Amortissement formé par un arc surbaissé, à réseau intérieur, portant un fleuron. Un écu « écartelé, au 1 et 4 d'or aux deux léopards (?) de gueules : au 2 et 3 de gueules au soleil d'or », est fixé sous le fleuron.

Argent doré. (M. Mente).

417. Paix. (XVᵉ siècle).

La Vierge agenouillée à terre soutenant le corps du Christ couché devant elle, dans un encadrement d'architecture. Une galerie inférieure est flanquée de deux contreforts à pinacles abritant chacun une statue de saint, et soutenant un couronnement formé de deux panneaux latéraux, obliques percés de fenestrages réunis par un panneau central percé de deux rosaces, sur une galerie pendante. Une tour carrée à toit aigu surmonte le tout.

Cuivre doré. — Travail italien. (M. Mente).

ÉPOQUE DU MOYEN-AGE.

418. Burette. (XVe siècle).

Panse ovoïde à huit pans, à large col, munie d'un bec et portée sur un pied à à huit lobes. Anse plate, couvercle en dôme à pans, allongé sur le bec, amorti par un gland avec poucier formé de deux serpents enlacés.
Argent doré par place. (Mme la baronne Nathaniel de Rothschild).

419. Cuillère à encens. (XVe siècle).

Cuilleron de cristal de roche en amande dans une bordure garnie de feuilles intérieures qui le sertissent. Un ange à grandes ailes le tient de ses deux mains, portant sur sa tête la virole d'un manche triangulaire en cristal de roche, garni au sommet par une virole semblable amortie par un bouton que surmonte un bouquet de feuilles de vigne enveloppant un fruit d'émail bleu.
Argent doré. (Musée d'Antiquités de la Seine-Inférieure).

420. Cuillère à encens. (XVe siècle).

Cuilleron large et arrondi à manche plat, orné à sa face par une tête sous un fronton à crochets, et terminé par une couronne à longs fleurons formés d'une feuille de vigne.
Argent en partie doré. (Musée d'Antiquités de la Seine-Inférieure).

421. Cuillère à encens. (XVe siècle).

Cuilleron circulaire porté sur un manche à quatre faces, orné à sa base d'un contrefort à pinacle, sous un nœud de feuillages, amorti par un autre nœud portant une statuette drapée.
Quatre poinçons au revers où l'on distingue un lion, une castille, et les trois lettres C. A. S.
Argent doré. (M. Maillet du Boullay).

422. Cuillère à encens. (Fin du XVe siècle).

Le cuilleron, en forme de pelle est gravé de tiges de roses exécutées au pointillé ; il se rattache au manche par trois tiges dont l'une est ornée d'une petite statuette de Sainte-Catherine d'Alexandrie accompagnée des initiales K. M. découpées à jour *(Catharina martyr)*. Le manche, très mince à six pans, est gravé d'une course de rinceaux exécutée au pointillé ; un bouton émaillé de bleu enchâssé dans quatre fleurs de lys de vermeil le termine. Au revers du cuilleron on voit le poinçon B et un autre poinçon illisible.
Argent doré. (Collection Spitzer).

423. Coupe de Saint Bernard, abbé de Clairvaux. (XVe siècle).

Coupe de racine, munie d'un pied, et d'une garniture avec poignée de vermeil du XVe siècle. Sous le pied l'inscription en lettres gothiques carrées : *Civs S bernardi abbatis clarevallis.*
Bois et vermeil gravé. (Musée de Dijon).

424. Cachet reliquaire. (XVe siècle.)

Cylindre de cristal, maintenu par deux frettes dans deux viroles maçonnées ; la supérieure simule une tour à créneaux sous un toit conique.
Sous la base un écu gravé : « mi-parti, à dextre de... à la bande échiquetée, à senestre de........ à trois têtes de coq. 2 et 1. »
Argent. (Mme la marquise de Montlaur).

425. Boîte de toilette. (XVe siècle).

Boîte hexagone, à base moulurée, et à couvercle plat s'enchâssant dans une moulure. Trois faces sont décorées de branchages fleuris gravés au pointillé. Sur le couvercle un seigneur en chaperon et en longue robe, à cheval ayant en croupe une dame en hennin tenant un faucon sur le poing, suivie d'un page à pied, gravés au pointillé.
Cuivre doré. (Mme Victor Gay).

426. Pent-à-col, en forme de cœur. (XVe siècle).

Plaque cordiforme, portant au centre un cristal cabochon circulaire dans une batte dentelée, qu'encadre l'inscription en lettres gothiques émaillées VBI. AMOR. IBI FRÆQVES COGITA, interrompue à la pointe par les lettres

ÉMAUX CHAMPLEVÉS LIMOUSINS.

L R enlacées et accompagnées de roses. Bordure en biseau, garnie extérieurement par une corde nouée.
Revers garni de nacre représentant en relief St-Jean Baptiste et Ste-Catherine sous le St-Esprit.
Argent doré. (Mme Victor Gay).

427. Petit fermail annulaire. (XVe siècle).
Anneau plat gravé de l'inscription en caractères carrés : QUI ME POURTE BIEN A. L'ardillon manque.
Bronze. (Mme Victor Gay).

428. Fermail hexagone gravé d'une inscription. (XVe siècle).
En or. (M. Wasset).

429. Anneau. (XVe siècle).
Anneau à section demi cylindrique, orné d'un quadrillé interrompu par deux cartouches portant en lettres gothiques BYN DYN.
Or. (Mme Victor Gay).

430. Anneau. (XVe siècle).
Anneau de forme dite chevalière, dont le chaton est creusé de trois cannelures longitudinales encadrant les trois lettres I H S. Des imbrications descendent sur l'anneau de chaque côté du chaton.
Argent doré. (Mme Victor Gay).

431. Anneau. (XVe siècle).
Anneau plat, portant un chaton ovale, serti d'une pâte de verre bleu représentant en relief la Vierge couronnée, assise, portant l'Enfant Jésus sur son bras droit. Une banderolle qui l'enveloppe dans le haut porte l'inscription : *de pietate Marie* en lettres demi-onciales. L'anneau porte en lettres demi-onciales, demi-romaines, réservées, sur fond niellé, l'inscription : AVE VIRGO MARIA MAT DE. Argent doré. (Mme Victor Gay).
Nota. — La bague semble plus ancienne que la pâte de verre.

432. Anneau. (XVe siècle).
Anneau gravé portant, sur une tige évasée, un chaton sertissant avec quatre griffes un rubis.
Or. (Mme Victor Gay).

433. Anneau. (XVe siècle).
Anneau de section triangulaire terminé par deux têtes de dragon, saisissant la monture à griffes d'un saphir cabochon.
Or. (Mme Victor Gay).

434. Anneau. (XVe siècle).
Anneau de la forme dite chevalière, sertissant une cornaline gravée de *l'Annonciation.* Sur le plat du chaton, en octogone allongé, une inscription à demi effacée, et sur l'anneau quelques traces d'inscription.
Or. (Mme Victor Gay.)

ÉMAUX CHAMPLEVÉS LIMOUSINS

435. Réunion de vingt-cinq fragments, émaillés fournissant des spécimens des différents procédés employés pour la technique de l'émail.
(XIe-XVe siècles).

1° Petite plaque circulaire, en émail cloisonné sur or, représentant un ange à mi corps. Byzance, XIe siècle.

2° Plaque en forme de trèfle en émail cloisonné sur or semé de fleurettes sur champ d'émail vert. Byzance (?), XIe siècle.

3° Plaque en forme de quatre-feuilles en cuivre émaillé champlevé et cloisonné. France (?) XIe siècle.

4° Plaque circulaire en cuivre champlevé et émaillé représentant un griffon entouré d'un dessin ressemblant à une grecque. — Limoges, premier quart du XIIe siècle.

5° Plaque rectangulaire en cuivre champlevé et émaillé portant en son centre un rectangle cantonné de quatre fleurons cordiformes. — Travail rhénan, XIIe siècle.

6° Plaque rectangulaire de cuivre champlevé et émaillé représentant le Christ ressuscité entre deux anges portant les instruments de la passion. — Travail rhénan, XIIe siècle.

7° Bandeau d'ornement en cuivre champlevé et cloisonné, émaillé, orné de rosaces. — Travail rhénan, XIIe siècle.

8° Bandeau d'ornement en cuivre champlevé et émaillé, décoré de pampres sur fond bleu. — Travail rhénan, XIIIe siècle.

9° Plaque circulaire représentant deux oiseaux adossés. — Limoges, XIIIe siècle.

10° Plaque en forme d'étoile représentant la crucifixion. — Limoges, XIIIe siècle.

11° Plaque polylobée portant un écusson d'armoiries bandé d'or et d'azur à la bordure de gueules. — Limoges, XIVe siècle.

12° Plaque circulaire ornée en son centre d'un écusson carré écartelé : « d'argent à la croix d'or potencée cantonnée de quatre croisettes de même et fascé d'or et d'azur au lion rampant de gueules brochant sur le tout » ; bordure de fleur. — Italie, XIVe siècle.

13° Pendeloque circulaire ornée de roses blanches à six feuilles et de trèfles vert et rouge, le tout poussant sur une même tige au bas de laquelle on aperçoit un chien blanc.

14° Plaque circulaire représentant la Visitation ; figures réservées et niellées d'émail sur fond quadrillé et émaillé. — France, première moitié du XIVe siècle.

15° Bossette dentelée sur ses bords portant des armoiries d'évêque d'argent à la fasce d'azur accompagnée de trois quintefeuilles de gueules, deux en chef, un en pointe. — Italie, XIVe siècle.

16° Plaque circulaire en argent recouverte d'émaux translucides sur relief représentant Saint-Cosme assis ayant devant lui un jeune enfant. — France, XIVe siècle.

17° Petite plaque circulaire en or recouverte d'émaux translucides sur relief représentant Saint-Jean-Evangéliste portant un calice. — Fond rouge, Flandre, fin du XIVe siècle.

18° Plaque rectangulaire en cuivre champlevé et émaillé représentant un évêque debout et bénissant. Figure gravée et niellée. — Espagne, XVe siècle.

19° Plaque rectangulaire à sa base, en forme de pignon à son sommet, en cuivre champlevé et émaillé représentant la Vierge à mi corps portant l'enfant Jésus et un coq, sur la partie triangulaire. — Italie XVe siècle.

20° Médaillon dentelé sur ses bords en cuivre champlevé et émaillé représentant un aigle et portant la légende : *Si ergo me queritis*. — Italie, XVe siècle.

21° Médaillon circulaire en argent offrant, en émaux translucides, l'image du Christ assis et bénissant, entouré des instruments de la Passion. — France, XVe siècle.

22° Quatre fragments d'émaux translucides sur relief et peints, représentant la Vierge, Saint-Barthélémy, un saint évêque. — Italie, XVe siècle.

(Collection Victor Gay).

436. Disque. (C^t du XIIe siècle).

Au centre une croix à branches égales blanche, rouge et jaune, sur un fond carré vert, entouré de segments bleus à disques blancs et jaunes.
Email cloisonné sur fond de fer. (Musée de Guéret)

ÉMAUX CHAMPLEVÉS LIMOUSINS.

437. Médaillon circulaire. (XIIe siècle).

Le prophète Osée. Il est représenté de face, à mi-corps, nimbé, barbu et les cheveux longs. Les tons des émaux sont le bleu lapis, le bleu turquoise, le brun-rouge, le blanc. Chairs rosées. Sur le fond doré sur lequel se détache ce buste est émaillé en lettres bleues semi-capitales, semi-onciales, le nom OSEAE. France. (Musée de la Seine-Inférieure).

438. Médaillon circulaire. (XIIe siècle).

Le Christ, vu à mi-corps, barbu, nimbé, bénissant de la main droite, et tenant livre un fermé de la gauche. Chairs et vêtements émaillés. Travail imitant l'email cloisonné. Fond guilloché. (Musée de la Seine-Inférieure).

439. Médaillon quadrilobé en cuivre. (XIIe siècle).

Un ange mi-corps, sortant des nuages, nimbé, tenant un livre et bénissant. Chairs et vêtements émaillés. Imitation des émaux cloisonnés. Fond guilloché. (Musée de la Seine-Inférieure).

440. Petit coffret de forme barlongue. (XIIe siècle).

Portant sur ses côtés, sous des arcades en cintre surbaissé, supportées par des colonnettes les figures des Vices représentés sous les traits de personnages nus et difformes que poursuivent des femmes couronnées symbolisant les Vertus. Ces différents symboles sont expliqués par des inscriptions tracées au-dessus et au-dessous des figures et qui sont gravées moitié en lettres capitales, moitié en lettres onciales.

Devant. La Douceur, armée d'une lance et d'un bouclier long, enfonce sa lance dans la bouche de la Colère : *Mansuetudo, Iracundia.* — La Sobriété, armée d'un bouclier rond menace de son épée l'Ivresse et la foule aux pieds : *Sobrietas, Ebrietas.* — Une femme frappant d'un fouet un personnage nu qu'elle tient par les cheveux : *Parsymonia, Canea* (?). — La Charité enfonçant sa lance dans la bouche du mauvais riche renversé devant elle : *CARITAS (F)ortun...*

Extrémité de droite. La Miséricorde tenant un bouclier long enfonce une large épée dans la bouche de l'Impiété : *Misericordia, Impietas.* — La Vérité tient par les cheveux le Mensonge et le frappe d'un marteau : *Veritas, Falsitas.*

Partie postérieure. La Foi perce de son épée un personnage qu'elle tient par les cheveux. *Fides....* — L'Humilité enfonce sa lance dans la bouche de l'Orgueil : *Humilitas, Superbia.* — La Largesse tient par les pieds l'Avarice et la perce de son épée : *Largitas, Avaricia.* — La Chasteté frappe de verges la Luxure : *Castitas, Luxuria.*

Extrémité de gauche. La Patience perce de son épée la Colère : *Paciencia, Ira.* — La Concorde foule aux pieds et perce de sa lance la Discorde : *Concorda* (sic), *DISCORDIA.*

Figures réservées et gravées sur fond alternativement bleu lapis, bleu clair, vert sombre translucide, lie de vin translucide.

Le couvercle du coffret a disparu. (Cathédrale de Troyes).

441. Plaques de gants épiscopaux. (XIIe siècle).

Ces plaques circulaires sont, sur leur pourtour, percées de petits trous, permettant de les coudre sur les gants. Sur l'une est représentée la main bénissante, posée sur une croix accompagnée de l'inscription ✠ DEXTERA DOMINI, en lettres semi-capitales, semi-onciales ; sur l'autre, l'Agneau pascal, posé sur une croix et portant : AGNVS DEI QVI TOLLIT P.

Toute cette décoration est émaillée et se détache sur un fond doré.

Cuivre champlevé et émaillé.

Publiées dans *le Bulletin Monumental*, 1876. (Cathédrale de Cahors).

442. Médaillon ovale. (XIIe siècle).

La Vierge, debout, de face, couronnée, une palme dans la main gauche, la main droite levée, elle est vêtue d'une robe bleu lapis, à corsage à larges manches bleu turquoise ; un voile bleu clair entoure sa tête et son cou ; souliers couverts de couleur bleue. — Fond uni doré. (Collection Victor Gay).

ÉPOQUE DU MOYEN-AGE.

443. Plaque rectangulaire. (XIIe siècle).

Geoffroy Plantagenet, debout, coiffé d'un heaume conique, aux armes d'Angleterre, vêtu de deux tuniques et d'un manteau, armé d'un glaive levé et d'un haut bouclier triangulaire « d'azur aux léopards d'or » comme le heaume, sous une arcade lobée, portée sur deux colonnes, et portant des édifices. Au sommet la bordure est interrompue par l'inscription :

> ENSE TVO PRINCEPS PREDONVM TVRBA FVGATVR.
> ECCLEIIS QVE QVIES PACE VIGENTE DATVR.

Publié dans le *Moyen-Age et la Renaissance*, par M. Hucher.
(Musée du Mans).

444. Plaque de croix, avec Crucifix rapporté. (XIIe siècle).

Le Christ couronné, est fixé par quatre clous. La plaque, dont les branches se raccordent autour d'un ovale obtus, figure la Croix, le nimbe du Christ, le titulus et, au sommet, la main de Dieu, sur un fond semé de petits disques polychrômes, sur fond bleu. (Musée des antiques de Bordeaux).

445. Crucifix. (XIIe siècle).

Le Christ, nimbé d'une nimbe crucifère, est attaché à la croix par quatre clous ; la barbe et les cheveux longs, vêtu d'un jupon bleu qui descend à gauche au-dessous des genoux ; ses pieds reposent sur un *suppedaneum* au-dessous duquel on aperçoit Adam sortant du tombeau, joignant les mains, au-dessous du sarcophage, un ornement imbriqué. Au-dessus du titulus IHS XPS on lit l'inscription suivante, disposée en sept lignes et gravée en lettres semi-capitales, semi-onciales ; JOHANNIS. GARNERIVS LEMOVICENSIS. ME FESIS (sic) FRATRIS MEI. — Le corps et la figure du Christ ainsi que la figure d'Adam sont entièrement recouverts d'émail blanc rose. Bordure guillochée. (M. Victor Gay).

446. Crucifix. (XIIe siècle).

Le Christ, couronné à jupon, est fixé par quatre clous.
Cuivre repoussé, ciselé, champlevé et émaillé de bleu dans le jupon. Yeux en émail noir. (Musée de Saint-Lô).

448. Crucifix. — Croix pattée. (Fin du XIIe siècle).

Le Christ, nimbé d'un nimbe crucifère, est attaché à sa croix par quatre clous ; la barbe et les cheveux longs, vêtu d'un jupon court, ses pieds posent sur un *suppedaneum* et au-dessus de sa tête se lit le *titulus*. IHS XPS. Au-dessus du *titulus* était autrefois enchassé un cabochon qui a disparu. Le corps du Christ est entièrement émaillé sauf la tête qui est gravée et niellée d'émail. Chairs blanc rosé. Fond de cuivre recouvert de menus rinceaux gravés. Revers en cuivre doré semé de rinceaux gravés. A l'intersection des croisillons un ange en buste dans un médaillon circulaire. (M. Bonnay, à Brive).

449. Monstrance. (XIIe siècle).

Sur un pied hémisphérique porté par trois griffes de lion et décoré de grands rinceaux réservés sur un fond d'émail bleu se dresse une tige très courte interrompue par un nœud sphérique aplati ornée de rosaces émaillées. Cette tige supporte un cylindre de cuivre ciselé et émaillé rattaché par des frettes de cuivre à un autre cylindre à calotte hémisphérique que surmonte un bouton feuillagé et qui termine la monstrance dont la partie médiane est formée d'un cylindre de verre. Emaux bleu lapis, bleu turquoise, blanc, rouge, en partie exécutés par le procédé du champlevé, en partie par le procédé du cloisonné.
École de Verdun.
(Les Dames Ursulines d'Arras).

450. Flambeau. (Fin du XIIe ou Ct du XIIIe siècle).

Sur un pied triangulaire terminé par des griffes se dresse une tige ornée d'un dessin gravé figurant des imbrications et interrompue par un nœud méplat.

ÉMAUX CHAMPLEVÉS LIMOUSINS.

La bobèche est circulaire et bordée d'un cercle émaillé. Chacune des faces du pied est occupée de deux dragons affrontés, gravés et niellés d'émail rouge, se détachant sur un fond d'émail bleu lapis semé de points blancs et bleu turquoise moucheté de points jaunes. Le nœud est décoré de trois médaillons sur lesquels sont représentés trois oiseaux émaillés sur fond réservé. La bordure de la bobèche est bleu clair, blanc, rouge, bleu lapis semé de points jaunes. (Collection Spitzer).

451. Flambeau. (Fin du XIIe ou commencement du XIIIe siècle).

Entièrement semblable au numéro précédent dont il forme le pendant.
(Collection Spitzer).

452. Châsse, dite de Saint-Rémy. (XIIe siècle).

Châsse en forme de maison portée sur quatre pieds carrés pris dans les plaques de côté.

Face antérieure. — Caisse. Deux médaillons circulaires renfermant des figures d'apôtres à mi-corps. — *Toit.* Deux médaillons semi-circulaires renfermant deux figures d'apôtres à mi-corps. Vêtements et chairs émaillées; fond guilloché.

Face postérieure. — Rosaces émaillées traversées diagonalement par des bandes émaillées.

Extrémité de droite : Deux oiseaux adossés séparés par des rinceaux.

Extrémité de gauche : Une rosace et un fleuron émaillés.

Crête en cuivre découpée à jour, ornée d'ouvertures en forme d'entrées de serrure et trois de chatons d'émail. (Cathédrale de Châlons-sur-Marne).

453. Châsse. (Fin du XIIe siècle).

Châsse en forme de maison.

Face antérieure. — *Caisse :* Jésus brise les portes de l'enfer et en fait sortir les patriarches. — La descente de croix. — Jésus et les disciples d'Emmaüs. — *Toit.* Les saintes femmes au tombeau du Christ. — Le *Noli me tangere.* Le reniement de Saint-Pierre (?).
Personnages émaillés ; têtes gravées et niellées d'émail rouge. Fond gravé de rinceaux.

Face postérieure. — Plaques de cuivre dorées, ornées de rosaces se détachant sur un fond bleu lapis.

Extrémités : Sous une arcature trilobée deux groupes de deux apôtres. Personnages réservés et gravés, avec têtes en relief sur fond émaillé semé de rosaces.
(Eglise de Nantouillet).

454. Châsse. (Limoges. Fin du XIIe siècle).

Châsse en forme de maison portée sur quatre pieds carrés pris dans les plaques.

Face antérieure. — *Caisse.* Dans une auréole en forme de *vesica piscis* cantonnée des symboles des évangélistes, le Christ en Majesté couronné et nimbé. A droite et à gauche, deux apôtres debout sous des arcatures en plein cintre. — *Toit.* L'Agneau mystique nimbé et portant une croix dans une auréole circulaire soutenue par deux anges. Personnages émaillés avec têtes rapportées en relief sur fond gravé de menus rinceaux.

Face postérieure. — Dans des médaillons circulaires à fond rouge translucide inscrits dans des losanges émaillés de vert et bordés de bleu turquoise des personnages luttant avec des monstres ou des serpents. Dans les écoinçons des fleurons émaillés sur fond bleu lapis.

Extrémités : à gauche un apôtre sous une arcade en plein cintre ; à droite un ange à mi-corps. Personnages émaillés ; visages gravés ; fonds gravés de menus rinceaux. (Cathédrale de Moutiers).

455. Châsse de St-Etienne. (Fin du XIIe siècle).

Elle est en forme de maison, portant sur quatre pieds carrés pris dans les plaques de la caisse, et surmontée d'une crête percée d'ornements en forme d'entrée de serrure.

Face antérieure ; panneau inférieur : Prédication de Saint-Étienne ; le Saint tient un phylactère sur lequel on lit IOXHSA (sans doute pour Jhesus Christus). Saint-Étienne mené au supplice.

Toit : Lapidation de Saint-Étienne.

Face postérieure ; panneau inférieur : Figures en pied, sous des arcades en cintre, de Saint-Jean, Saint-Pierre, Saint-Paul et Saint-Philippe.

Toit : Trois anges à mi-corps dans des médaillons circulaires, séparés par des fleurons.

Pignon de droite : Sur la porte de la châsse, un ange debout.

Pignon de gauche : Un apôtre portant une croix. Personnages et architecture émaillés sur fond gravé de menus rinceaux. Les têtes sont soit simplement gravées sur le fond, soit rapportées.

Sur cette châsse, Cf. abbé Poulbrière, *Bullet. Monum.* 1875, p. 536 et suiv. (grav.) — C. de Linas, *La châsse de Gimel ; lettre à M. Ernest Rupin*, 1883, in-8°. — Abbé Roux, *Une inscription mystérieuse ;* Tulle, Mazeyrie 1880, 8 p. in-18. — Abbé Poulbrière. *Lettre au journal Limousin et Quercy, sur un détail de la brochure : Promenade à Gimel, relativement à l'inscription mystérieuse* (1er Novembre 1880). 4 p. in-8°. *Bulletin archéologique de la Corrèze.* T.IX, page 493. (Église de Gimel).

456. Châsse en forme de maison, montée sur quatre pieds pris dans les plaques latérales. (Fin du XIIe siècle).

Face antérieure. Caisse : Au centre dans un nimbe elliptique en forme de *vesica piscis*, le Christ en Majesté, assis, la main gauche appuyé sur un livre, bénissant de la droite. A droite et à gauche, sous des arcades en plein cintre, deux apôtres debout.

Toit : Quatre apôtres debout sous des arcades en plein-cintre.

Extrémités : Deux apôtres imberbes debout sous des arcatures en plein cintre.

Personnages émaillés sur un fond gravé de rinceaux vermiculés. Architecture émaillée. Sur la face antérieure, les têtes sont en relief, aux extrémités elles sont simplement gravées et niellées d'émail noir.

Revers semé de rosaces, bleu, blanc, jaune et vert, bordées de rouge sombre sur fond bleu lapis. (Cathédrale d'Auxerre).

457. Plaque de reliure d'un Psautier. (Fin du XIIe siècle).

Le plat supérieur de la reliure subsiste seul. On y a représenté la Crucifixion Le Christ, nimbé d'un nimbe crucifère, couronné, vêtu d'un jupon émaillé de bleu qui descend jusqu'aux genoux, est cloué à la croix par quatre clous. Il est en relief et rapporté comme la croix émaillée de vert sur laquelle il est fixé. A gauche et à droite de la croix, la Vierge et Saint-Jean debout, en relief, émaillés et rapportés. Au-dessus des bras de la croix deux anges en relief, portant le soleil et la lune. Fond de cuivre gravé et doré, semé de cabochons de verre. Sur les bords de la reliure qui forment saillie sur le fond, des écoinçons de cuivre et des plaques émaillés en bleu, alternant avec des plaques de cuivre gravées, ornées de cabochons.

Le manuscrit date du milieu du XIIe siècle ; il est décoré d'un certain nombre de lettres peintes sur fond d'or ; au Psaume *Dixit Dominus* etc. est représenté David tenant la lyre en main. (Cathédrale de Lyon).

458. Plaque de reliure. (Fin du XIIe siècle).

LE CHRIST EN MAJESTÉ. — Dans une auréole en forme de *vesica piscis* ciselée sur la plaque, le Christ est assis, les pieds placés sur un escabeau. De la main droite levée il bénit, de la gauche il s'appuie sur un livre fermé. Barbu, les cheveux longs, sa tête est entourée d'un nimbe crucifère, et de chaque côté sont figurés un A et un Ω. Les quatre angles de la plaque, limitée par un grénetis ciselé, sont occupés par les symboles des Évangélistes : dans le haut, l'ange de saint Mathieu et l'aigle de saint Jean ; dans le bas, le lion de saint Marc et le bœuf de saint Luc.

ÉMAUX CHAMPLEVÉS LIMOUSINS. 73

Les têtes du Christ et des symboles des Evangélistes sont en relief et rapportées. Les mains et les pieds du Christ sont ciselés. Les personnages se détachent sur un fond uni de cuivre doré, et tout le dessin des animaux et des vêtements du Christ est exprimé par de minces cloisons épargnées sur le fond. Les pois qui ornent le nimbe et les orfrois des vêtements sont cloisonnés. Dans toute cette pièce l'intention d'imiter un véritable émail cloisonné est évidente, et nulle part on ne saisit mieux l'alliance et la transition entre les deux procédés.

Emaux bleu lapis, bleu lilas, bleu turquoise, vert clair, vert foncé, rouge sombre et blanc. Cette plaque est marquée au revers d'un A gravé.

(Collection Spitzer).

459. Châsse. (C^t du XIIIe siècle).

Elle affecte la forme d'une maison et repose sur quatre pieds pris dans les plaques de côté.

Face antérieure. Caisse. Saint-Martial suivi d'un autre saint, bénit Sainte-Valérie agenouillée devant lui ; elle est accompagnée de deux autres personnages. A droite le proconsul Julius Silanus assis sur un trône, le sceptre en main, coiffé d'un bonnet et donnant un ordre à un personnage portant une épée nue.

Toit. Un saint (Saint-Martial ?) à mi-corps, barbu, touchant d'une longue canne deux évêques couchés côte à côte et endormis à terre.

Face postérieure. Caisse. Saint-Martial debout accompagné d'un autre saint, tenant une longue canne fait sortir le démon du corps d'un possédé ; en arrière un personnage dans l'attitude de l'étonnement. A droite Saint-Martial les mains liées, conduit en prison par un homme qui le frappe d'un bâton.

Toit. Un évêque accompagné de quatre acolytes dont l'un porte une longue croix et un autre un livre, dépose dans un sarcophage un personnage cousu dans un linceul et dont la tête est marquée d'une croix rouge.

Extrémités. Deux anges debout tenant des encensoirs.

Têtes gravées et niellées d'émail ; vêtements émaillés ; fonds vermiculés. Emaux bleu lapis, bleu turquoise, bleu clair, vert clair, vert sombre, jaune, rouge sombre, blanc.

(Mme A. Cibiel).

460. Châsse. (XIIIe siècle).

Châsse en forme de maison munie d'un transept ; elle est montée sur quatre pieds carrés et surmontée d'une crête ajourée, ornée de boules de cristal de roche. Toute la châsse est recouverte d'une enveloppe de cuivre gravé et doré dans laquelle sont sertis des cabochons de verre de couleur. Les plaques émaillées sont rapportées.

Face antérieure : La Crucifixion. Sur le transept est placé un Christ de cuivre en relief, le *perizonium* étant seul émaillé de blanc et de rouge. La croix sur laquelle il est fixé est émaillée de vert, surmontée d'un *titulus* et semée de rosaces blanches, bleu turquoise et rouges. A gauche, sur la caisse, sont fixées deux figures en relief, émaillées de bleu clair, bleu turquoise et blanc, figurant la Vierge et une sainte femme ; à droite, saint Jean et saint Joseph d'Arimathie ; figures émaillées et en relief. Sur le toit du transept sont rapportées deux rosaces émaillées de blanc et de bleu, et sur le toit de la nef quatre anges en relief et émaillés, deux en pied et deux à mi-corps ; les deux premiers portent le disque du Soleil et le croissant de la Lune. Bordure rapportée, composée d'un listel émaillé de bleu et de blanc. Une bordure semblable orne toutes les faces de la châsse.

Face postérieure : Elle est décorée sur le toit, la caisse et le transept de cinq plaques rapportées. Sur le transept, le Christ ressuscité, debout, la tête entourée d'un nimbe crucifère, les mains étendues ; plaque terminée en forme de pignon. Sur la caisse, à gauche la Nativité, à droite l'Annonce aux bergers. Sur le toit, l'Annonciation, la Visitation. Plaques quadrilobées. Figures réservées et gravées sur fond d'émail bleu clair semé de rinceaux réservés ; nimbes bleu turquoise et blanc.

Extrémité de droite : Saint Paul debout, nimbé, tenant une épée et un livre. Personnage réservé sur champ d'émail bleu clair semé de rinceaux réservés, nimbes blanc et bleu turquoise.

Extrémité de gauche : Saint Pierre debout, nimbé, tenant un livre fermé et deux clefs. Personnage réservé sur champ d'émail bleu clair, semé de rinceaux réservés, nimbe blanc et bleu turquoise. Cette plaque formait la porte de la châsse.
(Collection Spitzer).

461. Châsse en forme de maison, reposant sur quatre pieds carrés pris dans les plaques de la caisse. (XIIIᵉ siècle).

Crête ajourée ornée d'ouvertures en forme d'entrées de serrure, surmontée d'un bouton sur une haute tige.

Face antérieure ; panneau inférieur : Sainte-Catherine conduite devant l'empereur par un soldat ; le supplice de Sainte-Catherine.

Toit : Un abbé debout, la crosse en main, près d'une église, parlant à quatre moines.

Face postérieure : Le panneau inférieur a été coupé et remplacé par un verre qui laisse voir des reliques de Saint-Eutrope. — Bordure composée de morceaux de médaillons recoupés.

Toit : Le Christ, à mi-corps et bénissant, entre deux anges ; les trois personnages sont représentés dans des médaillons circulaires.

Pignons : Saint-Pierre et Saint-Paul debout.

Personnages gravés et réservés sur fond d'émail.
(Église de Noailles, Corrèze).

462. Châsse en forme de maison, avec pieds carrés et crête ajourée à entrées de serrure. (XIIIᵉ siècle).

Face antérieure ; panneau inférieur. Deux anges à mi-corps dans des médaillons circulaires.

Toit. Trois anges à mi-corps dans des médaillons circulaires.

Face postérieure. Figurines émaillées rapportées sur un fond de cuivre guilloché, et disposées sous des arcatures émaillées.

Pignons. Deux saints tenant un livre d'une main.
(Saint-Hilaire-Foissac, Corrèze).

463. Châsse portée sur quatre pieds à quatre faces rectangulaires égales, sous un toit en pyramide, amortie par un bouton de cristal de roche.
(XIIIᵉ siècle).

Face antérieure. Caisse. La crucifixion. Le Christ rapporté, entre Saint Jean et la Sainte-Vierge, à tête rapportée, le corps en réserve.

Couvercle. Le Christ debout, bénissant, rapporté, entre deux séraphins en réserve à tête rapportée.

Face de droite. La Vierge, à tête rapportée, corps en réserve, assise dans une auréole. *Couvercle*, un séraphin.

Face postérieure. Saint-Pierre assis sous un arc qui entoure la porte semi-circulaire. *Couvercle*, un chérubin.

Face de gauche. Les Saintes Femmes au Tombeau. *Couvercle*, un chérubin.
Sur les arêtes du toit, des dragons rapportés.
Fond général bleu à rosaces polychrômes. (M. Antonin Personnaz).

464. Châsse en forme de maison, portée sur quatre pieds carrés pris dans les plaques de côtés. (XIIIᵉ siècle).

Face. Caisse. L'Adoration des Rois mages. La Vierge portant l'Enfant-Jésus assise et les trois rois dont l'un est agenouillé, sont en cuivre doré et rapportés.

Toit. La Crucifixion. Crucifix et figures de la Vierge et de Saint-Jean en relief. Fond émaillé de bleu semé de rinceaux terminés par des fleurons polychrômes.

ÉMAUX CHAMPLEVÉS LIMOUSINS.

Revers. Toit. Le Massacre des Innocents. Trois femmes debout se désolent pendant que quatre soldats s'emparent de leurs enfants et les percent de leur épée.

Caisse. Les trois Rois devant Hérode. Hérode couronné et assis sur un trône, ayant près de lui un soldat est inspiré par un démon à tête de chien et émaillé de noir. Toutes les figures sont gravées et réservées sur fond d'émail bleu lapis.

Extrémités. Sur la caisse une figure d'ange dans un médaillon circulaire, sur le toit une figure d'ange.

Le toit surmontée d'une crête découpée à jour forme couvercle. Il est muni de charnières et d'une serrure à moraillon en forme de dragon.

Au-dessus de la crête une croix à branches égales. (M. Veermersch)

465. Châsse en forme de grange, portée sur quatre pieds. (XIIIe siècle).

Face, caisse et couvercle. Six apôtres, trois par trois, corps réservé et gravé, tête rapportée, dans des quatre-lobes tangents, agrafés par des rosaces, sur fond bleu constellé de rosaces et de petites croix. A chaque extrémité un apôtre réservé et gravé sur le même fond.

Revers semé de rosaces polychrômes sur fond bleu. (Musée du Mans).

466. Châsse en forme de maison, portée sur quatre pieds carrés pris dans les plaques de côtés, surmontée d'une crête repercée d'ouvertures en forme d'entrée de serrure. (Fin du XIIIe siècle).

Le toit forme couvercle ; il est muni de deux charnières et d'une serrure dont le moraillon affecte la forme d'un dragon.

La décoration de la face, du revers et des extrémités consiste en médaillons circulaires renfermant des figures d'anges à mi-corps, gravées et réservées sur champ d'émail. Ils sont bordés de blanc. Entre le médaillon, des rinceaux épargnés sur fond bleu. (Musée des Antiquités de la Seine-Inférieure).

467. Châsse. (Fin du XIIIe siècle).

Cuivre estampé, avec appliques de cuivre champlevé et émaillé ; soubassement taluté ; pieds cylindriques.

Face antérieure; panneau inférieur. Au centre, dans un encadrement en forme de *vesica piscis*, est enchâssé un médaillon circulaire représentant un ange à mi-corps, réservé et gravé, niellé d'émail sur champ d'émail, à droite et à gauche deux médaillons analogues.

Toit. Deux médaillons analogues séparés par un cabochon.

Face postérieure et pignons. Disques ou rectangles de verre de couleur, enchâssés en guise de cabochons, laissant apparaître par transparence des dessins géométriques tracés à la plume et à l'encre sur des morceaux de parchemin ou bien des morceaux d'étoffes. Bordure de grènetis. Sous la châsse une ouverture fermée par un clanche. (Eglise d'Orliac-de-Bar, Corrèze).

468. Châsse. (Fin du XIIIe siècle).

Cuivre estampé avec appliques de cuivre champlevé et émaillé. Soubassement taluté. Les pieds cylindriques que l'on voit dans la châsse d'Orliac-de-Bar manquent ici, mais les traces en sont visibles.

Face antérieure ; panneau inférieur. Au centre, dans un encadrement orné de grènetis, une plaque de cuivre émaillé en forme de *vesica piscis* ; le Christ de gloire entre l'A et l'Ω. Personnage réservé, gravé et niellé d'émail sur champ émaillé. A droite et à gauche, des cabochons.

Toit. Deux cabochons et un disque de verre plat.

Face postérieure et pignons. Cabochons et disques de verre recouvrant des morceaux de basane rouge découpés à jour, en croix ou en rosace, appliqués sur un fond de toile ou de feutre de couleur verdâtre.

(Eglise de Lafage, Corrèze).

ÉPOQUE DU MOYEN-AGE.

470. Pied de reliquaire, portant un reliquaire en argent en partie doré.
(XIIIe et XVe siècles).

Le pied, de forme circulaire, est décoré de médaillons renfermant des figures d'anges gravées et réservées sur un fond émaillé. La tige, interrompue par un nœud côtelé, supporte un reliquaire à quatre lobes dessinés suivant des courbes et des contre-courbes, séparés par des redans. Le centre est occupé par une pièce de cristal en forme d'écusson destinée à couvrir la relique. Sur les lobes quatre écussons d'argent niellé, « écartelés d'or et d'argent, chargé d'un oiseau de sable. »

Le pied date du XIIIe siècle et le reliquaire du XVe siècle.

(Eglise de la Chancelade, Dordogne).

471. Châsse. (XIIIe siècle).

Châsse en forme de maison surmontée d'un faîtage repercé et orné de trois cabochons de verre imitant des pierres précieuses.

Face antérieure. — *Caisse :* La Crucifixion. Le Christ sur la croix, entre la Vierge et saint Jean ; au-dessus des bras de la croix, deux anges à mi-corps. A droite et à gauche de la crucifixion, sous deux arcades, deux anges debout.

Toit. — Le Christ en Majesté dans une auréole en forme de *vesica piscis* entouré des symboles des Evangélistes. A droite et à gauche, dans quatre niches, quatre apôtres.

Les deux extrémités de la châsse sont occupées par deux figures d'apôtres placés sous des arcades ; l'un est imberbe et tient un *volumen*, l'autre, barbu, tient un livre.

Revers. — Deux plaques pour la caisse et le toit, ornées de rosaces émaillées et gravées.

Personnages et architecture émaillés sur un fond de cuivre gravé ; têtes rapportées en relief, sauf aux extrémités, où elles sont gravées et niellées d'émail rouge comme les symboles des Evangélistes.

Émaux bleu lapis, bleu lapis clair, bleu gris, bleu turquoise ; jaune, vert, rouge sombre, blanc. (Collection Spitzer).

472. Châsse. (C^t du XIIIe siècle).

Châsse en forme de maison, montée sur quatre pieds pris dans les plaques latérales et surmontée d'une crête découpée à jour et ornée de cabochons.

Face antérieure. — *Caisse.* — Le Christ en Majesté dans une auréole en forme de *vesica piscis ;* la tête entourée d'un nimbe crucifère, il bénit de la droite et de la gauche s'appuie sur un livre fermé. De chaque côté de sa tête pendent un A et un Ω. Dans les angles de l'auréole, les symboles des Evangélistes. A droite et à gauche, sous des arcades en plein cintre soutenues par des colonnettes se tiennent quatre apôtres debout, deux à droite, deux à gauche.

Toit. — L'Agneau mystique, dans une gloire circulaire, la tête entourée d'un nimbe crucifère, posé sur une croix, la patte appuyée sur un livre fermé. Dans le champ les lettres A et Ω. A droite et à gauche deux groupes de deux anges, à mi-corps, nimbés.

Extrémité de gauche. — Sous une arcade trilobée, on voit saint Pierre debout, nimbé, tenant une clef. La plaque sur laquelle est représenté le saint formait la porte de la châsse.

Extrémité de droite. — Sous une arcade trilobée, un apôtre debout, nimbé, imberbe.

Vêtements émaillés, visages et mains gravés et niellés d'émail ; fond gravé de rinceaux.

Revers. — Sur le toit et la caisse deux plaques entièrement recouvertes de quatre-feuilles inscrits dans des disques.

Émaux bleu noirâtre, bleu lapis, bleu clair, jaune, vert, rouge foncé, rouge lie de vin translucide, blanc. (Collection Spitzer).

ÉMAUX CHAMPLEVÉS LIMOUSINS.

473. Châsse. (XIIIe siècle).
De forme rectangulaire et portée sur quatre pieds pris dans les plaques latérales, cette châsse est terminée par un toit à quatre pans surmonté d'une boule de cuivre ciselé portant une croix.
Face antérieure. — Caisse. — La Vierge, assise de face, nimbée, vêtue de long, un voile sur la tête, un escabeau sous les pieds, dans une auréole quadrilobée. De la main droite elle tient un sceptre terminé par une fleur de lis Fond semé de rosaces. — *Toit.* — Dans une auréole trilobée, le Saint-Esprit est représenté descendant sur la tête de la Vierge, la tête entourée d'un nimbe crucifère ; fond orné de rosaces. Personnages réservés et ciselés, têtes rapportées en relief.
Face latérales. — A gauche, sous deux arcades en plein cintre, un apôtre debout et l'ange Gabriel, la main droite levée. L'ange complète ainsi la scène de l'Annonciation, la Vierge et le Saint-Esprit étant représentés sur la face antérieure. — A droite, sous deux arcades en plein cintre, deux apôtres debout, l'un imberbe, l'autre barbu. Figures réservées et gravées sur champ d'émail semé de rosaces et partagé en zones par des bandes d'émail de couleurs différentes ; sur les plaques du toit deux anges à mi-corps.
Face postérieure. — Caisse et toit ornés de cercles renfermant des quatrefeuilles émaillés sur fond d'émail. La plaque de la caisse est munie de charnières et forme la porte de la châsse.
Émaux bleu foncé, bleu lapis, bleu clair, bleu turquoise, jaune, vert, rouge sombre, blanc. (Collection Spitzer).

474. Châsse. (XIIIe siècle).
Châsse en forme de maison portée sur quatre pieds pris dans les plaques latérales.
Face antérieure. — Caisse. — Au centre, le Christ en croix, couronné, la tête entourée d'un nimbe crucifère, entre la Vierge et saint Jean. Au-dessus des bras de la croix, le soleil et la lune, sous la forme de deux personnages à mi-corps tenant l'un un disque, l'autre un croissant. A droite et à gauche de la composition centrale, sous des arcades en plein cintre, deux apôtres debout, imberbes, nimbés, tenant chacun un livre fermé. — *Toit.* Au centre, dans une auréole en forme de *vesica piscis*, le Christ en Majesté assis, la tête entourée d'un nimbe crucifère, la droite levée pour bénir, la gauche appuyée sur un livre fermé. Aux angles, les symboles des Evangélistes, sous forme de têtes gravées dans des médaillons. A droite et à gauche de la composition centrale, deux apôtres debout sous les arcades en plein cintre. Personnages épargnés et gravés sur champ d'émail semé de rinceaux gravés. Têtes rapportées en relief, sauf pour les symboles des Evangélistes.
Face postérieure. — Sur la caisse et sur le toit, huit apôtres debout sous des arcades en plein cintre.
Extrémités. — Chacune des extrémités est garnie d'une plaque rectangulaire sur laquelle sont représentées deux arcades en plein cintre, et d'une plaque triangulaire épousant la forme du pignon, sur laquelle est représenté le sommet d'un édifice, un pignon surmonté d'une croix et deux coupoles. Figures réservées et gravées sur champ d'émail semé de rinceaux gravés.
Crête découpée en cuivre, gravée de rinceaux symétriques tout à fait dans le genre de la crête de la grande châsse provenant du Trésor de l'abbaye de Grandmont, conservée aujourd'hui dans l'église d'Ambazac (Haute-Vienne).
Émaux bleu lapis, bleu turquoise, lilas, vert, jaune, blanc, rouge sombre.
(Collection Spitzer).

475. Châsse, en forme de maison, montée sur quatre pieds pris dans les plaques de côté, surmontée d'une crête percée d'ouvertures en forme d'entrée de serrures, sommée de trois boules de cristal de roche. (XIIIe siècle).
Face antérieure. Caisse : La Madeleine agenouillée devant le Christ se prépare à lui laver les pieds ; derrière elle deux apôtres debout.
Toit : Le martyre d'une Sainte. Elle est agenouillée et un bourreau la tenant par les cheveux lui tranche la tête tandis que Dieu dont la main sort des nuages la bénit.

A gauche : Un second bourreau armé d'un bouclier et d'un masque.
Figures réservées et gravées sur champ d'émail bleu lapis semé de rosaces, traversé par une barre horizontale bleu turquoise.
Extrémités : Deux figures d'apôtres debout, réservées et gravées sur champ d'émail bleu lapis divisé horizontalement par des bandes bleu turquoise.
Revers quadrillé bleu lapis et bleu turquoise. (Cathédrale d'Auxerre)

476. Châsse en forme de maison portant sur quatre pieds carrés. (XIIIᵉ siècle).
Crête percée d'entrées de serrure et terminée par deux petites pommes. Sur la face antérieure, sont fixées six figurines émaillées ; trois d'entre elles manquent.
A la face postérieure, sur le toit, un dessin quadrillé émaillé.
Sur les pignons, deux figures de saints. (Église de Chamberet, Corrèze).

477. Petite châsse, en forme de grange, portée sur quatre pieds, surmontée d'une crête. (XIIIᵉ siècle).
Face. Caisse : Le Christ en croix entre la Vierge et Saint-Jean.
Toit : Le Christ en Majesté, montrant ses plaies entre la Vierge et Saint-Jean. Figures en relief sur fond de rinceaux en réserve sur émail bleu.
Revers : Caisse mobile formant porte, deux anges en buste.
Toit : Trois anges en buste. Figures en réserve dans des médaillons verts.
Extrémités : Saint-Pierre et Saint-Paul ; fond général de rinceaux sur émail bleu. (Musée de Guéret).

478. Châsse en forme de maison, portée sur quatre pieds carrés pris dans les plaques de côtés, surmontée d'une crête ajourée ornée d'ouvertures en forme d'entrée de serrure. (XIIIᵉ siècle).
Face antérieure. Coffre : Le corps d'un évêque est placé dans un sarcophage par deux anges, le défunt n'est pas nimbé. Au second plan un évêque et un acolyte.
Toit : L'âme du défunt enlevée au ciel sous la forme d'un enfant par deux anges.
Figures réservées et gravées sur fond d'émail bleu cendré semé de rosaces.
Extrémités : Deux figures d'apôtres debout ; figures gravées et réservées sur un fond quadrillé et émaillé.
Revers quadrillé et émaillé en bleu cendré décoré de losanges bordés de rouge, encadrant des rosaces blanches. (Cathédrale d'Auxerre).

479. Châsse en forme de maison, portée sur quatre pieds carrés. (XIIIᵉ siècle).
Face antérieure, toit et caisse, décorée de personnages sans bras ni jambes en cuivre émaillé, en relief, rapportés sur un fond de cuivre gravé et doré semé de cabochons de verre.
Extrémités: Deux apôtres debout, réservés et gravés sur un fond quadrillé émaillé de bleu.
Revers quadrillé émaillé de bleu divisé en losanges par des bandes d'émail blanc. (Musée des Antiquités de la Seine-Inférieure).

480. Châsse en forme de maison, portée sur quatre pieds carrés pris dans les plaques de côté. (XIIIᵉ siècle).
Face antérieure. Toit et Caisse : Six grands médaillons circulaires rangés trois par trois, renfermant sur le toit des figures d'anges à mi-jambes sortant des nuages, et sur la caisse, au centre, le Christ en Majesté nimbé et couronné, à droite et à gauche des apôtres.
Ces figures sont assises sur des sièges bas munis de coussins.
Figures gravées et ciselées, avec têtes rapportées en relief sur fond d'émail bleu lapis semé de rinceaux épargnés. Les médaillons sont réunis par des rosaces ciselées.

Revers : Sur le toit et sur la caisse de grands fleurons disposés en croix de Saint-André séparés par des quatrefeuilles émaillés le tout se détachant sur un fond d'émail bleu lapis.

Extrémités : Deux figures d'apôtres debout, gravées et réservées sur fond bleu lapis semé de rinceaux gravés. (M. Veermersch).

481. Châsse de l'Adoration des Mages. (XIIIe siècle).

Cuivre champlevé et émaillé ; en forme de maison, elle repose sur quatre pieds pris dans les plaques de la caisse.

Face antérieure ; panneau inférieur : l'Adoration des Mages. La Vierge est assise, à droite, et porte sur ses genoux l'Enfant Jésus qui bénit les Mages.

Toit : Les rois mages, à cheval, se dirigent vers Bethléem. Personnages gravés et réservés sur fond d'émail semé de rosaces.

Face postérieure : Fleurons émaillés disposés en échiquier.

Aux pignons, deux apôtres. (Eglise de Beaulieu, Corrèze).

482. Châsse. (XIIe et XIIIe siècles).

Forme de maison avec pieds pris dans les plaques de la caisse.

Face antérieure ; panneau inférieur : Trois anges à mi-corps dans des médaillons circulaires, séparés par des rinceaux.

Toit : Quatre rois mages ; trois à cheval, le quatrième à pied. Fond de cuivre gravé ; cabochons

Face postérieure ; panneau inférieur : Deux anges à mi-corps dans des médaillons circulaires.

Toit : La Vierge assise et l'Enfant Jésus ; un roi mage à demi-agenouillé ; Hérode assis sur un trône, couronné, tenant un sceptre en main. Fond gravé ; cabochons.

Pignons : Saint-Pierre et Saint-Paul debout.

Cette châsse se compose de fragments de deux châsses différentes réunies sans ordre : les anges sont gravés et réservés sur fond d'émail ; les personnages du toit sont en relief et émaillés et composaient deux scènes distinctes : l'Adoration des Mages et les Mages devant Hérode

(Eglise de Laval, Corrèze).

483. Châsse. (XIIIe siècle).

Forme de maison, portant sur quatre pieds carrés, surmontée d'une crête percée d'ornements en forme d'entrée de serrure, sommée d'une boule.

Face antérieure : Six figurines de saints émaillées, en relief, sans bras ni jambes, sur un fond guilloché semé de cabochons.

Face postérieure : Ornement composé de grands rectangles formés par des bandes bleu turquoise et des traits croisés émaillés de bleu lapis.

Extrémités : Deux apôtres debout, gravés et réservés sur un fond quadrillé émaillé de bleu lapis traversé par deux bandes bleu turquoise horizontales.

(Cathédrale d'Alby).

484. Châsse.

Forme d'église à une seule nef, coupée dans sa longueur en deux parties égales par un transept ; crête ajourée à entrées de serrure, surmontée d'une pomme. (XIIIe siècle).

Face antérieure : Cinq figurines en relief, émaillées, disposées, deux sur le toit, trois sur la caisse, alternant avec des cabochons sur un fond de cuivre gravé

Face postérieure : Des rosaces blanches et vert-clair sur fond bleu-cendré quadrillé ; au pignon du transept un ornement trilobé.

Pignons : Deux saints debout, réservés et gravés sur fond bleu-cendré.

(Eglise de Saint-Pantaléon de Lapleau, Corrèze).

485. Châsse. (XIIIᵉ siècle).
Forme de maison portant sur quatre pieds carrés.
Face antérieure : Deux rangs de figurines émaillées en relief, et rapportées sur un fond orné de deux rangs de fleurons émaillés séparés par un bandeau
Face postérieure ; panneau inférieur : De chaque côté d'une ouverture ovale destinée à laisser voir la relique, un large bandeau composé de quadrilobes accompagnés de feuillages en plomb doré du XVIᵉ siècle.
Toit : Plaque émaillée ornée de rosaces disposées en échiquier.
Pignons : Deux apôtres debout.
Publiée par M. E. Rupin, dans le *Bulletin de la Société Arch. de la Corrèze*, T. II, 1879-80, p. 461 et suivantes (Eau-forte et bois) et dans la *Revue des Sociétés savantes*. 7ᵉ série. T. IV, p. 246. (Eglise d'Obazines, Corrèze).

486. Châsse. (XIIIᵉ siècle).
Forme de maison ; pieds carrés pris dans les plaques de la caisse ; crête découpée en forme d'entrées de serrure.
Face antérieure ; panneau inférieur : Le Christ à mi-corps, dans une auréole elliptique, accompagné de deux anges.
Toit : Trois anges à mi-corps, celui du milieu étant renfermé dans un médaillon circulaire.
Face postérieure : Dessin quadrillé et émaillé ; le panneau inférieur a été remplacé par un verre qui laisse voir des reliques de Saint-Eutrope.
Pignons : Deux apôtres. — Personnages réservés et gravés sur fond d'émail semé de rosaces. (Eglise de Noailles, Corrèze).

487. Châsse. (XIIIᵉ siècle).
Châsse en forme de maison.
Face antérieure : Sur la caisse, dans trois auréoles en forme de *vesica piscis*. Le Christ en Majesté, couronné, et deux apôtres, assis. Sur le toit, la Vierge entre deux apôtres, assis également dans des auréoles. Figures ciselées et réservées ; têtes en relief.
Face postérieure : Sur le toit et la caisse, des rosaces émaillées sur fond émaillé de bleu.
Extrémités : Deux figures d'apôtres debout.
Cette châsse a été remontée au XVᵉ siècle, et munie de contreforts et d'épis de faîtage de style gothique flamboyant.
Sur la base en cuivre ornée de cabochons sont fixés trois écussons d'armoiries émaillées, deux en émail champlevé sur argent, le troisième peint.
Sur le dessous de la châsse est gravée en caractères gothiques l'inscription suivante : *En ceste fiertre a dele Sainte vraie crois et biaucop d'autres divites (?) la quelle a faict reparrer noble home Gilles Gisselin. Priies pour lui.* (Eglise de Bousbecques, Nord).

488. Châsse. (XIIIᵉ siècle).
Forme de maison.
Face. Caisse : Le Christ en Majesté entre deux apôtres sous des arcs en plein cintre. Couvercle, la Vierge entre quatre apôtres sous des arcs en plein cintre.
Extrémités : Un apôtre sous un arc en plein cintre. *Revers* quadrillé orné de rosaces à quatre pétales.
Personnages et architecture réservés et gravés. Têtes rapportées, fond bleu à rosaces polychrômes. (M. Th. Weber).

489. Châsse de Thomas Becket. (XIIIᵉ siècle).
Forme de maison, portée sur quatre pieds pris dans les plaques de côté.
Face antérieure ; Coffre : Le martyre de Saint-Thomas de Cantorbéry. L'évêque debout près de l'autel sur lequel sont placés deux flambeaux, une croix, un calice et une patène, reçoit sur le cou un coup d'épée de l'un des assassins.

Deux autres frappent à coup de haches sur deux diacres tombés à terre ; un troisième s'avance armé d'une épée et d'un bouclier rond.

Toit : Deux diacres accompagnés d'un prêtre et d'un évêque, tous deux nimbés déposent Saint-Thomas ans le tombeau.

A droite et à gauche : Deux autres diacres debout portant des flambeaux. Figures réservées et gravées, avec têtes rapportées en relief sur fond d'émail bleu lapis semé de rosaces polychromes.

Aux deux extrémités deux apôtres debout sous des arcades en cintre surbaissé, surmontées d'un édicule à toit conique. Ces figures gravées et réservées se détachent sur un fond d'émail bleu lapis semé de rosaces et traversé par deux bandes horizontales bleu turquoise.

Au revers sur le toit et à la partie gauche de la caisse, deux plaques, l'une grande et l'autre petite ; semées de rosaces polychromes inscrites dans des rectangles bleu lapis bordés de bleu turquoise. (Cathédrale de Sens).

490. Petite Châsse. (XIIIe siècle).

Forme de maison portée sur quatre pieds pris dans les plaques de côté.

La face et le revers sont décorés de quatrefeuilles à fond vert sur lequel se détachent des figures d'anges gravées, à mi-corps. Fond émaillé de bleu à rinceaux réservés, terminés par des fleurons émaillés de rouge.

Aux extrémités, des rosaces rouges et vertes sur champ d'émail bleu. Couvercle muni de charnières et d'un moraillon. (Église de Lunegarde, Lot).

491. Petite Châsse de Saint-Thomas Becket. (XIIIe siècle).

Forme de grange avec crête à jour.

Face ; Caisse : Le meurtre de Saint-Thomas. *Couvercle :* Saint-Thomas dans son suaire porté par deux hommes à genoux, béni par un évêque. *Côtés :* un apôtre. *Revers :* rosaces. Figures en réserve gravées sur fond émaillé bleu à rosettes polychromes. (Musée de Clermont-Ferrand).

Nota. — La face postérieure a été remplacée par une plaque de laiton gravée d'une croix.

492. Châsse, en cuivre en forme de maison, portée sur quatre pieds carrés pris dans les plaques de côté. (XIIIe siècle).

Sur le devant, sur la caisse et sur le toit sont fixées des figurines émaillées sans bras ni jambes.

Aux extrémités, deux figures d'apôtres debout, réservées et gravées sur fond émaillé semé de rosaces. Revers quadrillé orné de rosaces inscrites dans des losanges. Crête ajourée d'ouvertures en forme d'entrées de serrures.

(M. Rupin, à Brive).

493. Petite Châsse, en forme de grange, sur quatre pieds. (XIIIe siècle).

Face : Caisse et couvercle : sur chacun deux bustes d'anges, sur fond bleu à rosaces polychromes. Battes rapportées montées de verre sur paillon et de cabochons. Chaque extrémité, un apôtre debout. *Revers ;* caisse et couvercle à grands losanges bleu et bleu cendré criblés de petits losanges en réserve. Figures en réserve et gravées sur fond d'émail bleu. (Musée de Poitiers).

494. Châsse émaillée, en forme de maison sur quatre pieds carrés. Crête ajourée à entrées de serrures. (XIIIe siècle).

Face antérieure : Six figurines émaillées en relief, rapportées sur un fond de cuivre gravé semé de cabochons.

Face postérieure : Cinq anges à mi-corps dans des médaillons circulaires.

Pignons : Deux apôtres. Personnages réservés et gravés sur fond d'émail.

(Église de Saint-Merd de Lapleau, Corrèze).

495. Châsse, en forme de maison. (XIIIe siècle).

Pieds en cuivre gravé continuant les plaques.

Médaillons inscrivant des anges à mi-corps, réservés et gravés sur champ d'émail vert-clair.

Un fleuron, replié en forme d'S, sépare chaque médaillon.

(Eglise de Vigeois, Corrèze).

496. Petite châsse, en forme de grange sur quatre pieds, surmontée d'une crête à jour terminée par deux poinçons. (XIIIe siècle).

Face : Caisse et couvercle portant chacun trois figures en relief à corps émaillé, rapportées, entre lesquelles des plaques ogivales garnies de pierres cabochons ont été rapportées, fond gravé.

Extrémité de droite : Un ange en buste.

Extrémité de gauche : Un ange en buste sur une porte ogivale.

Revers : Caisse et couvercle ; chacun, deux bustes d'anges dans un disque.

Figures en réserve et gravées, sur fond d'émail à rinceaux et à rosaces en réserve. (Musée de Poitiers).

497. Châsse de Sainte-Valérie, en forme de maison reposant sur quatre pieds carrés pris dans les plaques latérales. (XIIIe siècle).

Face antérieure, toit : Le proconsul Julius Silanus fait décapiter Sainte-Valérie.

Panneau inférieur : Sainte-Valérie, agenouillée, présente sa tête à Saint-Martial, debout près d'un autel sur lequel on voit un calice. A gauche, le bourreau faisant un geste d'étonnement.

Face postérieure : Sur le toit, des rosaces disposées en échiquier. Le reste manque. Aux pignons, deux apôtres debout sous des arcades en plein-cintre. Personnages réservés et gravés sur fond d'émail semé de rosaces. Sur la face antérieure, les têtes sont en relief et rapportées.

(Eglise de Masseret, Corrèze).

498. Triptyque dit **châsse de Saint-Aignan,** (XIIIe siècle).

Il offre l'aspect d'un édicule à pignon aigu reposant sur quatre pieds carrés ; il est muni de deux volets mobiles fermés par une serrure et deux taquets. Une crête découpée en trèfles garnit les rampants du pignon. A l'intérieur, au fond, sur un champ semé de grands rinceaux polychrômes est figurée la Crucifixion au moyen de personnages rapportés en relief. Le Christ (qui a été remplacé par un bronze du XVIIe siècle) est accompagné de la Vierge et de l'Eglise, de Saint-Jean et de la Synagogue. Au-dessus de la croix, on aperçoit trois figures d'anges à mi-corps : l'un occupe le sommet de la croix, les deux autres soutiennent le disque du Soleil et le croissant de la Lune. Sur les parois latérales sont clouées vingt plaques, savoir quatre plaques en forme de losanges cantonnées chacune de quatre plaques triangulaires. On y a représenté l'Incrédulité de Saint-Thomas, le Renoncement de Saint-Pierre et des anges. Ces plaques sont restaurées.

Sur les volets à l'intérieur dans des auréoles en forme de *vesica piscis*, à gauche un sainte debout tenant une croix, à droite un apôtre. La première de ces figures est cantonnée de quatre figures d'anges, la seconde des symboles des Évangélistes. Au-dessus, sur chaque volet un ange portant un encensoir. A l'extérieur, sous douze arcatures trilobées disposées en trois registres, les douze apôtres assis. Au-dessus, au sommet de chaque volet une main du Christ ouverte d'où s'échappent des flammes rayonnantes. Personnages et mains en relief, sur champ émaillé semé de rinceaux. Sur le toit des médaillons gravés représentant des anges. (Cathédrale de Chartres).

499. Coffret rectangulaire, à couvercle plat, en bois recouvert de plaques de cuivre guilloché, enchâssant des cabochons de verre de couleur et des disques en cuivre champlevé et émaillé. (Fin du XIIIe siècle.)

Sur le devant deux médaillons émaillés représentant un griffon et un lion sont

disposés de chaque côté d'une plaque de serrure rectangulaire ornée de rinceaux.
Sur les médaillons des extrémités et du revers du coffre et du dessus du coffre sont représentés un griffon et trois hommes combattant des lions.
Sur le couvercle, des écoinçons émaillés et une plaque centrale également émaillée, en forme d'amande, munie d'un anneau. Quatre médaillons gravés ornés de lions, de griffons et d'un homme armé d'un bouclier et d'une épée cantonnent la plaque centrale. Ils sont ornés en leur centre d'une petite rosace émaillée en forme de quatrefeuilles.
Émaux bleu lapis et bleu turquoise. Les personnages et les animaux sont réservés sur champ d'émail ; de faibles parties de leur corps sont émaillées.
(M. Maillet du Boullay).

500. Coffret. (XIIIe siècle).

De forme rectangulaire, il repose sur quatre pieds bas et son couvercle à quatre rampants est terminé par un anneau. Sur chacune des pentes du couvercle est représenté un ange. Sur le devant dans trois compartiments en forme de *vesica piscis* sont assises les figures du Christ couronné, bénissant et tenant un livre fermé, de la Vierge et de Saint-Pierre. Les figures de Saint-Paul, de Saint-Jean et de cinq autres apôtres occupent les extrémités et la face postérieure du coffret. Dans les écoinçons entre les compartiments, de petites figures d'anges vues à mi-corps. Figures réservées, gravées, ciselées sur champ d'émail semé de rosaces ; têtes rapportées en relief. —
(Musée Dubouché, à Limoges).

501. Vierge reliquaire. (XIIIe siècle).

Vierge tenant l'Enfant-Jésus assis et vêtu, assise sur un trône reliquaire représentant l'*Annonciation* et Saint-Pierre sur la porte, en figures réservées. Terrasse à quatre pieds décorée d'émaux d'ornement sur fond bleu.
Vierge et enfant en cuivre. Trône émaillé. (Musée de Toulouse).

502. Plaque de châsse ; — Saint-Simon, apôtre. (XIIIe siècle).

Figure en relief, de cuivre repoussé, ciselé, gravé et doré sur une plaque cintrée d'émail bleu à traverses d'émail turquoise et à disques polychromes.
Bordure de demi-disques polychromes. (Musée de Poitiers).

503. Plaque de châsse ; — Salomon prophète. (XIIIe siècle).

Cintrée à sa partie supérieure de façon à former une archivolte que supportent deux colonnes latérales, elle est ornée d'une figure de roi debout, en relief, couronné, tenant un livre et un sceptre. Sur une bande transversale à la hauteur des épaules on lit, en lettres onciales, l'inscription : SALOMO (N) P(RO) P(H) ET) A. — Fond émaillé de bleu semé de grands rinceaux terminés par des fleurons émaillés. Architecture émaillée. (M. Veermesch).

504. Plaque de châsse. (XIIIe siècle).

Cette plaque, dont le sommet affecte la forme d'un pignon, est ornée de bandes et de rosettes champlevées et émaillées. On y a fixé une figure de la Vierge en demi-relief, en cuivre doré. Elle est représentée assise, les pieds sur un coussin, vêtue de long, un voile sur sa tête que ceint une couronne. De la main droite, elle tient une pomme, et de la gauche soutient sur son genou gauche l'Enfant-Jésus, vêtu d'une longue robe ; de la main droite il bénit, et de la gauche tient un livre.
Émaux bleu lapis, bleu turquoise, jaune, vert, rouge sombre et blanc.
(Collection Spitzer).

505. Plaque de châsse. (XIIIe siècle).

Sur une plaque de cuivre champlevée, émaillée et dorée, en forme de *vesica piscis*, est appliquée une figure de Saint-Pierre, en cuivre fondu, ciselé et doré. Le saint est assis sur un siège bas, garni d'un coussin, les pieds sur un escabeau ; vêtu d'une robe et d'un ample manteau drapé, il tient de la main gauche un livre fermé et de la droite les clefs. Sa barbe est longue, et ses cheveux frisés sont disposés en couronne. Le nimbe est figuré en émail sur le fond. Au col de la robe du saint et sur le livre, des perles d'émail imitant des turquoises. (Collection Spitzer).

506. Plaque, provenant d'une châsse. (XIIIᵉ siècle).

Un Ange. — Sur une plaque rectangulaire de cuivre champlevé, ornée de grands rinceaux polychromes, se détachant sur un fond bleu lapis, est rapportée une figure d'ange debout, nimbé, ailé, en cuivre repoussé, ciselé et doré. Les ailes abaissées, vêtu d'une tunique et d'un manteau dont il retient les plis de la main droite, de la main gauche il tient un livre fermé.
(Collection Spitzer).

507. Plaque de châsse. (XIIIᵉ siècle).

Le Christ. — Sur une plaque de cuivre champlevé, émaillée et dorée, en forme de *vesica piscis*, est appliquée une figure du Christ en cuivre fondu, ciselé et doré. Le Christ est représenté assis, les pieds sur un coussin, vêtu d'une robe et d'un manteau ; de la main gauche, il tient le livre de la vie, de la droite il bénit à la latine ; ses cheveux et sa barbe sont longs ; son front est ceint d'une couronne ouverte, ornée de pierres fausses comme les orfrois de ses vêtements. Derrière sa tête est émaillé un nimbe crucifère.
(Collection Spitzer).

508. Deux plaques en forme de trapèze, provenant de la décoration d'une châsse. (XIIIᵉ siècle).

Sur un fond bleu lapis, sont semées des rosaces circulaires, encadrant des quatrefeuilles émaillés de bleu, de blanc, de vert et de jaune.
(Cathédrale de Troyes).

509. Médaillon circulaire, (XIIIᵉ siècle).

Un Apôtre. Il est représenté à mi-corps, imberbe, nimbé, la main droite levée et ouverte, un livre fermé dans la gauche. Personnage, vêtements et bordure émaillés. Fond guilloché et doré. (M. Picard).

510. Plaque de reliure. (XIIIᵉ siècle).

La Crucifixion. — Le Christ, la tête entourée d'un nimbe crucifère, vêtu du *perizonium*, est attaché à la croix par quatre clous ; à gauche et à droite de la croix se tiennent debout la Vierge et saint Jean ; et au-dessus de la croix, surmontée d'un *titulus* composé de deux lignes, on voit deux anges à mi-corps sortant des nuages figurés par des rosaces polychromes. Personnages réservés et gravés avec têtes rapportées en relief sur fond d'émail semé de rinceaux réservés sur fond d'émail.
Encadrement composé d'une feuille de cuivre estampée de croisettes et de quatre plaques émaillées ornées de bustes d'anges alternant avec des rinceaux. Au revers de ce tableau on remarque une ouverture creusée dans le bois, qui servait sans doute à mettre des reliques.
Émaux bleu lapis foncé, bleu lapis, bleu clair, bleu turquoise, jaune, vert sombre, vert clair, lie de vin, rouge et blanc. (Collection Spitzer).

511. Plaque de reliure. (XIIIᵉ siècle).

Au centre, sur une plaque placée plus bas que les bords, la Crucifixion. Le Christ, la tête entourée d'un nimbe crucifère, porte la barbe et les cheveux longs. Vêtu du *perizonium*, il est attaché à la croix par quatre clous. Cette figure est en cuivre doré, en relief et rapportée. A gauche et à droite de la croix, la Vierge et saint Jean debout ; figures réservées et gravées avec têtes en relief rapportées ; les deux anges vus à mi-corps au-dessus des bras de la croix sont traités de la même façon. Un *titulus* et la main de Dieu bénissante surmontent la croix qui est ornée à sa base de la tête d'Adam.
Une première bordure talutée encadre la composition centrale ; elle est limitée par deux tiges de métal guilloché et recouverte d'élégants rinceaux de filigrane au milieu desquels sont enchâssés des cabochons, saphirs, améthystes et émeraudes.
Une seconde bordure est formée par quatre plaques émaillées, ornées de rinceaux et de figures d'anges gravées. Rebord guilloché.
Émaux bleu lapis foncé, bleu lapis plus clair, bleu clair, bleu turquoise, jaune, vert, rouge sombre et blanc. (Collection Spitzer).

ÉMAUX CHAMPLEVÉS LIMOUSINS.

512. Plaque de reliure. (XIIIe siècle).

La Crucifixion. Le Christ en croix entre le Soleil et la Lune, la Vierge et saint Jean ; Adam levant les bras, sort du tombeau au pied de la croix.
Le Christ en émail blanc, tête en relief sur fond bleu croiseté en réserve, figurant la croix dont le titulus porte l'inscription : IHS. NAZAENVS REX IVDEORV. Personnages avec carnations en réserve, draperies émaillées sur fond gravé de rinceaux vermiculés.
Autour de la plaque l'inscription formant bordure. + HIC CETIAM PLANGIT.
SIMILIS QVEM PASSIO TANGIT.
STELLA MARIS PLORAT GENITUM.
QVEM MVNDUS ADORAT. (Musée de Nevers).
Publié dans le *Bulletin Archéologique de la Corrèze*, 1889.

513. Plaque de reliure. (XIIIe siècle)

Cuivre champlevé et émaillé. — Au centre dans une auréole en forme de *vesica piscis*, le Christ en Majesté, en relief sur un fond émaillé semé de rosaces. Aux angles les symboles des quatre Évangélistes. Têtes rapportées.
(Musée des Antiquités de la Seine-Inférieure).

514. Plaque de reliure. (XIIIe siècle).

Le Christ en croix entre St Jean et la Vierge et deux anges en buste, sous la main de Dieu. Christ fixé par quatre clous en relief. Personnages à corps réservés et gravés, à têtes en relief. Fond bleu à rosaces polychromes.
Provient de l'Eglise de Châtelais (Maine-et-Loire).
(Musée archéologique d'Angers).

515. Colombe eucharistique. (XIIIe siècle).

La colombe est de cuivre embouti et gravé ; les ailes et la queue sont formées de trois plaques de cuivre champlevées, émaillées et rapportées. Le plateau de suspension se compose d'un disque muni de quatre appendices relevés et terminés par des boules. Sur le plateau et sous les pattes de l'oiseau est fixé un disque émaillé portant une rosace en son centre.
Émaux bleu lapis, bleu clair, bleu turquoise, jaune, vert, rouge sombre et blanc. Les yeux de la colombe sont figurés par deux perles de verre bleu.
(Collection Spitzer).

516. Colombe eucharistique. (XIIIe siècle).

La colombe est de cuivre embouti et gravé. Les ailes et la queue sont formées de trois plaques de cuivre champlevées, émaillées et rapportées. Le plateau de suspension se compose d'un disque muni de quatre appendices, relevés et terminés par des crochets. Sur le plateau et sous les pattes de l'oiseau est fixé un disque émaillé, orné d'une rosace.
Émaux bleu lapis, bleu clair, jaune, vert, rouge sombre et blanc. Les yeux de la colombe sont figurés par deux perles de verre bleu. (Collection Spitzer).

517. Colombe eucharistique, reposant sur un plateau circulaire en cuivre gravé, rattaché par quatre chaînes réunies par un anneau.
(XIIIe siècle).

A l'intérieur du couvercle, qui recouvre la pyxide ménagée dans le dos de la colombe, est gravée la Main divine bénissante, entourée d'un nimbe crucifère.
Publiée par M. Ernest Rupin dans le *Bulletin de la Société archéologique de la Corrèze*, t. VI, p. 555 (bois), et dans la *Revue des Sociétés savantes*, 7e série. t. IV, 1881, p. 240.
Cette colombe a été redorée, et la couronne qui la surmonte a été privée des tours qui la décoraient autrefois ; en outre, la queue de l'oiseau a été maladroitement remontée à l'envers.
Bulletin de la Société archéologique de la Corrèze, tome IX, page 508.
(Eglise de Laguenne).

518. Colombe eucharistique, posé sur un plateau, au-dessous duquel est l'inscription moderne : OLIM ECCLESIÆ DE RAINCHEVAL.
(XIIIe siècle).
(Musée de la ville d'Amiens).

ÉPOQUE DU MOYEN-AGE.

519. Ciboire. (Fin du XIIIe siècle).

Sur le pied circulaire sont représentées au moyen de figures gravées et réservées placées sous des arcatures trilobées, l'Annonciation et l'Adoration des Rois. Tige unie interrompue par un nœud à six pans.

Le ciboire de forme sphérique aplatie est divisé en deux parties à la hauteur de son équateur, l'une forme le couvercle ; l'autre, la coupe, à l'intérieur de laquelle se trouve une pyxide en cuivre destinée à contenir l'Hostie.

Sur la coupe six anges sous des arcatures, se détachant sur un fond bleu ; sur ce couvercle sont représentés le Christ dans le Prétoire, la Résurrection, le Christ à la colonne, la Crucifixion. Figures gravées et réservées sur champ d'émail bleu lapis.

La tige qui surmonte le couvercle a perdu la croix qui la terminait.

(Eglise de Prunet, Pyrénées-Orientales).

520. Ciboire. (XIIIe siècle).

Sur un pied circulaire orné de quatre médaillons renfermant des figures d'anges, à mi-corps, réservées sur un fond d'émail vert se dresse une tige interrompue par un nœud sphérique. L'espace compris entre les médaillons est émaillé de bleu avec rinceaux réservés terminés par des fleurons blanc et rouge.

La coupe, de forme sphérique aplatie est divisée en deux parties à la hauteur de son équateur et décorée de fleurons, de médaillons quadrilobés renfermant des figures d'anges ou le monogramme de Jésus, le tout gravé ou émaillé de bleu lapis, de bleu cendré, de vert, de rouge ou de blanc.

Le crucifix qui termine ce monument est porté sur une longue tige conique sommée d'une boule. (M. Nollet).

521. Pyxide. (XIIIe siècle).

De forme cylindrique, cette pyxide est fermée par un couvercle conique monté à charnière. La croix qui surmontait le couvercle a disparu et l'intérieur de la boîte est garni d'une calotte de métal hémisphérique.

La décoration consiste en fleurons polychrômes se détachant sur un fond d'émail bleu lapis. (Collection Spitzer).

522. Pyxide. (XIIIe siècle).

La pyxide est de forme cylindrique et fermée par un couvercle conique que surmontait une croix.

La décoration consiste en écussons dorés chargés de croix émaillées de bleu turquoise et de rouge sombre alternant avec des fleurons réservés sur champ bleu lapis. Sur le couvercle, monté à charnières et fermé par une clavette, sont rapportés trois cabochons de verre incolore posés sur paillon.

(Collection Spitzer).

523. Pyxide. (XIIIe siècle).

Boîte cylindrique avec couvercle conique.

(Les pyxides étaient destinées à être suspendues. M. l'abbé Barraud dans sa *Notice archéologique et liturgique sur les ciboires* a expliqué le système de fermeture et de suspension de ces vases Eucharistiques).

(Cathédrale d'Amiens).

524. Pyxide. (XIIIe siècle).

De forme cylindrique elle est surmontée d'un couvercle conique terminé par un fleuron. Le couvercle est décoré de rinceaux réservés sur champ d'émail bleu et de cabochons ; la boîte, de rosaces circulaires inscrivant d'autres rosaces en forme de quatrefeuilles ; le tout émaillé. (Cathédrale de Lyon).

525. Pyxide cylindrique à couvercle conique. (XIIIe siècle).

Anges en buste dans des médaillons d'émail vert, entourés de rinceaux symétriques à fleurons polychromes sur émail bleu. Figures et ornements en réserve, gravés, sur fond d'émail. (Musée de Poitiers).

ÉMAUX CHAMPLEVÉS LIMOUSINS.

526. Pyxide. (XIIIᵉ siècle).

Elle est de forme cylindrique, fermée par un couvercle conique sommé d'une croix. Sa décoration consiste en fleurons quadrilobés et émaillés séparés par des feuillages réservés sur champ d'émail bleu. (M. H. Nodet).

527. Pyxide. (XIIIᵉ siècle).

Elle est de forme cylindrique et fermée par un couvercle conique surmonté d'une croix. La décoration consiste en fleurons polychromes et en médaillons inscrivant des croix et le monogramme IHS. Fond bleu lapis et blanc.
(M. Picard).

528. Croix. (Cᵗ du XIIIᵉ siècle).

Cette croix se compose de cinq plaques de cuivre juxtaposées : l'une forme le centre, les quatre autres, les extrémités, qui sont pattées.

Le Christ, attaché à la croix par quatre clous, porte le nimbe crucifère ; il a la barbe et les cheveux longs et est vêtu du *perizonium* ; la croix est surmontée d'un *titulus* dont l'inscription est disposée sur deux lignes : IHS XPS. Au-dessous du *suppedaneum* est figurée la tête d'Adam.

Aux extrémités des bras de la croix, la Vierge et saint Jean, en buste. Au pied de la croix, saint Pierre, à mi-jambe, nimbé, tenant d'une main deux clefs, de l'autre un livre fermé. Au haut de la croix, deux figures d'anges, à mi-corps, superposées.

Figures et vêtements émaillés sur un fond de cuivre doré. Les plis des vêtements et les traits du visage sont exprimés par des cloisons réservées sur le fond de la plaque. Chairs émaillées de blanc et de blanc rosé ; nombreux exemples de teintes différentes juxtaposées, sans séparation métallique. Cheveux gravés et niellés de rouge. Émaux bleu lapis, bleu lapis plus clair, bleu clair, bleu turquoise, jaune, vert clair et vert sombre translucide, rouge sombre, blanc et blanc rosé.

Ancienne collection B. Meyers. — Publiée par Charles de Linas : *Les Crucifix champlevés polychromes en plate peinture et les croix émaillées*. p. 3 (Extrait de la *Revue de l'Art chrétien*, 1885, 4ᵉ livraison). On remarquera que l'extrémité supérieure de la croix est différente de celle qui est donnée dans la publication qui vient d'être citée ; cette extrémité est ornée d'une figure d'ange à mi-jambe, tenant un livre fermé de la main gauche, étendant la main droite ; cette figure est renversée et n'occcupe pas, par conséquent, sa vraie place. Une heureuse trouvaille a permis de compléter ce beau spécimen de l'art limousin du commencement du XIIIᵉ siècle à l'aide d'une plaque provenant d'un crucifix de même style et de même époque. (Collection Spitzer).

529. Croix. (Cᵗ du XIIIᵉ siècle).

La figure du Christ, cloué par quatre clous, couronné, la barbe et les cheveux longs, est réservée et ciselée sur un fond émaillé semé de rosaces. Tête et couronne en relief, rapportées.
Au bas de la croix, Adam sortant du tombeau. (Cathédrale de Nancy.)

530. Croix, à branches terminées en fleur de lys obtuses. (Fin du XIIIᵉ siècle).

Face. Le Christ couronné, fixé par trois clous, rapporté. Sur les extrémités de la croix, un ange, Saint Jean et la Vierge, Adam ressuscitant : cristaux de roche cabochons dans le fleuron.

Revers. L'Agneau pascal entre les quatre symboles évangéliques dans des quatrelobes. (Musée des Antiquités de Bordeaux).

531. Croix. (XIIIᵉ siècle).

Face. Le Christ en relief, attaché par quatre clous, à jupon émaillé de bleu. Au pied. Une figure rapportée, émaillée bleu et rouge. Pierres plates serties dans les plaques de revêtement, gravées d'étoiles en réserve sur fond maté.

Revers. Le Christ tenant l'Évangile à l'intersection des branches et les quatre symboles évangéliques aux extrémités, et rosaces rapportées dans des losanges sur les bras, en réserve sur fond émaillé bleu. Plaques de revêtement frappées de rosaces et de perles de bordure. (Musée du Mans).

532. Petite Croix. (XIIIe siècle).

A l'intersection des bras de la croix, dans un médaillon circulaire, est représenté l'Agneau mystique, nimbé, tenant un étendard crucifère ; il se détache sur un fond d'émail blanc et le nimbe est émaillé de rouge. Sur les bras et la hampe de la croix sont représentés les symboles des quatre Évangélistes ; ils sont gravés avec une grande finesse, et un émail rouge très-foncé remplit les tailles de la gravure. Champ d'émail bleu lapis. Bordure perlée.

(Collection Spitzer).

533. Plaque, provenant de la décoration d'une croix. (C^t du XIIIe siècle).

Cette plaque, pattée à sa partie inférieure, représente Saint-Pierre debout, de face, tenant deux clés et un livre fermé. Personnage émaillé imitant le travail cloisonné, se détachant sur un fond de cuivre doré.

(Cathédrale de Troyes).

534. Plaque de Croix. (XIIIe siècle).

Le Christ couronné, la barbe et les cheveux longs, vêtu d'un *perizonium* émaillé de bleu, de vert et de jaune, est cloué par quatre clous sur une croix de cuivre émaillée de vert.

Ce crucifix doit provenir d'une couverture de livre. (M. Picard).

535. Deux plaques, provenant de la décoration d'une croix. (XIIIe siècle).

Sur l'une est représenté l'Agneau mystique, nimbé, passant, portant un étendard crucifère ; il est gravé et niellé d'émail bleu ; il se détache sur un fond d'émail bleu lapis semé de rosaces réservées.

Sur l'autre plaque, dans un cercle inscrivant une grande croix à branches égales émaillée de rouge, se voit une inscription :

```
         E           L
      D M          A A
         A           D
             I
```

en lettres onciales disposées entre les bras et aux extrémités de la croix.

(Collection Spitzer).

536. Plaque de Croix. (C^t du XIIIe siècle).

Christ couronné ; il porte la barbe et les cheveux longs et ses reins sont entourés d'un long jupon émaillé de bleu semé de rosaces réservées. Les deux pieds sont superposés et maintenus par un seul clou. *Suppedaneum* émaillé. (M. Maillet du Boullay).

537. Plaque de Croix. (XIIIe siècle).

Le Christ à nimbe crucifère, fixé par quatre clous sur une croix bleue à disques polychromes, entourée d'une bande réservée, bordée elle même par un filet émaillé, avec double titulus et support sur une tête de mort.

Le Christ en émail blanc pour le corps est en émail violet pour la tête. Le jupon en émail bleu. Les cheveux seuls sont réservés et gravés.

(Musée des Antiques de Bordeaux).

538. Plaque de Croix. (XIIIe siècle).

Christ attaché par quatre clous, sur une croix à raccordement circulaire de ses branches : tête en relief ; corps en réserve, gravé sur fond de rinceaux en réserve sur émail bleu bordé de rosettes en réserve sur émail : titulus portant l'inscription IHS. XPS. (Musée de Guéret).

ÉMAUX CHAMPLEVÉS LIMOUSINS.

539. Crosse. (XIIIᵉ siècle).
La douille est décorée d'un dessin losangé orné de fleurons et d'aigles.
Nœud hémisphérique orné de quatre figures d'apôtres.
Crosseron à section rectangulaire ; volute terminée par un gros fleuron émaillé.
(Cathédrale de Poitiers).

540. Crosse. (XIIIᵉ siecle).
Douille décorée de rinceaux en réserve sur fond bleu, avec trois dragons rapportés.
Nœud décoré de dragons en relief sur fond à jour.
Crosseron décoré d'écailles bleues et d'une crête amortie par une tête de dragon enveloppant Saint-Michel qui combat le dragon dont la queue fleuronnée rattache la volute au montant. (Musée de Poitiers).

541. Crosse. (XIIIᵉ siècle).
Douille décorée de fleurons polychromes à tige en réserve sur fond bleu.
Nœud formé de quatre médaillons encadrant une sirène à queue feuillagée découpée à jour.
Crosseron à section carrée à crête, terminé par un fleuron à trois pétales aigus, décoré sur chaque face d'une inscription pseudo-arabe en réserve, avec quelques fleurons polychromes sur fond bleu.
Trouvée dans la tombe d'Étienne Bourgeois, abbé de Sainte-Vienne, 1452, à Verdun. (M. Gustave Loustau).

542. Crosse. (XIIIᵉ siècle).
Douille décorée d'écailles bleues et de trois dragons descendants.
Nœud orné de deux zones de dragons en relief sur fond à jour.
Crosseron décoré d'écailles bleues et d'une crête, amorti par un bourgeon.
Dans le volute, l'*Annonciation*. (Musée de Poitiers)

543. Crosse. (XIIIᵉ siècle).
Douille ornée de rinceaux à jour et de dragons montants.
Nœud décoré de deux zônes de dragons en relief sur fond à jour.
Crosseron couvert d'écailles bleues, avec crête terminée par une tête de dragon.
Dans la volute, Adam et Ève de chaque côté de l'arbre.
(Musée de Poitiers).

544. Crosse. (XIIIᵉ siècle).
Douille décorée de deux rangs de palmettes émaillées.
Nœud couvert de rinceaux en réserve sur fond d'émail bleu.
Crosseron formé de zones alternées de palmettes dorées, et d'anneaux d'argent niellé de palmettes ou de rinceaux, terminé par un fleuron à cinq pétales en partie émaillé. (Musée de Poitiers).

545. Crosse. (XIIIᵉ siècle).
Douille losangée.
Nœud décoré d'anges en buste réservés et gravés sur fond bleu.
Crosseron à crête, orné de rinceaux réservés à fleurons polychromes sur fond bleu terminé par un fleuron à cinq pétales.
Provient des fouilles de l'église de l'abbaye Toussaint, à Angers, en 1865. Tombe présumée de l'abbé Robert II.
Publiée dans le *Bulletin des Comités historiques*, 1850.
(Musée archéologique d'Angers).

546. Crosse. (XIIIᵉ siècle).
Douille décorée de rinceaux en réserve sur fond bleu entre trois dragons rapportés.
Nœud à deux zones de dragons enlacés en relief découpés à jour.
Crosseron à crête, couvert d'écailles bleues, terminé par une tête de dragon mordant l'aile de Saint-Michel combattant le dragon.
Provenant des fouilles de l'abbaye de Fontevrault, en l'an XIII.
(Musée archéologique d'Angers).

547. Crosse. (XIIIe siècle).

La douille est ornée de feuillages réservés et gravés se détachant sur un fond d'émail bleu et de trois dragons en relief en cuivre ciselé.

Nœud hémisphérique décoré de dragons entrelacés, repoussés et gravés, découpés à jour. La volute recouverte d'imbrication d'émail bleu se termine par une tête de dragon qui mord la queue d'un lion de haut relief.

Cette crosse provient du tombeau de l'évêque Hervée.

(Cathédrale de Troyes).

548. Crosse. (Ct du XIIIe siècle).

La douille, ornée de rinceaux réservés et gravés sur fond d'émail bleu lapis, est flanquée de trois serpents en relief, rapportés, ornés sur le dos de perles d'émail bleu turquoise.

Nœud hémisphérique aplati orné de rinceaux terminés par des pommes de pin en relief sur fond bleu lapis.

Crosseron décoré d'imbrications émaillées de bleu ; dans la volute terminée par un fleuron, l'*Annonciation*. Le même sujet est représenté sur les deux faces.

(M. Nodet).

549. Crosse. (XIIIe siècle).

Sur la douille et sur le nœud de forme hémisphérique aplatie des rinceaux réservés sur champ d'émail bleu ; sur la volute, des imbrications également émaillées de bleu lapis. Dans la volute est représentée l'Annonciation. Les deux personnages, la Vierge et l'ange Gabriel sont ciselés sur les deux faces. Les yeux des personnages sont figurés par des globules d'émail noir et les ailes de l'ange sont ornées d'émail bleu turquoise. Sur le dos des dragons qui garnissent la douille, des gouttelettes d'émail bleu turquoise.

(M. H. Nodet).

550. Crosseron formé par le corps d'un serpent dont la tête, occupant le centre de la volute, mord deux petits serpents, crête d'écailles. Émail bleu.

(XIIIe siècle).

Trouvé en 1642 dans la tombe d'un abbé de Tiron (Eure-et-Loir). Publié dans le *Bulletin des Comités des Travaux historiques*, t. IV, 1857.

(Musée de Chartres).

551. Crosseron, à crête couvert d'écailles bleues, terminé par une tête de dragon (XIIIe siècle).

Provient des fouilles de l'abbaye de Fontevrault, en l'an XIII.

(Musée archéologique d'Angers).

552. Boîte aux Saintes-Huiles, (XIIIe siècle).

Boîte de forme rectangulaire reposant sur quatre pieds carrés pris dans les plaques de côté. Son couvercle à quatre pans, muni de deux charnières et d'un moraillon, se termine par une partie méplate. Sur cette terrasse est implantée une tige conique sommée d'une boule que surmonte une croix gravée et ajourée.

La décoration de chacune des faces consiste en buste d'ange, gravés et réservés, se détachant sur un fond d'émail bleu lapis semé de rosaces ; trois des têtes d'anges sont rapportées. (Musée des Antiquités de la Seine-Inférieure).

553. Boîte aux Saintes-Huiles. (XIIIe siècle).

Boîte en forme de maison reposant sur quatre pieds carrés ; la pente du toit, qui forme couvercle, est un peu plus courte sur la partie antérieure que sur le revers, et à l'intérieur se voient encore les crans d'arrêt pour maintenir le double fond destiné à recevoir les ampoules. Sur la partie antérieure sont figurés quatre anges à mi-corps, dont deux sont couronnés, gravés et réservés sur fond d'émail ; têtes en relief. Ces figures d'anges sont inscrites dans des médaillons circulaires sur le toit et dans des médaillons en forme de *vesica piscis* sur la boîte.

Aux pignons, deux médaillons analogues, mais sans têtes rapportées, et deux gros fleurons. Revers orné de losanges encadrant des rosaces Crête en cuivre figurant deux serpents adossés. (Eglise de Neuville, Corrèze).

ÉMAUX CHAMPLEVÉS LIMOUSINS.

554. Navette à encens. (XIIIᵉ siècle).

Le couvercle est orné de rinceaux réservés se détachant sur un fond d'émail, de six cabochons de pâte de verre et de deux boutons fondus et ciselés représentant des dragons enroulés. Traces d'émail sur le vase et sur le pied.
(M. H. Nodet).

555. Navette à encens. (XIIIᵉ siècle).

Navette de forme elliptique montée sur un pied bas. Sur le couvercle, qui s'ouvre en deux parties égales, sont représentés, dans deux médaillons circulaires, deux saints à mi-corps, réservés et gravés sur fond d'émail. Les extrémités du couvercle sont relevées et terminées par des têtes de serpent. Sur le pourtour de la navette, un bandeau orné de rinceaux gravés.
(Église de Soudeilles, Corrèze).

556. Navette à encens. (XIIIᵉ siècle).

Décorée sur le couvercle de deux anges, chacun dans un disque, ornements en réserve sur fond d'émail.
(*Société des Lettres, Sciences et Arts de l'Aveyron*. Musée de Rodez).

557. Navette à encens. (XIIIᵉ siècle).

Couvercle orné de deux grandes rosaces rayonnantes polychrômes sur fond turquoise. Fond général bleu à rosaces polychrômes.
Coupe lisse, décorée sur le bord de rinceaux gravés.
Le pied manque. (Musée de Clermond-Ferrand).

558. Navette à encens. (XIIIᵉ siècle).

Le couvercle, terminé à chacune de ses extrémités par des têtes de serpents, est décoré de rinceaux réservés sur fond d'émail bleu de cabochons et de deux boutons en cuivre repercés à jour représentant des serpents entrelacés. Sur le vase et sur le pied des gravures en forme de dent de loup.
(Cathédrale d'Auxerre).

559. Mors de chape. (XIIIᵉ siècle).

Il est composé de deux parties semi-circulaires réunies par une charnière médiane et munies sur leurs bords d'une série de trous permettant de coudre le mors sur la chape. La surface du mors est décorée de rosaces ciselées ornées en leur centre de perles de verre imitant des turquoises et de cabochons rapportés, sur champ d'émail bleu lapis. (Collection Victor Gay)

560. Gemellion à gargoulette. (XIIIᵉ siècle).

Sur l'ombilic trois personnages.
Sur le fond, quatre portions de cercle jointives appuyées à l'ombilic et encadrant des figures et des animaux. D'autres portions de cercle occupent les intervalles des premières. Bord orné, de deux figures et ornements en réservé, jadis gravés, sur fond bleu. Gargoulette en forme de tête de lion.
Provient de l'abbaye de la Sauve. (Musée des Antiques de Bordeaux)

561. Gémellion. (XIIIᵉ siècle).

Sur l'ombilic les armes de France, d'azur aux fleurs de lis d'or sans nombre, accompagnées de trois basilics qui rampent le long de l'écu. Sur le bord sont figurés six écussons d'armoiries soutenus par des femmes debout, vêtues de longues robes et entourées de rinceaux. Ces écussons répétés deux à deux portent des armoiries de fantaisie : d'or au sautoir vivré de sable ; d'argent à la croix de gueules évidée et fichée, au chef de sable ; d'or au lion rampant de gueules.
Fond émaillé de bleu, de vert et de blanc. (Église de Conques, Aveyron).

ÉPOQUE DU MOYEN-AGE.

562. Gémellion. (XIII° siècle).

Sur l'ombilic, dans un médaillon circulaire sont représentées les armes de France, d'azur aux fleurs de lis d'or sans nombre. Sur les bords, dans six compartiments déterminés par des arcs de cercles tangents au centre et terminés par des fleurs de lis, sont représentés au milieu de rinceaux trois musiciens et trois danseuses. Figures et rinceaux gravés et réservés sur fond bleu lapis et blanc.
Bord orné d'un dessin denticulé. (Église de Conques, Aveyron).

563. Boîte de Courrier. (XIII° siècle).

De forme semi-ovoïde tronquée par le sommet qui sert de plaque à la serrure formant une partie mobile postérieure.
Archevêque debout sur un champ d'émail bleu orné de rinceaux en réserve, bordé par un galon d'écus combinés avec des rinceaux de vigne en réserve. De chaque côté de l'archevêque, deux écus rapportés aux mêmes armes que ceux des galons qui sont : à sa droite : « d'azur au lion de....... » à sa gauche de « Gueules aux deux dextrochères affrontées, portant, à dextre un glaive, à senestre une crosse. »
Figure en réserve ciselée, avec quelques parties autrefois émaillées.
(Musée de Clermont-Ferrand).

564. Quatre petits chandeliers itinéraires. (XIII° siècle).

Tige prismatique à un ou deux nœuds, terminés en pointe ou munis, au-dessous de la pointe, d'un petit plateau portant deux ressorts latéraux pour maintenir la bougie. Ils reposent sur trois pieds mobiles autour de la tige et se recouvrant.
Le métal est champlevé d'écus et de rinceaux pour recevoir l'émail.
(Collection Victor Gay).

565. Petit chandelier itinéraire. (XIII° siècle).

Pointe portée sur une pyramide hexagone tronquée, découpée à la base sur chaque face, en arc rentrant lobé. Sur chaque face, un dragon en réserve dans un médaillon rouge à fond général bleu. (Collection Victor Gay).

566. Chandelier. (XIII° siècle).

Le pied, taluté, est taillé à six pans. La broche, très longue, est également à six pans.
Sur chacune des faces du pied sont émaillés des écussons alternant « 1° fascé d'or et d'azur à la bordure de gueules ; 2° d'azur au lion d'or ; 3° d'or à deux quintefeuilles de gueules posées en chef à senestre, et en pointe, au franc quartier de gueules à la croix fleurdelisée d'or. » Entre chacun de ces écussons, dans un médaillon rectangulaire est gravé en réserve un dragon, sur champ d'émail bleu ou vert
(Musée des Antiquités de la Seine-Inférieure).

567. Croix. (XIV° siècle).

Le Christ attaché par trois clous, la Vierge, Saint-Jean, l'ange et Adam ressuscité, fixés aux centres et aux extrémités de la croix, sont en relief. Le pélican, le titulus, les deux larrons et la descente aux enfers, fixés sur les bras, sont en émail champlevé, à figures réservées, sur fond bleu à perles blanches et rouges. La croix est gravée de branchages sur fond maté.
Revers. Au centre : Dieu en Majesté, réservé et gravé sur fond d'émail bleu à perles. Les quatre symboles évangéliques, gravés aux extrémités. Croix gravée de branchages sur fond maté. (M. Th. Weber).

568. Ciboire. (XIV° siècle).

Forme hémisphérique aplatie ; les deux hémisphères sont réunis au moyen de charnières ; un ornement perlé les borde, et le chiffre IHS est inscrit dans un cercle sur l'hémisphère supérieur, que termine une longue tige conique surmontée d'une croix.
Le pied, très élevé et de forme conique, est interrompu vers son milieu par un anneau méplat. (Église de Vigeois, Corrèze).

569. Ciboire. (C¹ du XIV⁰ siècle).

Le pied, la coupe de forme hémisphérique ainsi que son couvercle de même forme surmonté d'une croix, sont décorés de figures gravées se détachant sur un fond d'émail, placées sous des arcatures formant six compartiments.

(M. H. Nodet).

570. Mors de Chape. (C¹ du XIV⁰ siècle).

Ce mors se compose d'une partie centrale en hauteur, au revers de laquelle se raccordent, au moyen d'une charnière, les deux parties latérales ; l'ensemble affecte la forme d'un quadrilobe. Sur la partie centrale est figurée, sous une arcade de style gothique, la Vierge, debout, portant l'Enfant-Jésus ; sur les parties latérales, on voit deux évêques debout, mitrés, crossés et non nimbés, sous des arcades de style gothique. Le reste du champ est occupé par des dragons à tête d'homme et des sirènes. Personnages réservés, gravés et niellés d'émail rouge, vert clair ou noir, fond bleu, rouge intense ou vert clair. (Collection Spitzer).

571. Boîte de miroir. (XIV⁰ siècle).

Elle se compose de deux valves circulaires s'emboîtant l'une dans l'autre. Sur chacune de ses faces dans un médaillon circulaire renfermant un quatrefeuilles es représenté un écusson d'armoiries : d'un côté un lion, de l'autre une rose. Tout autour de ce motif central sous des arcatures trilobées sont figurés des dragons et des oiseaux gravés et réservés sur fond d'émail.

(Collection Victor Gay).

572. Boîte de courrier. (XIV⁰-XV⁰ siècles).

En forme d'écusson triangulaire ; elle est bombée à sa partie antérieure et munie, à sa partie postérieure, qui sert de porte et est montée à charnière, de deux anses destinées à passer la ceinture. Sur la face sont gravées et émaillées les armoiries du possesseur : « d'or à 9 oiseaux de gueules posés en orle, au lambel de cinq pendants d'azur ». Ce sont les armes de Jean d'Argies, personnage de l'époque de Charles VI.

Trouvé à Compiègne. (Collection Victor Gay).

573. Boîte de courrier. (XIV⁰ siècle).

Elle affecte la forme d'un écu bombé à sa partie antérieure : une petite porte montée à charnière en ferme la partie supérieure. Sur le devant sont représentées des armoiries écartelées « aux 1 et 4 de France ancien, à la bordure de.... et de...., aux 2 et 3 de Bourgogne ancien, un écu de.... au lion rampant de.... en abîme brochant sur le tout. » (Collection Victor Gay).

574. Ceinture. — Travail italien. (XIV⁰ siècle).

Cette ceinture, ou plutôt cette bande qui a pu servir à fermer l'entrée du chœur d'une église, se compose d'une lanière de cuir sur laquelle sont clouées vingt-six plaques de métal de forme rectangulaire : douze de ces plaques sont ornées de médaillons quadrilobés en cuivre champlevé et émaillé.

Le centre de la ceinture est occupé par une figure du Christ en croix, exécutée au repoussé, accompagné de la Vierge et de saint Jean ; ces deux dernières figures sont gravées. Sur les plaques non émaillées sont rapportés des médaillons quadrilobés, cantonnés de cabochons, représentant la Vierge à mi-corps, les mains croisées sur la poitrine, un voile sur la tête ; un ange, à mi-corps, tenant un livre ; saint Jean, à mi-corps. Chacune de ces figures, obtenues au moyen de l'estampage, est plusieurs fois répétée. Dans les quadrilobes émaillés on voit un ange, une sainte couronnée portant une palme, saint François d'Assise, saint Pierre, un ange, un saint franciscain tenant un livre fermé, l'aigle, symbole de saint Jean, l'ange, symbole de saint Mathieu, le bœuf, symbole de saint Luc, saint Paul, saint Jean-Baptiste et sainte Madeleine. Tous ces personnages, représentés à mi-corps sont très finement gravés et réservés sur un champ d'émail bleu lapis ; ils sont inscrits dans des médaillons circulaires, inscrits eux-mêmes dans les quadrilobes dont chaque côté est divisé par des segments de circonférence en trois parties recouvertes d'émail bleu turquoise, rouge sombre, vert sombre. De petits émaux en forme de losange, ornés d'oiseaux réservés sur fond bleu lapis, sont fixés sur les bords de chacune des plaques, deux par deux, à la partie supérieure et à la partie inférieure.

L'extrémité de la ceinture est munie d'un anneau de cuivre.

(Collection Spitzer).

ÉMAUX CHAMPLEVÉS RHÉNANS

575. Plaque. — Travail des bords du Rhin. (XIIᵉ siècle).

La Crucifixion. — Le Christ, la tête entourée d'un nimbe crucifère, vêtu d'une simple draperie nouée autour des reins, est fixé à la croix par quatre clous ; au-dessus des bras de la croix, dans des médaillons circulaires, sont représentés le Soleil et la Lune. A gauche on aperçoit la Vierge nimbée, debout, et l'Eglise, couronnée, tenant en main un étendard surmonté d'une croix, qui recueille dans un calice le sang qui s'échappe du flanc du Sauveur. A gauche, saint Jean, nimbé, debout, tenant un livre, et la Synagogue. Celle-ci, les yeux bandés, privée de sa couronne qui tombe à terre, tient dans la main gauche la lance de Longin et l'éponge de Stéphaton.

Personnages finement gravés, niellés d'émail et réservés sur fond d'émail bleu lapis bordé de blanc, bleu clair et vert ; terrain et croix émaillés de vert. La doublure des vêtements est émaillée de blanc. Des points de cuivre réservés dans la plaque ponctuent le fond d'émail. Au pied de la croix est prosterné un moine. Tout autour de la plaque on lit une inscription en lettres capitales émaillées de bleu : + HEC . PARIT . HEC . CREDIT . OBIT . HIC . FVGIT . HEC . HIC . OBEDIT ; et une indication de reliques : + DE LIGNO DNI (Domini). DE SEPVLCHRO DNI. DE CAPILLIS. VESTIB (us). LECTO S(anctus) AR... (sic). Bordure de grènetis. (Collection Spitzer).

576. Plaque. — Travail des bords du Rhin. (XIIᵉ siècle).

Le Baptême du Christ. — Le Christ, debout et nu au milieu des flots du Jourdain, est représenté barbu et les cheveux longs, la tête entourée d'un nimbe crucifère ; de la main droite il fait le geste de la bénédiction, tandis que saint Jean, debout à gauche, drapé dans une peau de bête sauvage, répand sur sa tête l'eau du baptême. A droite un ange debout, vêtu d'une longue tunique et portant le vêtement du Christ. Au-dessus du Christ, dans une auréole, on aperçoit la tête de Dieu le Père accompagnée des inscriptions : HIC EST — FILIVS MEVS DILEC (tus). — VOX PATRIS. Autour de la tête du Christ on lit : IHS (Ihesus) et près de saint Jean, sur une ligne verticale : IOHANNES BAPTISTA. Personnages gravés et niellés d'émail bleu, réservés sur champ d'or. Vêtements, nimbes et inscriptions émaillés. Émaux bleu lapis, blancs, bleu turquoise, rouge sombre, rouge lie de vin translucide. Bordure formée d'un grènetis. (Collection Spitzer).

577. Plaque. — Travail des bords du Rhin. (XIIᵉ siècle).

Le Prophète Élisée. — Sur cette plaque, cintrée à sa partie supérieure, est représenté le prophète, nimbé, la barbe et les cheveux longs, assis sur un trône sans dossier ; un escabeau orné d'arcatures est placé sous ses pieds ; il est chaussé et vêtu du costume antique traditionnel. De ses deux mains il soutient un phylactère sur lequel on lit en lettres semi-capitales, semi-onciales, l'inscription : HELISEVS PROPHETA.

Personnage gravé et niellé d'émail réservé sur un fond d'émail bleu lapis, bordé de blanc et de vert, ponctué d'or. Émaux blanc, bleu clair, bleu turquoise, rouge sombre, jaune clair. (Collection Spitzer).

ÉMAUX CHAMPLEVÉS RHÉNANS. 95

578. Plaque. — Travail des bords du Rhin. (XIIe siècle).

De forme semi-circulaire, bordée d'un grènetis, cette plaque offre dans douze médaillons circulaires, deux grands et dix petits, la représentation des Vertus. Les médaillons sont entourés d'une bordure, sur laquelle est gravé en lettres capitales le nom de chacune d'elles, et de rinceaux réservés sur champ d'émail bleu lapis. Chacune des Vertus est représentée sous les traits d'une femme voilée, couronnée, vue en buste, se détachant sur un fond d'émail blanc, rouge sombre, vert ou jaune. Au centre est représentée l'Humilité : + HVMILITAS CVSTOS VIRTVTVM ; plus bas, la Charité, portant un livre fermé : + MAIOR HORVM KARITAS. — A gauche, la Prudence : + PRVDENTIA ; — la Chasteté : + CASTITAS ; — la Concorde : + CONCORDIA ; — la Force : + FORTITVDO ; — la Foi : + FIDES. — A droite, la Tempérance, TEMPERANTIA ; — la Patience : + PATIENTIA ; — l'Obéissance : + OBEDIENTIA ; — la Justice : + IVSTICIA ; — l'Espérance : + SPES. — Autour de la plaque règne une inscription ainsi conçue : + HI . FRVCTVS . EX TE . SI . RADIX . MANSERIT . IN TE ; puis l'indication des reliques contenues dans le reliquaire que décorait cette plaque : MATHEI . MATHIE . MARCI . STEPHANI . LAVRENTII . BONIFACII . VITI. (Collection Spitzer).

579. Plaque. — Travail des bords du Rhin. (XIIe siècle).

L'Annonciation. — La Vierge, nimbée, vêtue de long, un livre fermé dans la main gauche, est représentée debout devant un pupitre ; elle fait un geste d'étonnement en écoutant l'ange Gabriel qui, debout devant elle, la bénit de la main droite ; dans la main gauche il tient un sceptre terminé par une pomme de pin et des feuillages. Derrière l'ange, tout à fait à gauche, un arbre. A droite, la maison de la Vierge, édifice supporté par des colonnes autour desquelles s'enroulent les rideaux qui en ferment l'entrée. A l'intérieur de la maison on aperçoit la servante de la Vierge, assise et faisant un geste d'étonnement ; près d'elle, deux oiseaux. Figures réservées, gravées et niellées d'émail ; vêtements et fond émaillés. Le fond est ponctué de points de métal réservés.

Émaux bleu lapis, bleu clair, bleu turquoise, vert, jaune, rouge sombre, rosé, blanc et jaspé de rouge, de bleu et de blanc. Bordure de grènetis.

(Collection Spitzer).

580. Plaque. — Travail des bords du Rhin. (XIIe siècle).

Le Prophète Isaïe. — Sur cette plaque, cintrée à sa partie supérieure, est représenté le prophète, assis, nimbé, la barbe et les cheveux longs ; il est vêtu du costume antique traditionnel et chaussé. Son trône est décoré d'arcatures, ainsi que l'escabeau placé sous ses pieds. De ses deux mains il soutient un phylactère sur lequel on lit en lettres semi-capitales, semi-onciales, l'inscription : ESAIAS PROPHETA.

Personnage gravé et niellé d'émail réservé sur fond d'émail bleu lapis ponctué d'or, bordé de blanc et de vert.

Émaux blanc, bleu turquoise, rouge sombre et jaune. (Collection Spitzer).

581. Plaque. — Travail des bords du Rhin. (XIIe siècle).

Le Sacrifice d'Abraham. — Le patriarche debout, drapé dans une longue robe et un vaste manteau, brandit de la main droite une épée dont il va frapper Isaac ; celui-ci est placé sur un autel et son père le saisit par les cheveux. Dans le ciel, à droite, on aperçoit Dieu sous les traits d'un personnage à mi-corps, sortant des nuages, nimbé et bénissant. En avant de l'autel, à droite, un agneau. Les personnages sont désignés par des inscriptions dont les lettres sont disposées verticalement : ABRAHAM — ISAHAC.

Personnages émaillés se détachant sur un fond doré. Émaux bleu lapis, bleu turquoise, bleu clair, rouge, jaune et vert jaunâtre. Bordure de grènetis.

(Collection Spitzer).

582. Plaque. — Travail des bords du Rhin. (XIIe siècle).

La Crucifixion. — Au centre, le Christ fixé à la croix par quatre clous. Sa tête est entourée d'un nimbe crucifère ; il porte les cheveux et la barbe longs. Au-dessus de la croix, accompagnée de l'inscription : IHC — XPS, gravée

sur le fond, le disque du soleil : SOL — et le croissant de la lune : LVNA. A gauche, la Vierge debout, nimbée, vêtue de long, les mains jointes, accompagnée de l'inscription : SCA MARIA.
A droite saint Jean debout, nimbé, barbu, étend la main droite et tient de la gauche un livre fermé : SCS IOHANNES.

Personnages émaillés sur un fond uni de cuivre doré. Le visage du Christ est exécuté par le procédé du cloisonnage, tandis que tout le reste est exprimé par des cloisons épargnées dans la plaque de fond. Les chairs du Christ sont émaillées, tandis que le visage et les mains de saint Jean et de la Vierge sont gravés et niellés d'émail comme les inscriptions.

La plaque est entourée d'une bordure émaillée et d'un grènetis ciselé dans le cuivre.

Émaux bleu lapis peu intense, bleu turquoise nué de jaune et de blanc, bleu gris nué de blanc, blanc et blanc rosé, rouge sombre, lie de vin translucide, vert nué de jaune. (Collection Spitzer).

583. Plaque. — Travail des bords du Rhin. (XIIe siècle).

La Prudence. — La Prudence est représentée sous les traits d'une femme nimbée, agenouillée et tournée vers la droite, vêtue d'une longue tunique et tenant en main un serpent. Sur le fond doré on lit l'inscription : PRVDENTIA, dont les lettres capitales sont disposées à droite et à gauche de la figure sur deux lignes verticales. Vêtements émaillés ; visage gravé et réservé, niellé d'émail bleu. Émaux bleu lapis, bleu turquoise, blanc, vert sombre ponctué de rouge, vert clair. Bordure émaillée de bleu et de blanc.
(Collection Spitzer).

584. Reliquaire. — Travail des bords du Rhin. (XIIIe siècle).

Le reliquaire porte sur un support hémisphérique émaillé, muni de trois pieds et bordé d'un bandeau sur lequel sont gravées des croisettes. La tige, ornée d'imbrications gravées, au sommet de laquelle se trouve le reliquaire, est interrompue par un nœud formé d'un cabochon de cristal de roche. Le reliquaire lui-même est en forme de quadrilobe et cantonné de cabochons de cristal. Sur la face est représentée la Crucifixion. Au centre, le Christ, la tête entourée d'un nimbe crucifère, est attaché à la croix par quatre clous. A gauche et à droite on voit la Vierge et saint Jean à mi-corps, nimbés. Figures réservées et gravées, niellées d'émail rouge sur un fond bleu vif et bleu gris, semé de points d'or réservés sur le fond. Croix émaillée de vert clair.

Au revers, on voit l'agneau mystique dans une auréole circulaire cantonnée des symboles des Évangélistes ; dans le haut, l'aigle de saint Jean ; à gauche, le lion de saint Marc ; à droite, le bœuf de saint Luc ; au bas, l'ange de saint Mathieu. Le tout est gravé et niellé d'émail rouge.

Émaux du pied : bleu lapis clair, bleu gris, jaune, vert et rouge sombre ; rosaces émaillées et rinceaux épargnés.

Émaux du reliquaire : bleu vif, bleu gris, vert clair, rouge sombre.
(Collection Spitzer).

585. Pied de croix. — École Rhénane. (XIIe siècle).

La base est hémisphérique et cantonnée par quatre figures assises, de haut relief, représentant les évangélistes écrivant leurs évangiles ; à ces quatre figures correspondent, à la base de la tige carrée, les figures en relief des symboles des évangélistes. Sur la base sont représentées en émaux polychromes, se détachant sur un fond d'or bruni différentes scènes de l'ancien Testament : Moïse frappant le rocher, le serpent d'airain, Jacob bénissant les enfants de Joseph, la Pâque. La tige affecte la forme d'un pilier carré surmonté d'un chapiteau orné de feuillages ciselés et de quatre figures à mi-corps symbolisant la terre, la mer, l'air et le feu. Enfin sur les quatre faces du pilier sont représentés en émaux le sacrifice d'Abraham, les Israélites rapportant une grappe de raisin de la Terre Promise, Élie parlant à la veuve de Sarepta, le signe T tracé sur le front des Israélites.

Provient de l'abbaye de Saint-Bertin. Publié dans les *Annales Archéologiques*.
(Musée de Saint-Omer).

ÉMAUX TRANSLUCIDES.

586. Plaque. En forme d'équerre, bordée d'un ornement perlé. (XIIᵉ siècle).
Un personnage accroupi, barbu, vêtu d'une robe et d'un grand manteau, tenant une lance ; un chien se précipite sur lui. Sur le fond on lit FIDES.
Travail rhénan. (Cathédrale de Troyes).

587. Six plaques, représentant des rosaces, des feuillages et des imbrications exécutés en émail. (XIIᵉ siècle).
Ces plaques qui affectent la forme de bandeaux bordés d'un ornement perlé, proviennent du tombeau d'Henri Iᵉʳ, comte de Champagne (✝ 1180) et du tombeau de Thibaut III, mort en 1201.
Travail rhénan. (Cathédrale de Troyes).

588. Vingt plaques semi-circulaires, provenant de la décoration d'une châsse. (XIIᵉ siècle.)
Dans dix-huit de ces plaques les personnages à vêtements émaillés se détachent sur un fond de cuivre doré ; dans les deux autres, les personnages sont réservés et gravés sur un fond d'émail.
Travail rhénan. (Cathédrale de Troyes).

589. Fût de colonnette, provenant de la décoration d'une châsse. (XIIᵉ siècle).
Il est décoré de bandes émaillées de bleu lapis, de bleu turquoise, blanc, jaune, vert, disposés en spirales comme des rubans.
Travail rhénan. (Cathédrale de Troyes).

ÉMAUX TRANSLUCIDES.

590. Diptyque. (XIVᵉ siècle).
Intérieur : Volet droit : *L'Annonciation*. — Volet gauche : *La Crèche*. — Personnages en demi relief, sous deux arcs à fronton, dans un encadrement orné de rosaces, sur fond d'émail bleu transparent sur fond quadrillé à têtes de clou.
Revers : Volet droit : *La Résurrection*. — Volet gauche : *La Crucifixion*. — Personnages à carnations en réserve, à draperies émaillées vert, pourpre et violet, sur fond quadrillé bleu, sous deux arcs à fronton rouge opaque sur fond vert.
Monture formée de deux baguettes encadrant une gorge chargée de rosettes.
Argent doré. (M. G. Loustau, à Crépy).

591. Reliure d'un petit livre de prières. (XIVᵉ siècle).
Quatre petites plaques d'argent décorées de : *la Crucifixion, la Vierge et l'Enfant-Jésus, saint Michel* et *saint Christophe*, ont été montés au XVIIᵉ siècle, dans la reliure en argent de trois feuillets d'argent où sont gravés « l'Oraison dominicale, le Symbole des apôtres, les dix Commandements. »
Les émaux ne recouvrent que les personnages ciselés sur le fond.
Argent. (Musée d'Antiquités de la Seine-Inférieure).

592. Cinq émaux circulaires. (XIVᵉ siècle).
1ᵉʳ La purification de la Vierge au temple, entouré d'un filigrane d'argent moderne.
2ᵉ Jésus au milieu des docteurs.
3ᵉ Le Baptême.
4ᵉ La Cène.
5ᵉ La Vierge apparaissant à un homme en prière et à une femme.
Or. (Musée de Dijon).

ÉPOQUE DU MOYEN-AGE.

593. Disque. (XIVᵉ siècle).

L'attaque du Château d'Amour. Trois chevaliers jetant des fleurs à deux dames placées au sommet des tours d'un castel, de chaque côté de l'Amour qui joue de la guiterne. Elles tiennent chacune une banderolle portant écrit : *Avant* et *sur eus.*

Les ciselures de ce disque sont privées des émaux transparents qui les recouvraient.

Argent ciselé.

Trouvé dans la Vire, près de Saint-Lô, en 1862, avec une monture d'escarcelle, un cachet d'argent : S. Gvion de Mauny, et des monnaies de Philippe de Valois et de Jean-le-Bon. (Musée de Saint-Lô).

594. Croix. (XIVᵉ siècle).

Tiges et bras rectangulaires gravés de fenestrages, emmanchés à la croisée sur un médaillon carré, et garnis à chaque extrémité d'un quatre-lobes aigu.

Face. La Sainte face à la croisée, un évangéliste à chaque extrémité.

Revers. Un disque de cristal de roche à la croisée sert de reliquaire. Une tête dans un petit disque émaillé au centre de chaque quatre-lobes. La croix s'emmanche dans une douille carrée, sur un nœud à six boutons lozangés, d'où descend une tige à six faces, reposant par l'intermédiaire d'une moulure créneléc sur un pied circulaire en talon renversé, godronné, enveloppé par six lobes.

Argent en partie doré. (M. Nollet).

595. Buste reliquaire de Saint-Martin. (XIVᵉ-XVIᵉ siècles).

Le saint porte la barbe courte et frisée ; ses traits sont fortement accentués, ses oreilles saillantes. Sur ses cheveux frisés, disposés en couronne, est posée une mitre basse, exécutée en argent comme le chef. Cette mitre est décorée, à sa partie antérieure et à sa partie postérieure, de bandeaux d'émail translucide sur lesquels sont représentés, dans des cercles entourant des quatrefeuilles, des oiseaux dans différentes positions. De chaque côté du bandeau central de la mitre sont rapportés des émaux en forme de trèfles, exécutés par le même procédé que les autres. Les émaux employés sont le bleu, le rouge, la couleur lie de vin, le vert et le jaune. Les soufflets de la mitre, qui autrefois était complète, ont été arrachés ainsi que trois des plaques d'émail qui en décoraient la partie postérieure. Le visage est exécuté en argent repoussé et doré, ainsi que date, ainsi que la mitre, du XIVᵉ siècle. Quant au buste, il est en cuivre, gravé de larges rinceaux imitant une étoffe damassée. Sur le devant de la poitrine est fixée une agrafe de forme ovale, enchâssant un gros cabochon de cristal entouré de pierres fausses. Ce buste date probablement de la fin du XVᵉ siècle ou du commencement du XVIᵉ.

Publié par M. Ernest Rupin dans les *Comptes-rendus* de la 6ᵐᵉ session des Sociétés des Beaux-Arts des départements de la Sorbonne, 1882, p. 108-121, et dans le *Bulletin de la Société archéologique de la Corrèze*, t. IV, 1882, p. 435-456. — Eau-forte et chromolithographie.

(Église de Soudeilles, Corrèze).

596. Calice. — Travail hispano-flamand. (Fin du XIVᵉ siècle).

Sur un pied à six lobes, dessinés suivant des courbes et des contre-courbes, se dresse une tige à six pans, divisée en cinq étages d'architecture gothique, flanquée de contreforts. Un nœud méplat, sur lequel se relèvent six médaillons quadrilobés renfermant des bustes d'apôtres exécutés en émaux translucides et des feuilles de vigne entrelacées, sépare cette tige en deux parties inégales, au troisiège étage. Toutes les baies qui décorent la tige dans sa hauteur sont fermées par des plaques recouvertes d'émaux translucides imitant des vitraux. Quant à la coupe, de forme évasée, elle est entièrement recouverte d'émail vert translucide. Sur ce fond sont réservés des pampres disposés symétriquement sous six arcatures trilobées et surbaissées prenant naissance sur des trèfles émaillés de rouge et de bleu. Sur le bord se déroule, sur un fond d'émail bleu translucide, l'inscription suivante en lettres onciales : + AVE : VERVM : CORPVS : XPISTI : NATVM : EST : MARIA : VIRGINIS VE. Chacun des lobes du pied, orné sur sa tranche de moulures et de

FERRONNERIE.

disques inscrivant des quadrilobes découpés à jour, est occupé par une plaque recouverte d'émaux translucides sur relief représentant l'Entrée du Christ à Jérusalem, le Portement de Croix, la Crucifixion, le Baiser de Judas, Saint-Étienne debout et tenant un livre, entre deux oiseaux, deux anges agenouillés soutenant un écu de gueules chargé de deux chaudières d'or en pal, accompagnées de têtes de serpents. Ce sont les armoiries de Don Pedro Nuñez de Lara, comte de Majorque en 1381.

Dans ces émaux, les visages, les mains et certains accessoires sont réservés, gravés et niellés d'émail. Tout le reste est recouvert d'émaux translucides, bleu lapis, bleu clair, rouge, vert, lie de vin et rouge opaque.

Argent doré. (Collection Spitzer).

597. Calice. — Italie. (XVᵉ siècle).

Coupe ovoïde, portée par une fausse coupe ornée de têtes de chérubins en réserve sur émail rouge.

Tige hexagone émaillée de rosaces, nœud orné de six boutons en rosace à six lobes émaillés de bustes de saints transparents sur ciselure.

Pied hexagone à lobe à redans, divisé par des entrelacs saillants et gravés, en un réseau à trois lobes aigus sous la tige, hexagone sur les lobes et losangé sur les redans, garni d'émaux transparents sur ciselure.

Cuivre gravé et doré. (Cathédrale de Lyon).

ÉMAUX PEINTS

(*Voir les émaux peints de la* RENAISSANCE).

FERRONNERIE.

598. Fragments des pentures des portes de l'église Notre-Dame de Paris. (XIIᵉ et XIIIᵉ siècles).

Fragments de pentures accompagnées de brindilles à feuilles et à bourgeons soudés : fleurons terminaux, rosaces, etc., estampés.

Volutes terminées par des fruits et des feuilles. (M. Boulanger).

599. Lutrin. (XIIIᵉ siècle).

Tige formée par quatre barres cylindriques réunies par cinq nœuds et terminées supérieurement par quatre têtes de lions projetées en avant, portée sur trois pieds.

Chaque patte du pied porte un lion grimpant, la tête retournée, et est séparée de la voisine par une pointe que termine une boule. Le nœud central est décoré d'un anneau saillant séparant deux séries de palmettes cerclées à jour.

Un pupitre à quatre faces, a été, postérieurement à la fabrication, ajusté au sommet de la tige qui portait probablement des lampes suspendues à chaque gueule de lion. (Église de Saint-Martin, à Brive).

600. Lutrin. (XIIIᵉ siècle).

Deux tiges d'inégale longueur, bifurquées à leur partie inférieure en deux branches qui se recourbent en arc pour redescendre et former les pieds, et à la partie supérieure qui se divisent en trois pour s'emmancher à une traverse horizontale, sont articulées à leur milieu à un boulon transversal. Chaque extrémité des traverses est coudée et se lève pour porter une boule. Une large bande de cuir fixée aux deux traverses sert à maintenir l'écartement des deux branches et à poser le livre. (Église Sᵗ-Just, de Narbonne).

601. Lutrin. (XIIIᵉ siècle)

Mêmes dispositions que le numéro précédent. Chaque tige est terminée en haut et en bas par deux branches formant un trèfle ouvert. Les deux branches de l'inférieur servent de pieds ; celles du supérieur, terminées en boule sont réunies par une traverse où est fixé le cuir qui porte le livre et maintient l'écartement. Une tige, portée sur un étrier articulé sur le trèfle antérieur et terminé en binet, et maintenue par un crochet sur une traverse, sert à éclairer le livre (Cathédrale de Rouen).

602. Siège pliant en X. (XIIIᵉ siècle).

Quatre branches en fer plat contournées en S articulées deux à deux, dont l'écartement est maintenu par six traverses, sont terminées dans le bas par des boules aplaties et dans le haut par des boules plus grosses. Une bande de cuir fixée aux deux traverses supérieures sert de siège.

(Eglise St-Just, de Narbonne).

603. Siège pliant en X. (XIIIᵉ siècle).

Mêmes dispositions que le numéro précédent. Les tiges sont hexagones, terminées en griffe pour poser sur le sol, et réunies dans le bas par deux traverses pareilles et dans le haut par trois traverses. L'intervalle des deux supérieures est rempli par un panneau orné de quatr clobes à jour. Des pommeaux côtelés en cuivre sont fixés à l'extrémité supérieure de chaque branche. — Un large cuir cousu à la traverse supérieure, sert de siège. (Cathédrale de Bayeux).

604. Deux panneaux de grille mobile. (XIIIᵉ siècle).

Un panneau est composé de trois éléments superposés, et l'autre de quatre. Chaque élément est formé de quatre faisceaux de treize à vingt et une bandes de fer d'épaisseurs variées, soudées et maintenues par une frette moulurée, formant des rinceaux symétriques ; chaque faisceau étant muni d'une frette et chaque bande étant réunie par une autre frette à la volute correspondante de l'élément voisin. Encadrement plat à pivots. (M. Le Secq des Tournelles).

605. Anneau de porte. (XIIIᵉ siècle).

Anneau tordu passant à travers l'œil d'un tau à tête d'animal, terminant une longue tige annelée près de l'œil et percée d'un trou pour une clavette à l'autre extrémité. (M. Le Secq des Tournelles).

606. Anneau de porte. (XIIIᵉ siècle).

Anneau tordu passant par l'œil d'une platine circulaire.
Celle-ci est formée d'un disque central d'où s'échappent quatre rayons garnis de volutes latérales se rattachant à un anneau creusé de lobes.

(M. Le Secq des Tournelles).

607. Sept fragments. (XIIIᵉ siècle).

1° Penture formée d'une tige centrale d'où s'échappent latéralement six paires de tiges courbes terminées par une demi-feuille lobée ou un fleuron.

2° Oiseau terminal d'une branche de penture.

3° Elément d'une grille formé par deux branches cannelées, soudées à une traverse de chaque côté d'une tige droite terminée par une feuille d'érable. Chaque branche s'enroule en deux volutes opposées, et donne naissance à deux autres volutes, enroulées en sens contraire. Un fleuron le termine.

4° Elément de grille formé par une tige centrale d'où s'échappent des volutes latérales, symétriques, rattachées les unes aux autres par une frette.

5° Anneau de porte passant par l'œil d'un piton fixé sur une platine en forme de croix plate : deux volutes opposées partent des deux extrémités inférieure et supérieure. Décor de zig-zags.

6° Marteau de porte, en forme d'hippocampe ailé.

7° Petite grille formée de tiges de fer passant alternativement les unes dans les autres. (M. Le Secq des Tournelles).

FERRONNERIE.

608. Couronne de lumière pédiculée. (XVe siècle).

Tige polygonale interrompue par un nœud, portant sur trois pieds en arc de cercle reposant sur un anneau, et dépassant un chapiteau pour se terminer en pointe au-delà d'une bobèche circulaire. Sur le chapiteau reposent six consoles lobées, ornées d'une fleur de lys dont la tige s'appuie à la pointe du lobe. Elles soutiennent une couronne hexagone qui porte sur chaque arête une bobèche pentagone, avec tour sur l'angle et pointe centrale.

La couronne forme l'inscription découpée à jour : *Ave Maria gracia plena dominus tecum.* (M. B. Hochon).

609. Double couronne de lumière pédiculée. (XVe siècle).

Même support que le numéro précédent, et même couronne inférieure. Au-dessus une couronne de moindre diamètre formée d'une seule bande portant à chaque angle une bobèche pentagone à tourelles.

La bobèche terminale est hexagone, à tourelles portées sur six volutes formant consoles. (M. B. Hochon).

610. Serrure. (Milieu du XVe siècle).

Cette serrure se compose d'une partie rectangulaire et d'une partie plus allongée formant une sorte de queue vers la gauche. C'est sur cette partie découpée à jour et décorée d'ornements empruntés à l'architecture gothique de style flamboyant que glisse le verrou muni d'une poignée en forme de cœur également découpé à jour. Au-dessus du verrou où se trouve l'entrée de la serrure, on voit quatre figures de haut relief : Adam et Eve de chaque côté de l'arbre de la science du bien et du mal autour duquel est enroulé le serpent ; deux chevaliers armés de toutes pièces. L'un tient une épée et est couronné ; l'autre porte une lance. Au-dessus de ces personnages sont placés deux écussons d'armoiries : « vairé de..... au chef de..... chargé de deux épées en sautoir ».— « de..... à la tour de..... au lion léopardé de..... posé en chef ».

(Collection Spitzer).

611. Serrure de Coffre. (XVe siècle).

L'entrée de la serrure est cachée par un écusson couronné écartelé ; « au 1 et 4 de..... à la rose de...... ; au 2 et 3 de...... à la fleur de lys de......». De chaque côté, sur les flancs d'une large baie de style gothique remplie de découpages, se dressent, sous des dais, les figures de saint Pierre et de saint Paul. La bordure se compose de plaques de fer superposées, découpées à jour suivant des profils empruntés à l'architecture gothique de style flamboyant.

(Collection Spitzer).

612. Serrure de Coffre en forme de triptyque. (XVe siècle)

Cette serrure se compose d'un compartiment central de forme rectangulaire fermé par deux volets et représente le *Jugement dernier*. Au centre au-dessus de l'entrée de la serrure, le Christ accompagné de la Vierge et de saint Jean agenouillés et d'anges sonnant de la trompette, président la résurrection des morts. L'entrée de l'enfer, en forme de gueule de Léviathan se trouve sur la plaque qui cache l'entrée de la serrure. Toute cette composition est entourée de compartiments découpés à jour, de style gothique flamboyant, composés de plaques superposées ; la bordure se compose d'un treillis auquel pendent de petits grelots dorés. Sur le volet de gauche sous une triple arcade d'architecture, on voit l'entrée du paradis : les justes sont reçus par saint Pierre et des Anges. Sur le volet de droite, les démons précipitent les réprouvés en enfer. Toutes les figures sont ciselées en haut relief. La partie inférieure des volets est garnie d'un bandeau découpé à jour. (Collection Spitzer).

613. Trois Serrures. (Fin du XVe siècle).

1° Platine rectangulaire bordée par un réseau à jour entre deux filets saillants chevronnés. Centre limité et divisé par 3 colonnes torses en deux parties : l'une remplie par un réseau à jour, l'autre, en partie par la place du moraillon. Clou à tête sphérique entourée par une platine de feuillage à chaque angle.

2° Platine rectangulaire. Bordure d'un réseau à deux plans, entre deux filets saillants. Centre orné de deux panneaux ajourés à deux plans, sous un arc en accolade à crochets et à pinacle : place du moraillon entre eux.

ÉPOQUE DU MOYEN-AGE

3° Platine rectangulaire. Bordure sur trois côtés d'un réseau à deux plans. Centre orné dans le bas d'une frise ajourée à deux plans maintenue par des clous à tête sphérique. Le dessus est lisse. Moraillon à deux pendants ornés chacun d'un contrefort. (M. Loquet).

614. Serrure à bosse. (XVe siècle).

Platine carrée découpée et percée sur les bords, relevée au centre. Moraillon très large au sommet, se rétrécissant suivant deux arcs rentrans : festonné sur les bords, et dépassant la serrure. Des rosaces d'applique la décorent.
(M. Loquet).

615. Deux Serrures. (XVe siècle).

1° Platine rectangulaire découpée de fenestrages sur les bords, maintenue par deux contreforts munis de crampons. Entre-eux sont réservées les places du cache-entrée et du moraillon au-dessus d'une frise à jour.

2° Serrure de forme un peu différente de la précédente. (M. Loquet).

616. Serrure. (XVe siècle).

Platine rectangulaire bordée sur trois côtés par des rinceaux à jour garnis de feuilles de trèfle, entre deux filets tordus. Au centre, deux contre-forts. Près celui de droite, un cache-entrée orné d'un réseau, sous un réseau à jour. Contre celui de gauche, le moraillon orné d'une figure d'évêque portée sur un long culot, sous un dais à contre-forts. (M. H. d'Allemagne).

617. Serrure. (XVe siècle).

Platine rectangulaire en hauteur bordée par un réseau à jour à deux plans entre deux filets en torsade, fixée à chaque angle par un clou en forme d'ange. Le centre est divisé en trois bandes verticales; les deux latérales ornées d'une figure nue sous un arc, Adam et Eve. Celle du centre porte le cache-entrée orné d'un arbre. Le moraillon manque. (M. H. d'Allemagne).

618. Serrure. (XVe siècle).

Platine rectangulaire, bordée sur trois côtés par une bande ajourée de feuilles de chardon, portant à chaque angle une tête de clou en forme d'ange. L'intérieur est divisé en trois bandes verticales ; la centrale garnie du cache ouverture en forme d'écu de France sur une plaque à jour, celle de gauche occupée par le moraillon orné d'une figure, celle de droite portant le même ornement fixe. (M. Le Secq des Tournelles).

619. Serrure. (XVe siècle).

Platine rectangulaire entourée d'un filet en torsade, divisée en trois bandes verticales ; les deux latérales ornées de feuilles de chardon, et munies, haut et bas, d'une tête de clou en forme de tête humaine de profil, coiffée. La bande intérieure occupée par le cache entrée orné d'une figure entre deux contreforts, sous un dais à trois contreforts. (M. Le Secq des Tournelles).

620. Serrure. (XVe siècle).

Platine rectangulaire en hauteur, bordée sur trois côtés par un réseau à deux plans entre deux filets, muni à chaque angle d'une tête de clou en forme d'ange. La partie centrale est divisée en trois bandes verticales, les deux latérales sont ornées d'un réseau sous un vase à anses d'où montent des branchages symétriques. La centrale porte au bas le cache-entrée orné d'un écu chargé d'un lion sous une couronne, et à la partie supérieure le moraillon orné d'un vase semblable aux précédents. (M. H. d'Allemagne).

621. Serrure. (XVe siècle).

Platine rectangulaire en hauteur, bordée par un filet tordu et divisée en trois bandes verticales par deux filets semblables. Les deux latérales, étroites, encadrent un contrefort qui, par ses crampons postérieurs, sert à fixer la serrure. La centrale porte à droite le cache-entrée orné d'un écu « écartelé d'une rosace et d'une fleur de lys » sous un réseau à deux plans : à gauche le moraillon orné d'une figure sous un dais, et sur un réseau.
(M. Le Secq des Tournelles).

FERRONNERIE. 103

622. Serrure. (XVᵉ siècle).
Platine rectangulaire en hauteur, garnie latéralement de huit saillies rectangulaires ornées d'un réseau à deux plans, au-delà de deux contre-forts à réseau sur leur face et à pinacle. Entre eux trois bandes verticales; les deux latérales portent deux anges debout sur un cul-de-lampe et sous un dais à pinacle, la centrale porte un Christ bénissant debout sous un dais plat et sur un cul-de-lampe au-dessus d'un écu couronné, chargé d'un lion tourné à senestre.
Les deux contre-forts sont munis postérieurement chacun de deux tiges qui traversent la platine et servent à la fixer.
(Musée départemental de la Seine-Inférieure).

623. Serrure. (XVᵉ siècle).
Platine rectangulaire bordée sur trois côtés par un réseau à deux plans, entre deux filets cordés. Deux contre-forts plats à pinacle encadrant le moraillon orné d'un dragon et le cache-entrée orné d'un écu de France sous un réseau à jour. (M. H. d'Allemagne).

624. Serrure à verrou. (XVᵉ siècle).
Platine rectangulaire divisée en trois parties verticales par des moulures. De chaque côté une figure de sainte Catherine et de sainte Barbe, sous un dais à pinacles, sur un fenestrage à deux plans. Au centre l'écu de France cachant l'entrée, sous un dais à pinacle. Transversalement, la poignée en forme d'ange, et le bout d'une targette qui passe à l'intérieur.
(M. Le Secq des Tournelles).

625. Serrure à verrou. (XVᵉ siècle).
Platine rectangulaire divisée en trois bandes verticales par deux contreforts. Parties latérales à feuilles de chardon sur un réseau à jour. Partie centrale, entrée de serrure sous un arc à fleuron terminal sur un réseau à deux plans. Poignée du verrou faite d'une tête d'empereur de profil.
(M. Le Secq des Tournelles).

626. Serrure à verrou. (XVᵉ siècle).
Platine rectangulaire, bordée par une frise percée d'un réseau à deux plans, traversée dans le haut par la gaine du verrou, dont le bouton est une tête. Au centre le cache-entrée orné de l'écu de France couronné.
(M. Le Secq des Tournelles).

627. Serrure à verrou. (XVᵉ siècle).
Platine rectangulaire en longueur bordée par une torsade, divisée par deux contre-forts en trois parties ornées de réseaux à deux plans ; entrée sous un arc. (M. Doistau).

628. Deux entrées de serrure. (XVᵉ siècle).
1° Écu triangulaire découpé en trèfle à la partie supérieure et percé d'un réseau flamboyant.
2° Plaque rectangulaire percée de façon à dessiner deux feuilles de chardon se croisant en sautoir. (M. Le Secq des Tournelles).

629. Platine de serrure. (XVᵉ siècle).
Platine rectangulaire, en hauteur, encadrée par une moulure garnie d'une crête à l'intérieur, ornée de deux colonnes torses portant un arc en accolade polylobé, à réseau et garni de crochets et d'un haut amortissement. Sous l'arc un écu en damier sur une crosse et un bâton, porté par deux lions couronnés, posant sur une branche d'arbre. De chaque côté de l'amortissement un archer et St-Sébastien sont figurés. (M. Le Secq des Tournelles).

630. Marteau de porte avec platine. (XIVᵉ siècle).
Marteau portant un dragon ailé ; platine rectangulaire bordée par une imitation de torsade encadrant deux plaques latérales percées d'un réseau à un seul plan. Des trèfles d'amortissement à la partie supérieure.
(M. Le Secq des Tournelles).

ÉPOQUE DU MOYEN-AGE

631. Neuf marteaux de porte. (XVe siècle).
Six marteaux sans platine en forme de dragons.
Deux marteaux sans platine portant chacun un homme nu.
Marteau sans platine orné d'un dais abritant une figure de St-Pierre, posée sur un culot. (M. Le Secq des Tournelles).

632. Marteau de porte. (XVe siècle).
Dais d'architecture gothique de style flamboyant très compliqué, abritant une figure de la Vierge, debout et couronnée, portant l'enfant Jésus.
(Collection Spitzer).

633. Marteau de porte. (XVe siècle).
De forme allongée, il se termine à sa partie inférieure par une tête grimaçante qui sert de marteau. Il est orné sur sa partie antérieure d'une figure de saint de haut relief, barbu, tenant de la main gauche une épée, de la main droite une clé, sous un dais d'architecture de style gothique flamboyant
(Collection Spitzer).

634. Marteau de porte. (XVe siècle).
Platine rectangulaire en hauteur, bordée sur trois côtés par un réseau à deux plans, entre deux filets, garnie au centre par deux contre-forts encadrant un réseau à deux plans. Le marteau, à tête de dragon, est orné d'un dragon qui mord un écu placé au sommet et chargé d'une fleur de lys, d'une étoile et d'une coquille en pointe. (M. Duguerre).

635. Marteau de porte. (XVe siècle)
Platine rectangulaire en hauteur, bordée par un réseau flamboyant posé en biseau entre deux filets en torsade, encadrant deux contreforts à pinacle portant un arc en accolade. Deux têtes saillantes à la naissance de l'arc servent de tenons.
Marteau orné d'une figure tenant sur sa poitrine un écu chargé d'une croix, sous un dais. (M. Doistau).

636. Platine de marteau de porte. (XVe siècle)
Rectangle très allongé bordé latéralement par deux contreforts, et rempli par un réseau d'architecture sous un arc à fleuron. (M. Loquet, à Rouen).

637. Quatre marteaux de porte, en forme de dragons avec ou sans ailes.
(XVe siècle).
(M. Loquet).

638. Marteau de porte, en forme de femme nue, à longs cheveux pendants.
(XVe siècle).
(M. Loquet).

639. Cinquante et une clefs en bronze et en fer. (du XIe au XVe siècle).
Anneaux circulaires, tréflés, en rosace, en lozange, en tréfle ou en rosace couronnée. Pennetons à gardes et à peignes plus ou moins compliqués.
(M. Le Secq des Tournelles).

640. Clef. (Fin du XVe siècle).
Penneton à trois gardes contrariées, canon cylindrique ne dépassant guère le penneton. Poignée formée de deux platines carrées solidaires par quatre piles, portant un anneau en forme de trèfle où monte une tige.
(M. Le Secq des Tournelles).

641. Clef. (Fin du XVe siècle)
Penneton divisé par trois fentes munies latéralement de petites fentes transversales terminées circulairement. Canon cylindrique. Poignée formée par une castille garnie de tourelles avec donjon central enveloppée par l'anneau.
(M. Le Secq des Tournelles).

FERRONNERIE. 105

642. Deux Clefs. (XVᵉ siècle).

1º Penneton à peigne et à gardes. Canon cylindrique. Poignée en trèfle dominé par une couronne à trois fleurons.

2º Penneton à peigne et à gardes. Canon cylindrique. Poignée cordiforme.
(M. Loquet).

643. Sept Tiroirs. (XVᵉ siècle).

1º Platine carrée, découpée et à réseau. Poignée cordiforme mobile.

2º Petite platine en quatre feuilles. Longue poignée mobile terminée par une coquille.

3º Petite platine en quatre feuilles. Longue poignée terminée par un quatre feuilles.

4º Platine découpée en quatre feuilles de vigne. Poignée tordue terminée par une coquille.

5º Platine en quatre feuilles. Poignée imitant une moucheture d'hermine.

6º Platine en quatre feuilles. Poignée terminée par un gland.

7º Platine en quatre feuilles. Poignée formée de deux tiges parallèles, se repliant à leur extrémité en lunette. (M. Loquet).

644. Trois tiroirs de porte à platine. (XVᵉ siècle).

1º Poignée pendante en forme de trèfle attaché à la gueule d'un monstre sur une petite platine circulaire festonnée.

2º Anneau pendant tordu, fixé sur une platine circulaire percée d'un réseau à jour, bordé par un feston.

3º Poignée pendante formée par deux lobes à longue queue articulée sur une platine à réseau flamboyant. (M. Le Secq des Tournelles).

645. Cinq Targettes à platine rectangulaire et à verrou central.
(XVᵉ siècle).

1º Découpée à l'une de ses extrémités, ornée d'un réseau à jour de feuilles en forme de fleur de lys symétriquement disposées. Verrou cylindrique à bouton, glissant entre deux anneaux.

2º Réseau de feuilles aiguës découpées. Verrou plat, à bouton pendant, glissant entre deux guides.

3º Ornée de feuilles de chardon à jour. Verrou plat à bouton en tête d'homme de profil, glissant entre deux guides en forme de couronnes plates.

4º Petite platine découpée d'une crête sur ses bords. Verrou plat.

5º Petite platine découpée sur ses bords. Verrou plat dans une gaîne en saillie et découpée, bouton carré. (M. Loquet).

646. Dix targettes. (XVᵉ siècle).

1º Targette cylindrique à poignée ornée d'une rosace, glissant entre deux anneaux à crampon.

2º Targette cylindre à poignée en forme de dragon.

3º Targette plate à poignée pendante articulée à deux passants à la base d'une platine à jour.

4º Targette plate à bouton en forme de roses, à deux passants au bas d'une platine percée de rinceaux.

5º Targette plate à bouton ciselé, au bas d'une platine percée de rinceaux.

6º Targette plate à bouton, au milieu d'une platine percée de feuilles de chardon.

7º Targette plate à bouton ciselé, sur une platine découpée et percée à jour.

8º, 9º, 10º. Targettes munie à leur extrémité d'un bouton en forme de tête, et glissant dans une gaîne à réseau, fixé sur une platine.
(M. Le Secq des Tournelles).

106   ÉPOQUE DU MOYEN-AGE.

647. Deux Moraillons. (XVᵉ siècle).
1º Statuette de Sainte-Barbe, sous un dais à trois pans.
2º Statuette de Saint-Jean-Baptiste, tenant un lion sur lequel l'agneau est couché. (M. Le Secq des Tournelles).

648. Fragment de Grille. (XVᵉ siècle).
Tige sinueuse à stipules d'où s'échappent latéralement et de chaque côté, cinq volutes terminées par un fleuron, à bouton central à quatre feuilles aiguës.
(M. Loquet).

649. Penture à brisure. (XVᵉ siècle).
Platine dormante découpée à chaque extrémité, articulée à charnière sur la penture en deux parties articulées l'une sur l'autre. Elles sont percés à jour de rinceaux à feuilles aiguës. (M. Loquet).

650. Deux Judas. (XVᵉ siècle).
1º Platine rectangulaire, crénelée à son sommet, sur laquelle fait saillie un carré percé d'une rosace de style flamboyant à deux plans.
2º Platine rectangulaire découpée latéralement en contrefort, et d'ajours dans le haut, sur laquelle fait saillie une fenêtre carrée percée d'un réseau à deux plans, sous un toit en appentis. (M. Le Secq des Tournelles).

651. Trois Cadenas. (XVᵉ siècle).
1º Corps à section carrée décorée d'un réseau géométrique, munie latéralement d'une partie saillante creusée d'une rainure. Partie mobile en étrier.
2º Corps à section rectangulaire orné d'œils de perdrix, solidaire avec un étrier auquel il est réuni par une traverse médiane.
3º Corps cylindrique formé de cinq rondelles mobiles entre deux garnitures réunies par trois frettes ; sur elles s'articule la partie mobile en arcade.
(M. Le Secq des Tournelles).

652. Lampe-chandelier. (XVᵉ siècle).
Réservoir quadrangulaire à bord crénelé, formant bec sur chaque angle, reposant sur trois pieds élevés, chanfreinés. Du centre du réservoir, monte une tige moulurée, terminée en pointe et munie de deux bras opposés, terminés chacun par un disque horizontal, percé au centre. (Mᵐᵉ Victor Gay).

653. Fragment de Chandelier pascal. (XVᵉ siècle).
Formé de quatre cylindres superposés à une certaine distance les uns des autres ; rendus solidaires par trois frettes verticales. Chaque cylindre est percé de trois fenêtres à réseau et à meneau, au-dessous d'une feuille aiguë, barbelée, fixée sur un pédoncule à angle droit sur le cylindre. Une feuille semblable est fixée sur chaque frette, à un niveau inférieur et une rosace dans l'intervalle de deux cylindres. Un étrier à trois branches est fixé à la partie inférieure, portant une pointe au centre, et muni de boulons pour fixer l'appareil sur un pied.
Fer peint et doré. (Mᵐᵉ Victor Gay).

654. Quatre coffrets. (XVᵉ siècle).
1º Caisse rectangulaire à toit en pyramide tronquée munie d'une petite poignée mobile, couverte d'un réseau de style flamboyant.
2º Caisse rectangulaire à couvercle plat, muni d'une poignée mobile. Faces limitées par des contreforts encadrant une frise surmontée par deux rosaces. Couvercle décoré par deux rosaces entre deux frises.
3º Caisse rectangulaire à couvercle en portion de cylindre. Décor formé d'un réseau courant à deux plans. Moraillon à deux pendants.
4º Caisse rectangulaire à couvercle demi-cylindrique. Décor formé de contreforts doubles séparés par une platine à jour sur les angles et au milieu des faces, et de frettes les prolongeant sur le couvercle et ajourées. D'autres frettes lisses sont placées entre elles, sur lesquelles sont articulées les charnières. (M. Le Secq des Tournelles).

COUTELLERIE. 107

655. Coffret. (XVᵉ siècle).
Boîte rectangulaire, couvercle légèrement bombé, divisé en trois parties par deux filets saillants, entièrement recouvert par un réseau à jour à deux plans. Sur l'une des extrémités un moraillon décoré de trois contre-forts.
(M. Loquet).

656. Monture d'escarcelle. (XVᵉ siècle).
Arc en plein cintre, orné intérieurement de festons percés d'un trou ; et sur le plat d'un réseau de feuilles de chardon à jour. Au centre une tête saillante, et à gauche un lion. Sur l'arc, un château orné de fenestrages, en avant de tourelles à plusieurs étages, que dépasse une niche à dais abritant un lion.
(M. Doistau).

657. Deux montures d'escarcelles. (XVᵉ siècle).
1º Deux étriers concentriques, festonnés en sens contraire, sont articulés sur une traverse suspendue à une barette carrée. — La traverse carrée est chanfreinée en quatre places, les trois parties restées entières sont frappées d'un quatre lobes, et garnies d'un bouton latéral.
2º Deux étriers semi-circulaires articulés à une traverse suspendue à une longue queue, munie d'une barette.
Les étriers sont percés en sens contraire d'une galerie tréflée, au-dessus d'un rang de trous circulaires.
La traverse est percée d'ajours à son milieu, et garnie de boutons latéraux. — Une rondelle ajourée termine la tige centrale sous la barette.
(M. Le Secq des Tournelles).

658. Statuette d'homme nu, les bras ouverts, vêtu d'une ceinture de feuilles.
(XVᵉ siècle).
(M. Loquet).

659. Agneau, debout, une patte antérieure levée, comme pour tenir la croix à pennon. (XVᵉ siècle).

660. Singe, posé sur ses quatre pattes. (XVᵉ siècle).
(M. Le Secq des Tournelles).

COUTELLERIE.

661. Couteau de sacrificateur. (Art antique).
Manche de bronze, formé de deux faisceaux de feuilles opposées, liés par un anneau de perles. Une tête de lion sert de pommeau. Lame courbe.
Trouvé à Dijon. (M. Leman).

662. Deux couteaux d'un écuyer tranchant de Philippe le Bon, duc de Bourgogne, dans leur gaine. (XVᵉ siècle).
1º Couteau à lame large et pointue, à coupant arrondi, à manche de cuivre, gravé de la devise AULTRE NARAI et du briquet, et incrustée, vers l'extrémité supérieure, sur chaque côté, des armes de Bourgogne émaillées sur argent.
2º Couteau, moins large et arrondi, monté de même.
La marque du coutelier consiste en deux cornets ?
Gaine à trois compartiments en cuir ciselé. *Face :* dans le haut, des chiens et des cerfs au milieu de fleurons, et le briquet. Dans le bas, les armes de Bourgogne dans le collier de la Toison d'Or, entre les deux parties de la devise AULTRE NARAI, et le briquet, où sont enlacées les deux lettres E affrontées.
Revers. Haut : le briquet alternant avec un animal et des rinceaux. *Bas :* un

cygne portant un collier sous une rosace flamboyante, entre les deux parties de la devise AULTRE NARAI. Dans le bas, un chien attaquant une biche Cuir ciselé, peint en vert et en rouge par parties, sur fond doré.

(Musée de Dijon).

663. Couteau d'un écuyer tranchant de Philippe le Bon, duc de Bourgogne, et une partie de sa gaîne. (XVᵉ siècle).

Lame pointue, à tranchant courbe, marquée de deux cornets. Manche de cuivre gravé, sur chaque plat des deux parties de la devise AULTRE NARAI. Sur la virole : d'un côté, le briquet, de l'autre, les deux lettres E affrontées réunies par un lacs. Sur le pommeau, les armes de Bourgogne émaillées sur argent. Gaîne à trois couteaux. Le fourreau seul renflé à sa partie supérieure, terminé inférieurement en pointe, ciselé de grands rinceaux feuillagés sur fond maté.

(Musée du Mans).

664. Grand couteau. (XIVᵉ siècle).

La lame est longue, pointue et légèrement recourbée. Elle est marquée d'une étoile. La virole, en argent doré et gravé de feuillages, réunit la lame au manche en ivoire à quatre pans, tout uni et terminé par un lion debout, de haut relief, dont un enfant nu saisit la tête. (Collection Spitzer).

665. Couteau à manche d'ivoire, orné d'argent niellé. (XVᵉ siècle).

Lame droite, pointue, à deux tranchants, marquée d'un signe incrusté en cuivre. Le manche, garni sur ses deux faces de plaques d'ivoire incrustées de rosaces d'argent découpées à jour, se termine par un pommeau d'argent niellé. D'un côté on voit un écusson « de.... aux trois macles de.... au chef de.... chargé d'un lion léopardé de.... » ; de l'autre une autruche accompagnée d'une banderole sur laquelle on lit : OMNIA DIGERO.
Travail italien. (Collection Spitzer).

666. Couteau à manche d'ivoire orné d'argent émaillé. (XVᵉ siècle).

La lame est droite et pointue. Le manche, plus étroit vers la lame qu'à son extrémité où il se renfle et forme bouton, est d'ivoire et garni d'une virole et d'un pommeau d'argent incrusté de feuillages et de fleurs d'émail translucide vert, bleu et violet, encadrant un oiseau et un écureuil. La lame est marquée d'un serpent (?).
Ouvrage italien. (Collection Spitzer).

667. Couteau à manche d'argent niellé. (XVᵉ siècle).

La lame est droite et pointue. Le manche à quatre pans, terminé en pointe, est en cuivre doré et ciselé. Il enchâsse, sur deux de ses faces, deux plaques d'argent niellé ; d'un côté on voit une femme en buste et un homme debout appuyé sur une épée au-dessous d'un écusson « coupé de..... et de..... au taureau issant de.... posé en chef » ; de l'autre côté on voit un buste d'homme et une femme debout ; des marguerites accompagnent ces figures.
Italie. (Collection Spitzer).

668. Couteau à découper, à manche en ivoire et en argent. (XVᵉ siècle).

La lame, large et pointue, se rétrécit à sa base ; elle est marquée de la lettre B. Le manche, plat et renflé à son extrémité, est d'argent et se termine par un pommeau niellé et gravé, orné de deux écussons d'armoiries entourés de feuillages : « de.... à la bande de.... cha·gée de trois aigles de.... ; de.... au lion de.... » Sur les deux côtés du manche sont rapportées des plaques d'ivoire incrustées de rosaces d'argent découpées à jour.
Travail italien. (Collection Spitzer).

669. Fourchette en argent. (XVᵉ siècle).

La fourchette est à deux dents surmontées d'une partie plane sur laquelle est gravé un chiffre composé de plusieurs lettres gothiques entrelacées parmi lesquelles on distingue un T, un R ; le manche se compose de deux tiges végétales tordues, terminées par un fleuron de style gothique.

(Collection Spitzer).

CÉRAMIQUE

670. Présentoir. (XVe siècle).
La lame est plus large à son extrémité, qui est découpée en dents de scie, qu'à sa base. Le manche de cuivre gravé est orné de rosaces découpées à jour et d'incrustations de bois et de nacre. Le pommeau affecte une forme pyramidale : il est flanqué de quatre feuilles découpées. Sur la lame, une marque composée de deux trèfles.
Travail français ou allemand. (Collection Spitzer).

671. Présentoir. (XVe siècle).
La lame, tout unie, porte une marque très indistincte incrustée en cuivre, et elle est garnie à sa base d'une espèce de dentelle de cuivre, découpée à jour, qui l'enchâsse complètement. Le manche à quatre pans est de bronze doré ; sur deux de ses faces il est décoré de torsades, sur les deux autres il enchâsse des plaques de lapis. Chaque face du pommeau est décorée de deux figures de centaures soutenant, au-dessus d'une arcade trilobée, un buste dans un médaillon. Sous l'arcade on voit, au centre, une femme nue et deux hommes ; l'un tient un bouclier, l'autre un serpent.
Italie. (Collection Spitzer).

672. Grand Présentoir. (Fin du XVe siècle).
La lame, très longue et très large, est tout unie. Le manche, de forme fuselée, est d'argent ciselé et décoré de plaques de bois incrustant des rosaces d'argent et des feuillages de nacre. A l'endroit où la lame s'insère dans le manche est ciselé sur chaque face un gros mascaron de satyre. Un mufle de lion, accosté de deux chimères de haut relief, forme le pommeau.
Travail italien. (Collection Spitzer).

TERRE CUITE.

673. Philippe le Beau, (1478-1506) ; — buste. (XVe siècle).
Tête tournée de trois quarts à droite, coiffée de cheveux descendants sous un chapeau à larges bords en deux parties, vêtu d'un justaucorps à collet droit, sur une chemise sans col. Le collet de fourrure d'une houppelande est posé sur ses épaules. (M. Gustave Dreyfus).

674. Jeanne la Folle, (1482-1533) ; — buste.
La tête légèrement tournée à gauche, coiffée de cheveux en bandeaux, sous une coiffe tombant de chaque côté au bas des joues, et descendant en arrière sur les épaules, vêtue d'une robe à corsage carré, par-dessus une casaque ouverte recouvrant un corsage carré que dépasse une guimpe plissée montant jusqu'au col. (M. Gustave Dreyfus).

CÉRAMIQUE.

675. Cinq pavés de terre rouge ou noire, incrustés de terre blanche vernis plombifère. (XIIIe siècle).

1º Une pomme de pin entre deux demi-feuilles lobées ; — terre noire.
2º Fleuron posé suivant la diagonale composé d'une tige à feuilles demi-opposées symétriques ; — terre rouge.
3º Un carré posé sur la diagonale coupé par quatre demi-cercles opposés formant étoile, une fleur de lys occupe chaque compartiment ; — terre rouge.
4º Une fleur de lys posée sur la diagonale dans un carré ; — terre rouge.
5º Rosace à lobes arrondis dans un anneau ; — terre rouge.
(Musée du Mans)

ÉPOQUE DU MOYEN-AGE.

676. Deux pavés de terre rouge, incrustés de terre blanche; vernis plombifère. (XIIIe siècle).
1° En forme d'écaille ogivale, ornée d'un fleuron composé d'une tige à feuilles lobées, opposées et symétriques,
2° Lozange orné de deux fers de lance opposés à un disque central.
(Musée du Mans).

677. Fragment de revêtement d'un tombeau. (XIVe siècle).
Carreau représentant un ange encenseur entre un pinacle et le rampant à crochets d'un fronton. — Figures blanches sur fond rouge. (M. Ridel).

678. Plaque de revêtement d'un tombeau. (XIVe siècle).
Plaque rectangulaire bordée d'un côté par un biseau, qui porte un fragment d'inscription en lettres blanches sur fond rouge : sur le plat, un ange de profil sous un arc, et partie du vêtement semé de fleurs de lys de l'image du gisant : traits blancs sur fond rouge. (M. Ridel).

679. Deux carreaux de revêtement d'un tombeau. (XIVe siècle).
Deux femmes debout, sous deux arcs lobés à crochets soutenant une maçonnerie. Blanc sur fond noir. (M. Ridel).

680. Trois carreaux de revêtement d'un tombeau. (XIV siècle).
Corps des deux femmes du numéro précédent. Deux blancs sur fond rouge, un blanc sur noir. (M. Ridel).

681. Épi de maison. (XVe siècle).
Tige centrale cylindrique annelée à sa base, où font saillie quatre pignons percés de deux fenêtres superposées. Une cheminée dépasse le toit. — Au-dessus quatre tourelles cylindriques, à culot et à toit coniques, percées d'oculus. Le cylindre est terminé par des corbeaux portant des créneaux. (M. Ridel).

TAPISSERIE.

682. La Présentation au temple. (XIVe siècle).
A droite Siméon nimbé et pieds nus, debout derrière l'autel tend ses deux mains couvertes d'un voile vers l'Enfant-Jésus, que sa mère pose sur l'autel. L'Enfant-Jésus, vêtu d'une robe, tient un globe de la main gauche et bénit de la droite. La Vierge, nimbée est tête nue. Derrière elle Saint-Joseph nimbé tient un cierge tors, suivi par une femme nimbée, qui porte un cierge semblable et des colombes dans un panier. Fond violet couvert de rinceaux de feuillage. Bordure de nuages dans le haut. (M. Escozura).

683. Le Berger. (XVe siècle).
Berger debout, au milieu de son troupeau, montrant du doigt une banderolle qui porte cette inscription : *Intelligar quantum sit ingressus naturae febilis, progressus debilis, regressus horribilis.*
Dans le haut une autre inscription : « Vous qui regardez ceste chasse, ung exemple vous apprendra c'est...... que mort vous chasse. Mais nul ne scet quand vous prandra. » A l'extrême droite, un second berger jouant de la cornemuse. Fond de terrain de plantes et d'arbres. (Hôpital de Chalais).

684. Le parc aux cerfs. (XVe siècle).
Deux panneaux.
1° Enceinte de palissades dont la porte est gardée par un dragon. Sur chacune des colonnes qui l'encadrent, un lion portant un pennon « écartelé d'argent et de gueules. » Dans l'enceinte, une fontaine et des cerfs.

A gauche, dans le bas : un ouvrier aiguisant des piquets et des enfants nus jouant avec des canards; dans le haut : deux bergers dont un tient une cornemuse, et une femme.
« *Avant avaul que nul ne rouse.*
Faitte voir à la cornemuse. »
A droite, dans le bas : femme attisant du feu et un enfant nu avec un lapin ; Dans le haut : berger avec bergère, *Aller à Gaultier car ce mestier n'ad plus convenance.*
Fond de terrain et d'arbres.
2º Même sujet avec cette différence que dans le bas à gauche, un homme donne une pomme à un enfant.
Mon ami tenez che pumelet.
Metelle en vous.....
Et que dans le bas à droite une femme donne des fleurs à un enfant :
Ma mie tenez ce bottlet.
Donne le à votre ami Mrquet. (Hôpital de Chalais).

685. Les bucherons. (XVᵉ siècle).
A gauche, le maître accompagné d'un ouvrier, appuyé sur une hache. Au second plan deux ouvriers sciant un arbre qu'un autre ébranche. Au milieu des ouvriers chargent des buches sur une charrette. A droite, un ouvrier lie des fagots et deux femmes.
Fond d'arbres, un moulin à eau et une ville. (Hôpital de Chalais).

686. La légende de la Vierge. (Fin du XVᵉ siecle).
Cinq panneaux divisé par des colonnes portant des arcs surbaissés encadrant les scènes.
1ᵉʳ *Panneau* :
　1º Joachim et Sainte-Anne se réconciliant.
　2º La naissance de la Vierge.
　3º La présentation au temple.
　4º La Vierge lisant et les veufs portant des verges.
2ᵐᵉ *Panneau* :
　5º Le mariage de la Vierge.
　6º La Vierge marchant accompagnée de trois femmes et de deux vieillards.
　7º L'annonciation.
　8º Le donateur Hugues Lecoq à genoux assisté de Saint-Jean-Baptiste. Au-dessous de lui un cartouche renfermant une prière à la Vierge à côté de l'écu du donateur. « d'azur aux trois coqs d'or, 2 et 1. »
3ᵐᵉ *Panneau* :
　9º La visitation.
　10º La crèche et les bergers.
　11º La circoncision.
4ᵐᵉ *Panneau* :
　12º L'adoration des Rois.
　13º La présentation au temple.
　14º La fuite en Egypte.
　15º Le massacre des Innocents.
5ᵐᵉ *Panneau* :
　16º L'ange annonçant à la Vierge et à Saint-Joseph la nécessité de fuir.
　17º La mort de la Vierge.
　18º Le couronnement de la Vierge.
　19º Le donateur Hugues Lecoq agenouillé, assisté par *S. Hugo Abbas Cluniacensis*. Au-dessus de la tête du saint l'inscription *Ceste tappisserie fut faite lan de grace mil V....*
Au-dessous du donateur une prière et ses armes. Dans le bas en avant des colonnes, un semis de fleurettes et quelques oiseaux sur fond bleu. Dans le haut dans les écoinçons la devise : *Grâce à Dieu*.
(Eglise Notre-Dame de Beaune).

687. Pièce de la tenture du Fort roy Clovis. (XVe siècle).

Fondation de l'Église St-Pierre et St-Paul. Défaite du roi Gondebaut de Bourgogne. Armement contre Alaric, roi des Goths. Histoire merveilleuse du Cerf conducteur.

Légende : « Les coses ainsi faites lesdits roy Clovis et Clotilde sa femme se partirent et vinrent en la cité de Paris au quel lieu ils firent fonder une église en l'onneur de saint Pierre et saint Pol qui de présent est apellée Sainte Geneviève, en laquelle église reposent les corps d'icelui roy Clovis et sa femme.

» Après l'église parfaite, Clovis fit armer et ala contre Gondebaubt roy de Bourgongne lequel avoit fait mourir le père et la mère de la royne Clotilde et tant fit Clovis par puissance d'armes que ycelluy roy et toute Bourgongne se submint à sa volenté.

» Après ce ledit Clovis ala contre Alaricq roy mescréant et come il estait près de Tours il envoia ses messaiges faire oblacion à Dieu lesquels en entrant en l'Eglise St-Martin oirent canter uny ver du psaltier disant *precincisti me Domine vertute* et cil laquelle cose monstrant victoire ils raportèrent audit Clovis.

» Et moult joieulx dudit signe de victoire chemina jusques a ung fleuve lequel par habondances d'yaues il ne pooit passer. Ly fist son oraison à Dieu et incontinent par miracle divine se apparu devant ly I blancy cherf lequel passa ladite iaue et lieva ledit Clovis. »

Le roi et la reine visitent les travaux de l'Eglise en compagnie d'une suite brillante. Le roi a le sceptre en main et un médecin coiffé d'une barette se tient derrière lui. A l'arrière plan une chapelle se couvre d'une charpente et des maçons élèvent un vaste bâtiment au voisinage de l'enceinte fortifiée.

Quelque peu de verdure, avec la porte de la ville, sépare cette scène paisible du combat engagé entre l'armée du roi Clovis et celle de Gondebaut. La mêlée est des plus vives. Clovis à cheval et resplendissant d'or se rencontre avec le chef ennemi.

Derrière eux flotte l'étendard aux trois crapauds et deux trompettes aux mêmes armes sonnent des airs belliqueux.

Vers la droite fuient derrière une montagne des soldats portant un étendard chargé d'un aigle ou d'un griffon rouge.

Dans le haut, à droite, au delà d une touffe de verdure, parait la ville de Tours et l'Eglise St-Martin. Trois cavaliers s'en éloignent.

Le roi sur son cheval de guerre, suivi de nombreux guerriers à cheval se jette dans une rivière à la poursuite d'un cerf qui lui indique l'endroit guéable. »

(Ch. Loriquet. *Les tapisseries de la cathédrale de Reims.*)

(Cathédrale de Reims).

688. La légende de St-Gervais et St-Prothais. (XVe siècle).

Première pièce, trois sujets :

1° « Côment Vital à cause de ladite exortacio par le commadement de ... fvt tvé en prison et depvis enfouy tout vif par le cosseil du prêtre des ydoles lequel le dyable emporta visiblement. » Au fond Vital couché sur un chevalet. Au premier plan des fossoyeurs, à droite le diable saisissant le prêtre des idoles et, plus au fond, l'emportant.

2° « Comment Balras après le trespas de son mary Vital pour le quelle ne voulait adorer les ydolles fut par aucuns payens tant batue quils la cviderent morte puis fut portée a Millan et la rendit son ame a Dieu. » A gauche Balras frappée de batons par deux hommes, à droite couchée dans un lit à courtines ; un ange emporte son âme.

° « Comment St-Gervais et St-Prothais après le trespas de leur père et mère livrerent tous leurs biés et en reçurent les deniers lesqls ils donêrêt aux pauvres puis se revestirent de robes blâches. » Les deux saints, vêtus de robes roses, distribuent des aumônes à des pauvres : fond de maisons.

Deuxième pièce, cinq sujets :

4° « Coment St-Gervais et St-Prothais ptiret de la cité...... en la compagnie de Nazare et de l'enfant Celse pour...... à Millan et la ils furent baptisez p̄ levesque du lieu. » Les deux saints à mi-corps dans les fonts sont baptisés par un évêque. Un vieillard et un jeune homme nimbés, sont debout à gauche.

5° « Coment St-Gervais et St-Prothais tirèrent le diable hors du corps d'ūe jeune fille laquelle tantost après fut par eux baptisée avecques son père. » Au fond, à gauche les deux saints exorcisent la jeune fille. Au premier plan ils baptisent le père et la fille agenouillés devant eux.

6° « Coment St-Nazare acompaigne de St-Gervais et St-Prothais ediffierent une chapelle en un boys et l'enfant Celse leur administrait les pieres. » A gauche Celse chargeant des moellons dans une auge. A droite un saint et Nazare maçonnent un mur, et l'autre saint apporte des moellons dans une auge. Chapelle au fond.

7° « Coment Neron de ce adverty envoia Dento et Paulin acompagnez de gens d'armes pour les prendre et les luy amener. » Un soldat saisit un des saints de la scène précédente. Un autre le suit.

8° « Comment St-Gervais et St-Prothais acompaigniez de St-Nazare et de Celse fvrent amenez devant lempereur Neron pour estre de luy interroges. » A gauche les deux saints conduits par deux hommes d'armes s'avancent vers Néron assis sur un trône à droite.

Troisième pièce, cinq sujets :

9° « Coment la fouldre tomba sur ledit Neron et luy rédit le visaige noir et obscur et la face desdits saincts martirs resplendissoit comme le soleil. » Au centre Néron tombant soutenu par deux seigneurs, à droite les deux saints suivis de Nazare et de Celse.

10° « Coment Neron promist faire grand biens à St-Gervais et St-Prothais pour delaisser la foy ce quils refuserent endisant q̄ les b̄ns et hoñeurs mondains nestoient que fiens et pourritures. » A gauche Néron sur son trône devant lequel un homme agenouillé porte une idole, à droite les deux saints sous la conduite de soldats.

11° « Coment Neron de rechef fist metre en prison lesdiz St-Gervais et St-Prothais. » Les deux saints entrent dans une prison à droite conduits par deux soldats, et reçus par un porte-clefs.

12° « Coment Dieu evoia ung ange reconforter les d' sais en les exhortant quils tenssent fermes en la foy et q̄ Neron seroit par eulx confondu. » Un ange réconforte les deux saints assis dans la prison.

13° « Coment St-Gervais et St-Prothais par le commandement de Neron furent menez a Nolin prevost de Millan pour les executer lèql tantost les fist mett'en prison. » A gauche les deux saints présentés au prevost armé d'un long bâton : à côté de qui le porte-clefs est agenouillé. Fond d'édifices.

Quatrième pièce, deux sujets :

14° « Coment .... et le fait batre descorgecis tout ...... entez. » Un des saints est lié à une colonne, brulé avec des torches et battu de verges. Un puits à gauche, fond d'édifices.

15° Coment le prevost Nolin present le duc Altaze fait decoler St-Prothais hors la ville mais tautost après ung burgoys de ladicte ville et son fils ensevelirent les corps saints. » Au centre le bourreau vient de décoller le saint, à droite un homme coud son corps dans un linceul, derrière lui le cercueil près de la fosse que l'on creuse.

Cinquième pièce, deux sujets :

16° « Coment après leurs corps furent portez dedans l'église ung aveugle et plusieurs malades furent gueris présent saint Anbroise et pluseurs autres prelats. » A l'extrémité droite du sujet, des prêtres portent un reliquaire sur une civière.

17° Un pilastre sépare la scène de la suivante où un boiteux est agenouillé devant un autel sur laquelle la châsse est placée et qu'entourent un cardinal, un évêque, et du peuple. A droite un chanoine agenouillé, en avant de St-Martin coupant son manteau, et invoquant le saint ainsi que l'indique l'inscription d'une banderolle : *ora pro me sancte martine*.

Dans le bas l'inscription : « anno dni millesimo quingentesimo nono magister Martinvs Guerande presbiter, natione andegavus, Cenomaneñ ecclesie canonicus. revere... morivm que patrvm illustri prosapia natorum dominorum philippi Cardinalis de Lucemburgo nuper necnon Francisi de Lucemburgo cuis nepotis moderni episcoporũ Cenomanci secretarius donavit eid ecclesie cenomancûm hanc tapiceriom pro ornatu chori ad laudem dei beatorum que martirum Gervasii atque Prothasii ac tocius curie celestis eidem donator pascat deus amen. »   (Cathédrale du Mans).

TISSUS ET BRODERIE

689. Chasuble de Saint-Yves.   (XIIe siècle).

Chasuble en forme d'entonnoir, faite d'un sergé de soie violette à grands griffons affrontés en sergé d'argent. Orfrois faits d'un étroit galon d'argent. brodé de violet.   (Eglise de Louannec, Côtes-du-Nord).

690. Aumônière sarrazinoise.   (XIIe siècle).

Sac en cuir, plat, rectangulaire, arrondi à sa partie inférieure, avec long recouvrement dont le bord est fixé au sac par un bouton tournant sur un disque niellé de quatre banderoles portant en lettres du XIIe siècle l'inscription : MISERERE MEI DEVS.

La surface antérieure de l'aumônière est couverte d'entrelacs en fils d'argent brodés en torsade, entourés par une inscription pseudo-arabe.

A l'intérieur, le cuir du recouvrement des poches est brodé d'entrelacs de soie bleue et rouge.

L'aumônière est suspendue par deux pattes à garniture d'argent où sont attachées deux gourmettes qui sont suspendues à un passant d'argent que traverse une ceinture.

Celle-ci brodée, comme l'aumônière, d'une inscription pseudo-arabe est munie à une extrémité d'une boucle, sans ardillon, en argent niellé et à l'autre d'un crochet qui peut s'engager dans des œils garnis d'argent niellé, percés près de la même extrémité.

La garniture de la suspension et la banderolle à crochet ne sont pas niellés, et semblent d'époque postérieure. XVe siècle ?   (Musée de Dijon).

691. Corporalier.   (XIIIe siècle).

La Vierge assise, couronnée, portant l'Enfant-Jésus assis sur ses deux genoux, les deux bras étendus. A sa droite, une sainte couronnée, vêtue à la grecque ; à sa gauche, Saint-Pierre. Un personnage, chapé et mitré, est agenouillé en avant de Saint-Pierre.

Broderie à point couché pour les carnations, et à point chevauché d'or pour les vêtements, sur un fond de satin rouge.   (Cathédrale de Lyon).

692. Aumônière.   (XIVe siècle).

Forme trapézoïdale terminée circulairement à la partie supérieure. Satin rouge brodé en relief d'un chasseur frappant la licorne qui se réfugie près d'une Vierge. Sur le recouvrement une femme assise. Houpettes dans le bas.
     (Cathédrale de Troyes).

693. Aumônière.   (XIVe siècle).

Même forme que la précédente. Velours vert brodé sur le sac de deux femmes sciant un cœur placé sur un escabeau. Sur le recouvrement d'une femme dormant, vers laquelle se penche l'Amour vêtu comme serait un ange.

Personnages brodés en soie, sur fond de point de Hongrie d'or.
     (Cathédrale de Troyes).

TISSUS ET BRODERIES. 115

694. Aumônière. (XIVᵉ siècle).

Même forme que les précédentes. Broderie au point carré figurant des octogones jointifs de couleurs différentes. (Cathédrale de Troyes).

695. Triptyque. (XIVᵉ siècle).

Centre : Le Christ, mort, à nimbe crucifère, couronné d'épines, demi-nu, sortant à moitié du sépulcre, est tenu de chaque main par Saint-Jean et par la Vierge debout à ses côtés, et vus à mi-corps. *Volet de droite* : Sainte-Catherine. *Volet de gauche* : Saint-Jean-Baptiste, vus à mi-corps. La scène centrale et les figures sont placées sous un dais d'architecture. Carnations et broderies brodées par points successifs et chevauchés épousant les formes : fond en fils d'or couchés, cousus de façon à former un damassé.

Revers garni de cuir frappé d'œils de perdrix dessinant de grands rinceaux combinés avec des oiseaux et des fleurs peintes. Grande étoile au milieu du panneau central. (Musée de Chartres).

696. Orfroi de chasuble. — Italie. (XIVᵉ siècle).

Bande antérieure : *bas* : l'Adoration des Rois ; *milieu* : la Crèche ; *haut* : l'Assomption.
Croix postérieure : *au sommet* : la Réconciliation de Zacharie et de Sainte-Anne.
Bras droit : Zacharie quittant sa maison ; intersection : la Nativité de la Vierge.
Bras gauche : La mort de la Vierge. *Tige* : la Présentation au Temple ; le Mariage de la Vierge.
Bordure de bustes terminés par de longs feuillages formant rinceaux.
Broderie de soie au point de chaînette. (Mᵐᵉ la comtesse d'Yvon).

697. Chape. (XIVᵉ siècle).

Chape de velours rouge à feuilles de vigne étalées et déchiquetées, brochée d'un semis de feuilles d'or symétriques, déchiquetées. (M. Ridel).

698. Pourpoint, dit de Charles IV (1322-1328). (XIVᵉ siècle).

Justaucorps en satin rouge, sans col, à manches justes, festonné à la partie inférieure, fermé par une série de boutons jointifs, bombés sur la poitrine et plats au col et sur le ventre. Il est doublé en toile, entièrement rembourré et piqué, suivant des lignes verticales ; deux fentes verticales au défaut des hanches, sur le côté gauche pour passer la ceinture. Traces d'un ornement cousu sur sa poitrine à gauche.
Le motif du tissu est un oiseau dans un anneau fleuronné, et une branche d'œillet montant entre les anneaux qui sont chevauchés. Fond de satin et motifs de tafletas. (Musée de Chartres).

699. Mitre. (XIVᵉ siècle).

Mitre de satin clair, brodée des figures d'un saint abbé Bénédictin, et d'un saint chapé, tête nue, portant crosse. Galons du tour de la tête et montant. Fanons privés de toute broderie. (Eglise de Saint-Gildas du Rhuis, Morbihan).

700. Nappe d'autel ? (XIVᵉ siècle).

Longière de lin blanc, à lisière jaune, brodée de deux larges bandes d'entrelacs de style arabe, en point de chaînette.
(Eglise de Castell, Pyrénées-Orientales).

701. Mitre de Charles de Neufchâtel, archevêque de Besançon (1463-1493). (XVᵉ siècle).

Coiffe en toile d'argent zig-zagué, bordée et séparée par un galon d'or brodé de roses, de perles encadrant une pierre sertie sur de hautes battes à grifles, portant en relief *la Vierge et Saint-Joseph* adorant l'Enfant-Jésus :.
Une crête d'orfèvrerie à crochet garnit les rampans.

Cette mitre a dû subir des restaurations récentes. En 1481, Charles de Neufchâtel donna à la cathédrale une mitre brodée à Caen. (E. Lefebure, *Broderie et Dentelle* ; L. de Farcy, *Sigillographie normande*).
(Cathédrale de Besançon).

702. Deux orfrois rectangulaires, de velours ponceau, provenant d'une dalmatique. — Angleterre ? (XVᵉ siècle).

Sur l'un, une rosace polylobée encadrant une grille. Des tiges de chardon, symétriquement disposées, naissent des lobes et couvrent le fond.
Sur l'autre, une tige de chardon, disposée symétriquement en fleuron, couvre tout le champ.
Broderie de soie et d'or. (M. Escozura).

703. Chape, en velours rouge orné d'un semé de feuilles étalées en relief sur le fond, ton sur ton, brodé de fleurons d'or. (XVᵉ siècle).
(M. Ridel).

704. Chasuble, en velours ponceau, brodé. (XVᵉ siècle).

Chasuble taillée à la moderne en velours rouge brodé de grenades accompagnées de feuilles de houx, symétriques, sur de longs rinceaux filiformes en or. Orfroi brodé de figures de saints, deux à deux sur les parties montantes, sous un dais en accolade, fond d or au point de Hongrie. (Collection Spitzer).

705. Quatre fragments de Chasuble, en velours ponceau, brodé de têtes de de cerfs en or bordé de rouge, avec la lettre T onciale en argent entre les cornes. (XVᵉ siècle).
(M. Escozura).

706. Chasuble et chape, de velours rouge. (Fin du XVᵉ siècle).

Chasuble taillée à la moderne, garnie d'un orfroi toile d'or à point de Hongrie, brodé en soie de figures de saints sous des dais couverts par un dôme.
Mêmes orfrois que la chasuble. Capuchon indépendant représentant Sᵗ-André. (Collection Spitzer).

707. Velours ponceau à fleurs jaunes. (XVᵉ siècle).
(Mᵐᵉ E. Darthès).

CUIR.

708. Ceinture de saint Césaire, Evêque d'Arles de 502 à 542. (VIᵉ siècle ?).

Ceinture en cuir noir sur laquelle est piqué en lettres grecques très allongées le monogramme du Christ accosté de l'Alpha et de l'Oméga.
(N. D. de la Major, Arles).

709. Soulier épiscopal, dit **de Saint Malachie,** archevêque d'Armaches, en Irlande. (XIIᵉ siècle).

Soulier en cordouan rouge, à haut quartier, fermé par une patte descendant en dehors.
Des rinceaux en cuir doré, cousus en soie rouge formant bordure recouvrent entièrement l'empeigne et le quartier. Semelle épaisse dont la tranche est revêtue de cordouan d'autre ton que celui du soulier, par-dessus une semelle de cuir cousue à la première.
Malachie mourut en 1148, à Clairvaux, où cette chaussure fut conservée jusqu'à la Révolution. Son dernier abbé la donna à la cathédrale de Châlons.
(Cathédrale de Châlons-sur-Marne).

710. Gaine de Livre ou de Tablettes. (XIVᵉ siècle).

Cette gaine en cuir brun estampé gravé et peint affecte la forme d'un petit livre, muni d'un couvercle s'emboîtant à sa partie supérieure. Elle était sans doute destinée à contenir de petites tablettes à écrire en ivoire et un petit compartiment réservé à l'intérieur indique l'emplacement qu'occupait le style. Sur les côtés sont ménagés dans le cuir quatre anneaux de suspension destinés à recevoir des cordelières et sur les plats sont figurées deux arcatures de style gothique surmontées de gables pointus percés à jour ; au-dessus de ces grandes arcatures, règne un ordre d'arcatures plus petites et trilobées. Sur chacune des grandes arcades on voit un monstre à buste de femme : l'une tient un haume, l'autre une large épée et un écusson à champ d'hermine. Le fond est frappé de petits points dorés ; certains ornements étaient peints en rouge. (Collection Spitzer).

711. Etui de coupe. — Travail allemand. (XIVe siècle).

Cet étui en cuir brun et noir estampé, affecte la forme d'une boîte circulaire à fond conique et munie d'un couvercle plat, monté à charnières et fermée par un moraillon de cuivre. Sur le couvercle on voit sous deux arcades de style gothique la Vierge assise et couronnée tenant l'Enfant-Jésus sur ses genoux ; une abbesse tenant une crosse, les mains jointes et en adoration devant eux. Autour de cette scène on voit des dragons et dans le haut un écusson imaginaire, à fond diapré, au franc quartier chargé de neuf tourteaux. Le même écusson est reproduit dans un quadrilobe sous le fond de l'étui. Quatre autres écussons alternant avec des dragons et des monstres ornent les flancs de la bête. Le premier est diapré, le second au « champ d'hermine au chef diapré, » le troisième diapré « à la fasce de..... au chef chargé de trois moineaux » ; le quatrième diapré « à la fasce de, au chef chargé d'une fasce brisée ».

Dans cet étui est renfermée une coupe hémisphérique en racine d'érable ou de madre bordée d'argent et dont les fêlures et les trous ont été raccommodés avec du fil ou de petites plaques d'argent clouées. (Collection Spitzer).

712. Coffret. (Fin du XIVe siècle).

De forme barlongue ce coffret en cuir brun estampé et gravé est muni de frettes en fer découpé et est fixé un moraillon qui s'engage dans la serrure. La décoration du couvercle consiste en arcatures de style gothique surmontées de galbes pointus, abritant des animaux : un singe, un chien et deux monstres. Sur le devant et les côtés du coffret sont figurés des oiseaux et de larges feuilles. (Collection Spitzer).

713. Coffret. (Fin du XIVe siècle).

De forme carrée et muni d'un couvercle plat à bord talutés, ce coffret de bois recouvert de cuir brun gravé est muni d'encoignures et de frettes en cuivre terminées par des fleurs de lys. Sur le devant de la bordure du couvert on lit l'inscription suivante gravée en lettres gothiques : LEAVTÉ DORT. Sur la serrure est gravée la lettre B et la clef de cuivre se termine par une fleur de lys. Les gravures du cuir représentent des seigneurs et des dames, deux à deux, un homme et une sirène, des rinceaux sommairement indiqués. La plupart de ces ornements étaient autrefois peints et dorés.
(Collection Spitzer).

714. Coffret. (XVe siècle).

Caisse rectangulaire, toit demi-cylindrique, gravés de rinceaux à feuillages déchiquetés. Serrure, frettes et ferrures en fer percés de fenestrages.
(M. Le Secq des Tournelles).

715. Coffret. (XVe siècle).

Caisse rectangulaire, à couvercle plat, gravés de rinceaux feuillagés. Garniture d'étroites bandes de fer et serrures découpées, fixées par des clous à tête en rosace. (M. Lesecq des Tournelles).

716. Coffret à couvercle demi-cylindrique, à recouvrement sur les extrémités. (XVe siècle).

Caisse : Face. — *L'adoration des rois.* Extrémité de droite : *Fou surprenant des femmes dans une baignoire.* Revers : *Centaures combattant.* Extrémité de gauche : *Chasse au cerf et à la licorne.* Couvercle : versant antérieur : Jeune homme et jeune femme assis sur un banc à dossier mobile et jouant l'un de la guitare, l'autre de la harpe : et jeune homme et jeune femme jouant aux dames. Versant postérieur : Fous : Jeunes gens et jeunes femmes dansant. Sur la bande séparant les deux sujets, une frise d'enfants au milieu de rinceaux.

Les mêmes rinceaux servent de fond à toutes les scènes.

Les personnages portent le costume du milieu du XV° siècle.

Figures et ornements au trait incisé dans le cuir doré en plein sur lequel ils s'enlèvent en noir. (Musée de Clermont-Ferrand).

717. Écrin de dame. (XV° siècle).

De forme rectangulaire, arrondi au sommet, présentant sur sa face antérieure une saillie discoïde, et à côté une saillie conique verticale : sur la face postérieure, une saillie trapézoïdale allongée verticalement. Des passans sont ménagés sur chaque bord latéral. La surface est couverte de rosaces d'ou s'échappent des branchages de fleurs, sur un fond maté.

Sur le disque, une banderolle porte cette devise : *bonnes nouvelles*.

La circonférence des disques est peinte en rouge, le fond est doré.

L'intérieur contenait un miroir, un peigne, un gravouer et des ciseaux.
(Musée de Dijon).

718. Coffret. — Travail de l'Italie du Nord. (Fin du XV° siècle).

De forme barlongue et fermé par un couvercle bombé ce coffret est muni de frettes qui en assemblent les diverses parties ; le moraillon et la serrure sont comme les frettes en fer sur lequel sont peints des ornements d'or. Le cuir entièrement doré et peint en rouge, en vert et en bleu, est gravé d'ornements représentant des feuillages, des fleurs et des rosaces, le tout encadré de listels striés ou dentelés. Les pieds très bas sont formés par quatre clous de cuivre à tête ronde. (Collection Spitzer).

719. Coffret. (XV° siècle).

En forme de petite malle, barlongue, en cuir noir gravé peint et doré, ce coffret est muni d'un couvercle à charnières à trois rempants muni aux extrémités de pièces à recouvrement. La serrure et le moraillon sont en cuivre. La décoration du couvercle, divisée en compartiments se compose de lièvres et de chiens, de rosaces d'architecture gothique et de gros fleurons. Le dessous du coffret est également gravé de feuillages. Bordure peinte en rouge, fleurons et animaux en or. (Collection Spitzer).

720. Coffret. — Travail français ou du nord de l'Italie. (Fin du XV° siècle).

En forme de petite malle, ce coffret de cuivre gravé peint et doré est muni d'un couvercle à trois rempants, garni de charnières, de frettes en cuivre découpé et d'une poignée. La serrure et le moraillon sont en fer. La décoration se compose de compartiments renfermant des rosaces entourées de feuillages, séparés par des bandes d'ornements gravés alternativement peints en vert, en rouge, en blanc ou en or. (Collection Spitzer).

MINIATURES ET MANUSCRITS.

721. Arbre généalogique. (XV° siècle).

Indiquant les degrés de parenté. Bordure aux armes de Bourgogne.
(M. J. Maciet).

722. Charles VIII. (Fin du XV° siècle).

En armure d'or sous un tabar bleu, assisté par Charlemagne et Anne de Bretagne assistée par Ste-Anne qui porte la Vierge portant l'Enfant-Jésus. L'écu des armoiries de chacun des deux personnages est au-dessus de lui.
(M. J. Maciet).

IVOIRE.

723. Deux dessins à la plume. (XIIe siècle.

1º Le Christ en croix, à nimbe, crucifère, fixé par quatre clous, ayant à ses côtés Longin qui le perce de la lance, et l'homme qui tenait un orceau d'une main lui présente l'éponge de l'autre. Au-dessus des bras de la croix, le soleil et la lune pleurant chacun dans un disque.

La scène principale est entourée par un double filet encadrant plusieurs scènes de l'Évangile, dont une partie, dans le bas, est oblitérée par l'usure.

Haut : L'arrestation du Christ. — Jésus devant Pilate. — Saint-Pierre reniant ? — A droite du Christ, en descendant, Jésus à la Colonne. — Jésus insulté. — Un larron lié sur la croix et rompu. — La mise au tombeau. — Jésus et la Magdeleine ? — A gauche, Jésus dormant ? — Jésus couronné d'épines. — Larron lié sur la croix, rompu. — Jésus avec la croix de résurrection......

2º Le Christ en Majesté, la main droite tenant un petit disque croiseté et la gauche tenant un livre appuyé sur le genou, assis sur un disque et entouré par l'auréole ogivale, accompagné par les quatre symboles évangéliques. — Bordure divisée en vingt-cinq compartiments : sept dans le haut, cinq sur chaque côté et huit dans le bas. — Le compartiment central du haut représente l'Agneau tenant le livre, dans un disque croiseté. Les vingt-quatre autres compartiments représentent chacun un des vingt-quatre vieillards, tenant un instrument de musique et une coupe. Écrit à la plume sur vélin.

Sur le revers de la première feuille un fragment de l'office de la messe est écrit en lettres du XIIIe siècle. Sur le revers de la seconde, l'inventaire des choses que doit posséder un nouveau moine de l'abbaye Bénédictine de Saint-Julien-de-Tours a été écrit au XIIIe siècle. (Cathédrale d'Auxerre).

Publié dans la *Gazette Archéologique,* par M. Pron, en 1885.

ART ARABE

(XIIIe SIÈCLE).

724. Grand coffret d'ivoire, orné de deux pentures, d'une serrure, de garnitures d'angles, de frettes et de plaques de bordures intermédiaires en argent repoussé, ciselé, niellé et doré. Des paons affrontés ou adossés au milieu des rinceaux symétriques et de feuilles fleuronnées, forment la décoration des différentes garnitures, découpées sur les bords en grandes feuilles cordiformes. Moraillon cordiforme, retombant sur une plaque rectangulaire, et portant lui-même sa serrure à glissement, sous une barre antérieure, passée dans l'extrémité de deux têtes en saillie, qui devait porter un cadenas à son extrémité. Sous le moraillon la plaque porte une inscription arabe niellée.

(Cathédrale de Bayeux).

EPOQUE DE LA RENAISSANCE.

MARBRE.

725. La Vierge et l'Enfant Jésus. (Fin du XVIe siècle).
La Vierge debout, le pied droit sur une pierre, porte, couché sur ses deux mains, l'Enfant Jésus qui lui sourit. (Musée d'Aix, Bouches-du-Rhône).

726. Buste de jeune fille. (XVIe siècle).
Tête tournée à droite, coiffée d'un bonnet de linge, vêtue d'une robe à corsage carré, et à larges manches. (Musée de Melun).

PIERRE.

727. Sybille (?) — École Champenoise. (XVIe siècle).
Femme debout, coiffée d'un bandeau retenu par un ruban par-dessus une coiffe. Vêtue d'une robe boutonnée sur la poitrine, à manches larges pardessus des manches longues et justes à crevés, et d'un manteau à pèlerine retenu par une ceinture.
Souliers pointus, munis à la pointe d'une doublure qui monte jusqu'à l'ouverture qui est à oreilles.
Elle est debout, porte un livre fermé de la main gauche et relève son manteau de la droite. (M. Schiff).

728. Sybille. (?) — École Champenoise. (XVIe siècle).
Femme debout, tenant un singe au bout d'une chaîne. Elle est coiffée d'un béguin sur sa chevelure tombant en longues boucles de chaque côté de son visage. Vêtue d'une robe à pèlerine et à longues manches, larges sur les épaules, robe boutonnée sur le côté gauche, relevée par une ceinture où pendent un trousseau de clefs et une patenostre, et laissant voir une seconde robe. Mêmes chaussures que la figure précédente.
Les doigts de la main droite soulèvent sa chevelure, et la main gauche abaissée tient une chaîne où est attaché un singe assis à ses pieds. (M. Schiff).

729. Deux Évangélistes. — École Champenoise. (XVIe siècle).
Saint-Marc, assis sur un banc, les deux jambes croisées, tenant un volume déployé sur le genou gauche, et puisant de la droite de l'encre dans une écritoire attachée par deux lanières à une boîte pour les plumes, placée sur son genou droit. Tête de lion, contre sa jambe gauche.
Saint-?...., assis sur un banc, la tête tournée vers sa droite, la jambe gauche repliée: tenant de la droite un volume déployé, et posant la gauche sur un livre placé sur un pupitre à tige placé du même côté. Pas d'attribut.
(M. Ch. Mannheim).

730. Fauconnier. (XVIe siècle).
Jeune homme, coiffé sur son ample chevelure d'un bonnet dont les brides sont réunies sur la poitrine, vêtu d'une robe à larges manches, ajustée sur le corps, fendue sur la poitrine et dans le bas. Une ceinture lâche relève à gauche le pan de sa robe et laisse voir une robe de dessous à manches justes. Souliers pointus. Il porte sur sa main droite gantée un faucon qu'il regarde. Le bras gauche est levé, la main manque. (M. B. Hochon).

ÉPOQUE DE LA RENAISSANCE.

IVOIRE.

731. Sainte-Marie-Magdeleine ; — statuette. (C^t du XVIe siècle).
Elle porte le costume des dames de la cour sous Louis XII. (M. A. André).

732. Poignée de poignard, et fourreau. (XVIe siècle)
Poignée formée d'un homme barbu, casqué, revêtu d'une cuirasse, la main gauche appuyée sur un bouclier. Quillons en volute. Tête de chérubin sur l'écusson.
Lame à deux tranchants suivant une partie de sa longueur seulement.
Fourreau à deux gaines, n appartenant pas à la lame et décoré sur chaque face d'une tête de chérubin, et de cannelures. (Musée de Toulouse).

BOIS.

733. La fille d'Hérodiade ; — bas-relief. (C^t du XVIe siècle).
Hérode et Hérodiade sont assis à une table à l'extrémité de laquelle s'avance Salomé portant de ses deux mains la tête de Saint-Jean-Baptiste dans un plat : deux suivants debout, en deuxième plan. Costumes du commencement du XVIe siècle.
Bois peint et doré. (M. H. d'Allemagne).

734. Sainte-Ursule ; — groupe. (C^t du XVIe siècle).
Sainte Ursule debout, étendant ses deux mains abaissées sur six petits personnages, quatre femmes et deux hommes abrités par son manteau.
Elle est tête nue, à longs cheveux maintenus par un cercle ; vêtue d'une robe sous un surcot sur lequel passe une ceinture lâche d'orfévrerie.
Bois peint et doré. (M. Mohl).

735. Les suivantes de la Vierge dans la présentation au Temple ; — groupe. (Fin du XVIe siècle).
Femme debout, portant deux colombes dans un panier. Elle est tête nue, à cheveux très longs, maintenus par un cercle, vêtue d'une robe juste à ceinture tombante. Derrière elle, une seconde femme coiffée d'un turban, et un homme qui se retourne vers elle.
Bois peint et doré. (M. Nollet).

736. Sainte-Anne, tenant du bras droit la Vierge Marie à laquelle elle présente un fruit. (XVIe siècle).
Bois peint. (M. Desmottes).

737. Deux groupes ; le *Portement de croix* ; le *Baiser de Judas*. (XVIe siècle).
Ces groupes proviennent de l'ancien couvent de l'Enfant-Jésus de Lille.
Bois peint et doré. (M. Desmottes)

738. Les Mages, groupe peint et doré, provenant d'une église de Clermont.
(XVIe siècle).
(M. Desmottes).

739. Vieillard, statuette peinte et dorée, provenant de l'abbaye de Marchiennes (Nord). (XVIe siècle).
(M. Desmottes).

740. Saint-Eustache ; — statuette. (XVIe siècle).
Jeune homme, debout, les deux mains ouvertes, le pied dans l'eau.
Il est coiffé d'un bonnet plat sur de longs cheveux : vêtu d'une tunique courte ajustée, dont la ceinture lâche porte une escarcelle. Chausses collantes : souliers à brides larges et ronds du bout. Une croix pend sur sa poitrine à une grosse chaîne.
Chêne avec traces de peinture et de dorure. (M. Maillet du Boullay).

BOIS.

741. Chef reliquaire. (XVIᵉ siècle).
Buste de femme, couronnée par-dessus deux voiles courts superposés et une guimpe, vêtue d'une robe et d'un manteau. Un orifice carré percé sur la poitrine est muni d'un grillage pour laisser voir une relique.
Bois peint. (M. Schiff).

742. La Vierge assise tenant l'Enfant-Jésus sur ses genoux.
(Cᵗ du XVIᵉ siècle).
(M. Wasset).

743. La Vierge et l'Enfant-Jésus. (Fin du XVIᵉ siècle).
La Vierge, assise présente un fruit à l'Enfant-Jésus nu, debout sur son genou gauche. La Vierge couronnée par-dessus un voile noué sur sa poitrine, est vêtue d'une robe nouée par un ruban à la ceinture, et d'un manteau posé sur une épaule.
Noyer. (M. Pichard).

744. L'évanouissement de la Vierge, groupe. — Flandres.
(Cᵗ du XVIᵉ siècle).
La Vierge, assise à terre, est soutenue par saint Jean placé à sa droite, et par une sainte femme accompagnée de deux autres au deuxième plan. A l'extrême droite, la Madeleine vue de dos, coiffée d'un turban, les cheveux tombant sur les épaules, vêtue de deux robes, la supérieure étant relevée à la ceinture, lève le bras gauche, le seul qui reste, et devait embrasser le pied de la croix.
Bois de noyer. (M. H. d'Allemagne).

745. Sainte-Madeleine, fragment d'un retable peint. (XVIᵉ siècle).
(M. Desmottes).

746. Pape en prière accompagné d'un ange. Allemagne. (XVIᵉ siècle).
Pape coiffé de la tiare à trois couronnes, vêtu d'une chape, les mains gantées et jointes, agenouillé.
Derrière lui un ange debout, vêtu d'une robe à plis nombreux.
Bois de buis. (M. Ch. Mège).

747. La mise au tombeau ; — bas-relief. (XVIᵉ siècle).
Le Christ est déposé dans un tombeau orné de rinceaux de feuillages, par Joseph d'Arimathie et un apôtre qui porte ses pieds. La Vierge, saint Jean et deux saintes femmes sont en arrière plan ; un rocher surplombe la scène où un petit groupe de la descente de croix en avant de Jérusalem et d'une forêt.
Bois de chêne. (M. G. Le Breton).

748. La reine de Saba (?) ; — bas-relief. (XVIᵉ siècle).
Dame couronnée, portant le costume du temps d'Anne de Bretagne, s'avance vers la gauche, la queue de son manteau est portée par une suivante. Une seconde se tient en deuxième plan, entre les deux. (M. G. Le Breton).

749. Jeune femme en prière, vêtue d'un riche costume. (XVIᵉ siècle).
(M. Desmottes).

750. Sainte-Claire. (XVIᵉ siècle).
Elle tient de la main gauche un livre et porte un cierge de la main droite.
Provient de l'abbaye de Phalempin (Nord). (M. Desmottes).

751. Sainte-Barbe. (XVIᵉ siècle).
Revêtue d'un riche costume, elle porte sur la tête une couronne de lauriers.
Provient de l'abbaye de Saint-Amand (Nord). (M. Desmottes).

752. Saint-Julien ; — statuette. (XVIᵉ siècle).
Le saint, debout, tient de ses deux mains une boîte reliquaire. Il est coiffé d'un bonnet plat, vêtu d'une cuirasse de plates par-dessus laquelle un manteau tombe de ses épaules. Un lion et une enclume sont à ses pieds.
Noyer. (M. H. Deutsch).

ÉPOQUE DE LA RENAISSANCE.

753. Saint-Eloi ; — statuette. (XVIe siècle).
Saint-Eloi, en ouvrier forgeron, tient d'une main la jambe d'un cheval et de l'autre un marteau. Il est coiffé d'un bonnet plat à oreillères, vêtue d'une tunique que recouvre un tablier, et chaussé de souliers brodequins.
Noyer. (M. A. Picard).

754. Saint-Martin ; — bas-relief. (XVIe siècle).
Saint-Martin à cheval, coupe son manteau pour le donner à un mendiant.
Le saint, jeune, coiffé d'un bonnet plat en fourrure, est vêtu d'une tunique à ouverture carrée et à manches crevés. Son manteau couvre ses deux épaules. Chausses à plis et souliers camards à éperons. Le mendiant, coiffé d'un bonnet à oreillères et vêtu d'une tunique, porte une jambe de bois et une béquille.
Bois de chêne. (M. A. Picard).

755. Le bon Pasteur, placé sous un dais ; — partie d'un montant de porte.
(XVIe siècle).
(M. Desmottes).

756. La Prudence ; — statuette. (XVIe siècle).
Femme debout, regardant à sa droite, tenant un serpent de sa main gauche abaissée, et relevant son manteau de la droite posée devant elle. Elle est coiffée de deux tresses nouées sur la poitrine, d'une couronne et d'un voile noué derrière la tête ; vêtue d'une robe à manches larges à crevés, et chaussée de sandales. École de Normandie.
Chêne. (M. B. Hochon).

757. Nourrice.
Femme assise, en costume de la fin du XVIe siècle, allaitant un enfant emmailloté.
Bois de noyer.
Comparer avec la même figure en faïence de l'Ecole de B. Palissy.
(Musée de Reims).

758. Médaillon. — École d'Auvergne. (XVIe siècle).
Tête saillante, de 3/4 à droite, sortant jusqu'à mi-bras d'un encadrement circulaire, décoré de rinceaux gravés. La tête est coiffée d'un mufle de lion, qui forme un grand enroulement sur les oreilles.
Noyer. (M. E. Bonnaffé).

759. Tête de jeune homme. — Art flamand. (Ct du XVIe siècle).
Elle est un peu au-dessus des dimensions de la nature : les yeux baissés, le visage accompagné de longs cheveux tombants, coiffée d'un bonnet de fourrure dont le bord lisse à oreillères est maintenu relevé par un ruban.
Bois de noyer. (M. G. Le Breton).

760. Fragment de pilastre. (Ct du XVIe siècle).
Base coupée verticalement par un contrefort, portant une demi-colonne engagée, entre deux filets d'encadrements. Sa surface porte antérieurement des cannelures en zig-zag et latéralement des moulures en spirale. Elle est interrompue au milieu par des moulures portant deux griffons affrontés à un calice, et terminée par un chapiteau de feuillages. Une traverse est emmanchée un peu au-dessus de la moulure intermédiaire.
Bois de chêne.
Provient de la chapelle de Gaillon. (Église abbatiale de Saint-Denis).

761. Petit pilastre et trois fragments. (Ct du XVIe siècle).
Petit pilastre analogue, mais d'une autre composition. Sur un socle gothique à bases multiples, monte un demi cylindre interrompu par un vase et terminé par un chapiteau : une moulure transversale à gorge s'emmanche au-dessus du vase et se combine avec les filets qui bordent la partie cylindrique montante.
Trois fragments de pilastres plats à base gothique, interrompus au-dessus de leur section par un fronton de même style. Le plat est couvert de grotesques.
Proviennent d'une clôture de la chapelle de Gaillon.
(Eglise abbatiale de Saint-Denis).

762. Deux Pilastres. (C¹ du XVIᵉ siècle).

Parties supérieures formées d'une pile à contrefort central placé obliquement sous un arc à crochets et à pinacles, surmonté de deux arcades accolées semblables, abrités sous deux arcs d'angle.

Voir l'album des *Comptes de Gaillon*, pl. XII.

Proviennent d'une clôture de la chapelle de Gaillon.
(Eglise abbatiale de Saint-Denis).

763. Fragment de pilastre. (C¹ du XVIᵉ siècle).

Même composition que les deux pilastres précédents, sur une pile plus large, en demi-cylindre engagé, entre deux filets saillants.

Traces de l'emmanchement de traverses horizontales entre les deux rangs d'arcs, et au-dessus des arcs obliques de couronnement.

Provient d'une clôture de la chapelle de Gaillon.
(Eglise abbatiale de Saint-Denis).

764. Pilastre. (C¹ du XVIᵉ siècle).

Base gothique à contre-forts et à surface chevronnée, entre deux filets, interrompue par une moulure qui porte deux enfants, et terminée par un chapiteau composite.

Au-dessus de la moulure intermédiaire, traces de l'emmanchement d'une traverse.
(Eglise abbatiale de Saint-Denis).

765. Pilastres de lambris. (C¹ du XVIᵉ siècle).

Base gothique coupée verticalement par la base d'un contre-fort, formé par un panneau gothique aveugle, sous un haut fronton à crochets, dont l'arc est rempli par une coquille. Une demi-colonne engagée à chapiteau de feuillages monte au milieu du panneau. Au-dessus de l'amortissement, coupé par des moulures, montent deux panneaux sur deux arcs accouplés à hauts pinacles, adossés à une pile angulaire, couronnée par deux arcs d'angle, séparés par un contre-fort en encorbellement, sous une galerie à jour. Le massif se prolonge au-dessus, en pinacles à crochets, se perdant sous un seul arc à crochets.

Un culot est appliqué à la base de la pile, pour soutenir une statuette. Les moulures et les parties sculptées sont dorées.

Second pilastre de même composition mais plus étroit.

Proviennent d'une clôture de la chapelle de Gaillon.
(Eglise abbatiale de Saint-Denis).

766. Débris de clôture. (C¹ du XVIᵉ siècle).

1° Clôture à jour : Pilastre central et deux pilastres latéraux moins larges emmanchés avec une traverse médiane, et une corniche, encadrent deux étages de panneaux. Quatre panneaux inférieurs de style gothique, et quatre panneaux supérieurs, divisés chacun, par une traverse, en un panneau gothique à meneau central et à réseau, et en un petit panneau d'amortissement en arc ogive lobé, sous un fronton à ressaut, sur lequel deux enfants sont assis, appuyés sur des dragons, et surmontés par deux oiseaux qui becquètent les fruits d'une corbeille qui amortit le fronton. Les pilastres de style gothique dans le bas, et plats jusqu'à la première traverse, deviennent cylindriques au-dessus et sont couverts de grotesques interrompus, au-dessus de la traverse, par deux chimères adossées ; puis, au-dessus de chaque traverse par une moulure, portant soit un groupe, soit des chimères. Un chapiteau de couronne au-dessous de la corniche dont la gorge est décorée de l'écu d'Amboise accosté de dragons. Le même motif, plus petit, garnit la gorge de la moulure qui coupe les panneaux supérieurs. Un ruban garnit la traverse inférieure.

2° Deux panneaux rectangulaires, décorés de grotesques symétriques, formés d'un candélabre central accosté de figures d'oiseaux etc., sur un médaillon circulaire encadrant un cavalier.

D'après la planche XVI des *Comptes de Gaillon*, ces deux panneaux proviendraient de la partie inférieure de la clôture ci-dessus, en place des panneaux gothiques. Des pilastres intermédiaires les séparaient.

3° Deux panneaux à jour provenant de la partie supérieure de la clôture précédente.

4° Partie inférieure de deux pilastres, à deux faces, isolés, plats à la partie inférieure terminée par un chapiteau qui porte deux chimères adossées, et cylindriques au-dessus et terminés par une moulure qui porte un groupe de la légende de la Vierge.

5° Arc en plein cintre, outre passé, à deux faces, porté par une pile à fronton aigu gothique qui monte sur l'arête d'une pile à section carrée, posée diagonalement et montant au-dessus des naissances de l'arc, pour porter un chapiteau. Des rinceaux décorent les faces de l'arc, et des modillons sa douelle inférieure. Des grotesques ornent les faces des pilastres.

Traces de mortaises extérieurs à l'arc, et à sa naissance.

Proviennent de la Chapelle de Gaillon. (Eglise abbatiale de Saint-Denis).

767. Deux panneaux de revêtement. (C¹ du XVIᵉ siècle).

Panneaux rectangulaires, arrondis à leur angle supérieur l'un à droite l'autre à gauche.

1° Décor formé d'un candélabre central à pied conique, porté sur deux dragons adossés, grand nœud formé de deux cônes opposés, et large coupe amortie par un haut fleuron qui porte un enfant. Des feuillages couvrent ou accompagnent les divers éléments du candélabre. Une patenostre est accrochée à la coupe qui porte affrontés deux masques de feuillage, qui se terminent supérieurement en une corne d'abondance où perche un oiseau.

2° Même composition avec quelques différences dans les éléments du candélabre central. Deux cornes d'abondance affrontées dont la pointe se termine en une tête de dauphin sont liées au-dessus du nœud, surmonté d'un nœud plus petit où posent deux enfants tenant chacun un oiseau. Le fleuron terminal est combiné avec deux cornes d'abondance semblables aux précédentes, mais qui se croisent à travers les feuilles. (Eglise abbatiale de Saint-Denis).

768. Deux panneaux. (Fin du XVᵉ siècle).

Panneaux rectangulaires, arrondis à l'angle supérieur, l'un à gauche, l'autre à droite, décorés de grotesques, ayant pour motif central un candélabre central, à larges coupes à couvercle superposées, ornées d'imbrications de feuillages et accompagnées de chapelets de cornes d'abondance.

(Eglise abbatiale de Saint-Denis).

769. Deux panneaux à double face. (C¹ du XVIᵉ siècle).

Panneaux rectangulaires, décorés sur chaque face d'un candélabre central, accosté d'oiseaux, de rinceaux symétriques, d'enfants, etc.

Proviennent de la Chapelle de Gaillon. (Eglise abbatiale de Saint-Denis).

770. Traverse. (C¹ du XVIᵉ siècle).

Sa gorge est garnie de rinceaux de feuillages.

Au-dessous de la moulure inférieure on aperçoit les amorces de quatre groupes de trois filets verticaux.

Provient de la chapelle de Gaillon. (Eglise abbatiale de Saint-Denis).

771. Dix-sept panneaux de revêtement. — École de l'Ile de France, 1530. (XVIᵉ siècle).

Panneaux rectangulaires en hauteur, décorés d'une colonne de grotesques. Neuf ont pour motif central un médaillon circulaire, trois un écu d'armoiries. Des trophées alternant avec de légers bouquets de feuilles, des cartels ou des consoles symétriques les accompagnent dessus et dessous. Deux sont amortis par un amour debout sur une coupe plate.

Six des médaillons encadrent un buste de profil, les deux autres un monogramme formé des lettres A B D L S T. L'autre un écu « mi parti : au dextre de... coupé de... semé de 6 étoiles, 3, 2 et 1, à senestre de... à l'anneau de... » Le premier écu se retrouve trois fois comme motif central.

Sur un cartel la date 1530.

Bois de chêne. (M. Émile Peyre).

772. Porte. (XVIᵉ siècle).

Panneau divisé en deux parties inégales par un entablement porté sur deux pilastres ioniques.
Dans la partie inférieure, la plus grande, un mascaron encadré par un ovale entouré par deux chimères à tête de lion adossées dont le corps se réduit à des bandes sinueuses, convergeant dans le bas où de petites chimères semblables leur sont adossées, et portées sur des consoles couchées, qui simulent les pieds.
Sous le mascaron et dans l'angle des deux bandes une pente de fruits.
Dans la partie supérieure un masque féminin drapé dans un cartouche à lanières accosté de deux jambes à griffes, qui se raccordent avec deux des lanières. Une moulure semi-circulaire l'enveloppe.
Bois de noyer. (M. Ed. Foulc).

773. Débris de stalles. (Cᵗ du XVIᵉ siècle).

1° Pupitre formant la clôture antérieure des stalles : suite de quatre panneaux creusés en niche, séparés par des pilastres portant sur un socle et portant une frise et une corniche. Chaque niche est ornée d'un vase central sous un mascaron accompagné de rinceaux et de cornes d'abondance symétriques, le tout d'un très faible relief, sous une grande coquille garnissant la conque. Pilastres ornés de grotesques, à chapiteaux composites. Frise du soubassement ; une suite de rosaces ; frise de la corniche : une série de coupes accostées de deux chimères à longues queues, symétriques, séparées par des têtes ailées.

2° Partie d'une joue de pupitre, sur la tranche un pilastre ; sur une face un candélabre à éléments symétriques.
Proviennent des stalles de la chapelle de Gaillon. (Abbaye de Saint-Denis).

774. Dossier de stalle. (XVIᵉ siècle).

Panneau rectangulaire décoré : dans le bas : d'un terme sans bras, sortant d'une corbeille de fruits d'où sortent deux doubles volutes symétriques qui l'encadrent.
Au-dessus : d'un cartouche rectangulaire, à extrémités découpées et encadrant un médaillon ovale où combattent des guerriers, suspendu à un ruban. Un mascaron le surmonte et une guirlande de fruits l'enveloppe. A droite et à gauche deux trophées d'armes ; — bois de noyer.
Publié dans *le Meuble en France*, par Ed. Bonnaffé. (M. Ed. Bonnaffé).

775. Dossier de stalle. (XVIᵉ siècle).

Panneau rectangulaire divisé en deux parties inégales par une bande.
Partie inférieure, plus petite : *L'ange et les bergers*.
Partie supérieure : *L'adoration des rois*, encadrée par deux pilastres à grotesques supportant deux coquilles encadrées chacune par un arc en accolade portant deux enfants. Sur un pilastre porté par les reins des deux arcs un enfant ailé debout soutient deux guirlandes de fruits, que les deux anges précédents maintiennent levés en tirant sur les cordes qui les terminent et qui sont passées dans des anneaux.
Bois peint et doré. (M. le Comte de Montlaur).

776. Lit du duc Antoine (1508-1544). (XVIᵉ siècle).

Chassis rectangulaire formé d'ais emmanchés aux angles dans des pilastres, formant pied, surmontés chacun par une quenouille. Un dossier est emmanché entre les quenouilles de la tête.
Chaque traverse est divisée en trois panneaux. Le central porte 2 écus accolés l'un de Lorraine, l'autre mi-partie de Lorraine et France, entre deux chiffres formés des lettres A R. Chacun des panneaux latéraux porte deux écus l'un de Lorraine, l'autre de France, séparés par une dextrochère portant une épée : une croix de Lorraine à chaque extrémité. La devise : ESPERE AVOIR est répétée au-dessus et au-dessous de chaque panneau, un baudrier enroulé autour d'une palme sépare les panneaux. Le dossier est orné de quatre couronnes de laurier enlacées à six demi couronnes entourant chacune une sphère armillaire : une lanière traversant diagonalement le point de croisement de deux couronnes porte la devise : ESPERE AVOIR.

Les pieds ornés d'un aigle éployé sur l'angle extérieur, portent au droit des traverses la palme entourée du baudrier.
Les quenouilles sont faites d'un pilastre formé de balustres superposés à section carrée, bordé sur chaque angle par une cordelière à nœuds.
Noyer peint en rouge à ornements dorés.
Publié dans *Le Meuble en France*, par Ed. Bonnaffé.
(Musée Lorrain de Nancy).

777. Devant de coffre. — Ecole de Lyon (XVIᵉ siècle).

Panneau rectangulaire, orné au centre d'un écu encadré dans une couronne de feuilles et de fruits à laquelle sont accostés deux chimères, à corps de feuillages. Une moulure d'encadrement relie le fond à la frise de bordure. La couronne est composée de quatre parties symétriques, formées chacune de deux gaines de feuilles opposées aux fleurs ou aux fruits qui en sortent. Des disques les réunissent à leur base.
Les chimères, adossées à la couronne, coiffées de longs cheveux au vent, sont sans bras : de l'épaule qui est au centre part une grande feuille d'où en naissent d'autres. Leur corps cesse aux aînes, frangées de feuilles : il en naît une queue plate, bordée et enveloppée de longues feuilles à lobes très séparés, dont la volute est terminée par une corne d'abondance.
Bois de noyer. (M. Chabrières-Arlès).

778. Table rectangulaire. (XVIᵉ siècle).

Table posée sur un châssis reposant à chaque extrémité sur un panneau en forme d'éventail porté par un patin. Une traverse réunit les deux patins et porte deux pilastres en balustre et deux demi-balustres qui soutiennent une traverse supérieure qui relie les deux panneaux.
Châssis profilé d'un gros tore ciselé de palmettes encadrées, interrompu, sur les deux longues faces par deux cartouches carrés et par un seul sur les petites faces. Une femme nue, couchée, y figure chacune des Vertus : la Foi, l'Espérance, la Charité, la Justice, la Prudence et la Force.
Chaque panneau est composé d'une cariatyde centrale, femme relevant ses mains, entre deux chimères ailées portant une corbeille sur la tête, à pieds en volute. Un petit génie est assis sur les reins de chacune d'elles. Patin fait de deux hippocampes dont les queues se réunissent autour d'un mascaron.
Les pilastres de la traverse sont ornés de deux têtes de bélier adossées, et évidés au centre.
Bois de noyer.
Publié dans *Le Meuble en France*, par Ed. Bonnaffé. (Musée de Compiègne).

779. Table de Gauthiot d'Ancier, vers 1581. (XVIᵉ siècle).

Table rectangulaire portée sur un châssis reposant à chaque extrémité par un panneau en éventail posé sur un patin. Une traverse réunit les deux patins, portant trois Termes à deux faces qui supportent une traverse supérieure qui relie les panneaux extrêmes.
La ceinture est décorée de feuilles entablées. Chaque panneau extrême est formé par un Terme à tête d'homme à corps de feuillages, debout entre deux consoles en S à tête de bélier regardant vers le centre.
Les patins sont formés par deux consoles en S couchées affrontées à une palmette. La traverse est divisée en caissons ornés de rinceaux.
Bois peint et en partie doré. — Citée en 1596 dans l'inventaire de F. Gauthiot d'Ancier.
A. Castan. *La table sculptée de l'Hôtel-de-Ville de Besançon*. 1880.
(Ville de Besançon).

780. Chaière à dossier. (XVIᵉ siècle).

Siège porté antérieurement par deux panneaux dont les deux montants extrêmes le dépassent pour supporter les accoudoirs portés de plus par un panneau latéral. Une console se profile intérieurement de chaque côté du montant.
Dossier séparé en deux panneaux par une moulure rapportée, et terminé par une corniche saillante.
Panneaux antérieurs du siège : une tête d'enfant d'où tombent des feuilles.
Panneaux latéraux : pentes de feuilles accompagnant une tablette.

Panneaux inférieurs du dossier : un buste d'homme à barbe fourchue, de trois quart à gauche, entouré par un anneau garni de feuillages symétriques.
Au-dessous une cuirasse, et une chute de trois feuilles, accompagnée latéralement de deux volutes remontantes terminées en tête de cheval et de deux volutes descendantes terminées chacune par un enfant assis. Des feuilles garnissent les volutes. — Dans le haut une tête d'où descendent des feuilles à long pédoncule, accostée de deux volutes en S qui naissent d'une tête barbue.
Panneau supérieur : deux volutes semblables de chaque côté d'une coupe au-dessus de laquelle plane une tête ailée.
Bois de noyer. (M. Martin Le Roy).

781. Fauteuil à bas dossier. (XVIe siècle).
Pieds antérieurs cylindriques, se prolongeant en balustre au-dessus du siège pour porter les accoudoirs terminés en volute.
Pieds postérieurs à section carrée encadrant un dossier carré représentant un buste d'homme de profil, coiffé d'un béguin sous un chapeau posé sur l'oreille, et vêtu d'une houppelande à collet sur une chemise sans col.
Bois de noyer. (Eglise abbatiale de Saint-Denis).

782. Buffet à pieds. — École de Lyon. (XVIe siècle).
Buffet rectangulaire à deux vantaux séparés par une large partie dormante, sous une corniche, reposant sur une haute moulure interrompue par une partie droite sous le dormant, porté par deux chimères dont la tête monte sous la tablette supérieure, dont le cou garnit chaque arête, et dont le corps se termine en une volute feuillagée qui passe sous le corps du buffet, tandis que sa patte unique pose sur l'angle du soubassement. Une chimère semblable, mais sans queue garnit normalement chaque arête du fond. Chaque vantail est orné de deux chimères adossées à un masque central sous un miroir ovale. Le dormant est creusé d'une niche ornée, entre deux Termes. Un double rinceau orne la face de la layette qui occupe le dormant central. Entre les queues des chimères le fond est garni par un panneau orné d'un cartouche à lanières.
Le soubassement est rentrant sur la face, suivant un arc plat, et sur les côtés. Le tout porte sur de grosses boules aplaties.
Bois de noyer. (M. Chabrières-Arlès).

783. Buffet bas à pieds. (XVIe siècle).
Buffet à deux vantaux séparés par un dormant. Montans d'encadrement ornés de balustres qui portent chacun une figure, et reposent sur une moulure saillante qui le sépare des quatre pieds dont l'intervalle est rempli par un panneau. Des scènes de la passion sont représentées sur les panneaux.
Coffre : vantail de gauche, Jésus devant Hérode, vantail de gauche la flagellation. Dormant : le Christ en croix entre Saint-Jean et la Vierge.
Panneau latéral de gauche. L'incrédulité de Thomas ; de droite : Jésus et la Magdeleine.
Support : panneau inférieur : le Portement de croix. Un buste de profil orne les panneaux latéraux.
Bois de noyer. (Musée d'Orléans).

784. Deux panneaux de buffet. — École de Lyon. (XVIe siècle).
Panneau carré, bordé par un filet, encadrant, sur l'un un buste d'homme de face, sur l'autre un buste de femme, posés tous deux sur une coupe apode à godrons garnie de feuilles d'où partent, de chaque côté de la tête, des rinceaux de tiges minces garnies de feuilles de lierre.
Bois de noyer. (M. Ed. Foulc).

785. Quatre panneaux de buffet. — École de Bourgogne. (XVIe siècle).
Panneaux rectangulaires ornés chacun d'un cartouche découpé, portant un buste de profil, et entouré par une moulure qui raccorde le fond avec un large filet d'encadrement.
Deux figures d'homme et deux figures de femme sont coiffées d'un casque orné de rinceaux feuillagés. De leur bouche sortent de légers pédoncules de feuilles de lierre qui garnissent également le fond, au-delà du cartouche.
Bois de noyer. (M. B. Hochon)

9

ÉPOQUE DE LA RENAISSANCE.

786. Deux panneaux de buffet. — École Normande. (XVIe siècle).

Panneaux rectangulaires en longueur, occupés l'un par un Fleuve couché sur les flots, une corne d'abondance à la main, et l'autre par une Naïade couchée sur les flots en sens inverse, le coude appuyé à une corne. Un enfant sur un monstre marin vogue à leurs pieds.
Bois de chêne. (M. B. Hochon).

787. Deux panneaux d'armoire. — Ile de France. (XVIe siècle).

Panneaux rectangulaires, décorés d'une figure de femme nue debout tenant des branches de fleurs, dans une moulure ovale à ressauts, sur une chimère de face à double queue fleuronnée et sous un aigle posé sur une guirlande de fruits.
Bois de noyer (M. Boucreux).

788. Panneau de meuble. — École de Jean Goujon. (XVIe siècle).

Panneau rectangulaire en hauteur, décoré d'une figure de néréide debout dans une coquille, la tête tournée à gauche, levant de la main droite une draperie et tenant un gouvernail de la gauche abaissée. Un Amour placé à gauche soulève la draperie
Bois de noyer.
Publié dans *Le Meuble en France*, par M. Ed. Bonnaffé. (M. Ed. Bonnaffé).

789. Panneau de meuble. — *Le Parnasse*, d'après Perino del Vaga. (XVIe siècle).

Panneau rectangulaire en hauteur. Apollon assis sur le Parnasse, d'ou Pégase s'élance, au-dessus des neuf Sœurs assises sur les bords d'une ruisseau et faisant de la musique.
Bois de noyer. (M. Ed. Foulc).

CIRE.

790. Henri II ; — médaillon. (XVIe siècle).

Le roi est vu en buste de profil à droite ; coiffé d'un bonnet plat, à plumes tombantes ; vêtu d'un pourpoint blanc à trois rangs de crevés, sur le collet duquel se rabat un col de chemise brodé. Manteau à capuchon noir à double liseré d'or posé sur ses deux épaules. (M. Ed. Foulc).

BRONZE.

791. Femme à sa toilette. (XVIe siècle).

Elle est nue, assise, la jambe gauche posée sur la droite et saisie par la main gauche, tandis que la droite trempe un linge dans un vase.
(M. Ch. Mannheim).

792. Femme à sa toilette.

Elle est nue, assise, la jambe droite croisée sur la gauche, et nattant ses cheveux. (M. Ch. Mannheim).

793. Femme à sa toilette.

Elle est nue, assise sur son siège bas, et tenant de ses deux mains son pied droit.
Bronze doré. (M. Maillet du Boullay).

794. Bourgeoise ; — statuette. (XVIe siècle).

Femme debout, marchant, un panier au bras gauche, relevant sa robe de la droite. Elle est coiffée d'un bonnet de linge serré à la tête, à ailes tombantes sur les épaules. Vêtue d'une robe à corsage lacée sur la poitrine, à manches longues et justes, à jupe à plis, sous une ceinture faite d'un ruban noué. Une pèlerine en pointe dans le dos, couvre la poitrine sur laquelle elle s'arrête carrément. Chaussure à empeigne échancrée. (M. Ch. Mannheim).

795. Buste de Henri II. (XVIᵉ siècle).

La tête, de face, est laurée, le corps revêtu, sous un col rabattu, d'une cuirasse, dont le plastron est orné d'un mascaron au-dessus d'une victoire debout. Les spallières, très amples, garnies de rubans qui les dépassent, portent un prisonnier assis, à côté d'un grand fleuron qui se développe sur l'épaule.
(M. le comte de Hunolstein).

796. Henri II ; — médaillon. (XVIᵉ siècle).

De profil à droite, la tête laurée, le haut du buste recouvert d'une armure.
(Musée de Blois.)

797. Henri II ; — médaillon. (XVIᵉ siècle).

Le roi, de profil à droite, tête laurée, le col revêtu d'une cuirasse que dépasse un col tuyauté, portant le collier de Saint-Michel. Sur le champ de chaque côté de la tête, un H sous un croissant. — Bordure de perles.
(Musée du Mans).

MÉDAILLES

798. François Iᵉʳ. (XVIᵉ siècle).

De trois-quarts, à gauche, coiffé d'un bonnet plat à plume, vêtu d'un justaucorps rayé et d'une houppelande à large collet rabattu. *Franciscvs. I. « D. » G. Francor. REX.* 1537. — Plomb.
(Musée d'Aix, Bouches du Rhône).

Collection de M. WASSET

799. Jacques de Vitri. (XVᵉ siècle).
Plomb, sans revers.

800. Jacobus Cauvanus. (XVIᵉ siècle).
Bronze, sans revers.

801. Henri VII, roi d'Angleterre et de France. (XVIᵉ siècle).
Revers : apothéose. — Bronze.

802. Guillaume de Poitiers. (XVIᵉ siècle).
Revers : le Commerce, l'Abondance. — Bronze.

803. Deux Médailles. (XVIᵉ siècle).
Jeune femme avec la devise : *plus penser que dire parole.* — Bronze, sans revers.
Tête d'homme avec la devise : *taire ou bien dire.* — *Revers :* tête de femme avec la devise : *sans varier.* — Bronze.

804. François 1ᵉʳ. (XVIᵉ siècle).
Plomb d'essai avant l'inscription de la légende, sans revers.

805. François 1ᵉʳ, Henri II et François II, accolés. (XVIᵉ siècle).
Revers : Charles Émanuel Philibert, duc de Savoie et Marguerite de France, duchesse de Savoie, accolés. — Bronze. — Style de Benvenuto Cellini.

806. François 1ᵉʳ. (XVIᵉ siècle).
De trois-quarts. — Plomb, sans revers

ÉPOQUE DE LA RENAISSANCE.

807. Marguerite de France, duchesse de Savoie. (XVIe siècle).
Bronze. — *Revers :* la même médaille répétée.

808. Henri II. (XVIe siècle).
Bronze doré. — *Revers :* légende de la prise de Hesdin.

809. Henri II, Charles-Quint, César et Lucrèce, accolés.
Bronze, sans revers. (XVIe siècle).

810. Henri II. (XVIe siècle).
Médaillon sans légende. Bronze, sans revers.

811. Henri II. (XVIe siècle).
De trois-quarts, coiffé d'une toque. Bronze sans revers et sans légende.

812. Catherine de Médicis. (XVIe siècle).
De trois-quarts, sans légende. Bronze, sans revers.

813. Henri II. (XVIe siècle).
Grand médaillon. Bronze, sans revers. Il porte le poinçon des collections de la reine Christine (un C couronné).

814. Catherine de Médicis. (XVIe siècle).
Plomb. — *Revers :* Charles IX, trouvé dans la Seine.

815. René de Birague. (XVIe siècle).
Grand médaillon. Bronze, sans revers.

816. Médaille. (XVIe siècle).
Jeune fille sans légende. Bronze ovale. — *Revers :* armoiries.

817. Jehannet Clouet, peintre du Roi Henri II. (XVIe siècle).
Bronze, sans revers.

818. Maximilien Morillon. (XVIe siècle).
Bronze. — *Revers :* la légende *unum est necessarium ;* dessous, divers personnages

819. Antoine de Bourbon, Roi de Navarre. (XVIe siècle).
Plomb, sans revers ; — trouvé dans la Seine.

820. Jeanne d'Albret. (XVIe siècle).
Sans légende. Bronze découpé pour servir d'enseigne de Chapeau.

821. Gabrielle d'Estrées. (XVIe siècle).
Argent. — *Revers :* Henri IV.

822. Henri IV. (XVIIe siècle).
Plomb ovale. — *Revers :* Henri IV, terrassant un centaure.

823. Henri IV. (XVIIe siècle).
En hercule. Bronze. — *Revers :* Henri IV terrassant un centaure.

824. Marie de Médicis. (XVIIe siècle).
Argent. — *Revers :* Henri IV.

825. Henri IV et Marie de Médicis, accolés. (XVIIe siècle).
Bronze. — *Revers :* la naissance du dauphin.

MÉDAILLES. 133

826. **Henri IV et Marie de Médicis**, accolés. (XVIIᵉ siècle).
Grand médaillon. — Plomb.

827. **Henri IV.** (XVIIᵉ siècle)
De face. — Bronze ovale, sans revers.

828. **Henri IV.** (XVIIᵉ siècle).
Médaillon de bronze, sans revers. Il porte le poinçon des collections de la reine Christine (un C couronné).

829. **Marie de Médicis.** (XVIIᵉ siècle).
Médaillon de bronze, sans revers.

830. **Marie de Médicis.** (XVIIᵉ siècle).
Bronze. — *Revers* : réunion de plusieurs personnages avec la légende : « Lœta Deum partu »

831. **Marie de Médicis.** (XVIIᵉ siècle).
Bronze doré. — *Revers* : la reine sur un vaisseau avec la légende : « Servando dea facta deos. »

832. **Guillaume d'Orange.** (XVIIᵉ siècle).
Bronze. — *Revers* : un vaisseau.

833. **Antoine Guiot**, seigneur de Charmeau. (XVIIᵉ siècle)
Bronze. — *Revers* : armoiries.

834. **Lavalette d'Espernon.** (XVIIᵉ siècle).
Bronze. — *Revers* : l'Envie.

835. **Meri de Vic.** (XVIIᵉ siècle).
Bronze. — *Revers* : la Justice.

836. **Antoine de Loménie.** (XVIIᵉ siècle.)
Bronze. — *Revers* : la Renommée couronnant un personnage.

837. **Charles de Valois**, enfant naturel de Charles IX et de Marie Touchet.
(XVIIᵉ siècle).
Bronze. — *Revers* : un phénix.

838. **Sully.** (XVIIᵉ siècle).
Bronze. — *Revers* : un aigle lançant la foudre.

839. **Louis XIII.** (XVIIᵉ siècle).
Bronze doré, ovale. — *Revers* : Marie de Médicis tutrice de son fils. Le revers de la médaille précédente, bronze doré, ovale.

840. **Louis XIII.** (XVIIᵉ siècle).
Bronze. — *Revers* : la Justice.

841. **Louis XIII.** (XVIIᵉ siècle).
Plomb, sans revers.

842. **Anne d'Autriche.** (XVIIᵉ siècle).
Bronze. — *Revers* : Louis XIII.

843. **Louis XIII.** (XVIᵉ siècle).
Bronze, sans revers.

844. **Louis XIII.** (XVIIᵉ siècle).
Bronze — *Revers* : le Cardinal de Richelieu.

ÉPOQUE DE LA RENAISSANCE.

845. Anne d'Autriche. (XVIIe siècle).
Bronze. — *Revers* : allégorie avec la légende : *non est mortale quod opto*.

846. Anne d'Autriche. (XVIIe siècle).
Argent. — *Revers* : Louis XIV.

847. Brulart de Sillery. (XVIIe siècle).
Bronze. — *Revers* : le char d'Apollon.

848. Pierre Jeannin. (XVIIe siècle).
Médaillon de bronze, sans revers.

849. Cardinal de Richelieu. (XVIIe siècle).
Bronze. — *Revers* : char conduit par la Victoire.

850. Cardinal de Richelieu. (XVIIe siècle).
Bronze doré. — *Revers* : char conduit par la Victoire. Même médaille que la précédente à laquelle on a ajouté le cordon du St-Esprit.

851. Pierre Séguier. (XVIIe siècle).
Bronze. — *Revers* : la Justice devant un autel.

852. Charles Delorme. (XVIIe siècle).
Médecin, bronze ovale. — *Revers* : Esculape.

853. Bonne de Lesdiguières. (XVIIe siècle).
Bronze. — *Revers* : armoiries.

854. De Toiras. (XVIIe siècle).
Bronze. — *Revers* : soleil perçant les nuages.

855. D'Argencourt. (XVIIe siècle).
Bronze. — *Revers* : trophée d'armes.

856. Jacques Boiceau. (XVIIe siècle).
Bronze — *Revers* : l'Agriculture.

857. Michel de Bauclerc. (XVIIe siècle)
Étain. — *Revers* : l'Envie.

858. N. Chevalier, chancelier. (XVIIe siècle).
Bronze, sans revers.

859. Christine de France, Duchesse de Savoie. (XVIIe siècle).
Bronze, sans revers.

860. François IIII, Duc de Mantoue. (XVIIe siècle).
Médaillon de bronze, sans revers.

861. Cosme II, Duc d'Étrurie. (XVIIe siècle).
Bronze, sans revers.

862. Marie Magdeleine, Archiduchesse d'Étrurie. (XVIIe siècle).
Bronze, sans revers.

863. Christine, Grande Duchesse d'Étrurie. (XVIIe siècle).
Bronze doré, sans revers.

864. Marc Antoine Memmo, Doge de Venise. (XVIIe siècle).
Bronze, sans revers.

865. Cardinal Barberin. (XVIIᵉ siècle).
Bronze, sans revers.

866. François de Médicis. (XVIIᵉ siècle).
Bronze, sans revers.

867. Plaque de paix. (XVᵉ siècle).
La Vierge portant l'Enfant-Jésus, entre deux saints personnages.
Bronze, avec patine verte.

868. Bas-Relief. (XVIᵉ siècle).
Cintré par le haut représentant la Crèche, avec la légende suivante : *pour nous démostrer humilité Dieu voulsit naistre en pouvreté.*

869. Bas-Relief provenant d'un fond de coupe. (XVIᵉ siècle).
Le Temps brisant sa faux ; — bronze.

870. Bas-Relief rond. (XVIᵉ siècle).
L'Amour caressant Vénus ; — bronze.

871. Médaille religieuse. (XVIIᵉ siècle).
Bronze doré ovale : sur les deux faces, des épisodes de la vie de saint Bruno.

872. Bas-Relief. (XVIIᵉ siècle).
Bronze doré. — Le triomphe de Vénus aphrodite.

DINANDERIE.

873. Plat. (XVIᵉ siècle).
Inscription trois fois répétée : DERI : NERI : GEHWART.
Le plat servait à recevoir les offrandes dans la chapelle de Notre-Dame de Kerdévot, en la paroisse d'Ergné-Gabéric (Finistère).

874. Bassin. (XVIᵉ siècle).
Au fond, un écu « écartelé : au premier et au quatrième d'un lion portant une hache, au deuxième et troisième d'un lion. » Ceux-ci sont affrontés deux à deux. Sous deux heaumes a grille affrontés accompagnés de lambrequins, ayant chacun pour cimier un cerf. Au-dessus la date 1551. Autour, une inscription en capitales. (M. E. Orville).

875. Petit chandelier. (XVIᵉ siècle).
Tige en balustre, terminé par un binet sur un plateau circulaire en saillie sur une moulure en talon, reposant sur une frise horizontale.
(Mᵐᵉ Victor Gay).

876. Modèle de chandelier. (XVIᵉ siècle).
Tige cylindrique portant un binet sur un pied conique, bordé de lobes plats.
(Mᵐᵉ Victor Gay).

877. Deux flambeaux d'autel. (XVIᵉ siècle).
La tige renflée en forme de balustre repose sur un pied circulaire à deux étages de moulures séparés par une large gorge. La bobêche est également circulaire et en forme de plateau. Le balustre, le pied et la bobêche sont ornés de godrons et d'oves, dessinés en creux et renfermant des feuillages et des palmettes gravés. (Collection Spitzer).

878. Moule. (XVIᵉ siècle).

Deux coquilles s'assemblant à tenon et à mortaise, représentant l'une la partie antérieure d'une statue de la Vierge coiffée d'une haute couronne, portant l'Enfant Jésus ; l'autre, la partie postérieure. (Mᵐᵉ Victor Gay).

ÉTAIN.

879. Aiguière et son plateau. (XVIᵉ siècle).

Aiguière ovoïde sur un pied circulaire, col droit et court à bout échancré et à bec. Anse en console, outrepassant l'ouverture.
La panse est divisée en trois parties ; un culot orné de chimères, la panse ornée de trois cartouches encadrant les trois vertus, séparés par des fleurons, L'épaule portant trois masques au milieu d'ornements symétriques. Un mascaron sous la lèvre. Une cariatide est couchée sur l'anse
Plateau à ombilic. Sur l'ombilic, la Tempérance ; sur le fond, trois cartouches encadrant chacun une divinité assise, séparés par des termes au milieu d'ornements.
Marly lisse, bord chargé de huit cartouches encadrant chacun une muse, séparés alternativement par des masques et des hippocampes adossés.
Ourlet à miroirs. Sur le fond un médaillon d'homme de profil avec l'inscription : SCVLPEBAT FRANCISCVS BRIOT. (M. Maillet du Boullay).

ORFÉVRERIE.

880. Calice et patène. (Cᵗ du XVIᵉ siècle).

Coupe ornée de rayons courbes montant du fond, tige exagone, nœud plat orné de six boutons d'émail.
Au-dessus du pied une édicule à six pans formé de contre forts à pinacles soutenant des arcs en accolade à crochets, et encadrant des figures sur un fond d'émail. Pied à six lobes aigus, décoré de rayons flamboyants.
Sous le pied, l'inscription en lettres gothiques : CE CALICE EST POUR LE PARESIAS DE GUENGAT. Patène gravée au centre de la main de Dieu dans un nimbe crucifère.
Argent doré. (Eglise de Guengat).

881. Calice et patène. (XVIᵉ siècle).

Ce calice est formé d'une coupe dont la partie inférieure est ornée d'un pointillé et rehaussé de rayons en relief ; il repose sur une tige dont le pied offre le même décor.
Le nœud est décoré à son pourtour de huit petits médaillons d'émail peint représentant les figurines d'autant d'apôtres.
Le Christ en croix et la mise au tombeau sont représentés sur un lobe du pied.
Sous le pied on lit : Iehan, Poylleve, Curé-De : Sainct Gence 1555.
La patène est jointe au calice.
Argent doré. (Hospice de Limoges).

882. Calice et patène. (XVIᵉ siècle).

Calice à bords évasés, fausse coupe ornée de rayons droits et flamboyants, courte tige en balustre : nœud formé d'un édicule cylindrique à deux étages flanqués de six colonnettes et creusés de six niches abritant une figure. Pied circulaire en talon portant sur six lobes à redans.
Patène gravée d'une croix.
Argent fondu, ciselé et doré. (Église de la Forest-Fouesnan).

883. Calice et patène. (Cᵗ du XVIᵉ siècle).

Coupe à bords légèrement évasés. Fausse coupe à jour composée de cornes d'abondance affrontées, liées à un tyrse surmonté par une tête ailée. Nœud formé par un édicule à huit pans porté par un culot à consoles et surmonté par un dôme à consoles couchées : chaque face couronnée par une coquille et creusée d'une niche émaillée de bleu, abritant une figure debout ; sur chaque arête une colonne en candelabres.

La tige très courte est formée de deux viroles ornées de rinceaux sur fond niellé. Pied en talon, partant d'un plateau orné d'une crête, et porté par huit lobes séparés par des grifles.

Le pied est décoré de trois fleurons symétiques, séparés par de longs bourgeons et d'un ange nu ailé, posant chaque main sur un dauphin.

Patène, au centre la Crèche, en grisaille colorée sur fond rouge par Jehan II Penicaud. Entourage formé par deux enfants à long corps de feuillage, soutenant une couronne de feuilles qui encadre un buste de profil qui semble être François Ier. Rayons gravés sur le bord où sont frappés deux poinçons, l'un C F, l'autre un M (Morlaix).

Revers : l'agneau pascal.

Argent doré, ciselé et gravé.

Publié dans les *Annales archéologiques*, par M. A. Darcel.

(Église de Saint-Jean-du-Doigt, Finistère).

884. Calice et patène. (XVIe siècle).

Coupe évasée, fausse coupe ornée de six feuilles montantes alternant avec six bouquets symétriques, tige cylindrique flanquée de six balustres dessus et dessous un nœud en forme d'édicule cylindrique entre deux demi-sphères à six nervures. Le pourtour du cylindre est percé de six niches séparées par dix colonnes, avec base et corniche.

Pied circulaire orné d'un calvaire et de grandes feuilles montantes, posé sur six lobes à redans.

Sous les lobes du pied l'inscription gravée en capitales : A NRE DAMA DA PLOVRACZ.

Au bord du limbe deux poinçons ; une hermine sur un M (Morlaix) et un Y. D.

Patène. Intérieur : La Sainte Face, en relief dans un encadrement d'entrelacs géométriques accompagnés de feuillages. Revers : l'agneau pascal entouré de larges feuilles entablées.

Argent doré. (Église de Plourah, Finistère).

885. Croix de procession. (XVIe siècle).

Croix à branches égales à section rectangulaire, renflées en demi-cercle latéralement en leur milieu et terminées par un disque sur lequel posent latéralement trois têtes de chérubins. Une tête saillante garnit le médaillon de chaque extrémité, et les lobes intermédiaires. Face : Christ couronné d'épines, attaché par trois clous. Dans le disque qui outrepasse l'intersection des bras, les trois croix du calvaire.

Revers : même décoration. La Vierge à mi-corps allaitant l'Enfant-Jésus dans le disque central.

Nœud cylindrique, cantonné de six paires de termes détachées, portant une corniche lisse, que surmonte un cylindre bas en retraite accosté de six consoles détachées : six statues d'apôtres debout dans des niches entre les termes. Les termes reposent sur un tore orné de têtes en relief à l'aplomb de chacune de leurs paires. Douille à côtes sous un court balustre feuillagé, inséré sous un culot.

Argent, figures dorées. (Cathédrale de Lyon).

886. Croix de procession. (XVIe siècle).

Ame en bois, en biseau latéralement, terminée en trèfle aigu à chaque extrémité, revêtue de plaques d'argent estampé. Des boules de vermeil amortissent chaque feuille de trèfle. Des glands sont fixés à chaque angle de la plaque de l'intersection, des boules le long de la tranche du montant et des bras.

Les plaques de revêtement sont frappées d'une tige, autour de laquelle s'enroulent des bouquets de grandes feuilles longues. Face : le Christ couronné d'épines, fixé par trois clous : sur les trèfles les symboles évangéliques.

Revers : au centre, l'agneau pascal et quelques pierres serties greffées.

ÉPOQUE DE LA RENAISSANCE.

Nœud aplati, orné de feuilles lisses descendantes et montantes et d'une zone de rosaces probablement émaillées jadis. Les plaques de revêtement sont frappées du poinçon : Gile T. F.
Argent fondu et doré. (Eglise de Saint Salvador).

887. Croix de procession. (XVIᵉ siècle).

Ame en bois terminée à chaque extrémité par un quatre-lobes, revêtue de feuilles d'argent estampé.
Une boule de vermeil est appliquée latéralement sur chaque lobe et à chaque angle du carré de l'intersection des bras. Les feuilles de revêtement sont estampées de rinceaux à grandes fleurs, encadrant des hiboux qui mangent un oiseau. Face : Christ couronné d'épines fixé par trois clous. Dans les lobes qui sont intervertis, au sommet Saint-Jean, à droite la Vierge, à gauche Adam ressuscitant, au pied l'aigle de Saint-Jean.
Revers : Les quatre symboles évangéliques sauf l'aigle qui est remplacé, au sommet, par Dieu le Père. Au centre l'agneau pascal.
Douille en trapèze portée sur un nœud orné de feuilles lisses descendantes et montantes encadrant des rosaces.
Argent en partie doré. (Cathédrale de Fréjus).

888. Croix de procession. (XVIᵉ siècle).

Cette croix est une admirable pièce d'orfèvrerie couverte sur ses deux faces d'arabesques, de feuillages découpés et de rosaces variées.
Sur la face principale on voit le Christ en croix et aux extrémités des croisillons les emblêmes des évangélistes. Sur le revers au milieu, Notre-Seigneur assis, portant le nimbe crucifère bénissant de la main droite et tenant le globe du monde de la main gauche, de chaque côté, dans les médaillons des extrémités, la Sainte-Vierge et Saint-Jean; au sommet, le pélican, et au bas, l'agneau pascal.
Le contour de la croix est garni d'une triple crête ayant une grande finesse.
Les feuillages et arabesques reproduisent exactement une bordure ornée tirée d'un livre imprimé à Venise en 1470, ce qui porterait à croire que c'est un travail de la Renaissance italienne.
(Mgr Lamarche, évêque de Quimper et Léon).

889. Croix de procession. (Cᵗ du XVIᵉ siècle).

Ame en bois, revêtue d'argent en lames frappées d'une large feuille profondément déchiquetée. Des pierres cabochons et même des pierres antiques au nombre de 91, serties dans des battes festonnées en argent, sont distribuées sur la face et sur l'envers. Les côtés en biseau sont garnis extérieurement d'une délicate bordure à jour. Le sommet de la croix et les extrémités de ses bras se terminent par des fleurons plats en forme d'étoile à cinq pétales dont chacun porte une grosse perle d'argent doré. Un carré garnit le centre de la croix formant aux angles de l'intersection de la tige et des bras, des saillies surmontées de glands en argent. Sur la face principale, sont rapportés le Christ, la Vierge, Saint-Jean et le Père éternel. Au revers Saint-Foy, tenant le gril et la palme, les quatre évangélistes.
Le nœud, en forme d'édicule octogone, orné de contre-forts, de pinacles, de frontons à crochets, de gargouilles et colonnes supportant la saillie d'un toit couvert d'imbrications, est porté sur un culot garni de feuilles sur les arêtes. Huit statues d'apôtres sur des culots et sous des dais remplissent l'intervalle des contre-forts reposant sur un culot décoré de feuilles de figuier. Douille cylindrique. Bâton revêtu d'une spirale frappée d'un ornement symétrique.
Argent en partie doré. (Eglise de Conques, Aveyron).

890. Croix de procession. (Cᵗ du XVIᵉ siècle).

Ame en bois revêtue de plaques d'argent, bras terminés par un quatre-lobes auquel succède une fleur de lys.
Face : les plaques sont percées d'une succession de rosaces : un grand fleuron encore gothique occupe chaque fleur de lys, et un symbole évangélique est rapporté dans chaque quatre-lobes. Christ couronné d'épines, à nimbe radié, fixé par trois clous.

ORFÉVRERIE. 139

Revers : Même décor. Une fleur d'ancolie, dont l'émail est tombé, remplit chaque quatre-lobes. A l'intersection, la Vierge debout sur le croissant, sous un dais gothique.
Argent en partie doré.
Publié par la *Gazette des Beaux-Arts*. (Église de Bollezeele, Nord).

891. Croix de procession. (XVIe siècle).
Croix à branches cylindriques terminées par de grosses boules ornées de deux rangs de godrons, garnie de deux consoles latérales insérées dans l'intervalle de deux petits nœuds godronnés portant la Vierge et Saint-Jean. Quatre disques encadrant chacun un évangéliste sont appliqués aux extrémités de la croix.
Le nœud est formé d'un édifice exagone à deux étages en retraite l'un sur l'autre : flanqués, sur les arêtes, de pilastres ornés de couronnes, creusés de niches abritant des statuettes, etc., sur un culot un talon renversé, portant sur un petit nœud à doubles godrons.
Argent fondu, ciselé et doré. (Église de Pleyber-Christ, Finistère).

892. Croix de procession. (XVIe siècle).
Croix à branches plates, terminées en trèfle, revêtue de feuilles d'argent frappé d'un motif courant formé d'une coupe portant un fleuron symétrique. Face : Le Christ fixé par trois clous et les évangélistes dans les médaillons circulaires insérés dans les trèfles.
Revers : Sur la hampe Saint Jean-Baptiste dans une niche à culot et à dais. Dans un cartel carré placé à l'intersection : Dieu soutenant le corps de son fils. Dans les médaillons du sommet et des bras, trois évangélistes, gravés et probablement recouverts jadis d'émaux translucides. Dans celui du bas Saint Jean-Baptiste assis à terre.
La croix est emmanchée dans une douille en trapèze, qui porte latéralement deux consoles sur lesquelles posent saint Jean et la Vierge.
Il est porté sur un gros nœud plat, décoré de feuilles étalées et d'une ceinture de médaillons circulaires encadrant des rosaces jadis émaillées.
Douille cylindrique.
Argent fondu, ciselé et doré. (Église de Saint-Jean du Doigt, Finistère).

893. Grande croix de procession (1584). (XVIe siècle).
Bras cylindriques, terminés par de grosses boules, garnis de deux consoles latérales qui portent les figures de la Vierge et de Saint-Jean, portant une clochette, suspendue à chaque bras et reposant sur un nœud exagone à deux étages.
Les boules sont ornées de godrons descendant vers l'équateur marqué par une moulure. Les consoles en S sont interrompues par un nœud à doubles godrons, d'où partent de longues feuilles enveloppant les deux branches de l'S.
Nœud hexagone, creusé à chaque étage de niches, qui abritent les douze apôtres, garni d'un pilastre sur chaque arête à l'étage inférieur et d'une colonne au supérieur, surmonté par un dôme aplati duquel monte la tige de la croix interrompue par un nœud à deux rangs de godrons séparés par une gorge.
Douille se raccordant avec le nœud par une gorge en doucine.
Au-dessus de la niche de la face antérieure, la date 1584.
Face : le Christ couronné d'épines, fixé par trois clous. *Revers :* un saint évêque est fixé sur la hampe sous un dais. (Église de Guengat, Finistère).

894. Ostensoir. (XVIe siècle).
Monstrance circulaire, formée par deux disques de cristal de roche montés dans une lunette d'or à godrons émaillés de bleu. Tige d'agate rouge terminée par un fleuron aux feuilles émaillées de vert. Pied bordé par une galerie à jour de feuilles entablées à jour et émaillées. Une petite croix surmonte la monstrance.
Écrin de maroquin rouge-brun, à petits fers entourant sur chaque face une étoile de maroquin rouge et formés comme élément principal d'un petit fleuron surmonté par une fleur de lys.
Provient des Chartreux de Bordeaux, auxquels Catherine de Médicis l'aurait donné. (Musée des Antiques de Bordeaux).

ÉPOQUE DE LA RENAISSANCE.

895. Ostensoir. (XVIᵉ siècle).

Montre à trois faces, à culot, portée sur une tige interrompue par trois nœuds, reposant sur un pied triangulaire, surmontée par un édicule à trois faces amorti par un balustre portant un ange qui tient une croix.
Une colonne portant un vase garnit chaque arête de la montre. Des chimères garnissent chaque angle du culot. La tige est en balustre, son nœud central est orné de trois mascarons. Une griffe descend sur chaque arête du pied porté par trois chevaux ailés.
Argent doré. (M. Tollin).

896. Ostensoir. (XVIᵉ siècle).

La lunette, entourée de rayons flamboyants, est portée sur une tige ornée de nœuds feuillagés d'où sortent deux anges aux ailes éployées, vêtus de tuniques et portant des palmes, dans l'une de leurs mains. Le pied a un caractère différent et semble plus moderne.
Cet ostensoir est attribué à la princesse Marguerite de Foix, deuxième femme du duc François II et mère de la duchesse Anne. Néanmoins, d'après la légende, il serait dû à Anne de Bretagne elle-même.
La construction de l'église de Locronan est due (1530), à la munificence de Renée de France, duchesse de Bretagne, en témoignage de la vénération pour Saint-Ronan et pour son église à laquelle Alaen Canhiard, comte de Cornouaille et Pierre Maucler avaient accordé de nombreux privilèges.
(Église de Locronan).

897. Reliquaire pédiculé. — Flandres. (Fin du XVIᵉ siècle).

Boîte cylindrique verticale portée par six volutes partant d'une tige hexagone interrompue par un nœud à six fleurons lozangés, sur un pied en doucine gravé de fenestrages.
Une double tige terminée par une fleur porte une vierge glorieuse en buste dans une auréole de rayons.
Un cristal garnit, d'un côté, le centre de la boîte, de l'autre, deux écus échancrés.
(M. A. Desmottes).

898. La Résurrection (1547). (XVIᵉ siècle).

Don de Henri II, à la cathédrale de Reims lors de son sacre.
Sur une terrasse est porté le sépulcre en agate, garni à chaque extrémité, de panneaux gothiques.
Le Christ enjambe le sépulcre, autour duquel quatre soldats en armure complète sont assis ou couchés.
Le terrain repose sur un mur hexagone allongé, crénelé, muni, sur chaque angle, d'une tourelle surmontée par un ange tenant une banderolle; sur le mur sont appliqués des doubles D blanc et noir alternant avec trois croissants enlacés accompagnant un petit cartel au centre de la face principale qui porte l'inscription : Henricvs secvndvs consecrandvs hvc me asportavit, 1547.
L'enceinte repose sur une terrasse également en hexagone allongé portée sur quatre lions, décorée de moulures formant base et corniche sous un biseau, chargé de pierres cabochons montées sur des battes à queues, garnies de 4 griffes.
Une frise d'émail champlevé garnit l'intervalle de la base et de la corniche.
Partie supérieure en vermeil, inférieure en cuivre doré.
Publié par P. Tarbé dans *Les Trésors de Reims*. (Cathédrale de Reims).

899. Reliure d'évangéliaire. (XVIᵉ siècle).

Sur le plat, frappé de grands rinceaux symétriques, sont rapportés le Christ en croix entre la Vierge et saint-Jean. Bordure saillante frappée de feuilles étalées et profondément découpées, suivant une ligne sinueuse : un médaillon encadrant un symbole évangélique garnit chaque angle, et une grande pierre ovale cabochon interrompt chaque montant en son milieu.
Revers lisse.
Argent doré. (Église de Conques, Aveyron).

ORFÉVRERIE.

900. Baiser de paix. — Émail de Limoges ; nielle et monture italiens.
(Fin du XVe ou Ct du XVIe siècle).

Ce Baiser de paix se compose d'un soubassement orné de palmettes, de deux pilastres feuillagés soutenant un entablement et un fronton semi-circulaire ciselé et gravé, terminé par une palmette. Au tympan est fixé un nielle semi-circulaire représentant Dieu le Père à mi-corps, bénissant de la main droite et tenant de la gauche la boule du monde ; sur la frise, une plaque d'argent également niellée porte l'inscription : PAX VOBIS. Le centre du monument est occupé par un émail peint de Limoges, de Nardon Pénicaud ou de son école, et représentant la Vierge assise tenant sur ses genoux l'Enfant Jésus.
(Collection Spitzer).

901. Baiser de paix. — Émail peint et cuivre doré. Limoges.
(Ct du XVIe siècle).

Cintré par le haut, ce Baiser de paix se compose d'une monture en cuivre doré, ornée d'un rang de feuillage enchâssant une plaque d'émail peint sur cuivre représentant le Mariage mystique de Sainte-Catherine. La Vierge, vêtue de long, couronnée, est assise sur un siège à haut dossier ; elle prend la main droite de l'Enfant-Jésus et la main gauche de Sainte-Catherine, debout près d'elle, et les réunit.
Émail peint de l'école de Nardon Pénicaud. — Poignée en forme de volute.
(Collection Spitzer).

902. Boite. (XVIe siècle).

Boîte circulaire à couvercle conique. Sur la boîte un ornement courant formé d'une tête drapée dans une lanière tréflée, à extrémités enroulées. Un fleuron descend de la rencontre de deux lanières. Toit orné de rayons droits et flamboyants descendant d'un bouton qui porte une croix. Argent doré. Trois poinçons sous le fond, qui sont : une ancre, une croix de saint André et un animal.
(M. Artus).

903. Modèle de poire à poudre. (XVIe siècle).

Autour d'un anneau vide, rayonnent cinq cartouches cordiformes, formés de lanières, encadrant des masques variés et des bouquets de fruits. Deux figures, nues s'appuient au cartouche montant qu'amortit une coupe de fleurs. Sur chaque côte un demi-cartouche de lanières découpées. Fond d'arabesques en léger relief sur le fond.
Cuivre repoussé. (Mlle Grandjean).

904. Trois fonds de coupe. — Étienne de l'Aulne. (XVIe du siècle).

Le champ de chacun d'eux est divisé en trois secteurs par trois arbres appuyés à l'ombilic.
Dans chacun un mois est figuré par ses travaux ou ses plaisirs.
Les personnages portent le costume du XVIe siècle.
1o Janvier : un vieillard se chauffe en avant d'arbres que l'on coupe ; Février : patineurs ; Mars : taille de la vigne.
2o Avril : pêcheurs ; Mai : amoureux qui s'embrassent et qui festoient ; Juin : tonte des moutons.
3o Juillet : les foins ; Août : la moisson ; Septembre : la chasse.
Argent repoussé, doré sur l'ombilic. (Mlle Grandjean).

905. Fond de coupe. (Fin du XVIe siècle).

Au centre, Orphée assis, jouant du violon, entouré de petits animaux ; un anneau de feuilles de laurier l'enveloppe. En dehors de gros animaux sont distribués en deux groupes séparés par des arbres.
Cuivre repoussé. (M. Boucreux).

906. Reliquaire de Sainte-Ursule (1574). (Fin du XVIe siècle).

Nef d'agate montée en vermeil, portant Sainte-Ursule et onze vierges ses compagnes. Don de Henri III, à la cathédrale de Reims, lors de son sacre.
La nef est portée sur une tige feuillue au milieu de flots émaillés de vert, sur une terrasse exagone allongée bordée de moulure et d'une crête tréflée. Sur

l'une des grandes faces une banderole avec l'inscription : DE SAINCTE VRSULE ET DES XI MIL VIERGES, sur l'autre face une banderole semblable porte l'inscription : HENRICVS III, GALLIARVM POLONIARVM QVE REX HANC DEIPARÆ VIRGINI NAVICVLAM VT RES GALLICA DIVTVERNIS IACTATA SEDITIONVM FLVCTIBVS OPE DIVINA TANDEM CONTERRETVR IN TRANQVILLVM, MORE MAIORVM INAVGVRATVS POSVIT ANNO MCCCXXXIII. Sur les petites faces l'écu de France et l'écu écartelé de France et Pologne couronnés.

La nef dont les bastingages à jour sont ornés de tourelles marquant les châteaux d'arrière et d'avant, ce dernier en saillie sur un dragon faisait guibre, porte un mât avec hune, haubans, étais, et misaine pliée. Sur la hune un ange debout portant les écussons gravés du chiffre H avec deux C enlacés ; sur le pont Sainte-Ursule, couronnée et nimbée, en costume royal, accompagnée de onze vierges, en argent émaillé et doré.

Publié par P. Tarbé dans *Le Trésor de Reims*. (Cathédrale de Reims).

907. Boîte cylindrique avec couvercle en dôme. (Fin du XVIᵉ siècle).
Sur la boîte, un homme pêchant à la ligne.
Cuivre repoussé et doré. (M. A. André).

908. Nef de nacre montée en argent doré. (Fin du XVIᵉ siècle).
Coquille de nacre portée sur quatre roues, et bordée par une garniture d'argent gravé, maintenu avec le culot par quatre montants en forme de termes découpés.
Au centre s'élève un mât à hune en forme de couronne fleuronnée, avec haubans, et misaine déployée.
A l'arrière un cardinal est assis, accompagné de deux petits hallebardiers. Au pied du mât, mais sur le côté, un homme en costume du XVIᵉ siècle, lui fait face, assis dans une chaise, et tenant un fanion. Du côté opposé, un fluteur et un homme agenouillé coupant une branche. A l'avant, un homme tirant un mousquet.
Nef faite en remplacement de celle que Marguerite de Provence, femme de Saint-Louis avait donnée en accomplissement d'un vœu pendant une tempête sur les côtes de Chypre (Joinville).
Disparue pendant la Révolution, elle fut acquise à Nancy, en 1857, par l'abbé Girmont, curé de Saint-Nicolas, qui la donna à son église.
(Eglise de Saint-Nicolas du Port).

909. Encensoir. (Fin du XVIᵉ siècle)
Coupe hexagone à pans sur pied, couvercle formé d'un premier étage de six panneaux percés d'un fenestrage gothique sous deux consoles opposées, d'un second étage percé de fenestrages semblables, et d'un dôme.
Cuivre argenté. (Église de Conques, Aveyron).

910. Encensoir. (Fin du XVIᵉ siècle).
Coupe hémisphérique portée sur un pied. Couvercle cylindrique formé d'un premier étage de fenestrages gothiques, chaque panneau est terminé par deux consoles opposées sous une fleur de lys, d'un dôme à jour portant un second étage percé à jour sous une calotte à jour.
Cuivre argenté. (Église de Conques, Aveyron).

911. Plan en relief de Soissons (1560). (XVIᵉ siècle).
Reliquaire représentant la ville de Soissons avec son enceinte fortifiée et ses principaux monuments religieux : Saint-Léger, les Cordeliers, Notre-Dame des Vignes, l'Abbaye de Notre-Dame, la Cathédrale, saint-Pierre au parvis, saint-Martin, et saint-Jean des Vignes. Une saillie indique l'emplacement du cirque romain.
Cuivre fondu, ciselé et doré. (Cathédrale de Soissons).

BIJOUX.

912. Baguier, daté de 1643.

Contenant vingt-quatre bagues des XVe et XVIIe siècles, ornées d'émaux, de diamants en forme de tables ou de pyramides, de turquoises, de saphirs, de rubis et de grenats.

Bague à chaton de cristal de roche à armoirie intaillée, et émaillée en-dessous aux couleurs du blason.

Bague de l'époque de François 1er (dite à queue d'hirondelle).

Bague surmontée d'une petite tête de mort en émail noir à filets d'or, qui s'ouvre à charnière, et qui était destinée, croit-on, à contenir du poison ; son anneau est composé de deux tibias réunis.

Bague à anneau couvert de trente-deux petites tables de diamant.

Bague en argent doré, à arabesques gravées, avec chaton hexagone contenant une intaille antique sur cornaline. — XVe siècle.

Anneau en or sans chaton, avec la devise : *Une sans fin*. — XVe siècle.

Bague en or ciselé, émaillée, avec un rubis monté en griffe. — XVIe siècle.

Bague en or avec un chaton carré, émaillé, surmonté d'un petit diamant en forme de pyramide. — XVIe siècle.

Bague en or. Chaton contenant un grenat de cabochon. — XVIe siècle.

Bague en or. Chaton, forme dite tombeau, avec une table de diamant. — XVe siècle.

Bague d'enfant en or, avec une petite pyramide de diamant. — XVIe siècle.

Bague en or, ciselée, avec chaton rond, représentant un globe crucifère. Elle se trouve encore adhérente à des cailloux et à des épingles au milieu desquels elle a été trouvée dans la Seine. — XVIe siècle. (M. Wasset).

913. Boîte ovale de miroir, en émail cloisonné sur cristal. (XVIe siècle).

L'ornement de chaque face se compose d'une petit vase ovoïde d'où sort une tige qui se divise en nombreux rameaux symétriques, se bifurquant pour s'enrouler, accompagnés par des feuilles ou terminés par des fleurons d'émail opaque, cerné d'or, sur une lentille de cristal blanc posé sur une feuille de clinquant rouge. (M. Schiff).

914. Cachet. (XVIe siècle).

Cachet de Marie de Girard, dame de la Baugisière, en 1563, dont le père, René de Girard, successeur de la Roussière, vendit Vitré à Henri IV.
Or. (Baron de Mesnard).

915. Fermail annulaire. (C^t du XVIe siècle).

Anneau plat, portant l'inscription en lettres en relief : + CHACVN POVR COY ET DIEV POVR TOVT.
Bronze. (Mme Victor Gay).

916. Fermail annulaire. (XVIe siècle).

Anneau plat, portant en lettres réservées l'inscription : + JASPAR MELCHIOR. B., et une petite figure de sainte Catherine estampée.
Bronze. (Mme Victor Gay).

917. Deux croix. (XVIe siècle).

Croix en cristal de roche avec Christ en or émaillé.
Trouvée dans la Seine en 1860.

Croix de tables de grenat intaillées et émaillées des instruments de la Passion.
Trouvée dans la Seine. (M. Wasset).

918. Bractées. (XVIe siècle)

Deux ornements en or estampé et jadis émaillé : *bractées* destinées à être cousues sur les costumes.
Trouvés dans la Seine en 1860. (M. Wasset).

144   ÉPOQUE DE LA RENAISSANCE.

919. Pendeloque. (XVIe siècle).
Pendeloque en forme de cœur, portant au centre une fleurette ajourée.
Trouvée dans la Seine. (M. Wasset).

920. Cariatide à corps de femme, terminée à gaîne. Or. (XVIe siècle)
Trouvée dans la Seine. (M. Wasset).

921. Patenotres. (XVIe siècle).
Cinq dizains en perles de bois cotelées, séparées par des perles d'or émaillé, où est suspendue une croix de bois garnie de viroles et de rosaces d'or émaillé. Quatre joyaux y sont attachés :
1º Encadré par une cordelière, représente d'un côté la Vierge allaitant l'Enfant-Jésus en relief. — Revers décoré de rosaces en filigranes. Or émaillé (XVIe siècle).
2º Reliquaire de la robe de la Vierge en forme de robe sur lequel l'*Annonciation* est représentée en deux petites figures en relief (XVIIe siècle).
3º Médaillon ovale émaillé d'un côté de deux anges soutenant le Saint-Sacrement, de l'autre Suzanne entre les deux vieillards en buste, en émaux peints du XVIIe siècle.
4e Le médaillon du Christ et celui de la Vierge, opposés dans une bordure de filigranes d'argent (XVIIe siècle).
(Église de Saint-Benoît-sur-Loire).

922. Collier. (XVIe siècle).
Collier formé à la partie antérieure de deux rangs rattachés en trois points, avec pendeloque.
Les éléments sont formés de filigranes à jour encadrant soit de petites rosaces émaillées, soit de grenats cabochons.
La pendeloque est composée de filigranes encadrant un panier de fleurs et deux oiseaux émaillés.
Or émaillé. (Mme Becq de Fouquière).

HORLOGERIE [1]

923. Soixante-douze montres.

1. — Montre de forme sphérique en cuivre doré, ornements gravés à jour formant croissants, mouvement à sonnerie (signée : Jacques de la Garde, Bloys 1551).
2. — Montre de forme circulaire en cuivre doré, repercée à jour, et ciselée représentant un cavalier traversant des flammes, mouvement à sonnerie en fer (Ct du XVIe siècle).
3. — Montre ronde en cuivre doré, couvercle découpé et gravé, fond gravé, frisé avec ornements en relief, mouvement en fer avec le monogramme V. S. et poinçon tête de marotte (Ct du XVIe siècle),
4. — Montre en cristal de roche jaune topaze taillé à facettes, monture et cadran en or émaillé de basse taille.
5. — Montre ovale, fonds et pourtour en verre incolore, foncé de paillons rouges couvertes de gerbes de fleurs en fines arabesques et incrustations d'or émaillé en couleur, monture et cadran en cuivre doré avec ornements gravés, mouvement signé Garandeau, à Paris, (XVIe siècle).

---

[1] Voir aux *Emaux peints, Jehan Limosin.*

HORLOGERIE.

6. — Montre à boîte cordiforme, en or émaillé d'épargne, à fins rinceaux de pourpre sur fond blanc, cadran en or émaillé, fond blanc sur tour d'heures noires, mouvement signé J. Jolly, Paris.
7. — Montre de forme sphérique, boîtier en ambre taillé à godrons, cadran en argent émaillé.
8. — Montre forme poire en argent doré, verre en cristal de roche, cadran émaillé, mouvement signé Conrad Kreitzer.
9. — Montre forme ovale, cristal de roche taillé à rayons, cadran en or émaillé, monture or émaillé, mouvement signé Henri Beraud, (XVIe siècle).
10. — Montre forme de gland, en cuivre doré, verre en cristal de roche, mouvement signé Serman.
11. — Montre en cristal de roche à huit pans rentrants, cristaux du dessous taillés allongés formant coquille, cadran en argent émaillé, mouvement signé Thomas Flavck.
12. — Montre ovale en argent forme amende, couvercle supérieur et inférieur en cristal de roche taillés à rayon, cadran en cuivre gravé, cercle des heures en argent, mouvement signé Serman.
13. — Montre en forme de rosace, en cuivre doré et argent, finement ciselée, cadran en argent gravé, mouvement signé Pierre Cuper, à Blois.
14. — Montre en argent, couvercle supérieur et inférieur formant lobes avec ornements gravés signé Faucon, Avesnes.
15. — Montre de forme ovale contournée, cuvette en cristal de roche, dessus en cuivre doré, cadran entouré d'arabesques découpées à jour, mouvement à sonnerie signé Conrad Kreitzer.
16. — Montre de forme contournée, boîte en cristal de roche taillé, monture cuivre, cadran en argent très finement gravé représentant les quatre éléments, mouvement à quantièmes et phases de la lune signé Loys Vautier, Blois.
17. — Montre ovale, boîtier argent, monture cuivre doré, couvercle avec ornements gravés, tour découpé, cadran en cuivre doré gravé ; dans l'intérieur du couvercle, la devise de Marguerite de Valois *non inferiora secquor*, avec le tournesol : S et deux C enlacés, mouvement à réveil signé Dominique Duc, à Loche.
18. — Montre ovale, double boîtier en argent gravé, dessin de Théodore De Bry et de Stéphanus signée Barberet, Paris.
19. — Montre ovale, boîte en argent, couvercle et pourtour gravés, cadran en cuivre gravé, mouvement signé Charles Peiras, Bloys.
20. — Montre ovale, cadran argent, le couvercle supérieur représente Diane, le couvercle inférieur, Junon, d'après Stéphanus, mouvement signé Salomon Chesnon, à Bloys.
21. — Montre ovale ; le couvercle supérieur, gravé, représente Diane et ses Nymphes au bain, le couvercle inférieur : Diane et Actéon ; mouvement signé P. Combret, à Lyon.
22. — Montre ovale ; le couvercle supérieur représente le Christ devant Hérode ; le couvercle inférieur, Pilate se lavant les mains ; mouvement signé Noytolon.
23. — Montre ovale signée P. Combret, à Lyon.
24. — Montre ovale ; couvercle supérieur représentant Amphitrite, et couvercle inférieur Neptune.
25. — Montre ovale ; couvercle supérieur représentant Orphée ; couvercle inférieur, Narcisse à la fontaine.
26. — Montre ovale, boîte argent ; couvercle cristal de roche, cadran cuivre doré et gravé, mouvement signé D. Martinot, Paris.
27. — Montre ovale, fond argent finement gravé, monture cuivre, cadran doré gravé, verre en cristal de roche ; mouvement signé Pasquier Peiras, à Bloys.
28. — Montre ovale, tour argent gravé, lunette cuivre doré, fonds en cristal de roche taillé à facettes, cadran cuivre doré gravé, ornements découpés au centre signé Issac Forfact.

ÉPOQUE DE LA RENAISSANCE

29. — Montre ovale en argent, couvercle cristal de roche taillé à facettes; mouvement signé Hierosme Grébauval.
30. — Montre ovale godronnée en cuivre doré ; mouvement indiquant les jours, les mois, la date et les phases de la lune, signé Silleman.
31. — Montre ovale, tour argent gravé, monture cuivre, couvercle et fonds en cristal de roche taillé à godrons ; mouvement signé A. Béraud, à Bloys.
32. — Montre ovale, boîte en cristal de roche à godrons, cadran argent; mouvement signé Jacques Viollier.
33. — Montre ovale, boîte en cristal de roche à godrons, cadran argent; mouvement signé G. Hédiger.
34. — Montre ovale, boîte en cristal de roche à godrons, cadran argent; mouvement signé J. Rousseau.
35. — Montre ovale, boîte en cristal de roche à godrons, cadran argent ; mouvement signé J. Rousseau.
36. — Montre ovale boîte en cristal de roche à godrons, cadran argent; mouvement.
37. — Montre ovale, tour argent, couvercle en cuivre doré, ornement relief, cadran argent gravé ; mouvement signé Pland A. R.
38. — Montre octogone, boîtier en argent gravé, monture cuivre, cadran en cuivre gravé et doré.
39. Montre octogone, boîtier argent doré, fond et frises gravés, cadran en argent doré signé Barberet, Paris.
40. — Montre octogone, boîtier argent gravé, représentant d'un côté le martyre de Saint-Etienne, de l'autre Suzanne et les deux vieillards ; mouvement signé P. Durand, à Rouen.
41. — Montre octogone, boîtier argent, fond et couvercle gravé, cadran argent gravé.
42. — Montre octogone, boîtier argent, tour argent.
43. — Montre octogone, boîtier argent gravé signé Jonereau, à La Rochelle.
44. — Montre octogone, boîte en cristal de roche, monture cuivre doré, cadran gravé ; mouvement signé J. Vallier, à Lyon.
45. — Montre octogone, boîte en cristal ; mouvement signé J. Jacobsen.
46. — Montre octogone, boîte en cristal ; mouvement signé Forfact, à Sedan.
47. — Montre octogone,   id.   id.
48. — Montre octogone, boîte en cristal taillé à facettes, monture cuivre, couvercle en cristal de roche, cadran cuivre doré et gravé ; mouvement signé J. Regnier, Paris.
49. — Montre octogone, cadran cuivre doré et gravé ; mouvement signé Balthazar Bosch.
50. — Petite montre ronde, boîtier argent très finement gravé, monture cuivre, cadran cuivre gravé et doré, le couvercle supérieur représente Jésus chez Simon le Pharisien, le couvercle inférieur un sujet biblique ; le cadran en argent gravé représente Jésus-Christ et la Samaritaine au puits de Jacob ; mouvement signé James Vanbroll.
51. — Montre forme ronde en cristal de roche taillé à côtes, cadran d'argent gravé ; mouvement signé Denis Bordier.
52. — Montre forme ronde ; boîte cristal signé J. Rousseau.
53. — Montre forme ronde, boîte cristal ; mouvement à quantième, phases de lune, signé Silman.
54. — Montre forme ronde, cadran émail sur champlevé signé H. G. Vaart Strasbourg.
55. — Montre ronde en or émaillé sur champlevé, cadran en or émaillé, lunette or avec diamants et rubis taillés à facettes, verre en cristal de roche (XVIIe siècle).

56. — Grosse montre ovale forme poire, fond et couvercle cristal de roche taillé.
57. — Montre en forme de coquillage, cristal de roche taillé, cadran cuivre doré, cercle des heures en argent, couvercles dessus et dessous taillés à côtes. signée Serman.
58. — Petite montre forme coquille, dite peigne de Vénus, boîte cristal de roche, cadran gravé, centre en or émaillé vert, signé Vallier, Lyon.
59. — Montre forme de cœur, boîte et couvercle en cristal de roche, monture cuivre, cadran en argent avec ornements émaillés, signé Paulus Beng.
60. — Montre, cadran argent, tour argent.
61. — Montre, cadran argent, tour cristal de roche.
62. — Montre en forme de croix, cristal de roche monté en cuivre, cadran cuivre gravé, signé J. Vallier, à Lyon.
63. — Montre en forme de croix, cadran reperçé à jour en argent, mouvement signé Pierre Portier.
64. — Montre forme croix, cadran en argent gravé, mouvement signé David Rousseau.
65. — Montre forme de croix à double bras, mouvement signé H. Esber.
66. — Montre forme fleur de lys, boîtier en cristal de roche taillé, monture cuivre, cadran gravé en cuivre doré.
67. — Montre forme croix avec les extrémités arrondies, boîte en argent dorée gravée, cadran argent gravé.
68. — Montre forme croix argent doré gravé en champlevés sur toutes ses faces, cadran argent gravé, le couvercle supérieur représente le Christ en croix, le couvercle inférieur, la Vierge tenant l'Enfant-Jésus entouré des quatre Évangélistes.
69. — Montre forme coquille, boîte en argent, monture en cuivre, couvercle repoussé formant rayons.
70. — Petite montre en or émaillé, décoré de figures et rinceaux à feuillage en relief sur fond vert, cadran en or émaillé. — (C¹ du XVIIᵉ siècle).
71. — Très petite montre ovale, boîte en cristal de roche, monture en or émaillé, fond blanc, rinceaux en noir, mouvement signé Nicolas Gribelin, à Paris. (C¹ du XVIIᵉ siècle).
72. — Montre forme ronde, boîtier en argent à godrons gravés, cadran en argent gravé, mouvement signé de Baufre, Paris. — (C¹ du XVIIᵉ siècle).
(M. P. Garnier).

924. Grosse montre à sonnerie. (C¹ du XVIIᵉ siècle).
Boîtier de cuivre percé d'une frise de rinceaux à jour, encadrant une ancre. Couvercle à verre. Cadran sur fond gravé. Signé sur la plaque du mouvement : *Pierre Drouynot*, à Poitiers.
Cette montre possède un étui en cuir de forme lenticulaire, munie d'un couvercle avec lunette en cuivre, pour voir le cadran. (M. Artus).

925. Horloge astronomique. (XVIᵉ siècle).
Massif carré formé d'une base portant quatre pilastres d'angle encadrant des plaques de cristal, et portant une moulure que surmonte une arcature cantonnée d'un terme à chaque angle, un entablement la surmonte.
Sur le plat, un cadran à plusieurs plans, compliqué de lignes et d'arcs.
Le dessous gravé de grotesques porte au centre un cartouche avec l'inscription :
NICOLAS FEAU A MERCELLE. (M. P. Garnier).

926. Horloge de Henri III. (XVIᵉ siècle).
Boîte rectangulaire, surmontée d'un dôme à jour cantonné de quatre boules en balustre Toutes les faces sont gravées de sujets dans des cartouches entourés de grotesques
La face postérieure est gravée des écus de France et de Pologne, sous la couronne royale entourée par le collier de l'aigle blanc.
Signé *Mathieu Barcelet, Paris*. (M. Leroux).

ÉPOQUE DE LA RENAISSANCE.

927. Petite horloge de table. (XVIᵉ siècle).

Hexagone surmonté par un cylindre amorti par un dôme aplati à jour, portant un cadran horizontal. Des consoles accostent le cylindre au droit de chaque arête de l'hexagone. Des entrelacs sont gravés sur l'un et sur l'autre.
Un cadran solaire est établi sur la plaque inférieure. (M. Leroux).

928. Petite horloge de table. (XVIᵉ siècle).

Cube porté sur un socle, surmonté par une corniche portant sur chaque face un fronton ajouré, et au centre une coupole à jour. Un cartouche formé d'entrelacs accostés de deux satyres est gravé sur chaque face, sauf sur celle ou est placé le cadran. (M. Leroux).

929. Très petite horloge de table. (XVIᵉ siècle).

Hexagone porté sur un socle et portant un entablement avec frise à jour, sous un dôme ajouré.
Le cadran est ménagé sur l'une des faces ; une vertu et un écu portant un cheval bridé sont gravés sur les autres.
Signé *Baewais, à Paris*. (M. Leroux).

930. Horloge de table cylindrique. (XVIᵉ siècle).

Cylindre vertical portant sur trois griffes un cylindre plus petit surmonté par un timbre porté par deux étriers dont le croisement porte un cavalier au galop. Les deux cylindres sont gravés : le grand, de divinités marines et d'hommes portant des trophées ; le petit, de guerriers à cheval et à pied. Le cadran horizontal est placé sur le premier cylindre.
Signé *ABC (villa) N. PLANTART*. (M. Leroux).

931. Horloge de table. (XVIᵉ siècle).

Cylindre vertical surmonté par un dôme aplati à jour, au sommet duquel est ménagé un cadran horizontal. Le cylindre est gravé des quatre éléments et des quatre saisons dans des cartouches ovales, accompagnés de grotesques. Le dessous est gravé d'enlacements et de grotesques.
Signé *Mathieu Bachelet, à Paris*. (M. Leroux).

932. Horloge de table. (XVIᵉ siècle).

Cylindre vertical portant un cadran horizontal.
Le cylindre est gravé de six entrelacs ovales alternativement droits et couchés, encadrant des Vertus et des Muses.
Le cadran est gravé d'un cartouche accosté d'enfants et le dessous d'une couronne entourant un écu écartelé : « le premier, d'une main tenant une fleur de lys ; les deuxième et troisième, d'un lion tourné à senestre ; le quatrième d'une porte de ville. » (M. Leroux).

933. Horloge de table. (XVIᵉ siècle).

Massif carré, encadrant sur chaque face une plaque de cristal de roche sous une frise à jour.
Couvercle garni d'une plaque de cristal par-dessus un cadran émaillé.
(M. Leroux).

934. Grande horloge. (XVIᵉ siècle).

Massif quadrangulaire, porté sur des lions, surmonté par une coupole dont la base est percée à jour. Sur la face antérieure, un cadran entre quatre autres cadrans plus petits, rapportés sur un fond gravé de fleurs. Entre les deux cadrans supérieurs un écu écartelé : « au 1 et au 4 de.... au lion de ....., au 2 et au 3 de France au lambel et à la bande en abîme, qui sont du maréchal de Matignon et d'Eléonore d'Orléans-Longueville ». Un paysage avec eau et bateaux est gravé sur chacune des trois autres faces.
Des divinités marines sont gravées sur la coupole au-dessus des ajours qui figurent une guirlande de rosier. Sous le fond l'inscription : *G. Estienne, à Caen*. (M. Maillet du Boullay).

935. Cadran solaire à boussole. (XVIe siècle).

Boîte hexagone, renfermant une boussole entourée par l'indication des aires des des vents. Sur le couvercle l'écu de France entouré du collier de Saint-Michel et deux colonnes enlacées sous la même couronne réunis par une banderolle portant l'inscription : PIETATE ET IVSTITIA. qui est la devise de Charles IX. Au-dessous, un cartouche comprenant la table des élévations de quelques villes. Sur le couvercle et sur la boîte, des cercles mobiles avec index et indications astronomiques et horaires. (M. Leroux).

FERRONNERIE.

936. Serrure. (Ct du XVIe siècle).

Platine rectangulaire bordée sur les côtés et dans le bas par deux tiges parallèles et striées, avec boutons saillants, divisée, et dans la partie centrale par des tiges semblables en trois bandes verticales. A chaque angle un ange volant, nimbé, formant tête de clou. La bordure inférieure en réseau à deux plans. Sur chaque bordure latérale, un personnage debout, en haut-de-chausses à crevés et à braguette, sous un dais.

Chaque bande porte sur un carré à réseau, une figure de la Vierge et de Sainte-Barbe, sur un dais à contreforts. La bande centrale porte dans le bas une plaque à charnière ornée de l'écu de France sous une couronne. La partie supérieure est remplie par le moraillon qui outre-passe la serrure et qui est ornée d'une figure du Christ bénissant sous un dais.
(Musée départemental de la Seine-Inférieure).

937. Serrure. (XVIe siècle).

Platine rectangulaire recouverte par deux volets qui, fermés, représentent un portique formé par trois pilastres en balustre, portés sur un soubassement et portant une frise gaudronné. Une moulure horizontale divise en deux chaque intervalle des pilastres : chacun des quatre vides est garni par un panneau formé d'enlacements à jour symétriques encadrant un bouton ovale.
(M. Le Secq des Tournelles).

938 Serrure. (XVIe siècle).

Portique formé par un ordre de quatre colonnes toscanes, avec ressaut central supportant un fronton accosté de deux consoles. Un masque de profil au pied d'un pilastre à chapiteau en console, termine le portique à chaque extrémité, en retraite des colonnes. L'entre-colonnement central encadre une niche carrée occupée par une figure de Vulcain. Une figure de femme nue occupe chacune des niches en arc des entrecolonnements latéraux.
Fer ciselé. (M. Doistau).

939. Serrure. (XVIe siècle).

Platine rectangulaire lisse à sa partie inférieure où est l'entrée et ornée à la partie supérieure d'un Terme de face, à corps de tiges symétriques qui l'enveloppent, entre deux chimères à tête d'oiseau adossées mordant l'extrémité de leur queue : contours découpés à jour, cachant le mouvement. Clef à tige cylindrique et à anneau formé par deux consoles affrontées.
(M. Le Secq des Tournelles).

940. Plaque de Serrure en fer repoussé et doré. (XVIe siècle).

Règne de Henri II. — Cette plaque affecte la forme d'un édifice terminé par un fronton soutenu par deux colonnes cannelées à chapiteaux corinthiens. Le soubassement est orné de croissants ; au-dessus on voit les armes de France, entourées du collier de l'ordre de Saint-Michel accompagnées de deux figures de femme debout tenant des épées et des torches. Au centre, entre deux entrées de serrure qu'accompagnent des masques de satyres et des croissants entrelacés est figurée la lettre H initiale du roi. Au tympan du fronton s'enlève une tête d'ange et sur la frise en lit la devise de Henri II : DONEC. TOTVM. IMPLEAT. ORBEM. (Collection Spitzer).

941. Platine de Serrure. (XVIe siècle).

Plaque rectangulaire ornée au centre de l'écu de France, ovale accoté de trois enfants soutenant des guirlandes de fruits. De chaque côté, un génie ailé debout dans un cartouche.
Fer repoussé. (M. Le Secq des Tournelles).

942. Serrure-Targette. (XVIe siècle).

Plaque rectangulaire couverte d'un réseau fait de filets dans les enlacements se combinent avec une suite de carrés encadrant des alérions
Dans le bas, entrée de serrure : au-dessous le bouton côtelé d'une targette. — Fer repoussé et ciselé.
Provient du château d'Écouen. (M. Le Secq des Tournelles)

943. Deux Targettes en F couronnées. (C^t du XVIe siècle).

1° Bouton côtelé.
2° Une branche de laurier relie le montant avec les deux traverses : le verrou est à poignée mobile à longue queue terminée par une coquille.
Proviennent du château de Blois ? (M. Le Secq des Tournelles).

944. Targette en F couronnée. (C^t du XVIe siècle).

Bouton côtelé. (M. Loquet).

945. Sept Targettes. (XVIe siècle).

Platine rectangulaire bordée par une moulure saillante.

1° Sagittaire dont le corps se termine par une grande volute montante. Verrou à tête humaine sur le côté.
2° Un monstre à tête de feuillage, et à queue en volute montante Verrou dans le bas à bouton côtelé.
3° Vase à godrons portant deux génies nus. Verrou dans le bas à tête de feuilles.
4° Colonne de deux motifs de rinceaux symétriques. Ouverture centrale pour le bouton.
5° Dans le bas deux satyres à corps en volute, adossés, et soutenant des rinceaux montants. Tête de femme servant à mouvoir le verrou.
6° Même ornement dans le bas que le numéro précédent. Deux hommes à jambes de feuilles, adossés dans le haut. Verrou central à tête de femme.
7° Dans le bas, un homme debout, les bras et les jambes écartés, accompagné d'ornements, feuillages symétriques. Dans le haut, deux hippocampes adossés. Verrou central à tête côtelée courbe.
Fer repoussé. (M. Le Secq des Tournelles).

946. Cinq Targettes à platine formée au centre par un cartouche rectangulaire, terminée haut et bas par un demi-cercle. Bordure faite d'une moulure saillante. (XVIe siècle).

1° Dans le haut, un mufle de lion ; dans le bas une tête entourée d'ailes. Verrou central glissant entre deux brides chevronnées, à bouton côtelé.
2° Dans le haut, l'écu de France couronné, entouré du collier de Saint-Michel. Dans le bas, un anneau d'oves entourant les trois croissants enlacés. Verrou central entre deux brides décorées d'une double torsade. Bouton à côtes courbes.
3° Même forme, bordure faite d'un galon, encadrant dans le bas une rosace. Dans le haut un buccrâne. Verrou glissant entre deux brides à chevrons. Bouton côtelé.
4° Même forme et même bordure, une rosace orne le haut et le bas.
5° Même forme et même bordure, une fleur de lys dans le haut et dans le bas.
(M. le Secq des Tournelles).

FERRONNERIE.

947. Targette. (XVIᵉ siècle).
Platine ovale, bordée par un filet saillant, décorée de doubles chevrons. Quatre rouleaux découpés le dépassent obliquement. Verrou central à mufle de lion.
Fer ciselé. (M. Le Secq des Tournelles).

948. Sept Targettes en écusson. (XVIᵉ siècle).
Platine rectangulaire terminée haut et bas par un demi-cercle d'un diamètre moindre que la partie centrale. Bordure faite d'une moulure saillante.
1° Un Terme portant un sceptre et une épée, un vase sur la tête, en arrière d'un cartouche rectangulaire évidé. Fleuron dans le bas Bouton côtelé central.
2° Même décor que le numéro précédent, sauf une tête de satyre à cornes de taureau dans le bas. Bouton central formé par un buste d'homme casqué.
3° Dans le haut, l'écu de France couronné dans le cordon de Saint-Michel. Dans le bas, un anneau d'oves encadrant trois croissants enlacés, enlacés au-dessous du chiffre H. D. Arcs et flèches sur les côtés. Bouton central côtelé. Provient du château d'Ecouen.
4° Dans le haut, l'écu mi-parti de France et de Médicis couronné. Dans le bas une couronne entourant un globe avec l'arc-en-ciel sur les eaux. Quatre alérions sur les côtés. Bouton central à côtes courbes. Provient d'Ecouen.
5° Ecu en lanières par-dessus un autre écu de lanières, épousant la forme extérieure de la platine, une fleur de lys garnit haut et bas l'intervalle des deux cartouches. Bouton central côtelé.
6° Même ornementation que le numéro précédent. Une palmette remplace les fleurs de lys.
7° Deux Termes à gaine en spirale adossés à une coquille, que surmonte un mascaron à draperies entre deux consoles. Dans le bas, un enlacement de lanières amorti par une palmette. Bouton central à tête de lion.
(M. Le Secq des Tournelles).

949. Targette en écusson. (XVIᵉ siècle).
Semblable au 3° du numéro précédent sauf que les oves de l'anneau sont remplacés par l'inscription : DONEC TOTUM IMPLEAT ORBEM.
(M. Loquet).

950. Platine de Targette, semblable au 4° du numéro précédent. (XVIᵉ siècle).
(M. Loquet).

951. Targette à platine rectangulaire, terminée haut et bas par un demi-cercle outre-passant la partie centrale. Bordure d'un filet plat. Un filet dessinant une pelta encadre une rosace sur chaque extrémité ; un H sous la couronne de France orne le centre. Bouton central côtelé.
(XVIᵉ siècle).
(M. le Secq des Tournelles).

952. Targette ovale, bordée par une moulure, ornée d'un cartouche d'entrelacs, encadrant un H sous la couronne de France. Bouton central côtelé.
(XVIᵉ siècle).
(M. Le Secq des Tournelles).

953. Targette à extrémités arrondies, terminées par une palmette, formée par des entrelacs à jour. Verrou central glissant entre deux brides ornées d'entrelacs. Bouton côtelé. (XVIᵉ siècle).
(M. Le Secq des Tournelles).

954. Targette. Même forme et même décor que la précédente. (XVIᵉ siècle).
(M. Loquet).

955. Petite Targette rectangulaire, bordée par une moulure, que dépassent dans le haut deux consoles adossées à un balustre, et dans le bas une queue d'hirondre. Bouton central à tête humaine. (XVIᵉ siècle).
(M. le Secq des Tournelles).

ÉPOQUE DE LA RENAISSANCE.

956. Targette. Partie centrale rectangulaire bordée haut et bas par une moulure qu'outre-passe dans le haut un haut fleuron, accoté de deux consoles en S feuillagées, et qu'amortissent dans le bas deux consoles en S adossées à un fleuron. Le verrou central entre deux brides moulurées. Bouton lisse.
(XVIe siècle).
(M. Le Secq des Tournelles).

957. Loquet. (XVIe siècle).
Platine rectangulaire percée à jour dans la partie supérieure d'un ornement symétrique formé de rinceaux feuillagés entourant un fleuron central.— Dans le bas, qui est lisse, une loquet plat à bouton cotelé.
(M. Le Secq des Tournelles).

958. Heurtoir. (XVIe siècle).
Platine : édicule formé par deux pilastres coniques, portant un fronton et encadrant un lozange. Marteau fait d'un terme, les bras croisés, dont le corps se termine par une gaine de feuillage arrondie en corne à l'extrémité.
(M. Le Secq des Tournelles).

959. Heurtoir. (XVIe siècle).
Formé d'un lion dont les pattes de derrière posent sur le marteau et les pattes de devant sur une volute sur laquelle est fixé, par la queue, un dragon qui se tourne vers le lion de telle sorte que l'ensemble forme un S.
(M. Le Secq des Tournelles).

960. Quatre heurtoirs en console. (XVIe siècle).
1. — Grande console plate, enroulée à chaque extrémité, ornée de deux grandes feuilles d'acanthe, montante et descendante, séparées par un trophée d'armes.
2. — Même forme que le numéro précédent. — Surface décorée d'un cartouche encadrant un cep de vigne, et d'une suite de rosaces encadrées par des filets plats circulaires, joints par des filets droits.
3. — Console terminée supérieurement par un enroulement, inférieurement par une tête d'oiseau sur un long cou. Deux feuilles d'acanthe séparées par un écu couvrant sa surface.
4. — Tige plate, recourbée à son extrémité, décorée d'une feuille d'acanthe descendante, d'un profil dans un médaillon ovale, et de feuilles.
(M. Le Secq des Tournelles).

961. Neuf heurtoirs. (XVIe siècle).
1. — Homme à demi assis sur une volute, où il appuie la main droite. — La gauche sur le ventre.
2. — Terme femme, soutenant ses seins de chaque main, le corps terminé en console de feuillages.
3. — Console à tête de femme drapée sur un long cou.
4. — Console en S terminée à chaque extrémité par une tête de monstre à faces latérales planes.
5. — Console en S interrompue au centre par un massif cubique, et terminée à la partie supérieure par un mascaron : le marteau en forme de tête de dauphin au corps de feuillages.
6. — Console en forme d'aigle terminée en volute sur laquelle descend une feuille.
7. — Console en S, formée par un monstre à tête humaine sur un long cou, à mamelles saillantes, le marteau est une tête d'oiseau d'où monte une longue feuille.
8. — Console en forme d'S formée par une syrène dont le corps se termine par une tête de dauphin qui sert de marteau. Ses ailes se prolongent, pour former la tête de l'S, en une volute feuillagée que termine une tête d'oiseau descendant sur la tête de la syrène.

FERRONNERIE.

9. — Arc profilé en forme de balustre, se bifurquant à l'extrémité qui s'articule dans l'anneau du charnon. Deux cartouches encadrant l'un une cuirasse, l'autre un buste de face, décorent chaque renflement du balustre.
(M. Le Secq des Tournelles).

962. Heurtoirs en forme d'anneau avec platine. (XVIᵉ siècle).

1. — Platine faite d'un masque de satyre coiffé d'une palmette. Anneau formé de deux serpents mordant une boule, fixé sur une palmette au-dessous de la tête.
2. — Platine faite d'un masque ailé de satyre, coiffé d'une palmette, mordant une bélière en forme d'anneau orné d'un mascaron. L'anneau ovale est formé de deux dragons à corps de feuilles mordant un disque décoré d'un masque.
3. — Platine circulaire faite de six fleurons gravés. Charnon en tête d'oiseau, anneau ovale fait de deux dauphins à corps de feuillage mordant un mascaron.
4. — Platine circulaire faite de quatre palmettes convergentes, naissant de deux feuilles symétriques qui forment les contours. Charnon ornée d'un mascaron. Anneau ovale fait de deux imitations de dauphins à corps de feuilles, mordant une tête ailée.
5. — Platine faite de cinq feuilles à trois divisions aiguës. Charnon en anneau. Anneau ovale décoré de gaines en feuillage.
6. — Platine de quatre feuilles. Anneau formé de deux mascarons de profil à corps de feuillage mordant une tête d'homme.
7. — Platine faite de quatre coquilles. Charnon en forme de tête de bélier. Petit anneau circulaire plat. (M. Le Secq des Tournelles).

963. Cinq platines de heurtoir. (XVIᵉ siècle).

1. — Cartouche à lanières encadrant un écu ovale chargé de trois croissants enlacés accompagnés du monogramme H. D. répété trois fois.
2. — Masque entouré d'un feston de godrons.
3. — Tête de femme à draperie. Anneau mobile dans un tenon fixé dans la draperie.
4. — Masque de femme à draperie coiffé de plumes, sur un cartouche à lanières.
5. — Masque de satyre, coiffé d'une palmette, et encadré par deux consoles.
(M. Le Secq des Tournelles).

964. Grattoir de porte. (XVIᵉ siècle).

Poignée rectangulaire formée par un pilastre composite, dont le montant postérieur est en dent de scie sur laquelle frotte un anneau tordu.
(M. Le Secq des Tournelles).

965. Tiroirs. (XVIᵉ siècle).

1. — Platine ovale accostée de quatre enroulements, encadrant une tête de lion qui mord un anneau allongé, rentrant latéralement, amorti par un bouton.
2. — Platine à quatre feuilles. Poignée en poire allongée, décorée d'un bouquet de roses.
3. — Anneau ovale, à moulure centrale, mobile à l'extrémité d'une tige terminée par un avant-main de licorne.
4. — Platine formée de huit feuilles rayonnantes. Poignée en poire formée de six tiges sortant d'une gueule de lion et réunies à un bouton terminal.
5. — Platine en rosace circulaire. Poignée en poire aplatie, descendant d'un chapiteau ionique et couverte par une grande feuille d'acanthe ; un bouton l'amortit.
6. — Platine à quatre feuilles. Poignée en poire aplatie ornée d'une feuille refendue étalée.
7. — Platine faite de deux quatre-feuilles superposés. Poignée en poire, descendant d'un chapiteau ionique et encadrée par deux feuilles d'acanthe, amortie par une tête de serpent. (M. Le Secq des Tournelles).

966. Deux tiroirs. (XVIᵉ siècle).
   1. — Platine en quatre-feuilles. Poignée terminée par un quatre-feuilles allongé.
   2. — Platine rectangulaire accostée d'un croissant. Poignée terminée par un disque allongé et un bouton. (M. Loquet).

967. Platine de tiroir. (XVIᵉ siècle).
   Ecusson cordiforme à contours irréguliers symétriques formés par une moulure, ouverture centrale rectangulaire entourée par deux cornes d'abondance naissant d'un fleuron, portant chacune un oiseau affronté à une tête ailée. Fond à jour.
   Fer repoussé et ciselé. (M. Le Secq des Tournelles).

968. Trois platines ornées d'une tête. (XVIᵉ siècle).
   1. — Tête d'homme tirant la langue en saillie sur deux palmettes découpées et à jour.
   2. — Tête d'homme à barbe pointue, entourée par une collerette, entre deux fleurons.
   3. — Tête à moustaches, le front terminé par des feuilles de trèfle, sur une platine à jour. (M. Le Secq des Tournelles).

969. Clef. (XVIᵉ siècle).
   Penneton à peigne. Tige à canon, anneau formé d'un disque garni d'un réseau à jour, surmonté par une couronne plate. Un anneau est fixé de chaque côté.
   (M. Doistau).

970. Trois clefs.
   1. — Penneton à peigne, canon cylindrique à poignée formée d'une base rectangulaire percée d'un réseau à jour, portant un anneau percé d'une rosace sous une pyramide renversée quadrangulaire, amortie par une autre pyramide qui porte un bouton ; le tout percé à jour d'un réseau de style flamboyant.
   2. — Forme semblable. Une petite figure d'homme est assise au sommet de la poignée.
   3. — Forme semblable. Le sommet de la pyramide renversée est plat et à jour. (M. Doistau).

971. Trois clefs. (XVIᵉ siècle).
   1. — Penneton à garniture et à peigne. Canon à section en croix de Malte, évidée et garnie d'une seconde croix à l'intérieur. Poignée formée d'un chapiteau corinthien portant deux chimères adossées soutenant sur leur tête une tablette qui porte une double console.
   2. — Forme générale semblable, sauf que le canon est à section de fer de flèche.
   3. — Même forme que le numéro deux. Les deux chimères portent sur leur tête un anneau terminé par deux têtes de mouton affrontées. (M. Doistau).

972. Clef. (XVIᵉ siècle).
   Le canon, de forme cylindrique, est surmonté d'un chapiteau rectangulaire formé de moulures superposées sur lequel se dressent deux dauphins affrontés séparés par un terme surmonté d'un balustre. (Collection Spitzer).

973. Clef. (XVIᵉ siècle).
   Cette clef qui offre quelque ressemblance avec la clef dite clef Strozzi se compose d'un canon court et tout uni terminé par un panneton à peigne de forme évasée ; le canon est surmonté d'un chapiteau corinthien sur lequel reposent deux monstres ailés à têtes de chevaux, adossés, séparés par un mascaron de femme, un mufle de lion et des cornes d'abondance. Deux têtes de bélier sur lesquelles sont couchés deux petits chevaux marins terminent cet anneau. (Collection Spitzer).

FERRONNERIE.

974. Clef.
Le canon en forme de balustre est surmonté de deux figures d'anges terminées par des feuillages séparés par un écusson de France surmonté d'une couronne royale fermée. (Collection Spitzer).

975. Clef. (XVIe siècle).
Le canon à section d'as de cœur est surmonté d'un chapiteau circulaire composé de moulures terminé par un abaque octogonale supportant un anneau composé de deux dragons adossés, couronnés de feuillage, et retenus par des liens. (Collection Spitzer).

976. Clef. (XVIe siècle).
Le canon à section triangulaire est surmonté d'un chapiteau orné sur chacune de ses faces d'un écusson de forme italienne flanqué de deux figures d'anges. Sur ce chapiteau est établi un édicule à jour dont huit termes d'hommes et de femmes forment les supports. Une coupole ornée de coquilles et terminée par un bouton en forme de vase, le surmonte. (Collection Spitzer).

977. Clef. (XVIe siècle).
Le canon est profilé suivant le dessin d'un as de carreau, creusé sur ses faces ; il se termine par un chapiteau ionique surmonté d'un cartouche ovale accompagné de deux figures de faune et de faunesse accroupis. Au-dessus de ce cartouche sur une plateforme on voit deux autres figures d'homme et de femme également accroupis supportant un bouton en forme de vase.
(Collection Spitzer).

978. Clef. (XVIe siècle).
Canon en forme d'as de trèfle surmonté d'un chapiteau feuillagé terminé par un anneau composé de deux chimères à tête d'oiseau adossées et séparées par un balustre. (Collection Spitzer).

979. Dix-sept clefs. (Fin du XVIe siècle).
Penneton refendu et à gardes. Canons en trèfle, en cœur, en pique, poignées formées d'un chapiteau ou d'une moulure portant des consoles adossées, formant des cartouches découpés qui procèdent des syrènes adossées dont ils sont une simplification. (M. Le Secq des Tournelles).

980. Deux clefs. (XVIe siècle).
Penneton à peigne, canon cylindrique. Poignée formée d'un massif quadrangulaire à jour portant un anneau encadrant une rosace sous une pyramide quadrangulaire renversée, gravée à jour. (M. Le Secq des Tournelles).

981. Huit clefs. (XVIe siècle).
Penneton refendu et à gardes. Canon triangulaire, en cœur ou en trèfle. Poignée formée d'un chapiteau ou d'une moulure portant deux syrènes ou deux monstres adossés. (M. Le Secq des Tournelles).

982. Trois claviers. (XVIe siècle).
1. — Anneau cordiforme, suspendu à un anneau plat. Les deux branches du premier, partant d'un culot de feuillages et ornées d'une grande feuille lobée, sont, d'inégale longueur. L'une forme le circuit et est terminée par une tête d'oiseau, qui mord la tête de dauphin qui termine la branche plus courte.

2. — Même forme ; Les deux branches sont torses à leur naissance.

3. — Crochet fixé sur un passant situé dans le même plan, contre lequel butte un écu cordiforme à jour, poussé par un ressort.
(M. Le Secq des Tournelles).

ÉPOQUE DE LA RENAISSANCE.

983. Deux cadenas. (XVIᵉ siècle).

1. — Etrier dont un des montants est une pile de section carrée, ornée de moulures ; l'autre montant est un cylindre formé de disques gravés chacun de la même lettre. Un arc les réunit.

2. — Massif rectangulaire orné sur la face de trois pilastres ioniques. Une anse en demi-cercle le surmonte. (M. Le Secq des Tournelles).

984. Enseigne de chapeau. (? siècle).

Disque représentant Jupiter armé de la foudre sur l'aigle porté sur les nuages. Fond à jour entouré par une couronne de laurier.
Fer repoussé et ciselé. (M. Doistau).

985. Pommeau d'épée. (XVIᵉ siècle).

Ovoïde aplati, orné d'un portique de huit colonnes doriques sur un socle et sous une frise, encadrant huit figures d'hommes debout. Le culot et l'épaulement sont décorés de rinceaux, le tout à jour.
Fer ciselé. (M. Doistau).

986. Pommeau d'épée. (XVIᵉ siècle).

Pommeau ovoïde porté sur une base à gorge et amorti par un bouton. Il est ciselé de figures en haut relief représentant d'un côté le Christ à la colonne, de l'autre le Christ en croix entre les deux larrons.
Fer ciselé. (M. Doistau).

987. Garde et pommeau d'épée. (XVIᵉ siècle).

Pommeau formé d'un lion tenant entre ses pattes un dragon renversé qui le mord. Garde à quillons courbes en sens inverse et terminés chacun par une tête d'homme l'une couronnée, l'autre coiffée d'un turban. D'un côté, un lion combattant un aigle, de l'autre, deux boucs se heurtant la tête.
Fer ciselé. (Mlle Grandjean).

988. Monture d'escarcelle. (XVIᵉ siècle).

Anneau plat dont le contour est un trilobe se raccordant à un anneau ovale, mobile sur charnières dans sa moitié supérieure.
Partie mobile : au sommet un cartouche encadrant une femme debout, une corbeille sur la tête et sur les côtés deux autres petits cartouches encadrant également une figure, des oiseaux les séparent. *Partie fixe :* dans le bas un cartouche accompagné de deux cartouches latéraux encadrant chacun une figure assise, des lions et des oiseaux les séparent. Cartouches incrustés d'or et animaux en relief sur le fond qui est doré.
Revers damasquinés d'arabesques à la partie supérieure. Dans le bas une bande à anneaux rapportés pour fixer l'escarcelle.
Fer ciselé, damasquiné et doré. (M. Ch. Mannheim).

989. Quatre montures d'escarcelle. (XVIᵉ siècle).

Anneau ovale, interrompu, avant de se fermer, par un redressement qui s'articule sur une barette munie d'un anneau de suspension.

1. et 2. — La monture est formée de deux parties indépendantes, articulées chacune sur la barette.

3. — La monture antérieure est articulée sur la postérieure au point où le contour se redresse.

4. — La monture antérieure est articulée sur l'inférieure au point de sa plus grande largeur. (M. Le Secq des Tournelles).

990. Monture d'escarcelle. (XVIᵉ siècle).

Monture en arc festonné intérieurement, portant une castille à réseau aveugle, ornée de tourelles à jour, amortie par une tige terminée par un disque à jour qui s'articule à un anneau plat de suspension.
(M. Le Secq des Tournelles).

FERRONNERIE. 157

991. Monture d'escarcelle. (XVIe siècle).
Anneau plat ovale, se redressant à chacune de ses extrémités, avant de se fermer en une volute au travers de laquelle passe une barette suspendue à un anneau allongé. Trois médaillons interrompent les contours de l'anneau et portent : celui du centre un buste de femme, les deux latéraux chacun la même figure nue. Traces de damasquines d'or.
(M. Le Secq des Tournelles).

992. Trois montures d'escarcelle. (XVIe siècle).
Deux arcs articulés l'un sur l'autre à leur naissance. Le postérieur est muni d'un anneau de suspension.
1. — L'arc antérieur porte trois mufles de lion rapportés, il est orné de côtes descendant verticalement et damasquinées de fils d'or et de points d'argent. L'arc postérieur est orné de cinq demi-disques saillants incrustés d'une tête de lion d'argent.
2. — L'arc antérieur est orné de trois mufles de lion et de quelques stries transversales.
3. — Mascaron à trois arcs rapporté au centre entre deux glands.
(M. Le Secq des Tournelles).

993. Clef d'arquebuse. (XVIe siècle).
Trois canons rayonnant autour d'un centre percé d'un trou, portant des gaines de feuillages ciselés, percées chacune d'un carré.
(M. Le Secq des Tournelles).

994. Boite à aumônes. (XVIe siècle).
Caisse quadrangulaire, portant sur ses faces latérales une coquille sur deux bourdons en sautoir ; sur sa face antérieure une pannetière ? cylindrique à passants latéraux pour la suspension. Le moraillon du couvercle descend sur la quatrième face. Poignée et ouverture sur le couvercle.
(M. Le Secq des Tournelles).

995. Deux coffrets, à caisse rectangulaire et à couvercle demi-cylindrique damasquinés. (XVIe siècle).
1. Décor de grotesques dans le genre d'Androuet du Cerceau composés de figures debout sous un édicule, d'hommes à corps en volute adossés, et de termes à gaines très fines, affrontés à des têtes reliées avec eux par des draperies en or et en argent incrusté.
2. Décor formé d'un semé de fleurs à cinq pétales d'argent, et, sur les pentures, de rinceaux filiformes en or à feuilles d'argent.
(M. Le Secq des Tournelles).

996. Tête de lion, de face. (XVIe siècle).
La crinière interrompue au-dessus de la tête par une volute.
Fer repoussé et ciselé. (M. Le Secq des Tournelles).

997. Trois têtes de clou, en forme de buste d'homme drapé. (XVIe siècle).
(M. Le Secq des Tournelles).

998. Tête de vis, en forme de tête de cheval jusqu'aux épaules. (XVIe siècle).
Fer ciselé. (M. Le Secq des Tournelles).

999. Chandelier. (XVIe siècle).
Tige en balustre sous un haut binet cylindrique, percée d'arcades à jour reposant sur un plateau circulaire. (Mme Victor Gay).

ÉPOQUE DE LA RENAISSANCE.

COUTELLERIE.

1000. Trousse. (XVIe siècle).
Composée d'un coutelas et de deux couteaux dans une gaine, en fer ciselé.
Coutelas : lame en forme de cimeterre, à rainure, marquée d'un S. Poignée d'un seul morceau de fer : pommeau en forme de mascaron ailé de profil, un mascaron sur la fusée, écusson formé d'un mascaron muni d'ailes qui se prolongent en quillons.
Couteaux : 1° Manche terminé par un Terme de femme sans bras, fixé de profil.
2° Manche terminé par un Terme de femme les deux mains sur les seins, de face. Gaine de cuir munie d'une virole avec amortissement en cartouche évidé, et d'une bouterolle semblable. La virole est ornée d'un fleuron symétrique entre deux galons. La bouterolle d'un fleuron semblable encadrant une tête de chérubin, au-dessus d'un culot de feuillages.
Fer ciselé, incrusté de perles d'or sur fond maté et doré. (Mlle Grandjean).

1001. Trousse. — Travail italien. (XVIe siècle).
Cette trousse contenue dans un étui de cuir noir se compose de quatre pièces.
Couteau poignard à lame très aiguë gravée et dorée à sa base et sur le talon, à manche ciselé et garni d'une petite garde ornée de feuillages pris dans la même pièce que la lame. Des plaques de nacre sont rapportées sur le manche et sur sur le bouton en forme de vase qui le termine. A la base de la lame est gravée la date 1608. La marque du coutelier est un C couronné.
Un couteau pointu plus petit, une fourchette à deux pointes et un poinçon complètent la trousse. Leurs manches sont ciselés et dorés et de même forme que celui du grand couteau. (Collection Spitzer).

1002. Présentoir à manche d'argent ciselé. (XVIe siècle).
La lame tout unie est légèrement arrondie vers son extrémité. Le manche rond est d'argent estampé et découpé à jour, appliqué sur un fond d'étoffe noire. Sur ce manche on voit le même motif deux fois répété : une femme debout, cuirassée, soutenant des bouquets de fruits au milieu d'arabesques. La base de la lame est également garnie d'argent estampé, découpé à jour : on y a représenté un vase accompagné de volutes et de draperies. Le pommeau terminé par un bouton est décoré suivant le même système.
(Collection Spitzer).

1003. Deux couteaux. (XVIe siècle).
Lame pointue gravée au talon, prolongeant le manche cylindrique à moulures dans le bas, rectangulaire au milieu où il est garni de deux plaques d'ébène ; terminé par un chapiteau qui porte un vase à godrons amorti par un fleuron et un bouton. (M. le comte Labourmène).

1004. Petit couteau à manche de fer ciselé et doré. — Travail italien. (XVIe siècle).
La lame droite, pointue et découpée sur le talon est décorée de gravures dorées. Elle porte une marque. Le manche à quatre pans est incrusté de nacre ; il se termine par un chapiteau sur lequel est placé un vase.
(Collection Spitzer).

1005. Petit couteau à manche incrusté de nacre. — Travail italien. (XVIe siècle).
Le manche terminé par une tête de lion et la lame pointue sont d'une seule pièce. Le manche est doré et incrusté de nacre, le talon de la lame est orné de gravures dorées au milieu desquelles on distingue une fleur de lys.
(Collection Spitzer).

1006. Grand couteau à défaire. — Travail italien. (XVIe siècle).
La lame recourbée en crochet à son extrémité est gravée à sa base de mascarons et de rinceaux et dorée. Le manche terminé par un bouton ciselé de feuillages et de godrons est doré et plaqué de nacre. (Collection Spitzer).

ÉMAUX TRANSLUCIDES. 159

1007. Couteau à défaire. — Travail Italien. (XVIe siècle).
La lame droite vers son talon qui est découpé à son extrémité est courbée vers son tranchant et ornée de rinceaux gravés et dorés. Elle porte une marque. Le manche de fer gravé, découpé à son extrémité est plaqué d'os gravé.
(Collection Spitzer).

1008. Petit couteau à défaire. — Travail italien. (XVIe siècle).
La lame recourbée à son extrémité est gravée et dorée à sa base et sur son talon : on y voit des rinceaux et un buste d'homme en costume du XVIe siècle. Le manche de fer découpé, gravé et doré est plaqué d'os gravé.
(Collection Spitzer).

1009. Petit couteau à défaire. — Travail Italien. (XVIe siècle).
La lame ornée de gravures dorées est recourbée en forme de crochet à son extrémité. Elle porte la marque N. Le manche plaqué de bois se termine par un bouton de cuivre ciselé en forme de vase. (Collection Spitzer).

1010. Couteau à manche de nacre, monté en cuivre doré. (Fin du XVIe siècle).
La lame pointue se recourbe légèrement vers son extrémité où le talon est découpé. Le manche de forme fuselée terminé par une tête de dauphin est de cuivre ciselé et doré chargé d'arabesques enchâssant les plaques de nacre. Un bouton de nacre sculpté termine le manche. (Collection Spitzer).

1011. Couteau à manche de cuivre, incrusté de nacre. — Travail italien. (XVIe siècle).
La lame droite et pointue est gravée vers sa base et porte une marque. Le manche à huit pans, est évasé vers sa partie supérieure ; il est de cuivre gravé et incrusté de plaques et de petits disques de nacre.
(Collection Spitzer).

1012. Petit couteau à manche d'argent gravé. — Travail allemand.
(Fin du XVIe siècle).
La lame est droite et très pointue. Sur le manche découpé à son extrémité supérieure sont représentées : L'Espérance, la Force, la Charité et la Patience

1013. Fourchette à manche d'argent gravé. — Travail italien. (XVIe siècle.)
Elle accompagne le couteau précédent ; elle est à deux dents en acier et le manche est de même forme. Sur l'un des côtés est représenté David coupant la tête de Goliath, tandis que les Philistins et les Israélites combattent. De l'autre côté, l'armée romaine commandée par Fabius se rencontre avec les Carthaginois commandés par Annibal. Sur la tranche on lit : +V HYMANAS. SYPERAT. DIVINA. POTENTIA. VIRES. A l'extrémité du manche, une femme debout. (Collection Spitzer).

1014. Fourchette à manche de cuivre doré incrusté de nacre. (Fin du XIVe siècle).
La fourchette à deux pointes est en acier poli. Le manche est entièrement semblable à celui du couteau précédent. (Collection Spitzer).

1015. Fourchette à manche de cuivre doré, incrusté de nacre.
Travail italien. (Fin du XVIe siècle).
La fourchette à deux longues dents est de fer poli. Le manche à huit pans, trilobé à sa partie supérieure est de cuivre gravé, doré et incrusté de nacre et de cristaux taillés, appliqués sur paillon rouge et imitant des grenats.
(Collection Spitzer).

ÉMAUX TRANSLUCIDES.

1016. Petite châsse. (XVIe siècle).
Caisse rectangulaire portée sur quatre griffes, divisée sur chaque face en cinq arcs en plein cintre, et en deux sur chaque petite face séparés par des pilastres portés sur socle dont la moulure est une frise de feuilles entablées descendantes, et soutenant une moulure semblable formant corniche.

160   ÉPOQUE DE LA RENAISSANCE.

Toit en coin, orné d'un réseau encadrant alternativement quatre larmes et une rosace entourées d'un galon. Chaque croupe porte un cristal rond
Chaque arcade encadre une figure d'apôtre, et, sur un petit côté, les deux figures du Christ et de la Magdeleine au jardin, en émaux bleu et jaune sur fond vert quadrillé.
Argent doré.   (Cathédrale du Mans)

ÉMAUX PEINTS.

1017. Buste d'homme, coiffé d'un chapeau rouge à larges bords et vêtu d'une jaquette bleue avec manches à mahoires.   (Milieu du XVe siècle).
Fond bleu à rinceaux d'or. Trait par enlevage.
(Société des Antiquaires de l'Ouest, à Poitiers)

1018. Bouquet de trois rosaces, deux petites bleues et une grande, blanche et bleue, sur des branches d'or sortant d'un culot vert, sur fond bleu.
(Milieu du XVe siècle).
Essais de fleurons sur le revers.
(Société des Antiquaires de l'Ouest, à Poitiers).

MONVAERNI.

1019. Plaque rectangulaire. — Le Baiser de Judas. (XVe siècle).
Au centre Judas nimbé, tenant la bourse, suivi de soldats, baise Jésus que les apôtres accompagnent : à droite, Saint Pierre remet au fourreau l'épée dont il a frappé le porteur de la lanterne agenouillé devant lui.
Émaux polychrômes.
Revers bleu gris opaque.   (M. Ch. Mannheim).

1020. Triptyque du Calvaire.   (XVe siècle).
Partie centrale : Le Christ en croix entre les deux larrons ; à sa droite Longin perce son côté et l'homme lui présente l'éponge. La Vierge, Saint Jean, une sainte femme, la Magdeleine embrasse le pied de la croix. A sa gauche, cavaliers, Jérusalem au fond.
Volet droit : Saint Jacques coiffé du chapeau de pèlerin, le bourdon en main.
Volet gauche : Sainte Catherine ; sur son glaive l'inscription enlevée dans l'émail. AVE MARIA, MONVAERNI.
Émaux polychrômes. Anciennes collections Didier Petit et Odiot.
Publié dans le *Catalogue* du cabinet E. Odiot.   (M. Cottereau).

1021. Plaque rectangulaire. — Le Baiser de Judas. (XVe siècle).
Attribué à Monvaerni.
Judas baise le Christ qui remet à Malchus, agenouillé à terre, l'oreille que Saint Pierre lui a coupée. A droite, les apôtres ; à gauche les soldats en armure.
Grisaille et émaux polychrômes sur grisaille.
Revers bleu foncé. Plaque très épaisse.   (Collection Spitzer).

LES PÉNICAUD.

NARDON PÉNICAUD.

1022. L'Adoration des Mages.
Au premier plan à gauche est assise la Vierge nimbée et vêtue de long ; elle tient sur ses genoux l'Enfant Jésus auquel l'un des rois à genoux, barbu et chauve, présente une boîte pleine d'encens. Au second plan, les deux autres

ÉMAUX PEINTS.

rois debout, et couronnés drapés, dans de vastes manteaux ; ils tiennent chacun un vase d'or ou un reliquaire, l'un indique dans le ciel l'étoile qui les a guidés. A gauche, à l'entrée de la crèche, Saint Joseph debout, faisant un geste d'étonnement.

Plaque cintrée par le haut, ramenée à la forme rectangulaire par l'addition d'une plaque échancrée sur laquelle est figurée une arcade d'architecture gothique.

Émaux de couleurs appliqués sur un dessin noir ; chairs légèrement saumonées. Rehauts d'or ; ciel semé d'étoiles d'or.

Encadrement en cuivre doré orné de torsades et de feuillages.
(Collection Spitzer).

1023. Triptyque.

Chacune des parties du triptyque est composée de deux plaques : une grande et une petite formant soubassement séparée de la plaque supérieure par une bande de cuivre faisant partie de la monture.

Partie centrale. L'Annonciation. A gauche, la Vierge, vêtue de long, nimbée, les cheveux sur les épaules, agenouillée les mains jointes devant un prie-Dieu sur lequel est ouvert un livre. A droite l'ange Gabriel tenant en main un sceptre terminé par une fleur de lys et faisant de la main droite un geste de bénédiction ; sur le fond une banderole sur laquelle on lit le commencement de la Salutation angélique : AVE MARIA GRACIA PLENA. Entre l'ange et la Vierge est placé un vase à deux anses d'où sort une tige de lys. Deux autres anges accompagnent l'ange Gabriel ; l'un d'eux soutient un pan de son manteau. Au fond, sous une arcade en avant de laquelle deux anges debout sur des colonnes soutiennent une guirlande, on aperçoit Dieu le Père coiffé d'une tiare bénissant et portant un globe crucifère et le Saint-Esprit sous la forme d'une colombe ; ils sont entourés d'une gloire de chérubins. A droite et à gauche de l'arcade, deux personnages (des prophètes ?) tenant deux banderoles sur lesquelles on lit : O MATER DEI MEMENTO MEI. Sur la plaque formant soubassement, est peint un écusson en forme de losange, soutenu par deux anges volants ; « parti au 1 de sinople à trois lions d'azur (?) couronnés d'or et langués de gueules, posés 2 et 1, à l'écu d'azur à la fasce d'or aux six billettes de même ; trois en chef, trois en pointes, posées en fasce ; en abîme ; au 2 de gueules au chevron de sinople chargé d'hermines d'or accompagné de trois étoiles d'azur, deux en chef une en pointe. »

Volet de gauche. La Nativité. En avant de la crèche est étendu à terre l'Enfant Jésus complètement nu qu'adorent la Vierge agenouillée, les mains jointes ; au second plan, Saint Joseph assis tenant en main une lanterne et un cierge allumé. Au fond, le bœuf et l'âne.

Volet de droite. La Circoncision. La Vierge debout tient l'Enfant Jésus sur l'autel et le présente au grand prêtre. Au fond trois personnages, deux hommes et une femme ; au premier plan Saint Joseph agenouillé.

Sur les plaques formant les soubassements des volets sont peintes séparément les armoiries réunies dans l'écusson central.

Émaux de couleur translucides sur préparation en brun tracé sur fond blanc ; rehauts d'or et paillons imitant des pierreries. Monture en cuivre doré ornée de feuillages rapportés. (Collection Spitzer).

ATTRIBUÉ A NARDON PÉNICAUD.

1024. La Vierge et l'Enfant Jésus.

La Vierge, nimbée et couronnée, les cheveux épars sur le dos, est représentée à mi-corps, de trois quarts à gauche sous une arcade d'architecture de style moitié Renaissance, moitié gothique. Elle tient l'Enfant Jésus debout devant elle et lui présente un oiseau avec lequel il joue. Fond d'architecture.

Émaux brun-translucide, bleu, violet et vert, modelés en noir et en violet dans les chairs ; rehauts d'or et de paillons. (Collection Spitzer).

162   ÉPOQUE DE LA RENAISSANCE.

ATELIER DE NARDON PÉNICAUD.

1025. Triptyque de la Crèche. (Fin du XVe siècle).

Tableau central. La Vierge agenouillée, vers l'Enfant Jésus couché à terre et adoré par des anges. L'âne et le bœuf en arrière, Saint Joseph assis derrière la Vierge tenant un cierge allumé. Anges volant au fond, et bergers à gauche.
Volets : L'*Annonciation.* L'ange sur le volet droit et sur le volet gauche la Vierge assise les deux mains ouvertes recevant la colombe. Carnations en grisaille légèrement violacées. Émaux polychrômes sur trait sous-jacent.
(M Charles Ephrussy).

1026. Plaque de Paix cintrée. (Fin du XVe siècle).

La Crèche. La Vierge et Saint Joseph en adoration devant l'Enfant couché à terre. A gauche Saint Michel terrassant le dragon. Bergers derrière un mur d'appui au fond, et anges dans le ciel.
Émaux polychrômes. (Musée de Guéret).

1027. Triptyque de la Crèche. (Fin du XVe siècle).

Tableau central : La Vierge et Saint Joseph agenouillés devant l'Enfant Jésus couché à terre, réchauffé par le bœuf et l'âne, en avant de trois anges. Fond d'architecture, à travers les ouvertures de laquelle des hommes regardent. Deux anges volants, à gauche chantent le *Gloria in excelsis* à deux bergers.
Sur les volets : L'*Annonciation.* L'ange est agenouillé sur le volet droit, au-dessous de Dieu le Père ; sur le volet gauche, la Vierge assise, un livre sur les genoux, les deux mains étendues. Carnations en grisaille violacée.
Émaux polychrômes sur trait sous-jacent. Orfrois perlés, rehauts d'or.
(Mlle Grandjean).

1028. Volet de Triptyque. (Fin du XVe siècle).

Jésus portant la croix, sous un arc en accolade. Emaux polychrômes transparents sur dessin en bistre, rehauts d'or. (Mlle Grandjean).

JEAN I PÉNICAUD OU JEAN PÉNICAUD L'ANCIEN

1029. Plaque rectangulaire ; — Jésus couronné d'épines.
(XVIe siècle).

Deux hommes, à l'aide de bâtons, posent la couronne d'épines sur la tête du Christ assis, auquel un autre homme met une palme dans les mains.
Carnations en grisaille ; costumes polychrômes translucides sur dessin sous-jacent. Nombreux rehauts d'or.
Sur le siége la signature en or : PENIC.
Revers bleu épais. (M. Maurice Kann).

1030. Triptyque du Jugement dernier. (XVIe siècle).

Tableau central : Dieu assis les pieds sur le globe levant ses deux mains, entre la Vierge et Saint Jean-Baptiste qui le prient. Au-dessus et au-dessous quatre anges sonnent la trompette. Dans le bas, des Papes, cardinaux, évêques, etc. sortent du tombeau.
Volet droit : Saint Pierre introduit les justes dans le paradis. Au-dessus de son mur crénelé, des anges musiciens, et au-dessus Dieu le Père entre deux anges musiciens.
Volet gauche : les réprouvés sont précipités dans la gueule de l'enfer, portés ou conduits par des diables.
Carnations en grisaille, vêtements polychrômes en partie transparents, bordés de perles sur paillons, rehauts d'or. (M. Schiff).

JEAN II PÉNICAUD

1031. La Charité. (XVIe siècle).

Plaque rectangulaire. Femme à mi-corps, tenant de la main gauche une corne d'abondance, appuyant la droite sur l'épaule d'un enfant à mi-corps qui prend

ÉMAUX PEINTS.

son sein, un second enfant porte un vase de fleurs. Grisaille légèrement rehaussée de bistre sur fond violet, sur lequel une niche est indiquée. Dans le bas, l'inscription en or : CHARITA. Dans le haut, la signature : IA. PENICAVD IVNIOR.
Revers translucide, le poinçon des Pénicaud. (M. Cottereau).

1032. La Force. (XVIᵉ siècle),

Plaque rectangulaire. Homme nu à mi-corps, casqué et vêtu d'une cuirasse, portant un chapiteau de ses deux mains. Même fond que le précédent, FORTITVDO signé dans le haut, IA. PENICAVD IVNIOR.
Revers translucide frappé trois fois du poinçoin des Pénicaud.
(M. Cottereau).

1033. La Tempérance.

Plaque rectangulaire. Femme à mi-corps vue de dos, la tête de face, versant l'eau d'une coupe dans une autre. Fond marbré violet, rouge, vert et jaune. TEMPERANTIA. Signé dans le haut. P.-I.
Revers translucide, frappé deux fois du poinçon des Pénicaud.
(M. Cottereau).

1034. La Justice.

Plaque rectangulaire. Une femme à mi-corps, vue de dos, la tête de profil à gauche, tenant de la gauche un globe sur lequel la balance est figurée, et de la droite un glaive levé. — Fond de grisaille, figurant une niche ; dans le bas IVSTICIA. Signé dans le haut P. I.
Revers translucide frappé du poinçon des Pénicaud. (M. Cottereau).

1035. L'Adoration des Mages.

Plaque exécutée d'après l'estampe de Lucas de Leyde.
A gauche la Vierge assise présente l'Enfant Jésus à l'Adoration de l'un des rois mages agenouillé devant lui ; celui-ci porte un coffret sous son bras, et baise le pied de l'Enfant Jésus ; plus loin un autre mage debout tenant en main un hanap et enlevant son bonnet ; au premier plan le troisième roi mage debout, l'épée au côté portant un vase d'orfévrerie. Tout à fait à gauche, saint Joseph debout tenant un rosaire, à droite, au second plan, des cavaliers et les serviteurs des mages. Fond de montagnes et de châteaux.
Grisaille. Dessin par enlevage d'une finesse excessive. Contre-émail incolore.
(Collection Spitzer).

1036. Coffret à toit en portion de cylindre en bronze doré revêtu d'émaux. (XVIᵉ siècle).

Face antérieure. Combat des Athéniens et des Amazones. Combat des cavaliers sur les autres faces. Sur le couvercle triomphe d'une amazone. Au-dessus une banderolle avec la devise : MAVGRE FORTUNE ET FOVDRE PASSERE OVLTRE. Signé I P en ou sur un bouclier.
Grisaille. Armures d'or. Fond noir semé de paillons. (M. Nollet).

1037. Douze plaques de la Passion.

Sur chaque plaque rectangulaire, une épisode de la Passion : *L'entrée à Jérusalem ; Jésus en prière au jardin des Olives ; L'arrestation de Jésus ; Jésus devant Hérode ; Jésus souffleté ; Jésus couronné d'épines ; L'Ecce Homo ; le portement de croix ; La mise au sépulcre ; La résurrection; Jésus aux limbes ; Jésus et la Magdeleine.*
Émaux polychrômes sur grisaille. — Revers translucide : poinçon des Pénicaud. (M. Mante).

1038. Le pape Paul III.

Plaque circulaire. Le pape, de profil à gauche, est vêtu d'une chape dont l'orfroi représente trois scènes en camaïeu d'or. Ses armes décorent le mors de la chape. Autour de la figure, l'inscription : PAVLVM PONT MAX ; MDXXIX.
Grisaille et camaïeu d'or sur fond noir. — Revers translucide : poinçon des Pénicaud. (M. Cottereau).

ÉPOQUE DE LA RENAISSANCE.

1039. La Pentecôte.
Plaque ovale Dans une grande salle voûtée sont assis les Apôtres de chaque côté de la Vierge qui occupe le fond du tableau ; tous sont nimbés et joignent les mains. Dans le haut, le Saint-Esprit sous la forme d'une colombe entourée de rayons et de langues de flammes qui descendent sur la Vierge et les Apôtres.
Émaux de couleur ; chairs saumonnées ; modelé par hachures. Fond en grisaille ; rehauts d'or. Contre-émail incolore taché de jaune. (Collection Spitzer).

1040. Petite plaque ronde. — La Vierge et l'Enfant-Jésus.
La Vierge, le genou gauche en terre, prend un livre qui est posé, et tient de la main droite l'Enfant-Jésus qui l'embrasse. Près du bord l'inscription circulaire en or : O MATER DEI MEMENTO MEI. Grisaille légèrement relevée sur fond violet. Revers transparent rouge. (M. Ch. Mannheim).

1041. Plaque rectangulaire. — Apparition de la Vierge.
Roi encensant, agenouillé auprès d'une reine qui pose la main sur son épaule et lui montre dans le ciel la Vierge assise, portant l'Enfant-Jésus. A gauche, deux dames derrière la reine, à droite et au fond, hallebardiers. Édifices en arrière plan. Grisaille et émaux translucide sur paillon. Revers transparent. Trois fois le poinçon des Pénicaud. (M. le Baron Alphonse de Rothschild).

1042. Portrait d'homme.
Plaque rectangulaire. Buste d'homme de trois quarts à gauche, à cheveux et à longue barbe noirs, front dégarni, coiffé d'un bonnet plat, vêtu d'un pourpoint noir à manches élevées sur l'épaule. Fond vert, bordure orangée. Revers translucide nuageux. (M. Cottereau).

1043. Le portement de croix, d'après Raphaël.
Plaque circulaire, signée P. 1 en or. Grisaille rehaussée de bistre, sur fond noir. Revers translucide, portant deux fois le poinçon des Pénicaud.
(M. Ch. Mannheim).

1044. Baiser de paix.
La Vierge et l'Enfant-Jésus, d'après une estampe d'Albert Durer. La Vierge vêtue d'une robe longue à plis cassés et d'un grand manteau, est assise au pied d'un arbre ; elle est nimbée et ses cheveux retombent sur son dos. De la main droite elle tient une poire qu'elle offre à l'Enfant-Jésus qui, assis sur ses genoux, fait de la main droite le signe de la bénédiction. Fond de paysage et de fabriques. Dans le coin à gauche, un rayon d'or descendant jusque sur la Vierge.
Grisaille avec parties glacées de bleu, de lilas et de vert clair. Fond noir ; dessin par enlevages. Ton général très doux. Rehauts d'or. Monture en cuivre doré, composé d'une base ornée de feuillage et de deux colonnettes fuselées sortant d'un entablement couronné d'une palmette qu'accompagnent deux volutes. (Collection Spitzer).

1045. Plaque elliptique ogivale. *Jésus devant Pilate* qui se lave les mains.
Email polychrôme en partie sur paillon.
Revers translucide. Poinçon des Pénicaud.
(Musée d'Aix, Bouches-du-Rhône).

JEAN III PÉNICAUD.

1046. Coupe et son couvercle. (XVIᵉ siècle).
Coupe mamelonnée sur une tige à balustre et un pied à gorge. Intérieur : *Un combat de Cavaliers*. Extérieur : quatre termes femmes, terminés en double spirale, soutenant de leurs deux mains levées des guirlandes de fruits rattachées à l'autre extrémité à des têtes garnies d'ailes de papillon, placée entre-eux.
Balustre, quatre têtes d'où pendent des draperies. Pied : deux enfants soutenant un anneau dans lequel un écu « d'azur au chevron d'or accompagné de trois roses semblables, deux et un », et un enfant entre deux cygnes.

Couvercle mamelonné. Extérieur : dix hommes et femmes nus assis sur les nuages, parmi lesquels Jupiter armé de la foudre, empruntés à différentes compositions de Raphaël. Revers : quatre médaillons ovales encadrant chacun un buste de profil, séparés par un enfant debout.

Grisailles sur fond noir.
(M. Ch. Mannheim).

1047. Plaque rectangulaire. *Le repas des Dieux*, d'après Raphael.

Grisaille sur fond noir.
Revers transparent.
(XVIe siècle).
(Mlle Juliette de Rothschild).

1048. La présentation au Temple.

La scène se passe dans le Temple divisé en trois nefs par deux ordres de colonnes. Au centre se dresse un autel carré recouvert d'une nappe derrière lequel on aperçoit Saint-Joseph debout remettant l'Enfant Jésus à Siméon ; il est accompagné de la Vierge et d'un autre personnage, vieillard à longue barbe. Au dessus de l'autel, un baldaquin sorte de pavillon de forme conique, bordé de franges, sur lequel est représenté un petit ange accroupi. A gauche, une vieille femme debout un voile sur la tête et derrière elle plusieurs personnages coiffés de bonnets et de turbans, vêtus de manteaux ou de longues robes. A droite est représentée l'arrivée de la sainte famille au temple. La Vierge porte sur ses bras l'enfant Jésus tandis que Saint-Joseph debout au premier plan porte dans la main gauche un vase contenant sans doute une offrande ; derrière lui deux femmes dont l'un tient un panier dans lequel sont des colombes. Au plafond est suspendue une couronne de lumière.

Grisaille ; dessin extrêmement fin par enlevage. Chairs très légèrement teintées. Quelques rehauts d'or. Contre-émail incolore. Au centre du revers, le poinçon des Pénicaud.
(Collection Spitzer).

1049. La Crucifixion.

A droite et à gauche de la croix qu'embrasse la Madeleine, voltigent deux petits anges les mains jointes. Derrière eux on aperçoit le Soleil et le croissant de la Lune. A gauche, la Vierge évanouie et soutenue par Saint-Jean accompagné de deux saintes femmes en pleurs. A droite, un groupe de trois vieillards à cheval, en costume oriental, coiffé de turbans ou de grands chapeaux. Au fond la ville de Jérusalem ; ciel nuageux. Dessin par enlevage d'une grande finesse sur fond noir ; émaux translucides appliqués sur préparation en blanc. Rehauts d'or.

Contre-émail noir décoré en or. Au centre est figurée la nef d'un édifice supporté par des colonnes auxquelles sont suspendus les instruments de la Passion : la lance, le roseau et l'éponge, le fouet et le paquet de verges, la couronne d'épines, la tunique, les dés, les clous, le coq de Saint-Pierre. En légende on lit : O : VOS : QVI : TRANSITIS PER : VIAM. ACTENDITE : ET : VIDETE : SI : EST : DOLOR : SICVT : DOLOR : MEVS.

Cet émail est monté en *baiser de paix* ; encadrement en bois peint et doré.
(Collection Spitzer).

1050. La Cène.

Baiser de paix cintré par le haut. Autour d'une table longue, placée sous un baldaquin, sont assis les apôtres ayant au milieu d'eux le Christ sur le sein duquel s'appuie Saint-Jean. Le Sauveur donne le pain à Judas assis à sa droite.

Grisaille ; dessin très fin par enlevage ; chairs légèrement saumonnées ; modelé en partie par hachures ; quelques rehauts d'or très fins. (Vers 1540).
(Collection Spitzer).

1051. Coffret.

Ce coffret de forme barlongue et à couvercle prismatique se compose de douze plaques d'émail peint enchâssées dans une monture de cuivre doré dans le style de la première renaissance française. Aux angles sont des pilastres à chapiteau en forme de chérubin et sur la plaque de cuivre gravée qui forme la partie supérieure du couvercle on voit des enfants et des dragons soutenant un cartouche sur lequel on lit : DEVM TIME.

Devant. — Sur le coffret et sur le couvercle, quatre bustes d'empereurs romains entourés de couronnes de laurier soutenues par deux petits génies ailés. —

ÉPOQUE DE LA RENAISSANCE.

Jules César ; lauré de profil à droite : IVLIVS CESAR ; sur une banderole enroulée autour de la couronne de laurier : C. IVLIVS. CESAR. PP. RMIER (*premier*) AN PER (*eur*). — Octave : de profil à gauche et le front ceint d'une couronne à pointes : OTAVIEN. Sur la banderole de la couronne de laurier : OTAVIANO SEGOVNDVS INP. — Vitellius de profil à droite, lauré ; deux fois répété : VICELLIO.

Partie postérieure. — Sur le coffre et le couvercle quatre bustes d'empereurs : Domitien de profil à droite et lauré : DOVCTIANO ; — Tibère de profil à gauche lauré : TIBERIO. — Vitellius, de profil à droite, lauré (deux fois répété) : VICELLIO.

Extrémité de droite. — Les bustes laurés et affrontés de deux empereurs, dans un tore de lauriers soutenu par deux enfants ; Néron et un autre empereur : NERO. DEBAVDLA (sic). Cette plaque orne l'extrémité de la caisse ; à l'extrémité du couvercle, sur une plaque en forme de trapèze, on voit un enfant couché appuyé sur une tête de mort accompagné de l'inscription MEMENTO MORI DICO, tracée dans une banderole.

Extrémité de droite. — Les bustes de Vespasien et de Titus disposés comme plus haut : VESPASIANVS, TITD : et le même enfant couché appuyé sur une tête de mort.

Émaux de couleurs très légèrement teintes, sur fond noir ; dessin par enlevage très fin. Rehauts d'or. (Collection Spitzer).

ÉCOLE DE PÉNICAUD.

1052. Plaque de Paix, cintrée dans le haut. Une *Pitié*. (XVIᵉ siècle).

Le corps de Jésus couché sur les genoux de la Vierge assistée de Saint-Jean et de l'une des Maries. Émail polychrôme. (Musée d'Aix, Bouches-du-Rhône).

ANONYMES K.I ET K.I.P.

1053. Plaque circulaire. *La Résurrection.* (XVIᵉ siècle).

Le Christ est debout sur le sépulcre, qui porte l'inscription SEPVLCRO CRISTE, et qui est entouré de nombreux soldats ou couchés ou assis à terre. Grisaille. Sur une pierre le monogramme KI. Revers translucide. (M. Ch. Mannheim).

1054. Deux petites Plaques rectangulaires.

1ᵉʳ Combat de Cavaliers.
Au fond, à droite, des cavaliers portant des trophées : sur un cartel, dans le bas, le monogramme K. I. P.
Revers translucide.

2ᵉ Combat de gens de pied ; au fond des cavaliers portant des enseignes et des trophées.
Revers translucide. (M. Josse).

1055. Plaque circulaire. *L'Adoration des bergers.*

Au centre la Vierge agenouillée, tournée à droite devant l'Enfant Jésus couché à terre, faisant face à Saint-Joseph. Six bergers, trois derrière elle et trois derrière Saint-Joseph. Au-dessus d'un portique, deux anges portant des couronnes. Signé en exergue K. I. P.
Grisaille, sur fond noir bleuté.
Revers translucide. (M. Ch. Mannheim).

1056. La Vierge, l'Enfant-Jésus et Saint-Jean.

La Vierge nimbée, vêtue de long, un voile sur la tête, est assise sur un banc à dossier bas, de son bras elle soutient l'enfant Jésus assis sur un coussin placé sur les genoux de sa mère ; celui-ci tient dans la main gauche un petit oiseau. A droite, le jeune Saint-Jean, nimbé, debout, vêtu d'une tunique courte. Il porte une croix et un agneau. Dans le coin à droite, la signature K. I. P. A gauche, au-dessus de la Vierge, une étoile entourée de rayons et dans le haut deux dauphins affrontés séparés par une coquille surmontée d'un buste d'ange. Sur le fond l'inscription : O MATER DEI MEMENTO MEI.

ÉMAUX PEINTS.

Grisaille. Rehauts d'or ; chairs légèrement saumonnées. Tons bleu lapis et vert dans les accessoires.
Monture de baiser de paix en cuivre doré, ornée de volutes et de palmettes.
(Collection Spitzer).

1057. Petite plaque rectangulaire. — *Lucrèce.*
Lucrèce assise, vêtue d'une robe d'or, se perce le sein. Encadrée par deux cornes d'abondance. Sur le banc en lettres blanches le monogramme P.I.K. Grisaille sur fond noir.   (M. Ch. Mannheim).

1058. Un sacrifice. (XVIe siècle).
Plaque rectangulaire.
Au centre un autel sur lequel brûle un feu. En avant, à gauche, un sacrificateur agenouillé vers lequel se penche un autre qui égorge un bélier, à droite un second sacrificateur en amène un autre ; deux orants. Animaux dans le fond. Grisaille rehaussée d'or dans les vêtements. Sur l'autel l'inscription KAREY. IERA.
Revers translucide frappé d'un poinçon représentant un lion courant à droite, sur les lettres I. K.   (M. Ch. Mannheim).

LÉONARD LIMOSIN

1059. Plat ovale.
Intérieur : Moïse apportant les tables de la loi aux Israëlites : EXODE XXX IV. Marli : entrelacs d'or. Bord : grotesques, comprenant des figures, interrompus par quatre médaillons bleus à dessins d'or. Grisaille sur fond noir. Revers : Les juifs sacrifiant un agneau ; dans un cartouche LEVITIQUE IX. Bord : grotesques d'or. — Grisaille colorée sur fond bleu dans le cartouche.
(Musée de Toulouse).

1060. Assiette.
Fond : buste d'homme jeune de profil à gauche. *Bord :* quatre médaillons représentant des tritons en camaïeu sur fond bleu, ourlet blanc. *Revers :* tête de femme de profil à gauche dans la découpure ovale d'un cartouche carré accosté de deux enfants jouant de la trompette à étendart, et combiné avec deux mascarons. *Sous le bord :* quatre médaillons blancs.
Traces d'or. Grisaille sur fond noir. — Vers 1562. (Musée de Guéret).

1061. Coupe et son couvercle.
Coupe plate portée sur un haut pied cylindrique en doucine à sa partie inférieure. *Intérieur :* le Jugement de Pâris, dans une bordure de consoles adossées, en or. *Dessous :* quatre termes à tête ailée et quatre sphynx accroupis, alternés, séparés par des écus d'où tombent des trophées, sous une frise à triglyphes, et sur des feuilles entablées descendant autour du pied.
Pied : feuilles entablées descendant au-dessus de quatre médaillons ovales, bleus à camaïeu d'or, portant chacun un Terme. Des draperies d'où pendent des trophées réunissent les Termes.
Couvercle mamelonné ; *extérieur :* bossages bleus à camaïeu d'or, cernés de blanc, séparés par trois termes et trois trophées, sur un fond noir à arabesques d'or. *Revers :* bustes en camaïeu d'or dans le creux des bossages, séparés par des trophées semblables.   (M. Ch. Mannheim).

1062. Coupe (1548).
Coupe plate sur un haut pied cylindrique s'élargissant à la base.
Intérieur : deux écus chacun dans une couronne de lauriers portée par un enfant. Au-dessus vole un petit génie au milieu de branches de laurier. Au-dessous, une tête ailée surmontant une cartouche portant la date 1548.
L'écu de gauche est « de gueules au lion d'or », celui de droite : « d'azur aux trois tours d'argent, deux et un ».
Revers : pentes de trophées et de cartels attachés à des rubans : dans un cartel le monogramme L.L. enlevé dans l'or. Feuilles entablées autour du pied. Pied orné de feuilles entablées descendant au-dessus d'arabesques d'or.
Grisaille colorée.   (M. le baron Gustave de Rothschild).

ÉPOQUE DE LA RENAISSANCE.

1063. Couvercle de coupe.

Extérieur : *Combat des Centaures et des Lapithes*. Les Lapithes accourent autour d'une table à gauche de laquelle deux hommes saisissant une femme qu'un Centaure veut enlever ; à gauche, deux Lapithes combattent des Centaures. Sur un rocher qui sépare le commencement de la fin de la frise, la signature : LEONARDVS LEMOVICVS INVENTOR 1536. Grisaille, colorée en vert sur les terrains,

Intérieur : divisé en trois secteurs inégaux par trois rayons fleuronnés contenant chacun un sujet : 1° un prêtre romain répandant le contenu d'un calice sur l'autel ; 2° un repas de deux seigneurs en costume du temps de François Ier entourés de nombreux personnages debout ; 3° repas de nombreux personnages en costume du temps de François Ier ; au-dessus d'eux l'inscription en or : CONCILIAT DIVOS FEDERA AMICIAS. Grisaille colorée dans les costumes. (M. le baron Gustave de Rothschild).

1064. Couvercle de coupe.

Dessus à quatre bossages ovales ornés chacun d'un buste, séparés par des pentes de trophées ou de feuillages. L'un est composé d'un écu où un homme en frappe un autre renversé à terre. Bord orné d'une couronne de lauriers. Intérieur, bustes dans les bossages ; grands feuillages et trophées sur le fond, en or gravé.

Grisaille en partie colorée au bistre sur les bustes, en vert sur les ornements.
(M. Ch. Mannheim).

1065. Disque. — *La Nature ?*

Femme nue, debout, pressant ses deux seins. Un ours, un agneau, un lion, un cerf et un bouc se pressent contre elle. Grisaille rehaussée de bistre.
(M. Ch. Mannheim).

1066. Cinq plaques rectangulaires.

Pièces de l'*Histoire de Psyché*, d'après les estampes du « Maître au Dé » accompagnées des inscriptions italiennes :

1re *Le Récit de la Vieille*, signé L. L. sur une pierre.

2° *Psyché portée sur le Rocher.*

3° *La Toilette de Psyché.*

4° *Le Repas de l'Amour et de Psyché.*

5° *Psyché réveillant l'Amour.*

Grisailles légèrement colorées sur les carnations.
(M. le baron Gustave de Rothschild).

1067. Plaque rectangulaire. — *Mercure.*

Mercure nu, debout, vu de face, coiffé du pétase, avec les talonnières, jouant de la double flûte. Grisaille coloré dans les fonds.
(M. le baron Gustave de Rothschild).

1068. Plaque rectangulaire. — *Un Combat.*

Au centre, deux hommes assis et un homme renversé à terre. A gauche, un guerrier poursuivant un homme. Au fond, à droite, un guerrier menaçant un homme qui porte un paquet sur l'épaule. Armée et ville au fond.
Grisaille sur fond coloré. (M. le baron Gustave de Rothschild).

1069. Plaque rectangulaire. — *Orphée.*

Orphée assis sur un tertre au pied d'un arbre, où est grimpé un singe, joue de la lyre, entouré d'animaux.
Grisaille sur fond coloré. (M. le Baron Gustave de Rothschild).

1070. Plaque rectangulaire. — *Diane et Calisto.*

Diane, le croissant en tête, est agenouillée auprès d'une femme assise au pied d'un arbre. Fond de paysage. Grisaille colorée.
(M. le Baron Gustave de Rothschild).

ÉMAUX PEINTS.

1071. Plaque rectangulaire. — *Diane et Endymion ?*
A droite, une femme assise sur les genoux de laquelle un homme endormi pose sa tête. Au fond, deux femmes. A droite, deux femmes nues assises, vues de dos. Fond d'arbres et de paysages. Grisaille colorée.
(M. le Baron Gustave de Rothschild).

1072. Deux sybilles et un prophète.
Debout sur un fond bleu pastillé, la tête entourée d'une banderolle à inscription, dans un même cadre. SYBILE CVMENIA, portant une corne d'abondance. — Prophète barbu, les bras croisés, AVCVNE PAIX IE NE TREVVE EN MES OS—SYBILA FHIGIA, portant la croix. (Mme Ve Flandin),

1073. Deux sybilles et un prophète.
Debout, la tête entourée d'une banderolle à inscription, dans un même cadre.
— SYBILA TIBVRCIA, portant une main. — Prophète barbu, coiffé d'un turban. SANTE NI A AN MA CHER NE REPOS DEVANT LA FACE.
SYBILA EVROPA, sans attribut.
Émaux polychrômes, quelques-uns transparents. Carnations blanches.
(Mme Ve Flandin).

1074. Quatre sybilles.
A mi-corps dans une couronne de lauriers sur un fond noir, une banderolle à inscription flotte derrière leur tête :
1. SYBILA TIBVRCIA, portant une main.
2. SYBILE ASPOCIA, portant la croix.
3. SYBILA CVMANA, portant un tertre ?
4. SYBYLE AGRIPA, portant un fouet.
Émaux polychrômes, semi-transparents, éclairés de blanc. Carnations blanches.
(Mme Ve Flandin).

1075. Plaque ovale. — *Portrait d'Amyot.*
Amyot, de trois quarts à gauche, à barbe blanche et courte, coiffé d'une calotte bleue et d'un bonnet carré rouge est vêtu d'une collerette tuyautée, d'un pourpoint rouge sous une houppelande ouverte de même couleur. Une tablette verte coupe le buste. Fond bleu.
Encadrement formé d'un cartouche en forme d'écu de bois doré encadrant : deux plaques latérales rectangulaires, représentant chacune une femme tenant une palme, en grisaille. Au sommet et dans le bas, une plaque ovale repoussée, figurant : la première une tête ailée, la seconde, une tête de femme la bouche ouverte, en grisaille colorée. Dans les intervalles, de forme irrégulière : quatre plaques repoussées, au milieu, d'un bossage orné d'un buste de profil en grisaille sur bleu, entourées d'arabesques d'or sur fond noir.
(M. le Baron Alphonse de Rothschild).

1076. Plaque ovale. — *Portrait de Catherine de Médicis. (1563).*
La reine est de trois quarts à gauche, coiffée d'un tour et garni de perles d'où tombe en arrière une coiffe de velours noir. Elle est vêtue d'une robe à corsage carré, en brocart d'or sur noir, bordée d'un double C combiné avec l'H sur le devant du corsage. Un réseau de perles attaché par des pierres couvre ses épaules ; un carcan orné de son chiffre et de celui du roi en or, d'où pend une perle, orne son cou, et un collier de perles placé au bas de ses épaules est relevé au milieu du corsage. Une tablette verte interrompt le buste.
Sur le fond bleu, à gauche, la signature : Léonard Limosin 1563. — Bordure de bois doré encadrant des émaux d'ornement.
(M. le Baron Edmond de Rothschild).

1077. Plaque ovale. — *Portrait d'un docteur.*
Tête d'homme sans barbe, à cheveux courts, de profil à gauche, coiffé d'un bonnet plat pardessus une calotte, vêtu d'une robe noire à manches amples. Une tablette verte interrompt le buste.
Bordure de bois doré encadrant des plaques d'émail.
(M. le Baron Alphonse de Rothschild).

ÉPOQUE DE LA RENAISSANCE.

1078. Plaque ovale. — *Portrait de dame.*

Femme jeune, de trois quarts à gauche, coiffée d'un touret orné d'un double rang de bijouterie, vetue d'une robe blanche à corsage carré sur la poitrine couverte d'une guimpe à col montant. Un carcan entoure son col, et un collier de perles relevé au milieu du corsage descend sur ses épaules. Une tablette verte interrompt le buste.

Encadrement de plaques d'émail dans une monture en bois.

(M. le Baron Gustave de Rothschild).

1079. Plaque ovale. — *Portrait.*

Jeune femme de trois quarts à gauche, en deuil, coiffée de la coiffe noire, doublée de blanc, vêtue d'une robe noire à corsage carré garni de perles, et à manche de fourrures blanches. Collier de perles. Le buste est coupé par une tablette verte. Fond bleu.

Bordure de bois doré encadrant des plaques d'émail.

(M. le Baron Gustave de Rothschild).

1080. Portrait de Calvin (1535).

Le réformateur est représenté en buste et de trois quarts à gauche. La barbe et les cheveux longs, il est coiffé d'un bonnet et vêtu d'une robe noire. Au-dessus de sa tête une guirlande de feuillage. — Devant lui est figuré l'appui d'une fenêtre ornée d'un vase d'où sortent des rinceaux. Sur le bord dans le haut on lit la signature tracée en or : L. L. 1535.

Émaux de couleurs. Fond vert translucide et bistre. Rehauts d'or. Contre-émail incolore. (Collection Spitzer).

1081. Saint Antoine de Viennois et le Seigneur de Châtillon (1536).

Au milieu d'une prairie, semée de fleurs, on voit plusieurs moines antonins jouant aux boules. Au second plan, le seigneur de Châtillon debout, un arc à la main, vient de lancer une flèche contre un moine et se prépare à en lancer une seconde ; Saint Antoine, debout à gauche, nimbé, un livre dans la main droite, étend la main gauche et détourne les flèches. Au fond des arbres chargés de fruits et l'entrée d'un château. Au centre de la plaque un écusson entouré d'une couronne de feuillages et de fruits ; « d'or aux trois pals de vair », accompagnés d'une crosse. Vers la gauche, la signature : LL 1536.

Émaux de couleur, sur préparation en blanc et en noir ; paillons et rehauts d'or. contre-émail incolore. (Collection Spitzer)

1082. Portrait d'un réformateur (1540).

En buste et de trois quarts à gauche, il porte une robe noire et est également coiffé d'un bonnet carré noir. Il porte les cheveux courts et la barbe fourchue, légèrement teintée de roux. Fond bleu lapis sur préparation blanche. Au bas à droite la signature tracée en or : « LL. » 1540. Contre-émail incolore.

(Collection Spitzer).

1083. Portrait d'homme jeune.

De trois quarts à gauche, à cheveux et à barbe de couleur rousse, coiffé d'une toque de velours et vêtu d'un pourpoint tailladé de même, haut col de chemise bordé et rabattu. En buste avec les deux mains, l'une sur la hanche, l'autre sur la poitrine. Fond bleu étoilé d'or, signé en or : LL. (M. Ferd. Jacob).

1084. Portrait de Marguerite de Savoie, fille de François Ier (1550).

Elle est représentée en buste et de trois quarts à gauche. Vêtue d'une robe noire à manches bouffantes et à corsage plat, ouvert d'une épaule à l'autre qui laisse apercevoir une chemisette brodée de rouge : elle porte autour du cou une petite fraise. Ses cheveux séparés sur le milieu du front et crêpés sur les tempes sont surmontés d'une coiffe bordée d'un double rang de perles munie d'un voile noir qui pend par derrière. Sur la robe, des broderies d'or en partie effacées. Fond bleu lapis sur préparation blanche. Sur le bord, à gauche, la signature suivante tracée en or : — L — L — 1550. Contre-émail, incolore. (Collection Spitzer).

ÉMAUX PEINTS.

1085. Portrait du roi François Ier.

Il est représenté en buste et de trois quarts à gauche. Vêtu d'une chemisette brodée et d'un pourpoint tailladé, orné de lacs d'amour dessinés en or et de lettres F couronnées accompagnées de fleurs de lys, et d'un manteau fourré, Il porte la barbe et les cheveux longs. Il est coiffé d'une toque noire à plume blanche. Sur la toque on remarque des broderies d'or et une enseigne représentant Saint Michel terrassant le Démon. Fond noir pointillé d'or.
Tons brunâtres pour la fourrure, la barbe et les cheveux. Modelé très accentué fait en rouge au pointillé. Contre-émail incolore.
Cadre en cuivre doré orné d'encoignures en émail noir à trophées dessinées en or, surmonté de deux volutes adossées. (Collection Spitzer).

1086. Portrait d'un réformateur.

Il est représenté en buste et de trois quarts à gauche. Il est vêtu d'un pourpoint brodé d'or et d'une robe noire. Dans ses mains, croisées devant lui, il tient des gants. Les cheveux longs et la barbe courte et de couleur rousse, il est coiffé d'un bonnet carré noir. Fond bleu sur préparation blanche, contre-émail incolore. (Collection Spitzer).

1087. Portrait de femme.

En buste et de trois quarts à gauche, elle est vêtue d'une robe noire à corsage serré et ouverte en carré sur la poitrine que recouvre une chemisette plissée garnie d'une petite fraise autour du col. Les cheveux sont blonds, frisés et entourés d'une coiffe blanche et noire, bordée de perles dorées, retombant sur le dos. Autour du cou un collier de perles et sur la poitrine une chaîne d'or. Fond bleu vif bordé d'or. Chairs légèrement saumonnées. Contre émail incolore.
Ce portrait est enchâssé dans un cadre en argent doré, bordé de moulures et surmonté d'une tête de chérubin accostée de deux volutes. Le revers est garni d'une plaque d'argent gravé, sur laquelle vient s'attacher un pied monté à charnière, destiné à soutenir le tableau. Sur cette plaque, entre deux branches de chêne croisées, sont gravées en haut les armes des ducs d'Urbin de la famille des Della Rovere, surmontées d'une couronne ouverte : « écartelé au 1 de........ à l'aigle impérial de.......... ; au 2 de........ au chêne de............ ; au 3, bande de............ et de....... six pièces ; au 4 de Naples ; » plus bas on voit un autre écusson d'armoiries « de............. ; à la Tour de............ » ; un aigle impérial surmonte l'écusson.
La femme représentée dans ce portrait paraît être la reine Marguerite de Navarre. (Collection Spitzer).

LÉONARD II LIMOSIN

1088. Portrait de dame.

Dame en pied et debout, en costume de la fin du XVIe siècle ; coiffe de velours d'où tombe un ample voile, robe à corsage carré d'où s'échappe une grande collerette montante. Tablier.
Émaux polychromes sur fond brun-roux, constellé. Dans le bas, ce monogramme en or : L L dont les deux lettres sont séparées par une fleur de lys. Cadre repoussé de cartouches en lanières, de mascarons et de bouquets de fruits, en cuivre doré. (Mme Ve Flandin).

JEHAN LIMOSIN.

1089. Horloge de table.

Monture cylindrique divisée par des pilastres portant sur une haute base en talon renversé et soutenant une moulure. Sur le plat gravé de signes du zodiaque et du nom de l'horloger : *Jolivet à Limoges*, deux cadrans et quelques ouvertures pour montrer les phases de la lune, les jours de la semaine et les dates du mois. Le socle à jour est orné de vases d'où s'échappent d'abondants rinceaux symétriques combinés avec des mascarons intermédiaires. Six plaques d'émail sont encastrées entre les pilastres du pourtour percé, en plus, d'une niche au fond de laquelle un cylindre émaillé fait passer

les représentations du soleil et des planètes. Les plaques du pourtour représentent, en commençant par la droite de la niche : *Le massacre des Innocents ; l'Annonce aux bergers ; la Crèche ; l'Adoration des Rois ; la Présentation au Temple* ; les deux cadrans : l'un *les noces de Cana ;* l'autre *le repas chez le Pharisien.* La Lune est en émail.
Cuivre ciselé, gravé et doré. — Émaux polychromes sur paillons.
(M. le Baron Ad. de Rothschild).

1090. Horloge de table.
Boîte ovale en cuivre doré, garnie sur les côtés de six plaques d'émail séparées par des pilastres. Sur le plat : deux cadrans et plusieurs ouvertures dans une plaque gravée d'une femme nue, debout, sur un fond de rinceaux. Sous le fond, un écu, probablement aux armes de France, effacé. Les six plaques représentent chacune les occupations d'un mois sous le signe du zodiaque : le Verseau. Un repas — La Vierge. La tonte des moutons. — Les Poissons. Homme et femme se chauffant. — Le bélier. Taille de la vigne. — Le Taureau. Bergers. — Les Gémeaux. Concert.
Grisaille à costumes colorés. (M. le Baron Alph. de Rothschild).

FRANÇOIS LIMOSIN

1091. Plaque rectangulaire. — *Apollon et Daphné* (1633).
Grisaille colorée. Fond polychrome sur paillon. Dans le bas, en or, le monogramme et la date F L 1633. (Mlle Grandjean.).

1092. Petite plaque rectangulaire. — Le Calvaire.
Le Christ en croix, entre la Vierge et Saint Jean.
Émaux polychromes sur paillon. (Mlle Grandjean).

LES COULY NOYLIER.

COULY 1er NOYLIER

1893. Coffret.
Boîte rectangulaire à couvercle semi-hexagone, en cuivre gravé et doré, garni de douze plaques d'émail représentant des jeux d'enfants.
Grisaille sur fond rouge. (M. le Baron Alphonse de Rothschild).

1094. Coffret en bois, revêtu de cuir à couvercle en dos d'âne décoré sur toutes ses faces d'émaux peints représentants les *Travaux d'Hercule,* sauf l'émail du couvercle où l'on voit un buste au milieu d'ornements. Figures en grisailles légèrement teintées ; accessoires polychromes sur fond noir.
(Musée de Saint-Omer).

1095. Coffret. — *Les Travaux d'Hercule.*
Coffret rectangulaire en cuivre doré, à couvercle semi-hexagone garni de douze plaques d'émail, représentant la légende d'Hercule.
Grisaille sur une glaçure verte. (M. le Baron Alph. de Rothschild).

1096. Coffret.
Ce coffret de forme barlongue est recouvert d'un couvercle prismatique à trois pans. Il est orné de douze plaques d'émaux peints enchâssés dans une monture de bronze doré, ciselé et gravé. Les angles sont ornés de pilastres dans le style de la Renaissance, surmontés de chapiteaux en forme de chérubins. L'entrée de la serrure, placée sur une bande de cuivre gravée, qui divise la face antérieure en deux compartiments, est cachée par une applique en bronze représentant un buste de femme. La même décoration se retrouve à la partie postérieure du coffret. Le dessus du couvercle sur lequel s'agraffe une anse mobile ornée de volutes, est entièrement gravé de rinceaux terminés par des masques grotesques ou des têtes de dauphins. Sur un petit cartouche qui en occupe le centre, on lit : DEVM-TIME

ÉMAUX PEINTS. 173

Couvercle : La naissance d'Hercule ; Hercule enfant, étouffant deux serpents. Hercule domptant un taureau. Hercule transportant sur ses épaules un homme mort. Hercule tuant un dragon à coup de massue. Hercule portant deux colonnes sur ses épaules. Cacus volant les génisses d'Hercule. Hercule tuant Cacus. Hercule assommant l'hydre de Lerne. Hercule tuant le lion de Némée.
Coffret : Hercule prenant part au combat des Centaures et des Lapithes. Hercule portant le globe du monde. Hercule tuant le dragon qui gardait le jardin des Hespérides. Hercule enchaînant Cerbère. La mort d'Hercule. Hercule étouffant Antée.
Fond bleu sur préparation en blanc ; émaux de couleur ; dessins par enlevage. Chairs saumonnées. Rehauts d'or. (Collection Spitzer).

1097. Deux plaques rectangulaires. (XVIe siècle).

1° *La Crèche*. La Vierge et Joseph sont agenouillés devant Jésus couché à terre sous une cabane où entre un mage.
2° *La Circoncision*. Émaux polychrômes avec rehauts d'or.
(Musée d'Aix, Bouches-du-Rhône).

1098. Portrait de Frévot.

Plaque circulaire. Un homme debout, portant une coupe de la main droite levée, et une fiasque de la gauche abaissée. Il est coiffé d'un bonnet plat vert à revers rouge et vêtu de vert, avec escarcelle à la ceinture.
Terrain turquoise avec deux groupes d'arbres dans le fond.
Fond bleu avec l'inscription circulaire sur trois lignes.

C'EST, LE SAIGE-FREVOT, CAPITAINE DE LA GROSSE TOVR DV BOURG MEVDON, DOVBLE CHEVALIER DE LA MAIN DV ROY ET DE MONSEIGNEUR LE DAUPHIN.
Grisaille colorée. (M. G. Le Breton).

1099. Deux salières.

Salières en prisme hexagone, fermé à chaque extrémité par une plaque qui l'outrepasse et qui est creusé d'un petit récipient.
1° Dans chaque récipient supérieur, un buste d'homme entouré sur la partie plate de six enfants et de rinceaux. Dans l'inférieur, un buste de femme coiffée d'un bonnet entouré de rinceaux. Sur chaque face du prisme, un ou deux enfants jouant, portant des fruits, etc.
2e Récipient supérieur, un buste de femme de trois-quarts à droite, entouré de six petits bustes séparés par des fleurons symétriques. Inférieur, buste d'homme casqué de profil à droite. Entourage de petites chimères à deux queues.
Sur chaque face du prisme des jeux d'enfants.
Grisaille colorée de bistre sur les carnations, de vert, sur les ornements.
(M. Ch. Mannheim).

COULY II NOYLIER

1100. Triptyque de la Passion (1541).

Douze plaques rectangulaires montées en bois noir. Elles représentent, suivant l'ordre des faits : Jésus au jardin des Oliviers ; Jésus devant Caïphe ; Jésus devant Pilate ; Jésus couronné d'épines ; Jésus insulté ; Jésus à la colonne ; L'Ecce Homo ; La crucifixion ; Le Calvaire ; La mise au tombeau (signé et daté sur le tombeau N. 1541). La Résurrection ; Les saintes femmes au tombeau.
Émaux polychrômes. (Musée de Limoges).

1101. Triptyque de la légende de la Vierge, composé de trente-deux plaques rectangulaires, d'après Albert Durer.

Tableau. — La présentation de la Vierge au temple. Mariage de la Vierge. L'Annonciation. La Visitation. La Crèche. Massacre des Innocents. Baptême du Christ. Entrée à Jérusalem. Le Baiser de Judas. Jésus devant Caïphe. La Flagellation. Le Couronnement d'épines. La Descente de croix. Pitié avec le donateur, prêtre en rochet, et un écu avec les lettres I B. La mise au tombeau. La Descente de croix. P

ÉPOQUE DE LA RENAISSANCE.

Volet droit. — Réconciliation d'Anne et de Joachim. Nativité de la Vierge Adoration des Rois. Circoncision. Lavement des pieds. Prière au jardin des Oliviers. La Véronique. La Calvaire.

Volet gauche. — La Crèche. Les Bergers. Le Christ et la Vierge. La Cène. Ecce homo. Jésus devant Pilate. La Résurrection. Le jugement dernier.

(Eglise de Vitré).

PIERRE REYMOND.

1102. Triptyque de Louise de Bourbon (1538).

Tableau central : La Vierge assise sous un baldaquin que soulèvent deux anges tenant l'Enfant Jésus nu, qui porte une couronne de ses deux mains se tourne vers Louise de Bourbon, en costume de bénédictine agenouillée à sa droite devant un prie-Dieu. Saint Louis est debout derrière elle. A sa gauche, saint Jean debout. Entre lui et le prie-Dieu l'écu de « France à la bande de gueules en abîme » dans une couronne de lauriers.

L'Enfant Jésus, Saint Jean et Saint Louis tiennent chacun une longue banderolle qui portent les inscriptions. Jésus : VENI DILECTA MEA VE CORBERIS (sic). Saint Jean : CVJVS MEMORIAM BENEDICTIONEM EST ET ERIT IN CECVLV CECVLI. Saint Louis : ISTA EST SPECIOSA INTER FILIAS JERVSALEM. Sur un cartel, au bas de la composition : NOTRE ESPOER EST EN VOVS BOVRBON, et sur le bord de la robe de la bénédictine en lettres d'or : VIVE MADAME LOYSE DE BOVRBON.

Volet droit : Un prophète sur un socle et sous un dais, tenant une banderolle avec l'inscription : HEC EST ILLA DVCIS ROSA QVI TRANSITIS INCLINATE. Sur le dais, la date 1538 et, de chaque côté du socle, les lettres du monogramme P. R.

Volet gauche : Un prophète tenant une banderolle avec l'inscription : PVLCRA NIMIS DECORA FACIE. Sur le dais le monogramme P. R., et de chaque côté du socle l'inscription : FECIT, 1538.

Grisaille à chairs saumonnées, costumes en couleur. Architecture brune à rehauts d'or. (M. le Baron G. de Rothschild).

1103. Triptyque de la Passion et des Sybilles (1584).

Tableau central : *La Crucifixion*. Le Christ en croix entre les deux larrons, à gauche du Christ, Saint Jean soutenant la Vierge et la Magdeleine agenouillée ; à droite Longin à cheval perçant le flanc du Christ, et un jeune homme en costume du XVIe siècle. En avant un Franciscain en prières au-dessus de l'inscription : F. I. ESPARVES. Jérusalem dans un paysage au fond.

Volet droit : Six Sybilles :
La Persique. PERSICA. ILLE DEVS CASTA NASCETVR VIRGINE MAGNVS.
La Cimmerienne. CIMMERIA. OBIICIENT PVERO MIRRA AVRVM THVS SABAA 1584.
La Libienne, portant une main. LIBICA. PORTE LA MAIN DE LAQVELLE FVST BATV DEVANT ANNAS.
La Delphique, portant des cordes. DELPHICA. LE CORDES DONT FVST ATACHE.
La Samienne. SAMIA. LE PILLIER.
Sybille de Cumes. CVMANA. LE FOVET.
Volet gauche : L'Hellespontine. HELLESPONTICA. LES VERGES.
La Phrygienne. PHRIGIA. LA CORONNE D'ESPINES
L'Europienne. EVROPE. LE ROSEAV AV LIEU DE SCEPTRE.
La Tiburtine. TIBVRTINA. LES CLOVS.
L'Agrippine. AGRIPINA. LA CROIX.
Sybille d'Eritrée. ERITREA. L'ESPONGE ET DÉS OV FVRENT JOVES HABILLEM.

Grisailles et émaux translucides sur métal : rehauts d'or. (Mme Ve Flandin).

1104. Paix.

L'Annonciation, émail polychrôme. Monture figurant un arc entre deux colonnes en balustre sous un fronton en cuivre doré. (M. Alfred André).

ÉMAUX PEINTS.

1105. Plaque cintrée. — *La Vierge glorieuse.*
La Vierge, portant l'Enfant-Jésus est assise sur un vaste trône à dossier de chaque côté duquel, et en arrière, se tiennent deux anges. Grisaille et émaux polychrômes. Revers translucide signé P. R.. (M. Maurice Kann).

1106. Plaque rectrangulaire. — *Notre-Dame-de-Pitié.*
La Vierge assise au pied de la croix porte sur ses genoux le corps de Jésus. St.-Jean soutient la tête. La Magdeleine pleure du côté opposé. Fond de paysage. Grisaille colorée. (Mlle Grandjean).

1107. Plaque rectangulaire. — *Les litanies de la Vierge.*
Au centre la Vierge debout les mains jointes, dans une auréole. Sur son ventre, l'Enfant-Jésus nu, dans une auréole. Dans le haut, le Père Éternel au-dessus d'une banderolle qui porte l'inscription : « *Tota pvlcra est amica mea et macula non est in te.* » A la droite de la Vierge, les figures des litanies indiquées par des banderolles : « *Electa vt Sol. — Porta celi : Sicvt cedrus exaltata. Plantatio rose. Florvit Jesse virga. — Pvtevs aqvarvm viveutivm. Ortvs conclvsus.* » A sa gauche « *Stella Maris — Pvlcra vt Lvna : tvrris David. — Sicvt lilivm inter spinas. — Oliva speciosa : speculum sine macula. Fons ortorum Sivitas dei.* » Grisaille colorée sur le fond bleu. Fond d'émail blanc. (Mme la Baronne d'Yvon).

1108. Plat à ombilic.
Ombilic. Un portrait d'homme en costume du XVIe siècle. Fond. La création de la femme : le Péché original. — Dieu parlant à Adam et Eve. — Adam et Eve chassés. Le meurtre d'Abel.
Marly ; rinceaux d'or. Bord : suite de Grotesques parmi lesquels des chars dans le genre de Du Cerceau. Signé en noir P. R. sur la pierre où s'appuie la tête d'Adam. Grisaille bistrée dans les carnations
Revers : sous l'ombilic un portrait de dame. Entourage fait de quatre termes les bras étendus portant quatre coupes de fruits entre deux chimères affrontées. — Rinceaux d'arabesques sous le marly. Sous le bord : quatre cartels portant une figure couchée en camaïeu rouge, accostés d'un rinceau en S feuillagé, à extrémités gaudronnées. Grisaille sur fond noir.
(M. Maurice Kann).

1109. Grand plat ovale.
Le Jugement de Pâris d'après la composition de Raphaël gravée par Marc Antoine Raimondi, encadré d'arabesques exécutés en or sur fond noir. La bordure est divisée en quatre parties par des médaillons circulaires en relief sur lesquels sont représentés deux bustes d'homme et deux bustes de femme de style antique. Entre ces médaillons se déroule une frise ornée de grotesques parmi lesquels on distingue des satyres ou des animaux fantastiques montés sur des chars traînés par des oiseaux et précédés de satyres. Au bas de la composition centrale on lit la signature P. R.
Au revers, dans un grand cartouche ovale composé de cuirs découpés et entrelacés, ornés de guirlandes de fruits, de chérubins, de mascarons une figure d'Hercule debout appuyé sur sa massue. Sur les bords quatre mascarons dessinés dans des cavités correspondant aux saillies de la face, séparés par des rinceaux. Grisaille. Dessin et modelé par enlevage. Rehauts d'or.
(Collection Spitzer).

1110. Grand plat ovale (1577).
Abraham refusant les présents du roi de Sodome, sujet emprunté au chapitre XIIII de la Genèse, ainsi que l'indique l'inscription tracée sur le bord : GENESE. XIIII. Au centre, Abraham debout, vêtu en guerrier antique étend la main vers le roi de Sodome qui vient de sortir de la ville, et s'agenouille devant lui les bras croisés sur la poitrine. Tête nue, il a posé sa couronne à terre. A droite et au fond des groupes de soldats vêtus à l'antique. Dans le coin à droite, la signature et la date : P. R., 1577, tracée en rouge. Bordure composée de Grotesques et d'animaux fantastiques terminés par des rinceaux. A la partie supérieure, deux anges soutenant un médaillon sur lequel est

ÉPOQUE DE LA RENAISSANCE.

tracée l'indication du sujet. Le champ de bord est semé de branches de laurier exécutées en or.

Au revers, dans une sorte de niche accompagnée de Grotesques, d'oiseaux, de fleurs et de branches de laurier et surmontée d'un baldaquin, une figure d'Hercule debout appuyé sur sa massue Au-dessous de cette figure un chérubin, et dans un petit médaillon circulaire la signature P. R. tracée en rouge. Sur le bord de grands rinceaux terminés par des têtes de dauphins. Fond semé de branches de laurier en or.

Grisaille, chairs saumonnées. Rehauts d'or.   (Collection Spitzer).

1111. Assiette. — *Amphitrite.*

Fond : Amphitrite assise sur deux dauphins, accompagnée de tritons et de Naïades. Marly : volutes en S affrontées en or. Bords et revers mêmes motifs que le numéro précédent.   (M. Mante).

1112. Assiette. — *Le mois de Mars.*

Fond : Un homme taillant la vigne, une femme emportant une botte de sarments. Bord décoré d'un motif quatre fois répété et composé de deux dragons passants adossés à un cartouche. Grisaille, à chairs saumonnées. Signé P. R. en noir sur le terrain.

Revers : au centre groupe de fruits sortant de quatre corbeilles convergentes portées chacune par un masque à draperies, sur un cartouche circulaire. Entourage de rinceaux d'or, sous le bord quatre motifs composés de deux volutes en S affrontées. Grisaille à chairs saumonnées, fond noir.

            (M. Maurice Kann).

1113. Assiette. — *Le mois de Mai.*

Fond : Trois femmes, demi-nues, assises dans un parterre, faisant des couronnes de fleurs et jouant de la guitare. Au fond : vieillards assis autour d'un livre ouvert sur une table : dans le ciel, le signe des gémeaux. Même bordure que le numéro précédent, mêmes revers.   (M. Maurice Kann).

1114. Assiette. — N° 16 d'une série.

Trois hommes dans une barque pêchant en mer des membres humains qu'ils remettent à des guerriers qui montent une galère à l'antique. D'autres galères au fond. Bordure formée de quatre éléments composés chacun de deux chars à rinceaux, portant des enfants. Grisaille à carnations bistrées sur fond noir.

Revers : Un écu d'armoiries ovale, dans un encadrement rectangle, porté sur un massif à consoles, sous un cartouche circulaire accosté de deux consoles en S ornées d'un mufle de lion. Deux enfants imités de Michel-Ange, adossés à l'écu, soutiennent de lourdes guirlandes de fruits. Dans le cartel circulaire un casque et une torche sur un autel. Dans le support un bélier. L'écu est « mi-parti ; à dextre, coupé en chef d'or au croissant de sable en pointe d'argent, au chef de gueules, et aux deux lions léopardés de gueules : à senestre, d'azur au bar d'argent et au chef d'or », grisaille aux carnations saumonnées.

            (M. Maurice Kann).

1115. Deux assiettes.

1° *La Moisson*, d'après Étienne de l'Aulne. Bordure de quatre motifs formés de deux dragons à tête de chien et à longue queue sur laquelle un enfant est assis, affrontés deux à deux. Ils encadrent un cartouche et un écu « de gueules à la fasce d'argent, deux étoiles d'or en chef et une montagne d'où sort un ruisseau en pointe » devise : *de forti dulcedo.*

2° Bucherons d'après Étienne d'Aulne. Même bordure que le précédent.

Revers : fond, Anneau central formé d'oves, encadrant un buste ; et enveloppé par un cartouche à lanières séparées par des bouquets de fruits. Une tige de feuilles opposées symétriques en or l'entoure. Bordure : un motif quatre fois répété, composé de deux longues consoles en S opposées, dont une extrémité forme une crosse noueuse. Grisaille sur noir.   (M. Maurice Kann).

1116. Assiette. — *Le mois d'Octobre* (1561).

Fond : un seigneur en costume à lanières du XVI° siècle lance une flèche sur un cerf poursuivi par deux chiens. Un valet le suit tenant deux chiens en

ÉMAUX PEINTS.

laisse. Fond de forêt. — Bordure : quatre cartels ovales séparés par un motif composé de deux chimères — chiens à buste d'enfant — tenant un cartouche de lanières encadrant des fruits. Dans les cartels, le scorpion. OCTOBER — le monogramme P. R. et la date 1561 en noir. Grisaille.

Revers : au centre un buste d'homme en costume du XVIe siècle, dans un cartouche circulaire à lanières. Pour le bord quatre cartouches ovales séparés par des dragons affrontés. Dans les médaillons : PIERRE REXMON 1561. Grisaille. (M. Maurice Kann).

1117. Coupe.
Coupe plate portée sur un haut pied en doucine. Intérieur : une chasse : un vieillard à cheval est suivi de gens à pied et de chiens. Extérieur et pied : grandes feuilles entablées. Autour du pied deux têtes ailées. Grisaille, fond noir. (Mme la Baronne G. de Rothschild).

1118. Fond de coupe.
Le jugement de Pâris. Les trois déesses au centre. Pâris en cuirasse, un arc en main, assis à droite. Mercure au fond. Fontaine à gauche. Arbres et paysage. Bordures d'arabesques d'or.

Revers : cartouche central circulaire, à lanières découpées, encadrant un second cartouche. Quatre masques à draperies, portant une corbeille de fruits sur leur tête brochent sur le tout. Fond noir décoré d'arabesques d'or. Grisaille. (Mme Ve Flandin).

1119. Coupe et son couvercle.
Coupe plate portée par un balustre sur un pied en doucine. Intérieur : un petit génie, tenant une coupe pleine et une urne d'où il laisse tomber du vin, plane dans les airs au-dessus d'hommes empruntés à différentes compositions de Raphaël. L'un, assis à terre, prend une coupe de vin. Deux, à droite, le regardent appuyés à un arbre. D'autres à gauche conversent. Fond de ruines et de paysage. Signé en noir P. R. sur le terrain. Revers : cartouche central en lanières, encadrant quatre têtes ailées. Bordure d'oves. Grisaille légèrement bistrée.

Balustre : *Le triomphe d'Amphitrite*.

Pied. Trois groupes de deux chimères adossées séparant deux médaillons et un écu « d'azur aux trois soucis d'or jambés, deux en chef, un en pointe » armoiries de Gilles Le Maistre, premier Président du Parlement de Paris, les médaillons d'azur portent les monogrammes en or : M. G. F. et deux M enlacés à un l. et l'inscription : *Non est mortale quod opto*. Grisailles bistrées.

Couvercle mameloné. — Le triomphe de Bacchus d'après Androuet du Cerceau. Bordure d'oves. Intérieur : sous le mamelon quatre mufles de lion séparés par des feuilles, entourés par quatre médaillons ovales encadrent un sujet des fables d'Ésope qu'expliquent des légendes. Un âne suivi d'un homme. *Fable contre ceux qui appellent choses nouvelles.* — Une truie et un loup de chaque côté d'un ruisseau. *Fable XX, promesse de faux amis de la truie et du loup.*

Vache poursuivant un homme. *Fable contre les paresseux de la vache et du bœuf.* — Singe et Renard. *Du singe et du renard, contre richesse superflue.* Fond d'arabesques. Bordure d'un filet à 4 contre-lobes. (M. Maurice Kann).

1120. Coupe et son couvercle. 1546.
Coupe plate sur une haute tige en doucine. Intérieur : l'Amour consolant sa mère, d'après la composition de Raphaël pour le *Quos ego*, dans un grand cartouche découpé, portant au sommet un mufle de lion d'où pendent deux guirlandes de fruits, et un mascaron dans le bas : signé P. R. Bordure à branches d'or. — Revers : Feuilles entablées sous le culot et couronne de lauriers près du bord, encadrant des rinceaux d'or. Tige. Feuilles étalées tombantes d'où pendent des cartels et des trophées, encadrés par des guirlande de fruits attachées par des mufles de lion. Dans les deux cartouches le monogramme P. R. et la date 1546 en noir.

Couvercle mameloné. — Extérieur : le triomphe de Diane d'après Androuet du Cerceau. — Intérieur : sous le mamelon cartouche en lanières à jour, se reliant avec quatre autres cartouches découpés encadrant un masque, séparés par des chimères de face avec lesquelles les cartouches se combinent. Grisailles sur fond noir. (M. Maurice Kann).

178 ÉPOQUE DE LA RENAISSANCE.

1121. Coupe et couvercle. — 1547.

Coupe plate portée sur une tige à doucine. Intérieur : Loth et ses filles. Bordure de rinceaux d'or. Extérieur : rinceaux symétriques. Pied orné de deux grandes guirlandes de laurier, séparées par deux chutes de feuilles où une tête ailée est suspendue par des bandelettes, et encadrant deux cartels qui portent le monogramme P. R. et la date 1547. Bordure : un tore de feuilles de laurier liées par une torsade. Fond. Revers noir à étoiles d'or. Grisaille relevée de vert dans le paysage et dans les ornements.

Couvercle à quatre bossages portant chacun un buste, séparés par des pentes de feuilles de vigne portant des trophées. Tore de feuillages entourant le tout. Haut bouton sur balustre accosté de quatre de consoles. Intérieur, quatre cavités entourées par une couronne encadrant chacune un buste de profil. Deux couronnes de feuillages concentriques les enveloppent, des fleurons symétriques en or les séparent. (Musée départemental de la Seine-Inférieure).

1122. Coupe et son couvercle. — 1523.

Coupe peu profonde portée sur un haut pied en doucine. Couvercle plat.

Coupe. Intérieur : le repas d'Énée et de Didon, partie du *Quos ego*, d'après Raphaël, signé P. R. Extérieur : un cartouche circulaire en lanières découpées encadrant quatre mascarons portant des corbeilles de fruits sur la tête. Bordure de lauriers, fond d'arabesques d'or.

Pied décoré de guirlandes de fruits accrochées à des mufles de lion encadrant des chutes de bouquets semblables interrompues par deux têtes de chérubins et deux cartels portant l'un le monograme P. R. et l'autre la date 1553. Bordure d'un tore de lauriers interrompu par quatre cartels. Revers noir, semé de fleurs de lys d'or.

Couvercle ; dessus : le *Triomphe de Diane* d'après Androuet du Cerceau. Intérieur : quatre médaillons ovales encadrant chacun un ange musicien Bordure d'un tore de feuilles de laurier ; fond d'arabesques symétriques en or. Bouton fait d'une sphère armillaire de vermeil. Grisaille légèrement colorée de bistre. Fond noir. (M. Gautier).

1123. Coupe basse. — 1555.

Coupe portée par un pied en doucine. Sur l'ombilic, Dieu assis en Majesté : sur le fond, la Manne ; bord orné de consoles d'or affrontées. Ourlet blanc. Extérieur grand cartouche à bord d'enroulements découpés encadrant quatre cartouches séparés par des termes portés sur une tête ailée. Une scène de l'histoire de Moïse dans chaque cartouche. — Pied orné de quatre guirlandes de fruits attachés à des rubans, encadrant deux cartouches et deux têtes ailées. Dans les deux cartouches, le monogramme P. R. et la date 1555. Revers blanc semé de fleurs de lys d'or. Grisaille sur fond noir. (M. Cottereau).

1124. Coupe. — 1556. (XVIe siècle).

Coupe plate sur un pied en doucine. Intérieur. Le *Serpent d'airain* dans une couronne de lauriers. Extérieur : une couronne de fruits entoure le pied, enveloppée par un cartouche à lanières posé sur un second qui l'outre-passe en quatre points : des mufles de lion y sont encadrés, des guirlandes de feuilles y sont suspendues. Bordure faite d'une couronne de laurier. Fond noir à arabesques d'or. — Pied : quatre guirlandes de fruits séparées par quatre bouquets de fruits, encadrant deux têtes ailées et deux cartels portant le monogramme P. R. et la date 1556. Grisaille. (M. Ch. Mannheim).

1125. Deux coupes à pied bas. — 1558. (XVIe siècle).

1° Intérieur : un paysage édifié de maison : un homme s'éloigne, cartouche, dans le bas portant l'inscription SICVT AVIS DESERENS NIDVM SIC EST VIR DESERENS LOCVM SVVM. PROVERB. XXVII. Bordure d'arabesques d'or. Revers. Couronne de fruits enveloppée par un cartouche découpé encadrant quatre sujets ovales. Bordure d'une couronne de lauriers. Fond noir décoré d'arabesques d'or. Pied en doucine décoré de quatre têtes ailées d'où pendent des cornes affrontées encadrant des bouquets de fruits et un écu écartelé « au 1 et 4 d'azur aux trois glands d'or, 2 et 1, au 2 et 3 d'argent à la croix potencée de sable. »

ÉMAUX PEINTS.

2ᵉ Intérieur : un porc dans une forêt, tenant un anneau d'or : dans le fond, des hommes dansent en rond au son d'une cornemuse. Dans un cartel l'inscription : ORNAMENTUM AUREUM IN NARE PORCI, PROVERBI XI. Même revers; sur le pied la date 1558. (M. Ch. Mannheim).

1126. Salière.

De forme basse et circulaire, cette salière, à un seul saleron, repose sur une large base. Dans le fond du saleron orné sur ses bords de médaillons et de deux groupes d'enfants, un buste d'homme barbu coiffé d'un bonnet phrygien, de profil à droite. Sur le pied on voit deux nymphes, l'une debout, l'autre assise près d'une fontaine et deux chasseurs accompagnés de chiens qui se précipitent sur Actéon changé en cerf et étendu à terre. Sur le bord, une guirlande de feuillage exécutée en or sur fond noir. Contre-émail blanc ; sur le saleron, la signature : P. R. tracée en or.

Grisaille. Rehauts d'or. (Collection Spitzer).

1127. Salière.

De forme basse et circulaire, cette salière, à un seul saleron, repose sur une large base. Sur le fond du saleron orné sur ses bords de médaillons et de deux groupes d'enfants, un buste de femme dans le style antique de profil à gauche.

Sur le pied, on voit Actéon surprenant Diane et ses nymphes qui se baignent dans un grand bassin alimenté par une fontaine en forme de terme ; Actéon, accompagné de deux chiens retenant un cheval par la bride ; Vénus assise sur un rocher et conversant avec l'Amour. Ces sujets sont indiqués par de courtes inscriptions tracées en or : DIANE ; — ATEOM ; — VENVS. — Sur le bord une couronne de légers feuillages exécutés en or. Contre-émail blanc ; sous le saleron, la signature P. R tracée en or.

Grisaille. Rehauts d'or. (Collection Spitzer).

1128. Salière.

Récipient circulaire, bordure annulaire. Pied en doucine, interrompue dans le haut par un tore.

Dans le récipient un buste d'homme lauré. Sur le bord quatre enroulements découpés chargés de deux têtes de chien et de deux rosaces ; des bouquets de fruits remplissent les intervalles.

Pied : Le Triomphe de Vénus traînée par quatre colombes que surmonte l'Amour, tourné vers la déesse. Un groupe d'un homme et de trois femmes en costume du xvIIᵉ siècle, dans une sorte de niche.

Revers blanc portant l'inscription : AVRVM APERIT OMNIA VEL ORCI PORTAS. Sous le récipient monogramme P. R. Grisaille.
(M. Ch. Mannheim).

1129. Salière. — 1545.

Récipient circulaire, porté par un pied en doucine interrompu par un tore. Au fond, un buste de femme. Bord : Un cartouche annulaire découpé, interrompu par deux têtes de lion, que traverse une guirlande de fruits. Pied : Le triomphe de Junon, d'après Androuet du Cerceau. Sous la coupe, l'inscription en or : PRENES EN GRE, 1545. Grisaille.

Signé P. R. sur le revers qui est blanc. (M. Maurice Kann).

1130. Urne à deux anses.

Panse ovoïde sur un pied en doucine ; col évasé. Sur la panse. Diane surprise au bain par Actéon. Actéon chassé et dévoré par ses chiens. Sur l'épaulement, deux têtes de lions accotées chacune d'une corne d'abondance. Culot de feuillages. Pied entouré d'un cartouche de lanières. chargé de quatre têtes et de quatre mufles sous des guirlandes de fruits. Signé en or P. R dans le col qui est blanc. (M. Cottereau).

1131. Coffret. — *La guerre de Troie.*

De forme rectangulaire en bois doré, muni d'un pilastre sur chaque angle ; couvercle plat encastré de cinq plaques.
Face postérieure : le Jugement de Pâris. — Couvercle : l'Enlèvement d'Hélène. — *Face antérieure :* Le Cheval de Troie. — *Faces latérales :* Enée portant Anchise ; un guerrier entre un jeune homme et une jeune femme agenouillés. Grisaille. (M. Ch. Mannheim).

ATTRIBUÉ A PIERRE REYMOND.

1132. Coffret.

De forme barlongue, à couvercle plat composé de cinq plaques d'émail peint enchâssées dans une monture de bois. Trois des plaques retracent divers épisodes de l'histoire de Phaéton.
Devant. Phaéton demande à son père de lui permettre de conduire son char sur lequel le soleil est figuré comme dans les autres plaques par un grand disque radié à face humaine dessiné en or. Derrière le char, placé sur les nuages on voit un troisième personnage.
Derrière. Le char du soleil traîné par quatre chevaux que presse un homme armé d'un fouet, qui marche à côté d'eux sur les nuages.
Extrémité de gauche. Un paysage au milieu duquel sont figurés divers animaux, trois chiens et un bœuf.
Extrémité de droite. Un paysage au milieu duquel on aperçoit un lion, une biche et une licorne. Au fond la mer et deux barques.
Couvercle. La chute de Phaéton. Le char du soleil est représenté renversé au milieu des airs et Phaéton tombe dans l'Eridan. A gauche Phaéton assis que Diane serre dans ses bras.
Grisaille. Dessin par enlevage, modelé par hachures. Fond noir pointillé d'or.
(Collection Spitzer).

JEAN REYMOND.

1133. Plaque rectangulaire. Légende de Saint-Élisée et des Carmélites. 1599.

Plaque divisée en un tableau central entouré de dix-huit tableaux plus petits, six de chaque côté, et trois haut et bas, portant chacun une légende au-dessous du sujet.
Tableau central : Saint-Élisée, nimbé, debout, tenant un livre et un bâton ; à sa droite deux Carmes agenouillés, qui sont : *F. N. Desenis doctor parisiensis et pro duodecimo anno provincialis provinciæ franciæ filius hvivs conventvs rothomagensis 1599.* L'autre : *Le marchan, ba alavrvs (sic) theologvs et filivs ejvsdem conventvs.* De la bouche du premier part une banderolle qui monte vers Saint Elisée, et porte l'inscription : *o ste elisée apvd devm p. me intercede.* A droite, dans le haut, la Vierge portée sur les nuages sur lesquels des Carmélites sont agenouillés.
A gauche, dans le bas, l'écu des Carmélites : *Scutvm carmelitarvm.* Au-dessus duquel l'inscription : *Vita et miracula Sancti Elisée propheta carmelitarvm dvcis secvndi 1599. I. R.*
Les seize plaques où les scènes de la légende de sainte Élisée sont représentées, sont interrompues dans le haut par une image de la Vierge du Carmel, posée sur le croissant dans une auréole d'or au-dessus a une banderolle qui porte l'inscription : SVM MATER ET DECOR CARMELI : dans le bas, par une représentation des religieux et des religieuses Carmélites agenouillés devant un prie-Dieu, les uns à gauche, les autres à droite.
Émaux polychrômes sur paillon. (M. le Baron Alphonse de Rothschild).

MARTIN DIDIER.

1134. Coupe plate, à haut pied en doucine.

Intérieur : *Les Centaures enlevant les femmes Lapithes.* Deux hommes se saisissent d'une femme que défend un autre. Deux cavaliers au fond. Bordure de consoles affrontées en or sur noir. Extérieur et pied : grandes feuilles entablées. Grisaille. (M. Ch. Mannheim).

ÉMAUX PEINTS.

1135. Plaque carrée. — *La Crèche.*
La Vierge à droite et Saint-Joseph à gauche, agenouillés de chaque côté de l'Enfant-Jésus couché à terre réchauffé par le bœuf. Trois anges dans un nuage au sommet. Edifice en ruines au fond à gauche, l'ange et les bergers à droite.
(Mlle Grandjean).

1136. Couvercle de coupe.
Couvercle à quatre bossages encadrant chacun une tête de profil, séparés par des Grotesques de deux motifs différents : l'un, un vase à panse percé de trous carrés, plein de fruits, surmonté par un mascaron ; l'autre, une femme nue debout dans un trépied, tenant de chaque main une corne d'abondance descendante. Des guirlandes de feuilles passant au-dessous des bossages relient ces motifs.
Revers. Bustes dans le creux des bossages, séparés par des arabesques symétrique. Bordure faite d'une double torsade. — Grisaille sur fond noir.
(M. le Baron Gustave de Rothschild).

1137. Coffret rectangulaire à couvercle plat.
Monture en cuivre doré, à colonnes et candélabre sur l'angle, garnie de cinq plaques d'émail représentant : des hommes nus combattant des lions ; — une licorne ; — un homme et une femme vis-à-vis d'un satyre et d'un enfant jouant avec un singe ; — des chiens combattant un taureau. — Sur le couvercle : deux cavaliers poursuivant un lion. — Plaque encadrée par un biseau fait de quatres frises d'arabesques d'or. — Grisailles sur fond noir.
(M. Ch. Mannheim).

P. COURTEYS.

1138. Assiette. — *Le mois de Mai.*
Fond. Un seigneur et une dame à cheval suivis d'un homme à pied. Bord orné de deux cartouches opposés réunis par des trophées d'instruments de musique et des bouquets de fruits, signé en or P. C. Grisaille avec quelques rehauts d'or.
Revers : cartouche central formé de lanières encadrant les deux gémeaux. — Rinceaux d'or sous le bord. (M. Maurice Kann).

1139. Grand plat ovale.
Intérieur : Adam et Ève découvrant le corps d'Abel. Au fond Caïn tuant Abel. Marly : arabesques d'or. Bord : Quatre médaillons ovales en relief, bleus à sujets en grisaille, séparés par un motif composé de deux volutes en S opposés, naissant à un bout d'un buste d'enfant soutenant un des côtés du médaillon, et à l'autre d'une tête de bouc. Grisaille sur fond noir, carnations saumonnées, rehauts d'or.
Revers : buste central dans un anneau ovale entouré de grotesques, dans le bas un terme dans des rinceaux symétrique, accosté de deux hommes tenant une torche, à jambes de feuillage, à cheval sur une chimère à deux pattes. Dans le haut un mascaron drapée, d'où pendent des guirlandes de feuilles relevées par deux génies. Sur les côtés, longues amphores sur une volute. Couronne de lauriers sous le bord. Grisaille sur fond noir, détails d'or. (M. Mante).

1140. Plat ovale.
Intérieur : *La création de l'homme.* En arrière plan à droite *la création de la femme.* Marly à rinceaux d'or. Bord couvert de deux rubans entrelacés encadrant quatre tête ailées.
Revers : Grand cartouche à bords en lanières découpées encadrant un ovale centrale décoré d'oves, combiné avec deux têtes ailées aux extrémités du petit arc, et deux mascarons à draperies sur le grand arc. Dans le médaillon un petit génie assis à terre jouant de la lyre. Grisaille.
Publié dans la *Gazette des Beaux-Arts*. (M. Cottereau).

ÉPOQUE DE LA RENAISSANCE.

1141. Plat circulaire.

Fond : la séparation de Loth et d'Abraham. Marly : grandes consoles en S couchées, accompagnées de fleurons en or. Bord : quatre cartouches allongés de cuirs découpés, réunies deux à deux, encadrant une tête de bélier. Une tête est encadrée par la volute de leurs extrémités.

Revers ; fond : cartouche circulaire en cuirs découpés combinés avec des termes et des mascarons alternés. Bord : entrelacs de ferronnerie alternant avec des écus. — Grisaille colorée dans les carnations. (Musée de Poitiers).

1142. Plaque ovale. — *Le passage de la mer Rouge.*

A droite la mer Rouge. Pharaon sur un char est entouré de cavaliers qui sont renversés dans les eaux. A gauche, Moïse entouré de femmes portant des vases sur la tête et suivi d'Israëlites. — Grisaille et émaux colorés sur paillon, rehauts d'or. (M. Ch. Mannheim).

JEHAN COURT ET ANONYME I. C.

1143. Aiguière.

La panse, de forme ovoïde, est divisée en deux parties ; de la hauteur de l'épaule part un anneau saillant teinté de blanc et orné d'un rang de perles. L'anse recourbée et élevée se rattache à la partie supérieure de la panse et au goulot de forme découpée et allongée. Pied circulaire de forme conique. Sur la partie inférieure de la panse est représenté un combat d'hommes nus à cheval ; sur la partie supérieure on voit six médaillons ovales bordés de blanc renfermant trois bustes d'hommes et deux bustes de femme ; le médaillon qui occupe la partie antérieure de l'aiguière représente, de profil à gauche, le roi Henri II, lauré, barbu, cuirassé. Au bas de l'un des médaillons près de l'anse, la signature I. C. Entre les médaillons, des arabesques d'or.

Un rang de grandes feuilles entoure à sa naissance le goulot dont l'intérieur est émaillé de blanc. Anse émaillé de blanc à torsade noire et de noire à fleurettes d'or.

Sur le pied des mascarons entourés de volutes et de guirlandes d'or. Bordures d'oves. Contre-émail noir semé de fleurettes et de fleurs de lys d'or.

Grisaille. Chairs saumonnées ; rehauts d'or. (Collection Spitzer).

1144. Aiguière.

La panse de forme ovoïde, interrompue vers l'épaule par un anneau saillant repose sur un pied circulaire de forme cônique. L'anse élevée et recourbée se rattache à la panse et au bord du goulot dont les bords sont découpés. Sur la partie inférieure de la panse, on voit un combat de cavaliers nus ; à la partie supérieure un médaillon d'homme casqué et barbu de profil à gauche, entouré d'une couronne de laurier ; à droite et à gauche, un homme et une femme nus couchés et deux gros bouquets de fruits. Le goulot est orné à sa base d'un rang de larges feuilles et à l'intérieur d'arabesques d'or sur fond blanc. Sur le pied, des feuilles, des festons et des mascarons. Anse bordée de blanc avec feuillage d'or sur fond noir.

Sous le pied, un contre-émail noir semé de fleurs de lys et de fleurettes entre lesquelles on distingue la signature I. C. tracée en or.

Grisaille. Chairs saumonnées ; rehauts d'or. (Collection Spitzer).

1145. Coupe et couvercle.

De forme hémisphérique aplatie, cette coupe est portée sur un pied en balustre.

Intérieur : L'Armée de Pharaon submergée dans la Mer Rouge. Dans le haut à droite, un signe du zodiaque, les deux poissons. Bordure d'arabesques fond noir.

Extérieur : Au milieu de cuirs découpés et entrelacés, un mascaron et un mufle de lion ; sur l'un des entrelacs on lit la signature : . I . C . Fond semé de branchages d'or ; bordure de perles, sur le balustre, des Termes alternant avec des bouquets de fruits et de feuillages. Sur la patte du Termes séparant des animaux fantastiques et des vases surmontés de bouquets de fruits. Contre-émail noir semé de rosettes et de fleurs de lys d'or.

ÉMAUX PEINTS. 83

Couvercle de forme conique à profil mamelonné surmonté d'une petite figurine en cuivre représentant Judith tenant la tête d'Holopherne et un sabre recourbé.

Extérieur : Les Hébreux après le passage de la Mer Rouge. — Moïse, une baguette à la main, cueille une branche de palmier tandis que des femmes et des hommes jouent de divers instruments. Au fond, le camp des Hébreux.

Intérieur : Au centre, une rosace composée de larges feuilles et sur le bord des chimères et des animaux fantastiques affrontés séparés par des termes et des vases couronnés de fruits ; tout autour, une large couronne de feuillage et de fruits.

Grisaille ; chairs saumonnées ; rehauts d'or. (Collection Spitzer).

1146. Coupe et couvercle.

La coupe, de forme hémisphérique, repose sur une tige en balustre et un pied mouluré. Le couvercle, de forme conique, est profilé suivant une courbe et une contre-courbe.

Coupe. Intérieur : Ève donnant à Adam une pomme de l'arbre de la science du bien et du mal. Bordure à arabesques d'or.

Extérieur : Cuirs découpés et entrelacés encadrant un masque de satyre et un mufle de lion. Sur l'un des entrelacs on lit la signature I. C. ; fond semé de rinceaux d'or ; bordure ornée d'un rang de perles séparées par des points.

Pied : Sur la tige, des festons et des bouquets de fruits se rattachent à des mufles de lions ; sur la patte, un rang de grandes feuilles, une couronne de feuillage, des mascarons, des festons et des cartouches. Contre-émail noir semé de rosettes et de fleurs de lys d'or.

Couvercle. Extérieur : Trois scènes séparées par des arbres : Dieu reprochant leur faute à Adam et Ève ; — Adam et Ève chassés du Paradis terrestre ; — Ève assise au pied d'un arbre et Adam s'aidant d'un arbre pour passer une rivière. Bordure de perles. Au sommet, des entrelacs entourant le bouton formé d'une figurine de femme assise, en cuivre doré, soutenant un écusson de forme italienne chargé d'un griffon. Ce bouton est italien.

Intérieur du couvercle : Autour d'une rosace de feuilles qui en occupe le fond sont rangés des Termes à tête de singes ou d'oiseaux, des chimères ou des cerfs ailés ; fond semé de rinceaux d'or ; au bord, une couronne de fruits et de feuillages.

Grisaille ; modelé très ressenti ; chairs saumonnées ; rehauts d'or.
(Collection Spitzer).

1147. Grande coupe. — *Loth et ses filles.* (XVᵉ siècle).

Coupe plate portée sur une courte tige en doucine. Intérieur : Loth et ses filles en avant de rochers. Au fond, la femme de Loth changée en statue et la ville en flammes. Carnations saumonnées. Émaux polychrômes sur paillons. Bordure de rinceaux vermiculés en or sur noir. Revers : grand cartouche central en lanières encadrant quatre masques, séparés par des Termes qui saisissent les lanières ; rinceaux d'or ; près du bord, un anneau d'oves. Sur une des lanières, en noir, le monogramme I. C. — Pied orné de chimères entre des dragons adossés. Émaux polychrômes sur paillons. Fond noir à vermiculé d'or. (M. Maurice Kann).

1148. Couvercle de coupe. — *Le Triomphe de Flore.*

Extérieur : FLORE est assise sur un char, traîné par deux bœufs, devant un jeune homme qui joue du violon, suivi par deux femmes jouant de la trompette, Mars et Vénus suivis de Mercure, précèdent le char. Bordure : une couronne de laurier.

Intérieur : quatre médaillons ovales encadrant chacun un buste d'homme casqué et de femme alternés, entourés d'une couronne de laurier. Fond d'arabesques d'or. Grisaille légèrement colorée, sur fond noir.

Une garniture festonnée de feuilles estampées en vermeil entoure le bord.
(M. Maillet du Boullay).

ÉPOQUE DE LA RENAISSANCE.

1149. Salière.

a salière, de forme hémisphérique aplatie, repose sur un pied élevé en forme de balustre
A l'intérieur du saleron, un buste de femme de profil à droite, les cheveux nattés et surmontés d'un diadème ; à l'extérieur, de jeunes satyres accroupis, adossés à des têtes de chérubins et séparés par des mascarons cornus. Le balustre est décoré d'un rang de perles et de fermes auxquels sont suspendus des bouquets de fruits. Sur la patte ornée à sa partie supérieure d'un tore de laurier et de rayons se déroule un triomphe : Vénus et Mars se tiennent debout sur un char à quatre roues traîné par deux chevaux. Trois femmes drapées à l'antique les précèdent et portent des branches de laurier ; tout en avant marche un satyre sonnant de la trompe. Contre-émail noir violacé comme l'émail du fond semé de fleurettes et de fleurs de lys et portant la signature I. C. tracée en or.
Émaux de couleur sur fond noir violacé, paillons ; rehauts d'or.

(Collection Spitzer).

1150. Salière.

Même forme et même décor que le numéro précédent dont elle forme le pendant.
A l'intérieur du saleron, un buste de femme casquée de profil à gauche, sur la patte, se déroule le Triomphe du jeune Bacchus, assis sur un char, traîné par deux boucs ; couronné de lierre, appuyé sur une urne, il tient un sceptre dans la main droite ; trois satyres et un homme jouant de la trompette l'accompagnent. Sous le pied émaillé de noir et semé de fleurettes et de fleurs de lys, la signature : I. C. tracée en or.
Émaux de couleur ; paillons et rehauts d'or. Chairs saumonnées.

(Collection Spitzer).

1151. Salière.

Récipient circulaire creusé dans un hexagone porté en retraite par un massif à six pans en doucine terminée à la base par une moulure.
Dans le récipient, un buste de femme de profil à gauche. Fleurons sur le bord ourlé de blanc. Sur chaque face du pied, un Dieu debout, au milieu de rinceaux d'or. Miroirs figurées en paillon sur la moulure.
Grisailles colorées avec paillons, rehauts d'or sur fond brun-noir. Revers noir-violet semé de fleurs de lys et d'hermines. (M. Ch. Mannheim).

1152. Assiette.

Au fond : l'arrestation de Benjamin, tandis qu'un de ses frères implore Joseph. Fond d'architecture : G. XLII. Marly couvert d'arabesques d'or. Bord orné de mascarons séparés par des monstres.
Émaux polychrômes par paillons, carnations saumonnées.
Revers : Quatre Termes saisissant les lanières d'une rosace encadrant quatre masques. Grisaille à chairs saumonnées sur fond bleu orné d'arabesques d'or.
Couronne de laurier d'or sous le bord.
Sur la rosace le monogramme I. C. (Mme Flandin).

1153. L'Adoration des Rois.

Au premier plan, à l'entrée de l'étable, élégant édifice en ruine dans le style de la Renaissance française, est étendu l'Enfant-Jésus sur un pan du manteau de la Vierge qui, à genoux près de lui adore son fils. A gauche, les trois rois en adoration. L'un d'eux, agenouillé, les mains croisées sur la poitrine a posé sa couronne à terre ; le second est encore couronné ; le troisième debout tient son bonnet à la main. A gauche, Saint-Joseph à genoux, appuyé sur un bâton ; derrière lui le bœuf et l'âne. Au fond, un ange annonçant aux bergers la naissance du Messie.
Émaux de couleur ; dessin par enlevage sur fond noir ; teintes appliquées sur un fond d'émail blanc. Rehauts d'or. Contre-émail incolore frappé au centre du poinçon I C couronné. Plaque montée en *Baiser de paix*.

(Collection Spitzer).

ÉMAUX PEINTS.

1154. Coffret.
Caisse rectangulaire à couvercle semi-cylindrique, en argent doré, montée de sept plaques d'émail.
Face antérieure : Esther aux pieds d'Assuérus ; Aman pendu dans le fond. Face postérieure : La lapidation de Saint-Etienne. Côtés : Abraham et Melchisédec : Dieu montrant l'arc-en-ciel à Noë. Couvercle-toit : Le Veau d'or. Moïse portant les Tables de la Loi. Extrémités semi-circulaires. La création d Eve. Le péché originel. — Emaux polychromes. (M. le Baron Alph. de Rothschild).

JEAN COURT, dit VIGIER.

1155. Grand bassin d'aiguière.
Sur le fond, autour de l'ombilic saillant, se déroule un cortège, sorte de procession en l'honneur de Cérès ou de l'Eté : on voit Cérès assise sur un char traîné par deux petits génies ailés ; de la main gauche elle tient une corne d'abondance ; en avant, marchent deux Satyres ; l'un joue de la flûte de Pan, l'autre porte un vase. Une femme tenant une gerbe, une autre tenant une aiguière, un paysan portant un fléau, les précèdent ; un faucheur et trois femmes portant une fourche, une faucille et un râteau forment la tête du cortège.
Sur l'ombilic est représenté un homme barbu en buste, casqué, de profil à gauche ; sur le listel qui l'encadre, est tracé la signature ; A LYMOGES PAR IEHAN COVRT DIT VIGIER 1558.
Sur le bord du plat s'enroulent des rinceaux terminés par des têtes d'enfants ou de lions, séparés par des camaïeux.
Au revers, au centre sous l'ombilic, un mufle de lion, de face et tout autour des satyres femelles de face, au milieu de médaillons formés de cuirs découpés, séparés par des vases de fleurs, accompagnés d'animaux fantastiques. Sur le bord des arabesques et une couronne de laurier tracée en or.
Grisaille. Dessin par enlevages ; chairs très légèrement saumonnées. Rehauts d'or. (Collection Spitzer).

1156. Plat à ombilic.
Ombilic. Figure en buste casquée, entourée par l'inscription : I. COVRT. DIT. VIGIER. MA. FAICT. Fond : *Le Parnasse* disposé en frise circulaire par un arrangement de la composition de Raphaël. Marly : rinceaux d'or. Bord : trois cartouches encadrant un mascaron, séparés par des bouquets de fruits, des masques et des enfants.
Revers : sous l'ombilic, un mufle de lion ; sous le fond, un grand cartouche circulaire autour d'un anneau d'oves : sur le bord une couronne de fruits réunis par une bandelette en spirale. Arabesques d'or sous le marly. — Grisaille sur fond noir. (M. le Baron Alph. de Rothschild).

1157. Petite Plaque rectangulaire. — *L'Annonciation.*
La Vierge agenouillée, de face, dans le coin à gauche, se retourne vers l'ange debout en arrière plan. Lit et fenêtre ouverte au fond. Signé, en or, sur l'architecture : I. C. D. V.
Carnations en grisaille. Émaux polychromes transparents sur dessin en noir.
Dans le bas la légende VIRESCIT VVLNERE VIRTVS. (M. Maurice Kann).

SUZANNE DE COURT.

1158. Boite à miroir.
Médaillon ovale représentant Diane, marchant, accompagnée de deux chiens. Entourage d'un semé de fleurs à tiges vertes, sur fond noir. — Emaux polychromes sur paillons. (M. Maurice Kann).

ANONYME.

1159. Deux vases.
Panse ovoïde ; pied en scotie, col court, légèrement évasé. muni de deux anses en S. Décor de grotesques symétriques en or gravé sur fond noir. Sur le pied, des fleurs de lys alternent avec des cœurs enflammés. (Musée de Poitiers).

CÉRAMIQUE

FAIENCES DE SAINT-PORCHAIRE, DITES FAIENCES D'OIRON OU DE HENRI II

1160. Aiguière.
Le vase repose sur un pied bas et circulaire orné de moulures et flanqué de quatre têtes d'hommes de haut relief. La partie supérieure du pied est décorée d'arcatures d'architecture de style gothique et surmontée d'un rang de feuilles sur lequel repose la panse. Formée de deux hémisphères aplaties, séparées par une frise sur laquelle se relèvent des bustes d'hommes entourés de feuillage, la panse est munie d'un goulot mouluré et d'un couvercle plat dont la moitié tourne sur une charnière ; sur le couvercle, un petit lion de haut relief ; au-dessous du goulot est rapportée une plaque en forme d'écusson sur laquelle on voit le pélican nourrissant ses petits. Anse plate et trilobée surmontée d'un chien couché de haut relief.
Décor composé de frises, d'entrelacs, de torsades, de rosaces en brun foncé sur fond blanc ; quelques parties lavées de vert clair.
(Collection Spitzer).

1161. Coupe.
La coupe, de forme circulaire et aplatie, est munie d'un bord perpendiculaire. Pied bas hémisphérique interrompu par un anneau plat et orné à sa partie supérieure d'ornements d'architecture gothique découpés à jour, formant des espèces de godrons. Nœud méplat décoré de mufles de lion en relief, accostés de trois volutes surmontées de coquilles et portant sur leur face un mascaron.
Arabesques et entrelacs en brun et en jaune sur fond blanc, en blanc sur brun ou en jaune sur brun. A l'intérieur de la coupe une large rosace composée d'entrelacs séparés par des Termes et des dauphins, ornée au centre de trois croissants entrelacés.
(Ancienne collection du duc d'Hamilton. - Collection Spitzer).

1162. Salière.
De forme hexagonale, cette salière est ornée sur chacun de ses angles de colonnettes cannelées qui s'appuient sur des bustes placés sur un soubassement, formant les pieds du monument. Chacune des faces est percée d'une ouverture rectangulaire plus haute que large, entourée d'une frise d'arabesques. Au-dessous de chaque fenêtre, un mascaron. A l'intérieur de la salière, on voit trois petites figures d'enfants, de haut relief, adossées. Saleron circulaire et concave reposant sur deux moulures rondes dont l'une figure une torsade. Sur cette moulure sont fixées six petites coquilles.
Décors d'arabesques brun clair et ocre sur fond blanc ; quelques détails lavés de vert clair et de manganèse. Le dessous de la base est décoré d'entrelacs réservés en blanc sur fond brun clair. (Collection Spitzer).

1163. Salière.
Cette salière forme un édicule triangulaire à jour, dont les faces sont supportées par des arcades ornées à leur clé d'un gros mascaron et dont les angles sont ornés de pièces en volutes, décorées de mascarons d'hommes barbus, formant pieds. Chacune des faces est percée d'une arcade en plein cintre

CÉRAMIQUE. 187

supportée par des pieds droits, ornés de mascarons et de fausse architecture de style gothique flamboyant. Les angles sont munis de colonnes engagées formant contreforts, surmontées de volutes ornées de mascarons supportant le saleron en forme de vasque circulaire. Sous chacune des arcades est assise sur un lion, une statuette d'enfant nu, la main gauche relevée vers la poitrine, la droite appuyée sur un écusson : sur cet écusson on voit les armes de France, une grenouille en relief, un chiffre composé d'un H et de deux CC entrelacés (Henri II et Catherine de Médicis); dans le fond du saleron, au milieu d'une couronne de fruits, trois croissants entrelacés.
Décors composés d'entrelacs et d'arabesques, blanc sur fond noir ; gris sur fond noir ; brun sur fond blanc ; détails teintés de vert clair, bleu et brun.
Le dessous de la salière est décoré de compartiments d'arabesques.
(Collection Spitzer).

1164. Salière.
Cette salière affecte la forme d'un petit monument hexagonal reposant sur une base moulurée, ornée de mascarons et six petits pieds circulaires. Chacun des angles du monument est décoré d'un pilastre dans le style de la première renaissance française s'appuyant sur un mufle de lion. Chacune des faces est percée d'une baie en plein cintre bordée d'arabesques. A l'intérieur on aperçoit un groupe de trois enfants adossés de haut relief. Sur l'entablement hexagonal repose un saleron cylindrique et concave, interrompu par un anneau méplat, et accosté de trois volutes ornées de mascarons.
Décor d'arabesques en brun presque noir sur fond blanc ou en blanc sur fond noir ; quelques détails lavés de bleu clair, de vert clair. Sur le dessous du pied est dessiné un buste de femme grotesque de profil à droite, coiffé d'un chaperon. (Collection Spitzer).

1165. Salière.
Elle forme un petit édifice hexagonal, à jour porté sur une base décorée de bustes d'hommes alternant avec des bustes de femmes en relief. Les angles sont ornés de pilastres dans le style de la première Renaissance française portant tous en leur milieu un écusson aux armes de France. Chacune des faces est percée d'une baie carrée, bordée d'une frise d'arabesques. L'intérieur de la salière est occupé par un groupe de haut relief, composé de trois enfants adossés. Saleron circulaire en forme de cylindre interrompu par un anneau méplat et accosté de trois volutes reposant sur des griffes de lion.
Entrelacs et arabesques réservés en blanc sur fond brun ou brun verdâtre, en brun clair sur brun. Quelques détails lavés de vert, de jaune et de brun.
Le dessous de la salière est décoré d'entrelacs réservés en blanc sur fond brun. (Collection Spitzer).

1166. Salière.
De forme triangulaire, cette salière offre un curieux mélange de style gothique et de style de la Renaissance. Elle repose sur trois pieds bas en forme de volutes ornés de mufles de lion et sur chacune de ses faces s'ouvre une double fenêtre, la première encadrant la seconde : la première est en plein cintre et ses pieds droits sont formés de colonnettes cannelées, la seconde est en arc brisé et divisée par des meneaux de style gothique flamboyant. Les angles sont munis de contreforts ornés de termes d'hommes chauves et barbus, d'arcatures gothiques, et terminés par une tête de bélier de haut relief. Saleron circulaire et concave portant au fond dans une couronne de feuillage et de fleurs un monogramme composé d'un H et de deux CC entrelacés.
Décors d'arabesques réservés en blanc ou en jaune sur fond brun. Quelques détails lavés de jaune, de bleu et de vert. Le dessous de la salière est décoré d'arabesques réservés en blanc sur fond brun. (Collection Spitzer).

1167. Salière triangulaire.
Chaque face est percée d'un arc aveugle et en perspective, sous un fronton bas, porté par des pilastres d'angle. Soubassement à ressaut, orné d'une console au centre et porté sur un mascaron sous chaque angle. Couronnement à ressauts, également décoré d'une console au centre et d'une tête de bélier à chaque angle qui est rabattu. Au centre une élévation ovale creusée

d'un réceptacle. Les pilastres d'angle sont ornés d'un terme sur leur face, et d'un arc ogive lobé, sur chacune de leurs faces latérales. Au fond du réceptacle : trois croissants enlacés. Les parties plates sont couvertes d'un réseau d'entrelacs, noir sur blanc, ou de carreaux encadrant le chiffre IHS, dans une étoile jaune : quelques touches de couleur bleue sur les draperies des Termes, et verte sur les moulures. (Mme la Comtesse d'Yvon).

1168. Broc.

Panse en sphère aplatie sous un large col, portée sur un pied à gorge, munie d'une anse en S sur laquelle s'articule un couvercle bombé ; deux têtes forment le poucier. Sur le couvercle l'écu des Montmorency-Laval entouré d'un galon fait d'une double torsade et, près du bord, d'une roue d'étoiles dans un cercle. — Corps du broc : même décor près du bord, puis huit galons semblables à celui du couvercle encadrant des zones d'entrelacs géométriques, de rosaces, de fleurons, etc. Sur le pied une zone d'aigles Incrustations noires sur blanc. (M. le Baron Alphonse de Rothschild).

FAIENCES DE BERNARD PALISSY

ET DE LA SUITE DE PALISSY.

1169. Aiguière.

Cette aiguière en casque à panse aplatie et de forme ovale repose sur un pied bas également ovale. Sur un fond émaillé de bleu se détachent des ornements, des godrons jaunes sur le culot, deux médaillons représentant Pomone et une Source, accompagnés d'un mufle de lion et d'un masque de femme, sur la panse au-dessous du goulot de forme découpée et bordé d'un listel blanc un mascaron entouré de feuillages, teinté en jaune. Anse en volute ornée d'une figure de femme nue tenant une corne d'abondance. Intérieur jaspé.
(Collection Spitzer).

1170. Aiguière.

Cette aiguière en forme de casque est entièrement semblable à la précédente ; mais le fond est émaillé de brun ; les moulures et le gros mascaron du goulot de lilas ; de plus les médaillons latéraux sont uniformément émaillés de vert. Intérieur jaspé. (Collection Spitzer).

1171. Aiguière.

A panse ovoïde reposant sur un pied bas et bombé, cette aiguière, à fond jaspé, est recouverte de feuillages et de coquillages sur lesquels rampent des lézards. Le goulot est découpé et l'anse très élevée est fermée par un serpent dont le cou vient s'enrouler autour du col de l'aiguière. Émaux polychromes. Intérieur jaspé. (Collection Spitzer).

1172. Aiguière marbrée.

Panse ovale et ovoïde écrasée. Épaules en doucine formant un large col échancré sur lequel s'insère l'anse appuyée sur l'épaulement. La panse, limitée par deux filets moulurés est décorée d'une figure de femme couchée dans un cartouche ovale à lanières d'où s'échappent des fleurons. Culot à godrons encadrés. Pied à gorge. Terre blanche marbrée brun et vert.
(M. Maillet du Boullay).

1173. Aiguière en forme de gobelet.

Gobelet à huit pans, porté sur un pied bas, légèrement évasé, muni d'une anse terminée à la partie supérieure par une tête de monstre feuillagée. Un filet saillant sépare la panse en deux parties. Sur chaque pan sont estampées deux figures différentes pour le haut et pour le bas. Haut : femme revêtue d'une cuirasse, tenant une palme : dans un cartouche. Bas : figure revêtue d'une cuirasse, regardant à gauche, tenant de ses deux mains une corne d'abondance, dans un cartouche, sous un mascaron. Fond gris bleu, figures à carnations blanches : accessoires jaunes, violets et verts.
(M. le Baron Alphonse de Rothschild).

CÉRAMIQUE. 189

1174. Aiguière en forme de gobelet.

Panse cylindro-conique, sur un pied bas, terminée par une moulure et munie d'un bec et d'une anse.

La panse est décorée de trois médaillons ovales séparés par une Victoire qui s'y appuie. La Foi, l'Espérance et la Charité y sont représentées. Sous le bec une tête ailée. L'anse qui est à contours géométriques s'insérant au niveau du bord, est ornée sur sa partie montante d'un mascaron au-dessus d'une palmette. La moulure du pied porte un motif courant de palmettes dans un anneau ouvert.

Fond bleu, moulures orangées, carnations blanches, vêtements orangés, bleus ou violets.

Intérieur truité bleu, vert et violet sur blanc.
(M. le Baron Alphonse de Rothschild).

1175. Aiguière en forme de gobelet.

Gobelet profond, posé sur un pied bas à gorge, muni d'un bec et d'une anse. Il est divisé en deux zones par un filet saillant. L'inférieure est garnie de feuilles vertes montant sur le culot qui est jaune. La supérieure est couverte de palmes vertes encadrées de filets jaunes s'enlaçant.
(M. le Baron Alphonse de Rothschild).

1176. Aiguière en forme de gobelet.

Gobelet profond, posé sur un pied bas à gorge, muni d'un bec sur une tête ailée, et d'une anse terminée supérieurement par une tête d'animal qui mord le limbe.

La panse est divisée en deux parties par un filet saillant. L'inférieure est garnie de palmettes bleues, puis vertes, montant du culot, séparées par des godrons orangés. La supérieure porte des palmettes bleues à côte blanche. Anse bleue.
(M. le Baron Alphonse de Rothschild).

1177. Broc.

Panse cylindrique, portée sur un pied en talon ; épaulement renflé ; col cylindrique. Anse rectangulaire.

La panse séparée du culot et de l'épaulement par deux filets, est ornée de trois médaillons ovales séparés par un terme. Chacun encadre une figure de divinité symbolisant l'*Eau*, la *Terre* et l'*Air* (Mercure volant). Le culot est garni de feuilles séparées par une fleur.

Pied : gorge cannelée en spirale ; moulure couverte de feuilles d'eau.

L'épaulement creusé d'une gorge au-dessus de la moulure qui le sépare de la panse, est couvert par une vigne que mangent des lapins et des oiseaux. Col : garni de feuilles de sagittaires montantes sous un anneau garni de rosaces.

Anse couverte de feuilles symétriques terminée par une tête de monstre.

Fond bleu, carnations blanches, accessoires et vêtements verts, orangés bruns et violets.
(M. le Baron Alphonse de Rothschild).

1178. Broc.

Panse ovoïde portée sur un pied bas, à col droit, munie d'une anse.

Panse ornée de six médaillons ovales encadrant trois bucrânes et trois mascarons à draperies : Culot garni de tiges fleuries montantes sur un miroir. Épaulement séparé de la panse par une moulure, décoré de rosaces bordées par un double ruban enlacé, col lisse. Anse courbe ornée d'une feuille tombante.

Couvercle d'étain.

Fond bleu, filets des médaillons violets, bucrânes gris-vert, les trois masques couleur rosée à draperies vertes. Miroirs blancs, rosaces blanches, rubans violets sur fond de feuilles vertes. (M. le Baron Alphonse de Rothschild).

1179. Gourde.

Panse ovoïde aplatie, ayant pour col et pour bouchon une figure d'homme assis, jouant de la cornemuse.

Sur la panse : Une bergère assise tenant une houlette, vis-à-vis d'un berger qui joue du flageolet, des moutons entre eux. Sur le revers, divinité assise, les seins nus, tenant de la main gauche une tige de lys, et un bouquet, de la droite levée. Un vase de fleurs derrière elle, et un jardin avec édifices du côté opposé. (M. le Baron Alphonse de Rothschild).

1180. Bouteille.

De forme aplatie, dite *bouteille de chasse*. Elle est entièrement recouverte de coquillages nuancés de diverses couleurs et deux serpents sont roulés en rond sur chacune de ses faces. Le bouchon, muni d'un pas de vis est également recouvert de coquillages ; d'autres coquilles forment les coulants où passaient des cordons de suspension. Emaux polychromes.
(Collection Spitzer).

1181. Grand plat d'aiguière de forme circulaire.

L'ombilic saillant est orné de mascarons, de coquilles, de feuillages ou de bouquets de fruits. Tout autour de cet ombilic se déroule sur un fond de mer, un combat de dieux marins se disputant des femmes. Un satyre conduisant un bateau saisit une femme qu'un triton tente de lui enlever tandis qu'une femme (Europe ?) navigue sur le dos d'un taureau à queue de poisson. Sur le marli, des chasseurs poursuivant des biches et un cerf, des sangliers ou des renards, au milieu d'une forêt. Costumes de la fin du XVIe siècle. Bordures d'oves. Emaux polychromes. Revers jaspé. (Collection Spitzer).

1182. Grand plat circulaire. — *Diane.*

Au centre, une figure de Diane assise sur un tertre, vêtue d'une tunique bleue retenue au-dessous des seins. De la main droite elle s'appuie sur un arc, de la main gauche elle tient une flèche et caresse un cerf couché près d'elle. Des chiens de chasse l'entourent. Fond gris ; relief polychrome. Au marli, bordé d'un galon bleu, huit cavités ovales ou en étoiles alternant avec des chérubins, des masques de satyres et des cornes d'abondance. Revers jaspé.
(Collection Spitzer).

1183. Grand plat circulaire à reptiles.

Au centre, sur un terrain entouré d'eau, un serpent enroulé autour de quatre coquilles. Sur l'eau, cinq poissons et des grenouilles. Sur le marli, des feuillages, des grenouilles, des lézards, des écrevisses, un gros papillon. Fond bleu. Revers jaspé. (Collection Spitzer).

1184. Grand plat ovale à poissons.

Au fond, autour d'un terrain où sont rangés symétriquement des coquillages qu'accompagnent des feuilles de ronce et des grenouilles, des poissons se jouent sur une rivière dont la source se trouve à l'une des extrémités au milieu de coquillages. Sur le marli, recouvert d'émail jaspé, sont rapportés des feuilles, des grenouilles, des lézards, des écrevisses, des coquillages et des insectes émaillés au naturel. Revers jaspé. (Collection Spitzer).

1185. Plat ovale à compartiments.

Autour d'une cavité centrale de forme ovale recouverte d'émail jaspé s'étagent deux rangs de godrons blancs et bruns séparés par des torsades bleues. — Bord dentelé. Revers jaspé. (Collection Spitzer).

1186. Plat ovale à compartiments.

Autour d'une grande cavité ovale à fond jaspé et bordée d'un galon perlé sont rangées symétriquement sur un fond violet huit cavités alternativement en forme de cartouche ou en forme d'étoile. Elles sont séparées par des cornes d'abondance. — Bordure d'oves. Emaux polychromes. Revers jaspé.
(Collection Spitzer).

1187. Plat ovale. — *Aux Armes de France.*

Au fond et dans le sens de la hauteur, on voit les armoiries de France dans un écusson ovale ; deux petits anges portant une palme et une branche de laurier soutiennent la couronne au-dessus de l'écusson. — Fond bleu. Bord renversé et découpé sur fond saumoné. Revers jaspé.
(Collection Spitzer).

CÉRAMIQUE. 191

1188. Plat ovale. — *Moissonneur.*

Au fond, dans le sens de la hauteur un moissonneur debout, un linge noué autour des reins et coiffé d'un chapeau sur lequel sont fixés des épis de blé. — D'une main il tient une gerbe, de l'autre une faucille. Fond bleu. Bord brun découpé à décor en relief jaunâtre. Revers jaspé.
(Collection Spitzer).

1189. Plat ovale. — *Vénus.*

Au fond, Vénus couchée qu'embrasse un petit Amour : quatre autres jouent au fond, composé de colonnes d'où pendent des draperies. Marly lisse, marbré. Bord creusé de huit compartiments alternativement ronds et ovales entourés par un double galon qui l'enveloppe de chaque côté. Deux mascarons drapés séparent les compartiments du milieu, quatre vases de fruits séparent ceux des extrémités. Carnations blanches. Draperies vertes et violettes. Galon bleu. Les compartiments ovales marbrés, les ronds verts.
(Mme la Comtesse d'Yvon).

1190. Plat ovale à animaux.

Au fond, une couleuvre sur un terrain chargé de coquilles, enveloppé par des eaux où nagent quatre poissons. Sur le bord des feuilles étalées séparant des lézards, des grenouilles et des insectes. — Terrain bleu ; feuillages de plusieurs verts.
(M. Nollet).

1191. Plat ovale.

Fond lisse. Bord à quatre écussons ovales séparés par le même motif en relief formé d'un fleuron central d'où s'échappent deux branches symétriques terminées par une fleur. — Fond marbré violet et bleu sur blanc. Ornements verts et jaunes.
(M. Nollet).

1192. Plat ovale, dit à épices.

Réceptacle ovale central flanqué de six réceptacles circulaires limités par un galon qui s'enlace pour les envelopper tous, ainsi que le bord qui s'échancre. Fleurons verts entre les réceptacles. — Fond marbré, galon jaune.
(M. Nollet).

1193. Plat ovale, dit à épices.

Compartiment central ovale, cantonné par quatre compartiments circulaires, enveloppés par le même galon qui circonscrit le bord, quatre amours agenouillés garnissent les intervalles. — Fond violet. Compartiments marbrés. Galon bleu. Amours blancs.
(Mme la Comtesse d'Yvon).

1194. Plat, dit à épices.

Compartiment central ovale entouré d'une moulure, cantonné de huit compartiments : quatre ovales dans un cartouche, quatre en quatrelobes à redans. Cornes d'abondance dans les intervalles.
Compartiments marbrés, sauf ceux en quatrelobes qui sont verts. Galons violets. Fond jaune.
(Mme la Comtesse d'Yvon).

1195. Plat creux à lézard.

Au fond, teinté de violet et de bleu, un lézard vert. Bord festonné, orné d'une suite de pelta séparés par des fleurons convergents. Un galon violet sépare le fond du bord.
(M. le Baron Alphonse de Rothschild).

1196. Coupe à fruits découpée à jour.

Cette coupe à bords légèrement renversés se compose de rosaces renfermant des marguerites ou des soucis reliés par des entrelacs bleu clair, complètement découpés à jour. Le bord se compose d'un listel blanc d'où naissent deux rangs de feuilles bleues et vertes surmontées de marguerites alternant avec des fleurettes jaunes. — Revers jaune sous le pied, jaspé sous les bords.
(Collection Spitzer).

1197. Coupe à fruits découpée à jour.

Cette coupe est complètement semblable à la précédente, mais le fond est vert au lieu d'être bleu. — Revers jaspé, avec beaucoup de blanc.
(Collection Spitzer).

1198. Coupe, dite à épices.

Réceptacle central circulaire entouré par cinq réceptacles en forme de coquille lisse, enveloppés par deux galons qui s'infléchissent pour former un arc au bord et revenir envelopper le réceptacle adjacent. Un fleuron sépare chacun des cinq arcs. Un autre fleuron à jour garnit le vide pentagone courbe formé par les coquilles, le galon qui les enveloppe et le bord. Coupe centrale verte, coquilles truitées, bleu et violet : galons bleus : fleurons polychrômes.
(M. le Baron Alphonse de Rothschild).

1199. Coupe à jour.

Réceptacle circulaire central, bordé par un tore de feuillage qui forme en s'enlaçant quatre médaillons et se rattache à un bord étroit. Dans chaque médaillon un chiffre composé de deux H croisées et de deux C, dans l'intervalle un H combiné avec les deux C.
Fond mélangé violet et bleu : tore vert. H blanches et orangées ; C bleus.
(M. le Baron Alphonse de Rothschild).

1200. Grande Salière.

Cette salière affecte la forme d'un monument d'architecture rectangulaire dont les quatre faces sont semblables sous un fronton surbaissé soutenu par deux cariatides de femme; on voit, dans un compartiment rectangulaire bordé d'une moulure, Neptune debout sur les flots accompagné de deux chevaux marins. Au-dessus de cette scène dans le tympan, un buste d'homme cuirassé ayant à son cou le collier du Saint-Esprit (Henri III ?). De chaque côté du buste, des dauphins, et, au-dessus du fronton, une coquille soutenue par deux enfants à queue de poisson. Saleron circulaire à fond jaspé, cantonné de quatre mascarons. Emaux polychrômes.
(Collection Spitzer).

1201. Salière triangulaire.

Cette salière se compose d'une base moulurée ornée d'oves au-dessus de laquelle se dressent trois figures en gaînes qui en garnissent les angles ; entre chaque figure une grosse palmette. Au-dessus de ces figures, sur une plate-forme, trois lions accroupis supportent le saleron bordé d'un rang de perles jaunes, à fond jaspé, le dessous du saleron est teinté de violet. Emaux polychrômes. Terre très légère.
(Collection Spitzer).

1202. Salière triangulaire.

Cette salière se compose comme la précédente d'un saleron soutenu par des figures en gaîne et des lions ; les lions sont teintés de violet tirant sur le brun et le dessous du saleron est teinté de vert.
(Collection Spitzer).

1203. Salière triangulaire.

La salière se compose d'une base triangulaire ornée d'oves sur laquelle se dressent trois figures en gaîne alternant avec de grosses palmettes découpées à jour et supportant une plate-forme. Sur la plate-forme trois lions accroupis soutiennent un saleron trilobé. Emaux polychrômes.
(Collection Spitzer).

1204. Salière triangulaire.

Elle est semblable à la précédente ; mais les oves qui garnissent la base sont teintées de brun sur fond blanc au lieu de se détacher en blanc sur fond brun.
(Collection Spitzer).

1205. Salière triangulaire.

Cette salière repose sur une base élevée ornée d'un bandeau décoré sur chaque face d'un chérubin accosté du chiffre H M entrelacé. Le corps de la salière est dessiné suivant une scotie et sur chaque face on voit un génie femelle ailé se pressant le sein. Saleron jaspé garni d'un rang de feuilles. Emaux polychrômes. Intérieur émaillé de violet.
(Collection Spitzer).

CÉRAMIQUE.

1206. Salière à quatre faces.
Massif rectangulaire, porté sur une base moulurée à miroir et à oves, et portant une corniche à denticules. Chaque face est ornée de deux Termes, reliés par une guirlande de fleurs, portant chacun un chapiteau toscan sous un fronton brisé. Une tête ailée et drapée garnit le tympan et une console en S est couchée sur chaque rampant. Termes et architecture blancs sur fond bleu cendré. (M. Nollet).

1207. L'Eau.
Bas-relief rectangulaire entouré d'un cadre à gorge plate, orné aux angles de quatre mascarons de satyres.
L'Eau est représentée sous les traits d'une jeune femme assise et demi nue couronnée de plantes d'eau. Elle appuie la main gauche sur une urne renversée d'où s'échappent des flots au milieu desquels se jouent toutes sortes de poissons. Sur son genou elle tient une autre urne également renversée. Derrière elle des roseaux. A gauche la mer avec des poissons, et au fond une vue de ville au bord de la mer. Dans le ciel, des nuages, des oiseaux et l'inscription E A V. Sur la gorge de l'encadrement, sur un fond blanc, sont imprimés en creux et en bleu, au moyen de caractères d'imprimerie vingt-quatre vers placés trois par trois, séparés par des fleurs de lys ou des rosaces imprimées. Ces vers commencent sur la partie gauche du cadre.

> Tous ces monts escarpez, dont les cimes cornues
> Voisinent l'espesseur des vagabondes nues,
> Sous les flots premier nez cachoie(n)t leurs dos bossus,
>
> Et la terre n'estoit qu'un marest paresseux :
> Quand le Roy de ce Tout, qui, libéral, désire
> Nous bailler, comme à field, du bas monde, l'empire,
>
> Commanda que Neptun (sic), rengeant à part ses flots,
> Descouvrit promptement de la terre le dos :
> Et qu'il se contentast que cy devant son onde.
>
> Eust généralement occupé tout le monde.
> Comme après que le ciel s'est en pleurs tout fondu,
> Le flot baveusement sur la plaine estendu.
>
> Fait des champs une mer, puis cessant tous ravages,
> D'un invisible pas quitte les labourages
> Du bœuf tirasse contre, en soy même se boit,
>
> Il restreint sa largeur en un canal estroit.
> Ainsi la mer quitta montagne après montagne,
> Costau après costau, ca(m)pagne après campagne,
>
> Et se mit vistement à entonner son eau
> Dedans le ventre creux d'un bas petit vaisseau,
> Que ce grand Tout luy fit par sa vertu divine,
>
> Pour frainer sa nature incoustante et mutine,
> Tellement que jamais elle ne débordast,
> Quelque estrange fureur dont elle redondast, IIII.

Le chiffre IIII qui accompagne cette plaque indique qu'elle a fait partie d'une suite des quatre Eléments. Emaux polychromes. Revers non émaillé.
(Collection Spitzer).

1208. Vendangeur ; — bas-relief.
Homme debout, marchant à gauche, couronné de pampres, vêtu d'une tunique jaune à ceinture violette, une serpe à la main, chaussé de cothurnes, les orteils nus, portant un panier de raisins de la main gauche et un paquet de fruits sur sa main droite. Derrière lui une gourde en terre, devant un cuvier plein de raisins. — Fond violet. Encadrement de moulures. (M. Nollet).

1209. Mercure, statuette.
Homme nu, coiffé du pétase, armé des talonnières, debout, une draperie verte sur les épaules, jouant de la flûte. — Il est posé sur un socle formé par trois dauphins soutenant une sorte de culot posé sur leurs queues.
(M. le Baron Alph. de Rothschild).

ÉPOQUE DE LA RENAISSANCE.

1210. Masque de profil.
Masque de femme, coiffé de cheveux, de profil à droite, terminé postérieurement par des feuillages montants et descendants. Masque blanc, sur fond marbré. (Mlle Grandjean).

1211. Fontaine aux armes de France.
Fontaine quadrangulaire à toit en coin, flanqué de quatre tourelles, portant un oiseau sur leur toit, postée sur quatre boules. Sur chaque face, l'écu de France sous la couronne royale entre deux branches de laurier, sous un arc. Le même écu sur chaque rampant du toit. Sur les pignons, des personnages et des oiseaux, des oies plumées, des pastillages sont rapportés.
Terre blanche ; vernis flambé de violet et de bleu. (Mme la Comtesse d'Yvon).

1212. Moine porte-lumière.
Debout et vêtu de l'habit des franciscains, barbu, le capuchon ramené sur la tête, de la main droite il retient une besace sur son épaule et de la main gauche soutient une bobèche émaillée de jaune. — Émaux violet, blanc et jaune. (Collection Spitzer).

1213. Un moine ; — statuette.
Franciscain, debout, pieds nus, son capuchon relevé sur sa tête tenant sur son épaule droite une besace qu'il entr'ouvre des deux mains. Tons manganèse et blanc. (Collection Spitzer).

1214 La Nourrice.
Femme en costume de la fin du XVIe siècle : cornette à longues barbes, col rabattu, robe à corsage échancré et à basques, jupe et tablier. — L'enfant coiffé d'un bonnet cotelé est emmailloté. (M. Nollet).

1215. La Nourrice.
Assise, les jambes croisées, vêtue d'une robe bleue, d'un tablier vert, d'un corsage brun, elle donne le sein à un enfant emmailloté qu'elle soutient des deux mains. Sa tête est couverte d'une coiffe cachant presque entièrement les cheveux et retombant en plis sur le dos. (Collection Spitzer).

1216. Le joueur de vielle.
Il est représenté debout, vêtu de chausses violettes, d'un pourpoint gris et d'un manteau violet doublé de vert ; un chapeau gris, à bord retroussé est posé sur sa tête. De la main gauche, il soutient une vielle dont il tourne la manivelle de la main droite. — Socle émaillé de vert. (Collection Spitzer).

1217. Le joueur de vielle.
Homme en costume du commencement du XVIIe siècle, debout, sur un socle trangulaire en doucine sur une base plane.
L'homme est coiffé d'un chapeau à bords, vêtu d'un juste-au-corps à basques sous un col rabattu et sur des chausses larges laissant le genou nu, chaussé, de bas à jarretières et de souliers à brides nouées, un manteau court couvre ses deux épaules.
Sur chaque face du socle, un buste d'enfant ailé de face terminé par des feuillages. Sur la base, une tête ailée entre les deux monogrammes H M. — Une console à chaque extrémité. (M. le Baron Alphonse de Rothschild).

1218. Vielleur ; — statuette.
Homme coiffé d'un chapeau à bords relevés sur le devant, vêtu d'une tunique, d'un manteau court, de chausses larges, tenant une vielle sous son bras gauche. (M. Nollet).

1219. Fontaine à la devise des Gouffier.
Fontaine quadrangulaire, sous un toit à quatre pignons, orné de lézards grimpant sur chaque arête, portée par quatre boules. Sur deux faces opposées, deux termes portant une moulure encadrant un cartouche gravé de la devise :
HIC TERMINVS HERET. Une grenouille grimpante est appuyée sur la

tubulure de la chantepleure. Des rosaces, encadrées de cartouches, des oies plumées, des coquilles, etc., en relief, et des carrés estampés, garnissent les autres faces.
Terre blanche vernissée à flambés verts et violets.
Publié par Benjamin Fillon dans l'*Art de terre chez les Poitevins*.
(M. Luguet).

1220. Épi de faitage. — Pré d'Auge.
Candélabre formé par l'enfilage de pièces distinctes sur une tige en fer. Dans le bas, les trois faces d'une pyramide quadrangulaire, coiffant le poinçon de la charpente, ornée d'une tête sur la face, et d'une console sur chaque côté. Au-dessus, une gorge accompagnée de consoles à tête de femme à haute chevelure, portant un vase ovoïde dont l'épaulement porte une tête semblable aux précédentes entre deux consoles.
Du col du vase sort un haut bouquet de fruits, d'où montent des lys symétriques sous un nid sur lequel un grand oiseau est placé avec deux petits.
Provient d'une maison aux environs de Lisieux. (M. Ridel, à Vimoutiers).

1221. Épi de faîtage. — Pré d'Auge.
Même forme générale que le numéro précédent, sauf quelques variantes. L'embaguement qui surmonte la base est cylindrique, le vase est à culot de feuillages, et l'oiseau est seul posé sur une boule.
Même provenance. (M. Ridel, à Vimoutiers).

FAIENCES DIVERSES

1222. Panneau de poële.
Panneau rectangulaire bordé par une moulure qui encadre une grande fleur de lys florencée par deux branches de rosier, surmontée par la couronne de France ; dans le bas les deux lettres C. T.
Vernis vert.
Trouvé dans le Jardin des Tuileries. (M. Vannes).

1223. Épi de faitage.
Vase formé d'un culot godronné et d'une panse rentrante en doucine sur laquelle posent quatre hommes à mi-corps ; deux jouent du flageolet, deux tiennent une crécelle : sur le goulot un homme est assis jouant de la cornemuse. — Vernis jaune (M. Ridel, à Vimoutiers).

1224. Gourde. — Nismes 1581.
Sur chaque panse un écu d'armoiries au-dessus d'une alliance traversée par une palme et une branche de laurier en sautoir, au-dessus d'une banderolle portant la devise : CONSTANTER ET SINCERE, 1581. L'écu est écartelé « au premier de sinople au lion d'or, au deuxième d'azur au chef d'or, chargé de deux épées en sautoir, au troisième d'un fuselé d'azur et d'argent, au quatrième d'un bandé d'or et de sable à la bande cretelée de sinople. » Deux monstres ailés à tête de singe, à queue de serpent, disant leurs patenostres sont affrontés à l'écu au-dessous de deux paons. Une gourde est suspendue sur le col entre des draperies sous un pavillon qui la relie à la gourde figurée sur l'autre face. Les deux coulants en forme de tête ailée portent chacun une corbeille de fruits, et surmontent un galon qui descend sur le pied entouré d'un anneau feuillagé.
Bouchon cylindrique. Trait bleu, modelé jaune ; sous le pied l'inscription :

NISMES
<u>   </u>
1581 (M. le Baron Gustave de Rothschild).

1225. Gourde. — Nîmes 1581.
Même forme et même décor que le numéro précédent.
Sur la panse un écu « d'azur, au lion d'or, » sous un casque fermé à lambrequins

ayant un lion pour cimier, le tout entouré par une banderolle portant la devise : SEIGNEVR IE ESPERE EN TOY. Au-dessus, posant sur une bande qui se relève à chaque extrémité, un guerrier portant un casque, entre un bouclier à tête humaine et un arc posés à terre. De chaque côté, en dehors, un chiffre composé de deux G enlacés avec deux 1. Sous l'écu, un mascaron enveloppé par un anneau qui avant de se fermer se développe en ligne droite relevée et coudée à chaque extrémité. Elle porte de chaque côté de l'écu un monstre à tête d'âne, à corps de chimère, à mains d'homme et à pied de bouc, accroupi et tenant une tige, à côté d'un cygne. Derrière lui le même monogramme. De chaque côté du mascaron un cygne adossé. Sur le côté un galon descendant, orné d'une guirlande de feuilles sur fond jaune.
Trait bleu, modelé de bistre jaune et de vert clair. — Fond bleu.
(M. Tollin).

TERRE CUITE PEINTE

1226. Urne. (XVIe siècle).

Panse cylindrique creusée de six niches ovales, limitée, supérieurement, par une moulure saillante et inférieurement par un gros tore de feuilles de laurier sur un culot à godrons : courte tige et pied à moulures. Épaulement hémisphérique sous un col largement évasé. Deux anses sont insérées au-dessous de l'épaulement. Les niches de la panse sont encadrées par un cartouche à enroulements, et sont occupées par une femme de la Bible, debout. Sur l'épaulement, un cartel porté sur une tête reliée par une volute à la voisine, placée au droit de chaque niche, porte le nom du personnage placé dessous.
DEBORA : RACHEL, IVDITH, ESTHER, ÈVE, SARA.
Terre cuite peinte et dorée. (M. le Baron Alphonse de Rothschild).

GRÈS

1227. Gourde. (Beauvais. Fin du XVe siècle).

Elle est munie de deux anneaux latéraux et porte sur chaque face un écu écartelé de France et Dauphiné, entouré de rinceaux, dans un anneau festonné. Des branches de chêne et des fleurs de lys sont frappés sur la panse et sur le col. — Couverte bleu sombre. (M. Chabrières-Arlès).

VERRE

1228. Plaque octogone allongée. — *L'Adoration des Rois.* — Italie.
(XVIe siècle).

La Vierge assise à gauche, devant Saint Joseph, tient sur ses genoux l'Enfant Jésus qui prend la coupe que lui présente le plus vieux des rois agenouillé. Les deux autres sont en second plan. Couleurs transparentes, sur paillon à rehauts d'or, fond noir. Monture en ébène doré. (M. Maurice Kann).

1229. Deux médaillons ovales. (XVIe siècle).

La Crèche; — la Fuite en Égypte. — Même exécution que le numéro précédent.
Monture d'argent. (M. Maurice Kann).

TAPISSERIE

1230. Suite de quatre tapisseries. (Ct du XVIe siècle).

Représentant fort probablement une histoire de la fable, dont trois scènes successives sont figurées sur chaque pièce, une occupant les premiers plans au centre, deux autres les arrière-plans de chaque côté.

N° 1. Haut, à gauche: Un jeune homme forçant une jeune femme sur un lit, en présence d'une autre femme. Centre : Le jeune homme les mains liées, est amené devant un roi assis sur son trône devant lequel les deux femmes sont agenouillées : nombreuse assistance. Haut, à droite: mariage du jeune homme avec l'une des femmes.

N° 2. Haut, à gauche : Deux femmes en prière devant un autel d'Apollon, accompagnées d'un jeune homme et de deux vieillards. Centre, à gauche : Une jeune femme suivie de quatre autres parle à un vieux roi assis sur son trône ; à droite, un homme assis entre deux femmes : nombreuse assistance. Haut, à droite : Deux jeunes femmes remettent à une paysanne un enfant emmailloté.

N° 3. Haut, à gauche : Une jeune femme en manteau doublé d'hermine et un jeune homme assis dans un bosquet : Milieu. Au premier plan une jeune femme entre deux hommes dont l'un porte le même costume que le précédent, entourés d'hommes armés de hallebardes, en arrière plan, un messager remet un pli à la dame de la première scène suivie de cinq autres. Dans le haut, une statuette tenant de ses deux mains le croissant de la lune. Haut, à droite : La dame, accompagnée de deux autres, lit le message.

N° 4. Sacrifice à Jupiter, Pallas et Mercure. Haut, à gauche : Dans un paysage, Apollon. Au centre : Un seigneur et une dame agenouillés devant un autel où brûle un bœuf au-dessous des trois Divinités : nombreuse assistance. Haut, à droite : Réunion de personnages.

Bordure étroite de ceps sur fond noir. (M. Jamarin).

1231. Psyché arrivant à la cour de Jupiter (?) (C^t du XVIe siècle).

A gauche, une jeune femme, accompagnée d'un jeune homme suivi d'un cortège qui s'avance au fond, est agenouillée devant un roi vieux, couronné, un sceptre en main ; un jeune homme le suit. Dames et seigneurs au second plan. Sur le balcon d'un édifice, quatre hommes sonnent de la trompette. Des pots à feu suspendus aux tours et des torches aux mains de serviteurs, etc., indiquent que la scène doit se passer la nuit. Au fond, la mer. A droite, dans un édifice ouvert, le roi présente la jeune femme à plusieurs femmes. L'une d'elles accueille le jeune homme.

Costumes du temps de Charles VII ; chaussures rondes. Tissus presque exclusivement brochés, sol orné de plantes ou de tapis. Colonnes ornées de perles.

(M. le baron de Hunolstein).

1232. Pièce de la tenture de l'Histoire de France.
(XVIe siècle).

La tenture est divisée en trois parties par deux arbres. Dans le bas de chaque scène une inscription relatant la date de la fondation de chaque ville. A droite : Un roi debout, *Belgivs*. Au fond : *Beauvais* avec sa cathédrale en construction, et *Clermont* à droite.

    Mil CCC ans soixante dix en sôme
    Puys le deluge : et devant que feust l'hôme
    Regenere par grace deifique
    Mil V^c IIII^{xx} du moy quon nôme
    Belgius roy XIII^r : on voit côme
    Fonday *Beauvais* dont vient gaule belgique.

Au centre : *Dardanvs* en armure l'épée au poing regarde derrière lui *Jasivs* renversé à terre. A gauche, un vaisseau accoste à terre où un matelot pose une planche.

Bataille au fond devant les murs de *Troye*.

    Mil IIII^{cc} LX ans du deluge
    Et XIX : *Jasius* ay regne :
    Ains que Jesus le redempteur feust ne
    Mil IIII^{cc} septante huict : lors fus je
    Par *Dardanus* mon frère extermine.
    Qui puis fonda *Troye* pour son refuge

A droite : *Pàris* en costume de François Ier suivi de plusieurs hommes. Au fond : *Pàris*.

> Mil V^cc ans XL et IX passez
> Du deluge : *Pàris* le noble roy
> Dix huytiesme : fonda en grand arroy
> Ville et cite de *Pàris* belle assez
> Devant que Rome eust des gens amassez
> M^cc cinquante et vin ans cóme croy.

(Cathédrale de Beauvais).

1233. Pièce de la tenture de la Légende de la Vierge, 1530.
(XVIe siècle).

La Vierge travaillant. La Vierge assise tisse un ruban de tapisserie fixé horizontablement à deux colonnes soutenues chacune par un licorne et portant un pennon aux armes écartelées de Robert de Lenoncourt, archevêque de Reims, et du Chapitre de la cathédrale.

Derrière elle deux anges tenant, l'un, un broc d'étain et un verre, et l'autre, un pain. Le groupe est entouré par un petit mur appuyé aux deux montant du métier. *Hortvs conclvsvs*, ou poussent des lys. En avant, à gauche, un lys entouré d'une banderolle avec l'inscription : LILIVM INTER SPINAS, et à droite un rosier, dont la banderolle porte l'inscription : PLANTACIO ROSE. Des anges se tiennent debout autour de l'enceinte.

Au sommet, sortant des nuages rayonnants, Dieu le Père, couronné et vêtu d'une chape, tient le globe et bénit : deux anges relèvent son manteau. Sur une banderolle placée en avant l'inscription : TOTA PVLCRA ES AMICA MEA ET MACVLA NON EST IN TE. A gauche, le Soleil : ELECTA VT SOL. A droite, la Lune : PVLCRA VT LVNA.

A gauche de la colonne, dans le bas : Un prophète au milieu de fleurs, et au-dessus de lui l'inscription : OPERATA EST CONSILIO MANVVM SVARVM. *Prov.* 31. Entre le prophète et le licorne une tige de lys : VIRGA JESSE FLORVET. Au-dessus un cèdre : CEDROS EXALTATA. Un puits : PVTEVS AQVARVM VIVENTIVM. Une porte de ville : PORTA CELI. Une étoile : STELLA MARIS.

A droite. Un prophète debout, au-dessus de lui l'inscription : MVLTE FILIE CONGREGAVERVNT DIVICIAS, TV SVPERGRESSA ES VNIVERSAS. *Prov.* 31. Au-dessus, une fontaine formée d'une vasque portée au-dessus d'un bassin par une colonne qui la traverse et accostée par trois joueurs d'instruments que domine un amortissement. *Fons hortorvm*. A côté, un miroir circulaire monté en orfévrerie. *Specvlvm sine macvla*. A côté, un olivier, *Oliva speciosa*, et au sommet une tour dominant des édifices, *Tvrris David cvm propvgnaculis*.

Dans le haut une bordure de têtes ailées d'où partent des rinceaux symétriques reliés par une fleur de lys en rouge sur fond bleu.

Dans le bas, l'inscription sur une banderolle :

> « Marie Vierge chaste, de mer estoille,
> » Puis de vive eave, ainsy que lune belle
> » Cité de Dieu, clair mirouer non pollve
> » En ung jardin formé, est résolve
> » Porte du ciel, comme soleil eslave
> » Tovr de David, lis de noble valve
> » Cadre exalté, distillante fontaine
> » De besongnier, et si de grâce pleine. »

(Cathédrale de Reims).

1234. Pièce de la tenture de la Légende de Saint-Remy, 1531.

A droite : Clotilde assise à côté du roi, en présence de deux dames et de trois seigneurs dans un appartement où ils reçoivent Saint-Remy qui vient de la droite, vêtu d'une soutane rouge, d'un surplis et d'un collet bleu, coiffé d'un bonnet carré, ganté de bleu. Costumes du commencement du XVIe siècle.

> Clotilde royne a Sainct Remy envoye
> Diligemment pour le cueur esmouvoir
> Du roy Clovis afin qui le pourvoie
> De Saincte loy qun chacu doibt avoir.

Au-dessus, *le roy Clovis* combat les allemands, ainsi que l'indique une large banderolle, qui sépare les deux scènes :

« Les allemans mectent en fuyte
Aurelien et en poursuyte
Clovis et les gens dot sexclame.
Dist au Roy pour eviter blasme
Croy au Dieu au quel croit ta feme
Renient lur culte et les diffame.
Ce qu'il faict puis a coups de taille
Et soudain gagne la bataille. »

A gauche, le baptême de Clovis :

Le roy Clovis nu, dans un font pédiculé, les mains jointes, est baptisé par *Saint Remy* en costume d'évêque. *La royne Clotilde* est agenouillée à gauche, et Aurélien en manteau fleurdelysé se tient debout à droite ; peuple au fond. La colombe dans une auréole descend une fiole au bec. Le calvaire est représenté dans le haut.

A Saint Remy Clovis requiest baptesme
Et se repet davoir sans luy vescu
Dieu tout puissant luy trasmect le saict cresme
Semblamat des fleurs de lys lescu

La scène se passe sous une voussure portée par deux pilastres ornés de grotesques. L'écu de France est fixé sur l'arc. L'écu de l'archevêque Robert de Lenoncourt, abbé commendataire de Saint-Remy, est appliqué sur une croix contre le pilastre central et sur une colonne qui limite à gauche la première scène.

Costumes du temps de Louis XII.

Le roi Clovis dans le combat porte une cotte d'arme chargée de crapauds. Son étendard est blanc à trois crapauds noirs.

(Eglise de Saint-Remy, à Reims).

1235. Deux pièces de la Légende de Saint-Julien. (XVIe siècle).

1ro. *Saint-Julien reçoit sa mission du pape à Fontaine.*

« Comment Sainct-Julien fut evoie par Sainct-Clement pape de Rome au pays
» du Maine pour convertir le peuple à la foy cristiène acompaigne de Sainct-
» Turride et Sainct-Panace. »

Le pape *Saint Clement*, la tiare à triple couronne en tête et chapé, assis sur un trône, bénit Saint Julien, mitré, chapé, crosse en main debout à sa gauche. A sa droite est agenouillé *Saint Turribe*, vêtu en diacre. *Saint Panace*, vêtu de même est agenouillé derrière Saint Julien. Cardinaux, prêtres et chanoines à droite et à gauche. La scène est encadrée par deux pilastres soutenant un arc en accolade interrompu par un dais.

A droite : « Coment Sainct-Julien arriva près la cité du Mans et avânt y entrer
» frappa de son baston pastoral en terre dont miraculeusement sourdit
» une fontaine. » *Saint-Julien* en évêque, suivi des deux diacres *Saint-Panace* et *Saint-Turribe*, frappe de la pointe de sa crosse un tertre rocheux d'où coule de l'eau qu'une femme reçoit dans une cruche. A droite : quatre personnages. Au fond : trois personnes à la porte de la ville ; au-dessus d'eux l'inscription de la porte nommée *lamth*

Sur les arbres du fond un écu « d'argent à la croix de gueules, » sous une couronne.

2e. « Coment Sainct-Julien entra dans la dicte cite ou il fit grandes prédica-
» tions au peuple d'icelle dont plusieurs fvrent convertis à la foy. »

Sant-Julien, en aube, l'aumusse sur la tête, dans une chaire portative en bois, prêche le peuple qui l'entoure ; les femmes assises à terre au premier plan, les hommes debout. Derrière lui ses deux diacres se tiennent debout en robe rouges et en bonnet.

« Coment après ladicte prédicacion le roy et prince du pais nôme Destenlor
» averty de la doctrine le manda venir a luy en son palais a l'entrée duquel
» enlumina ung aveugle. »

A côté de la scène précédente Saint-Julien en soutane violette et en aube, le camail sur les épaules, coiffé d'un bonnet carré, suivi de ses deux diacres,

ÉPOQUE DE LA RENAISSANCE.

vêtus comme précédemment, bénit un aveugle assis en avant d'un édifice : fond d'arbres et de châteaux. Au sommet, entre les deux scènes, un écu « d'argent à la croix de gueules » sous une couronne de comte.

(Cathédrale du Mans).

1236. Deux pièces de la Légende de Saint-Mamès, donnée à la cathédrale de Langres, par l'évêque Claude de Longuic, en 1545. Atelier de Fontainebleau ou de la Trinité de Paris. (XVIᵉ siècle).

1ʳᵉ. *Saint-Mamès prêchant les animaux.*

Le Saint assis à gauche explique aux bêtes l'évangile qu'il tient devant lui. Au fond il est agenouillé devant un ange, il trait une lionne, et range des fromages sous une cabane.

A droite, il parle à des cavaliers, et plus haut à des hommes assemblés sous le péristyle d'un temple.

Bordure formée d'agrafes d'angle et de cartouches combinés avec des pentes de fruits, au sommet l'écu de l'évêque donateur, « d'azur à la bande d'or. »

Dans le bas l'inscription : « Apres qve Sainct-Mâmes evst presché l'évangile
» avx bestes savlvaèges, tovs les males sen retovrnèret et les fvmelles
» demovrrèt des qvelles il tira dv laict et fist des fromages qve lange luy
» comâda bailler avx paovres ce qv'il feist et pvis fvt rancontre de devs
» satallites qve lempcrevr avoit envoier povr le prendre qve parlarêt a luy
» et ne le denoncerent poinct. »

2ᵉ. *Saint-Mamès dans la fournaise.*

Au centre la fournaise qu'attisent des hommes placés au premier plan. Le roi est assis à droite. Fond d'édifices.

Même bordure. Dans la bordure du bas l'inscription : « Apres avoir sovffert
» plvsiers martires sainct Mames fvt remys en priso dot par ses pères les
» portes fvret ovvert et les psoniers delivrez mais il ne vovlvt sortir depvis
» la comademet du duc par ce qvil persistoit en la foy il fvt mys en vne
» fovrnaise ardente en la qlle il fvt v jovrs etiers acopaigne des ages sas
» sovffrir avlcv mal dot le dvc cvide erager. »

Ces deux tapisseries sont exposées à l'envers à cause de leur décoloration.

(Cathédrale de Langres).

1237. Panneau de l'Histoire de Psyché, d'après le Maître au Dé.

(XVIᵉ siècle).

Psyché portée dans le désert, suivie de son père. Bordure de Grotesques sur fond blanc, encadrée par deux galons jaunes à dessins verts. Les motifs formés de rinceaux, et de pilastres sont interrompus par des camaïeux bleus.

Atelier de Fontainebleau ou de la Trinité. (M. F. Ehrmann).

1238. Petit coussin. (Flandre XVIᵉ siècle)

Un homme nu à cheval, casqué et armé d'une épée galope vers la gauche. Derrière lui un guerrier casqué, vêtu d'une cuirasse antique, armé d'une cuirasse et d'une ceinture se dirige vers la droite; fond de paysage.

Bordure de palmettes. (Mᵐᵉ la Comtesse d'Yvon).

BRODERIE.

1239. Frise ayant dû servir de gouttière de lit. — *L'Histoire d'Esther.*

(Fin du XVIᵉ siècle).

A droite, un repas de dames et de seigneurs dans une enceinte de courtines au milieu d'une cour édifiée de deux fontaines et entourée de tours reliées par des murs. Assuérus assis sur son trône, couronnant Esther : scène encadrée par un arc. — Un repas de dames et de seigneurs sous un berceau de vignes, au milieu d'un courtil. Un fleuve au fond. Esther agenouillée aux pieds du roi, suivie de femmes, scène encadrée par une arcade. — Repas de trois personnages sous une tente ; au milieu d'une enceinte comme la première, et

TISSUS. 201

ville, à l'extrême gauche ; un homme tenant par la bride le cheval d'un cavalier, doit figurer Aman et Mardochée. Aman pendu dans le fond. Costumes de la fin du XVI° siècle.
Bordure à la partie inférieure, faite de feuillage et d'animaux. Broderie au point couché en laine et soie. (Mme la Comtesse d'Yvon).

1240. Frise. (Fin du XVIe siècle).
A droite, deux dames accueillent un vieillard qui marche appuyé sur un bâton conduit par une jeune femme couronnée de lauriers. Au milieu, la même femme tend la main au même vieillard.
A gauche, la Foi et l'Espérance accompagnées d'une Vertu portant un glaive enflammé et un bouclier.
Tous les personnages portent le costume de la fin du XVIe siècle).
(Mme la Comtesse d'Yvon).

1241. Frise. (Fin du XVIe siècle)
Au centre, une fontaine que domine un Amour. A gauche, deux hommes en costume héroïque, entre lesquels marche un lion, à qui une femme montre les tables portant une inscription.
A droite, une femme assise à terre, un petit chien sur les genoux, auprès de la fontaine. Une femme présente un miroir à un cavalier et à une dame assis sur un banc.
A l'extrême droite, un concert de trois dames autour d'un petit nègre qui porte un cahier de musique sur sa tête, puis un seigneur et une dame.
Costumes de la fin du XVIe siècle. (Mme la Comtesse d'Yvon).

TISSUS.

1242. Dossier de stalle.
Velours rouge, orné d'un grand réseau de feuillages déchiquetés en relief sur fond bouclé : des boucles d'or couvrant certains groupes de feuillages dessinent de grands médaillons encadrant des fleurs symétriques.
(Mme Flandin).

1243. Dalmatique.
Velours ponceau orné d'orfrois étroits, brodés en soie sur toile d'or réservé, sur fond d'or à point zigzagué, abrités par des dais ogivaux.
(Collection Spitzer).

1244. Chasuble et dalmatique.
Chasuble de forme moderne en drap d'or à grands fleurons d'or bouclé, bordés d'un filet rouge. Orfrois brodés en soie sur drap d'or à lumières en réserve, représentant des figures de saints sous des arcs en plein centre, en broderie d'or et point de Hongrie. Galon de bordure en or quadrillé.
Dalmatique de même drap d'or. Orfrois étroits représentant des saints sous des dais de style gothiques, brodés sur un fond d'or en point de Hongrie.
(Collection Spitzer).

1245. Dalmatique.
Drap d'or presque entièrement couvert de grandes grenades en or et en argent frisé dessinées par un trait rouge. Orfrois étroits ornés de figures de saints sous des dais ogivaux, brodés sur toile d'or ; fond natté d or.
(Cathédrale d'Embrun).

ÉTOFFES.

1246. Orfroi de Chasuble. — Travail hispano-flamand. (Fin du XVᵉ siècle).

Il est exécuté en broderie de soie sur un fond d'or couché. A la partie supérieure est représentée l'Adoration des Rois ; plus bas on aperçoit la Circoncision. Cette dernière scène se passe dans une grande salle d'architecture de style gothique flamboyant. Au-dessus et au-dessous de la Circoncision, deux écussons portant une marque de fabrication. (Collection Spitzer).

1247. Dalmatique. — Espagne. (Fin du XVᵉ siècle).

Velours rouge ciselé, à fond d'or, décoré d'orfrois brodés en soie sur fond d'or couché. Huit figures de saints ou de saintes disposées sous des arcatures de style gothique flamboyant, sont brodées sur ces orfrois. Sur la bande qui les réunit dans le dos de la dalmatique, est représentée à mi-corps Sainte-Marguerite. Quelques parties sont rehaussées de menues perles.
(Collection Spitzer).

1248. Orfroi de Chasuble. — Travail hispano-flamand. (Fin du XVᵉ siècle).

Il est exécuté en broderie de soie sur un fond d'or couché. A la partie supérieure, la Nativité et l'Annonce aux Bergers. Plus bas, sous des arcatures de style gothique flamboyant soutenues par des colonnettes torses, la Visitation et l'Annonciation. (Collection Spitzer).

1249. Etole. — Espagne. (Cᵗ du XVIᵉ siècle).

Figures disposées sous des arcatures en plein cintre, brodées sur soie et rapportées. Elles représentent Saint Roch, Saint Sébastien, Saint Jean-Baptiste et Saint Georges. Ce dernier est représenté à cheval et porte en main une lance à laquelle est attaché un étendard rouge orné d'une fleur de lys.
(Collection Spitzer).

1250. Couverture de lutrin ou de brancard. — Italie ou Espagne.
(XVIᵉ siècle).

Elle est de drap d'or frisé et chacune de ses extrémités est ornée de deux larges panneaux rectangulaires brodés en soie sur fond d'or couché. Deux de ces panneaux offrent des cartouches accostés de feuillages et d'oiseaux fantastiques ; dans les deux autres sont représentés la Résurrection et des prêtres portant le Saint-Sacrement, précédés par le roi David jouant de la harpe et suivis de plusieurs personnages parmi lesquels on en distingue un dont les traits rappellent ceux de l'empereur Charles-Quint. (Collection Spitzer).

1251. Fragment d'orfroi. — Travail italien. (XVIᵉ siècle).

Broderie de soie sur fond d'or couché. A droite, près des murs d'une ville, on aperçoit la Vierge debout portant l'Enfant Jésus, accompagnée de Saint-Joseph tenant un bâton. Près d'eux, le bœuf et l'âne qui figurent d'ordinaire dans la scène de la Nativité. A gauche au second plan, cinq vierges nimbées se dirigeant vers la ville. (Collection Spitzer).

1252. Fragment d'orfroi de chasuble. — Travail italien. (XVIᵉ siècle).

Broderie en soie sur fond d'or couché. Au-dessous d'un cartouche ovale entouré d'une guirlande de fruits, accompagné de têtes de chérubins, est figurée l'Annonciation. Bordure de pampres.

Fragment provenant du même ensemble que le précédent. Au-dessous d'un cartouche est représentée la Visitation. (Collection Spitzer).

1253. Les Pèlerins d'Emmaüs. — Travail italien. (XVIᵉ siècle).

Panneau exécuté en broderie de soie sur un fond d'or couché. Au centre, le Christ à table avec les pèlerins d'Emmaüs. Bordure de feuillages d'or enroulés autour d'une tige médiane, le tout sur fond de satin rouge.
(Collection Spitzer).

CUIR. 203

1254. Panneau rectangulaire. — Travail espagnol. (XVIe siècle).

Broderies d'argent et de soie, en relief rehaussées de perles de corail. Au centre dans un médaillon ovale un gros arbre, un chêne auquel sont suspendus des ex-votos. Au pied de l'arbre, une salamandre. Fond de paysage. Aux angles, des serpents et des arbres. (Collection Spitzer).

1255. Orfroi de Chape. (XIVe siècle).

Bande exécutée au petit point en soie sur fond d'or, représentant l'arbre de Jessé. Au bas, Jessé couché et endormi ; de sa poitrine sort une tige qui se divisant en deux rameaux, forme quatre médaillons elliptiques superposés offrant la représentation de David, de Salomon, de la Vierge assise portant l'enfant Jésus et enfin du Christ en croix entre la Vierge et Saint-Jean. Inscriptions en lettres onciales. (Collection Spitzer).

1256. Chape en drap d'or frisé aux armes d'Espagne. — Espagne. (XVIe siècle).

L'orfroi est exécuté au plumetis au moyen de paillettes d'argent imbriquées, sur fond de velours cramoisi semé de paillettes. Six apôtres assis sont représentés sur l'orfroi que bordent des fleurons exécutés également au plumetis. Figures en relief brodées en soie. (Collection Spitzer).

1257. Collet de la chape précédente. — Travail espagnol. (XVIe siècle).

L'Ascension dans un écusson sur un fond de velours cramoisi semé de paillettes d'argent, où s'enlèvent en relief les personnages exécutés au plumetis, au moyen de paillettes d'argent doré imbriquées. Tous les vêtements de la Vierge, du Christ, des Saintes Femmes et des Apôtres sont exécutés de cette manière ; les visages, également en relief sont brodés en soie. Bordure de fleurons exécutés au plumetis. (Collection Spitzer).

1258. L'Adoration des Rois. — Travail flamand. (Ct du XVIe siècle).

Panneau rectangulaire exécuté en soie au point couché sur un fond de toile, bordé d'un galon d'or à ornements en relief. Dans une grande salle d'architecture Renaissance on aperçoit les Rois mages en adoration devant l'Enfant Jésus que leur présente la Vierge assise. Fond de paysage.
(Collection Spitzer).

1259. Couverture de lutrin ou de brancard. — Espagne.
(Fin du XVIe siècle).

Velours cramoisi brodé d'or et de soie. La partie médiane est occupée par un dessin, composé de grands fleurons formant des compartiments. A l'une des extrémités on voit Saint-Jean écrivant son Évangile ; la Vierge apparaît dans le ciel. A l'autre extrémité un aigle éployé, symbole de l'Évangéliste, traité comme les aigles héraldiques, nimbé et accompagné de croix de Calatrava. Bordure ornée de feuillages, de branchages et de coquilles de Saint-Jacques.
(Collection Spitzer).

CUIR.

1260. Gaîne d'ustensiles d'écrivain. (Angleterre, Ct du XVIe siècle).

Cette gaîne se compose de sept cylindres en bois, doublés de fer et de peau, de longueurs différentes, superposés comme dans les gaînes destinées à recevoir des couteaux, recouverts de cuir brun, gravé, doré et peint. Trois anneaux ménagés dans le cuir de chaque côté recevaient des cordelières qui se rattachaient au couvercle qui manquent.

L'ornementation se compose de compartiments semés de rinceaux, de fleurettes et de roses peintes en rouge sur fond d'or. Trois autres compartiments, situés

près de l'ouverture de la gaîne, renferment les armoiries d'Angleterre, d'or aux trois léopards de gueules et une devise composée de deux l gothiques reliés par une cordelière, sur un fond semé d'l et de larmes. Des l semblables se voient sur les anneaux de cuir disposés sur les côtés. Quelques-uns des l sont peints en vert et en rouge, d'autres en rouge seulement et se détachent sur fond d'or.
(Collection Spitzer).

1261. Trousse. (Travail Italien, C^t du XVIe siècle).

Cette trousse, destinée à renfermer des couteaux ou des instruments de chirurgie, est en cuir noir estampé et gravé. Elle se compose de deux cylindres d'inégale longueur, accolés l'un à l'autre, l'un étant plus long que l'autre, prisme à six pans renflé à son extrémité supérieure où se place le couvercle : sur chaque côté entre les deux parties de la trousse, sont ménagés quatre anneaux, deux sur l'étui, deux sur le couvercle, destinés à recevoir des cordelières. Le couvercle, ainsi que chacune des faces de cet étui, sont décorés de compartiments ornés de feuillages sur un fond maté, séparés par des listels unis. Sur la face au-dessous du couvercle, on voit un écusson d'armoiries.
(Collection Spitzer).

1262. Coffret. (Travail Flamand ou Allemand).

De forme barlongue, ce coffret en cuir brun, gravé, peint et doré est orné de compartiments et de médaillons dans lesquels sont représentés des sujets, des bustes casqués et des animaux. Il est muni, comme les coffrets d'ivoire, de frettes en cuivre découpé auxquelles se rattachent les trois charnières et le moraillon qui s'engage dans la serrure de cuivre placée sur la face antérieure. Poignée de cuivre. A droite et à gauche de la serrure on voit un seigneur et une dame debout ; sur un fond semé de fleurs ; sur le couvercle, un cavalier poursuivant un cerf, un seigneur et une dame dansant au son du violon, un seigneur et une dame à table ; près d'eux on voit un homme jouant de la flûte et une fontaine munie d'un jet d'eau ; aux extrémités du coffret sont représentés deux hommes casqués, en buste, dans des médaillons circulaires et à la partie postérieure, dans deux médaillons également circulaires, un chien poursuivant un lièvre. Tous les personnages portent le costume de la première moitié du XVIe siècle. Sur le côté gauche du coffret et sur le devant du couvercle est tracée en capitales de la Renaissance une inscription ainsi conçue : ZINOER || IANGAL LE || EN || CLAELKEN || ROEGIERS MOEDE.
(Collection Spitzer).

1263. Coffret.

De haute forme, et rectangulaire, ce coffret est garni d'une moulure à sa base et à sa partie supérieure sur laquelle s'abat un couvercle à charnière, très épais et surmonté d'un toit de pavillon à quatre rampants. Le couvercle lui-même est divisé en deux parties qui s'ouvrent et forment une seconde boîte.

Sur le cuir, noir et tout uni, sont tracées des arabesques d'or et d'argent entourant des médaillons : sur le couvercle on voit quatre petits paysages en couleur, et à la partie postérieure du coffret un buste de Minerve casquée et portant un bouclier. Sur le devant, au-dessous de la serrure, est rapporté un médaillon de cuir estampé en relief représentant Henri II, roi de France, cuirassé, lauré et de profil à droite. Ce médaillon peint et doré, exécuté d'après une médaille, porte la légende : HENRICVS. GALLIARVM. REX. INVICTISS. PP.
(Collection Spitzer).

1264. Coffret.

Ce coffret, de forme barlongue, à couvercle plat, est de cuir fauve, recouvert d'entrelacs et d'arabesques tracés en or et formant des compartiments. Les listels qui en s'entrelaçant forment les compartiments sont peints en blanc, en vert clair et en vert sombre, comme les reliures du XVIe siècle. Le bord du couvercle est orné d'une dentelle de style arabesque imprimée en or.
(Collection Spitzer)

CUIR.

1265. Coffret. (Fin du XVIe ou Ct du XVIIe siècle).
Ce coffret de forme barlongue à couvercle plat est de cuir rouge sombre frappé d'ornements d'or, muni d'encoignures de cuivre découpé et doré ; la serrure, les deux crochets placés sur le devant, la clef, et la poignée carrée fixée sur le dessus du couvercle sont également en cuivre doré. Toute l'ornementation consiste en compartiments entourés de menus rinceaux et de feuillages de lauriers, le tout frappé et doré. A l'intérieur, sont pratiquées des divisions formant trois boîtes longues, et trois boîtes rectangulaires munies de couvercles en cuir rouge décorés comme l'extérieur du coffre. Deux des boîtes rectangulaires peuvant se retirer sont munies de couvercles à coulisses et décorées sur toutes leurs faces. L'une des extrémités du coffret est à coulisse et masque deux tiroirs, un grand et un petit ménagés dans l'épaisseur des divisions intérieures. (Collection Spitzer).

1266. Boite rectangulaire, à couvercle légèrement cylindrique revêtue de maroquin rouge-brun, frappé de petits fers. Couvercle bordé d'une frise de de dentelle séparé par deux filets d'un écu central encadrant une rosace de dentelle. La partie verticale du couvercle et la caisse sont bordés par une feston encadrant des fleurons. (XVIIe siècle).
Fermeture de crochets. (M. Le Sergeant de Monnecove).

1267. Boite rectangulaire, à couvercle en portion de cylindre portant sur une frise qui dépasse la boîte, revêtue de maroquin rouge-brun frappé de petits fers. Sur le couvercle deux paysans portant sur leur épaule, l'un une fourche, l'autre un lièvre, dans une bordure de rinceaux d'œillets.
(XVIIe siècle).
Quadrillé de petites rosaces, encadré par des frises de rinceaux sur la caisse.
Fermeture de crochets et poignée de cuivre.
(M. Le Sergeant de Monnecove).

1268. Boite rectangulaire, à couvercle en portion de cylindre, revêtue de maroquin rouge frappé de petits fers. Sur le couvercle, une bordure de coquilles autour d'une dentelle qqi encadre un semé d'étoiles où volent deux oiseaux. Semé de coquilles et de fleurons sur la caisse. (XVIIe siècle).
Fermeture de crochets de cuivre. (M. Le Sergeant de Monnecove).

1269. Boite rectangulaire, à couvercle semi-cylindrique, en maroquin rouge frappé de petits fers. Couvercle décoré de deux frises de dentelles encadrant une rosace. (XVIIe siècle).
Même décor sur la caisse.
Fermeture à crochets. (M. Le Sergeant de Monnecove).

1270. Boite rectangulaire, à couvercle en portion de cylindre, revêtue de maroquin rouge frappé de petits fers. Couvercle décoré de quatre frises de dentelles séparées deux à deux par un double filet. Une frise semblable sur la partie verticale. (XVIIe siècle).
Même encadrement sur la caisse.
Serrure et poignée de cuivre. (M. Le Sergeant de Monnecove).

1271. Boite rectangulaire, à couvercle en portion de cylindre, revêtue de maroquin rouge frappé de petits fers. Couvercle bordé par deux petites frises de dentelles encadrant une rosace centrale. (XVIIe siècle).
Même décor sur la partie verticale et sur la caisse.
Fermeture par deux crochets. (M. Le Sergeant de Monnecove).

1272. Boîte. (XVIe siècle).
Boîte en maroquin rouge-brun décorée d'entrelacs au petit fer, accompagnés de branches de laurier encadrant un monogramme formé des lettres H. E. A. R. un W. un double Φ accompagnés S.
A l'intérieur, compartiments à couvercles portant le même décor.
(M. Pichard).

ÉPOQUE DE LA RENAISSANCE.

RELIURE.

Collection de M. L. DAMASCÈNE MORGAND.

1273. Vingt-quatre reliures. (XVIe et XVIIe siècle).

1° — DELPHINUS. Mariados. *Venise*, 1537, in-4. Velours bleu avec encadrements brodés. Exemplaire de dédicace aux armes de *François Ier*.

2° — ROBORTELLUS. Aristotelis de Arte poetica explicationes. *Florence*, 1548, in-fol. maroquin vert foncé, compartiments sur les plats, arabesques, croissants. Exemplaire aux armes de *Henri II*.

3° — SAINT-JEAN DAMASCÈNE. Histoire de Barlaam et de Josaphat. *Paris*, 1579, in-8, maroquin vert, entrelacs et arabesques. Exemplaire aux armes, chiffre et devise de *Henri III*.

4° — LACTANCE FIRMIEN. Opera. *Lyon*, 1594, in-12, maroquin rouge, semis de fleurs de lys et de dauphins. Exemplaires aux armes et chiffre de *Henri IV*.

5° — ESOPE. Fabulæ. *Lyon*, 1582, in-12, maroquin vert, compartiments dorés couvrant le dos et les plats. Exemplaire aux armes et devise de *Marguerite de Valois*, femme de Henri IV.

6° — LINDAU. Source des troubles mus par Luther et Calvin. *Paris*, 1570, in-8, maroquin vert, compartiments de filets droits et courbés. Exemplaire aux chiffres couronnés de *Louis XIII* et d'*Anne d'Autriche*.

7° — LESTANG (Antoine de) Histoire des Gaules. *Bordeaux*, 1618, in-4, maroquin rouge. Exemplaire aux armes de *Mademoiselle de Montpensier*, nièce de Louis XIII, dite la Grande Mademoiselle.

8° — MORIGNI (P. François de) Le Miroir du chrétien. *Paris*, 1677, in-12, maroquin rouge, dorure à petits fers par le Gascon. Exemplaire de *Louis XIV*.

9° LA PASSION DE N. S. JÉSUS-CHRIST. Manuscrit provenant de la bibliothèque de *Madame de Maintenon* à Saint-Cyr, qui servait à Louis XIV lorsqu'il assistait à l'office dans l'abbaye de Saint-Cyr.

10° LE GENDRE. Mœurs et Coutumes des Français. *Paris*, 1712, in-12, maroquin rouge. Exemplaire aux armes et chiffre Marie-Adelaïde de Savoie, *duchesse de Bourgogne*, petite fille de Louis XIV.

11° HENAULT (Président) Abrégé chronologique de l'Histoire de France. *Paris*, 1752, 2 vol. in-4, maroquin rouge, dentelles. Exemplaire aux armes de *Louis XV*.

12° POMME. Traité des affections vaporeuses des deux sexes. *Lyon*, 1765, in-12, maroquin rouge dentelles. Exemplaire aux armes de *Louis XV* et de *Marie Leczinska*.

13° — BRISSON. Traité élémentaire de physique. *Paris*, 1789, in-8, maroquin rouge. Exemplaire aux armes de *Louis XVI* et de *Marie-Antoinette*.

14° — QUINAULT. Amadis, tragédie. *Paris*, 1771, in-4, maroquin rouge. Exemplaire aux armes de *Madame Royale*, fille de Louis XVI.

15° PHILOSTRATE. De vita Apollonii Tyanci. *Venise*, 1502, in-fol. maroquin rouge compartiments de filets. Exemplaire de *J. Grolier*, avec son nom et sa devise.

16° — DATUS (Augustinus). Opera. *Sienne*, 1503, in-fol. Veau fauve, compartiments de mosaïque de maroquin noir. Exemplaire de *J. Grolier*, avec son nom et sa devise.

17° — ESOPE. Fabulæ. *Bâle*, 1501, in-folio. Veau fauve, filets dorés droits et courbés entrelacés. Exemplaire de *Maioli* (*Thomas*) avec son nom et sa devise.

8° — NAVAGERIUS (Andreas). Orationes. *Venise*, 1530, in-folio, maroquin vert foncé avec compartiments dorés, Exemplaire de *Demetrio Canevarius*, avec son emblème (Apollon gravissant le Parnasse).

19º — Jove (Paul). De vita Leonis decimi. *Florence*, 1548, in-folio. Veau entrelacs de filets, compartiments de mosaïque de cire verte et noire. Exemplaire de *R. D. Manaldi*.

20º — Buchanan. Psalmorum Davidis paraphrasis poetica. *Paris, s-d*, in-8. Reliure en maroquin vert avec dorures à petits fers à la fanfare. Exemplaire aux armes de *Jacques Auguste de Thou*.

21º — Icones historiarum Veteris Testamenti. *Lyon*, 1547, in-4, maroquin rouge, dorure à petits fers par Le Gascon, doublé de maroquin rouge. Exemplaire aux armes du *Cardinal Mazarin*.

22º — Aurelius-Victor. Historiæ Romanæ. *Leyde*, 1670, in-8, maroquin rouge, compartiments de filets droits et courbés. Exemplaire aux armes et chiffre de *Elie Du Fresnoy*.

23º — Hérodote. Histoire. *Paris*, 1556, in-folio, maroquin vert, avec dorures couvrant entièrement le dos et les plats.

24º — Bruno (Giordano). Spaccio della bestia trionfante. *Paris*, 1548, in-12, maroquin citron compartiments de mosaïque de maroquin bleu et rouge, doublé de maroquin rouge, dentelle.

XVIIᵉ ET XVIIIᵉ SIÈCLES

PIERRE.

1274. Tête d'enfant. (XVIIᵉ siècle).
Fragment d'une statuette provenant du château de la duchesse de Longueville, à Coulomniers. (Mᵐᵉ Cogordan).

1275. Statuette. (XVIIIᵉ siècle).
Enfant couronné de pampres et tenant dans ses bras des grappes de raisin.
(Mᵐᵉ la baronne Nathaniel de Rothschild).

MARBRE.

1276. Petite statuette. (XVIIIᵉ siècle).
L'Enfant à l'Oiseau. (Mᵐᵉ la Baronne Nathaniel de Rothschild).

1277. Deux statuettes. (XVIIIᵉ siècle).
L'une représente un enfant tenant un nid, l'autre un enfant tenant un oiseau.
(Mᵐᵉ la Comtesse d'Yvon).

1278. Deux statuettes. (XVIIIᵉ siècle).
Femmes et enfants ; — socles cannelés. (M. Mannheim).

1279. La Marquise de Pompadour. (XVIIIᵉ siècle).
Buste signé J.-B. Lemoyne (1756). (M. le Comte Greffuhle).

BOIS.

1280. Saint-Jean. — Statuette. (XVIIᵉ siècle).
Saint-Jean debout, pleurant et tenant un mouchoir de la main gauche. La droite relève son manteau posé sur les deux épaules par-dessus une robe à collet rabattu.
Buis. (M. Cartier).

1281. Vierge. (XVIIᵉ siècle).
Debout, les mains jointes, les pieds sur un croissant soutenu par un chérubin. Le buste et les bras en s'ouvrant, laissent apercevoir un tryptique représentant la Trinité entre la Descente aux limbes et la Résurrection.
Buis. (M. Th. Weber).

XVIIe ET XVIIIe SIÈCLES.

1282. Quatre statuettes, représentant les Quatre Saisons. (XVIIe siècle).
Buis. (M. F. Bischoffsheim).

1283. Cinq personnages, agenouillés en prière. (XVIIe siècle).
Costume de la fin du XVIe siècle. Collerette gaudronnée. Manteau court posé sur un pourpoint à courtes basques. Larges culottes et souliers.
Noyer. (M. le Comte La Bourmène).

1284. Porte à deux battants en bois sculpté et doré sur fond blanc, provenant d'une boiserie d'appartement. (XVIIe siècle).
(M. Robin Gogué).

1285. Cadre contenant un vase de fleurs en bois sculpté, exécuté en relief ; à gauche un nid d'oiseau ; à droite, un groupe de gibier ; au centre, un écusson au chiffre enlacé L. M. (XVIIIe siècle).
Ce cadre est dédié à M. Métayer, trésorier de S. A. M. le duc d'Orléans, amateur des Sciences et des Beaux-Arts, par Albert Parent, chevalier romain, pensionnaire du roi. (Mlle M. Bernard).

1286. Fragment en bois sculpté et en partie doré, représentant trois enfants montés sur un dauphin. Le bas a conservé quelques parties de volutes, ce qui fait supposer que l'objet a dû appartenir à une proue ou à un fronton de monument.
(XVIIIe siècle).
(M. Ch. Mannheim).

1287. Médaillon ovale, représentant un bouquet de fleurs noué par un ruban et entouré d'une guirlande de roses, de marguerites et de boules de neige.
(XVIIIe siècle).
(Mlle M. Bernard).

1288. Râpe à tabac, à ornements rocaille, attributs champêtres et guirlandes de fleurs, surmontée d'une cartouche renfermant un chiffre entrelacé.
(XVIIIe siècle).
Buis. (M. Shiff).

IVOIRE.

1289. Christ dans un cadre en bois, sculpté et doré à feuilles de laurier.
(XVIIIe siècle).
(M. Thouroude).

1290. Petit buste d'homme, monté sur un socle en écaille incrusté de cuivre au milieu duquel se détache un chiffre entrelacé. (XVIIe siècle).
(M. Schiff).

BRONZE.

1291. Médaillon rond, représentant le buste du roi Louis XIV. (XVIIe siècle).
Il est signé : *Bertinet Fils. Cum privilegio Regis*. (M. Giraud).

1292. Médaille représentant une tête d'homme, de profil à gauche, avec l'inscription : *Nicolaus Langœus*. (XVIIe siècle).
(M. Giraud).

1293. Deux statuettes, représentant deux figures allégoriques. (XVIIe siècle).
Elles sont supportées par des socles en marqueterie de cuivre sur écaille. Pieds à cariatides et à griffes de lion. (M. Ch. Mannheim).

BRONZE.

1294. Quatre groupes représentant des sujets de chasse, la chasse au sanglier, au cerf, au bufle et au lion. (XVII° siècle).

Ces bronzes sont montés sur des terrasses en marqueterie de cuivre sur écaille et ornés chacun d'un mascaron central. (M. Perdreau).

1295. Deux figures couchées, se faisant pendant. (C¹ du XVII° siècle).

L'une allaite un enfant à califourchon sur sa cuisse et se retournant pour prendre son sein. L'autre a la main posé sur un livre.
(M. P. Bischofsheim)

1296. Médaillon, par J. Dupré, 1622. (XVII° siècle)

Tête d'homme, presque de profil à droite, coiffé de cheveux bouclés, et portant une longue barbe carrée, vêtu d'une robe fourrée, qui laisse passer un col rabattu.

Autour de la tête la légende : NICOL . VERDVNVS . SENAT . TOLOS . EXPRIIRE . PARAISI . PRINCEPS ET FRAT VNICI R LUD XIII CANCEL.

Sur la tranche : I. DVPRE, 1622. (M. Barbeaux).

1297. Trois enseignes en forme d'écu à pointe, du chapitre de la cathédrale du Mans. (XVII° siècle).

Au sommet, une fleur de lys entre deux clefs sur une clef entre deux fleurs de lys, en relief. En pointe l'inscription gravée : IVRISDICTIO DE CHAPITRE.

Trois trous pour fixer l'enseigne. (Musée du Mans).

1298. Christ, sur une croix en écaille incrustée de cuivre et d'étain de style Louis XIV. (XVII° siècle).

Bronze ciselé et doré. (M. Watelin).

1299. Statuette d'Hercule, montée sur une terrasse ornée d'une guirlande de laurier. (XVII° siècle).
(M. le Comte Greffulhe).

1300. Statuette d'enfant assis, monté sur un socle en porphyre.
(XVIII° siècle).
(M™° la Comtesse d'Yvon).

1301. Deux statuettes, représentant des personnages mythologiques ; patine brune. (XVIII° siècle).

Terrasse en bronze ciselé et doré (M. Bischoffsheim).

1302. Deux statuettes, représentant Bacchus et Amphitrite. (XVIII° siècle).
(M. Ch. Mannhein.).

1303. Statuette de baigneuse assise. (XVIII° siècle).

Elle est signée Falconnet. (M. Piot).

1304. Petite statuette de femme nue, montée sur piédouche à tore de lauriers. (XVIII° siècle).

Bronze ciselé et doré. (M. Beurdeley).

1305. Statuette de Vénus, montée sur un socle à moulures ciselées et dorées.
(XVIII° siècle).
(M. Ch. Mannheim).

1306. Statuette, représentant une femme assise et enchaînée sur un rocher.

Bronze doré. (XVIII° siècle).
(M™° la Comtesse d'Yvon)

XVIIᵉ ET XVIIIᵉ SIÈCLES.

1307. Statuette de jeune faune, monté sur un socle en marbre blanc, orné d'une moulure ciselée et ornée à tore de lauriers. (XVIIIᵉ siècle).
(Mᵐᵉ la Comtesse d'Yvon).

1308. Deux statuettes d'Amours, montées sur des socles en marbre blanc ornés de guirlandes de lauriers. (XVIIIᵉ siècle).
Bronze ciselé et doré. (Mᵐᵉ la Comtesse d'Yvon).

1309. Deux statuettes, montées sur des terrasses en bronze ciselé et doré.
(XVIIIᵉ siècle).
(M. le Comte Greffuhle).

1310. Deux statuettes, représentant un Faune et une Bacchante. Socles en bronze doré dont un ciselé à oves. (XVIIIᵉ siècle).
(M. Jourde).

1311. Petit buste, représentant la reine Marie-Antoinette. (XVIIIᵉ siècle).
Bronze ciselé et doré, signé *Glachaud*. — 1774. (M. Picard).

1312. Deux bustes d'enfants, montés sur socles en marbre gris ornés de guirlandes de lauriers au milieu desquelles se détachent deux écussons, dont l'un est aux armes de France. (XVIIIᵉ siècle).
(M. Sichel).

1313. Deux bustes de femme, formant pendants, montés sur socles en bois noir. (XVIIIᵉ siècle).
(M. Ch Mannheim).

1314. Deux bœufs, formant pendants et reposant sur des socles en marbre.
(XVIIIᵉ siècle).
Bronze, à patine verte. (M. Jourde).

1315. Groupe de trois personnages, mythologiques, reposant sur un socle de forme oblongue en marbre blanc orné de guirlandes de fleurs.
Bronze ciselé et doré. (XVIIIᵉ siècle).
(M. Spitzer).

1316. Garniture de trois groupes, montés sur des socles en bois ornés de têtes de satyres. La pièce du milieu représente un enfant jouant avec un serpent. Les deux autres, des groupes de Satyres et de Bacchantes.
Bronze. (XVIIIᵉ siècle).
(M. Spitzer).

1317. Modèle d'un fronton de cadre ou de pendule. Il représente trois enfants reposant sur des volutes ornées de guirlandes de fleurs. (XVIIIᵉ siècle.)
(M. Boucreux).

1318. Collection de soixante-seize médailles relatives à l'histoire de la Lorraine, par Saint-Urbain. (XVIIᵉ et XVIIIᵉ siècle).
(Mᵐᵉ Loustau).

DINANDERIE.

1319. Lutrin. (XVIIᵉ siècle).
Aigle aux ailes éployées, portant un pupître porté sur une boule à pivot ; socle quadrangulaire orné aux angles de têtes de chérubins, reliées par des guirlandes de fleurs.
Sur le plat du socle l'inscription : *Anagramme. Catherine Cavelet av ciel nee et cherie. Ce 12ᵉ de mars 1656. Laqvelle a donné cet aigle et la lampe d'argent brvslante jovr et nvict d'hvile d'olive devant le Sainct-Sacrement. Pries Dieu povr le repos de son ame.*
(Eglise de Caudebec-en-Caux, Seine-Inférieure).

ORFÉVRERIE 213

1320. Lutrin. (C¹ du XVIIᵉ siècle).
Aigle aux ailes éployées portant deux pupîtres mobiles, sur un pied à balustres décoré de feuilles d'acanthe sur un trépied à voûtes d'angle encadrant un écu. (Eglise de Sainte-Marie la Grande à Poitiers).

1321. Petit modèle de chandelier. (XVIIᵉ siècle).
Tige en balustre allongé portant une bobêche festonnée, sur un pied circulaire en talon bordé de six lobes. (Mᵐᵉ Veuve Gay).

1322. Petit modèle de chandelier. (XVIIᵉ siècle).
Pied en balustre renversé portant un binet orné de trois filets sur un pied circulaire bordé d'un tore aplati. (Mᵐᵉ Veuve Gay).

ORFÉVRERIE.

1323. Calice et patène. (XVIIᵉ siècle).
Coupe évasée sur le bord, dans une fausse coupe portée par une tige en balustre entre deux anneaux, sur un pied circulaire.
Fausse coupe portant en relief : la Flagellation, le Couronnement d'épines et la Crucifixion, séparées par une tête de chérubin. Les deux anneaux de la tige ornés de têtes de chérubins. Nœud creusé de quatre niches encadrant les quatre Évangélistes, séparés par quatre anges debout qui s'y appuient des deux mains.
Pied représentant : le Lavement des pieds ; la Prière de Jésus au Jardin des Olives ; l'Arrestation du Christ ; Jésus devant Caïphe, séparés par des têtes de chérubins à grandes ailes.
Bord décoré de treize médaillons ovales, encadrant le Christ en buste et les douze Apôtres, séparés par une tête d'enfant à draperies sur fond à jour.
Patène, portant au centre : La *Résurrection*, dans un anneau de perles.
Argent doré.
Publié par M. Léon Palustre, dans les *Mélanges d'Art et d'Archéologie*, T. III.
(Cathédrale de Tours).

1324. Ciboire. (XVIIᵉ siècle).
Coupe hémisphérique portée sur une tige à balustre sur un pied circulaire : couvercle en dôme à étranglement.
Fausse coupe à jour ornée de quatre têtes de chérubin, séparées par des mascarons à draperies. Nœud entre deux anneaux perlés, orné de trois couples de têtes de chérubin, séparés par des feuillages montants.
Pied représentant : Abraham et Melchisédech et le Serpent d'Airain.
Bord à jour, formé de têtes de chérubins réunies par des rosaces et des draperies.
Couvercle représentant la Manne et le prophète Abacuc nourri par un ange.
Publié par M. L. Palustre dans *les Mélanges d'Art et d'Archéologie* T. III.
(Cathédrale de Tours).

1325. Vierge, tenant d'une main le lys symbolique et, sur le bras gauche, l'Enfant divin qui sourit. Travail repoussé au marteau d'une grande hardiesse.
Faite en 1751 Lettre K, sous Antoine L'Echaudel 1744-1750. Poinçon de décharge : une tête d'aigle. (M. Dongé).

1326. Bustes, en regard, de Louis XVI et de Marie-Antoinette, en argent repoussé et ciselé dans des médaillons ovales, reliés entre eux par un motif d'ornements et de branches de laurier doré, surmonté des armes de France et de la couronne royale.
La date de 1785 et l'initiale L, de l'artiste Lortier, se lisent sur le médaillon de la reine. Cadre fleurdelisé avec rang de perles et ornements en bronze doré. (Mlle Hélène Constantin).

1327. Deux burettes et leur bassin.
Sur les burettes les armoiries de l'archevêque d'Osmont « de gueules au vol d'hermine. » Les burettes et la cuvelle sont ornées de godrons tournants. Anses enroulées.
Faites en 1739, lettre Z. Sous Robin, sous-fermier 1738-1744.
Argent doré. (M. Bouquet).

1328. Bénitier avec une tête de cardinal en profil, peut-être Richelieu (?), au milieu de rinceaux rocaille. Travail repoussé et ciselé.
Fait en 1758, lettre R. Sous Eloi Brichard, fermier 1756-1762.
(M. Dongé)

1329. Ostensoir.
Au centre d'un soleil rayonnant, une cuvelle garnie de deux plaques de cristal. Le balustre est formé d'abord de canaux droits, puis, au renflement, se trouvent des quadrillés et un pélican ciselé avec peu de relief. Le pied couvert de coquilles, d'arabesques, de pampres, de grappes de raisin porte un agneau pascal couché sur la croix en relief.
A l'intérieur est gravée l'inscription suivante : *Mademoiselle Marie-Anne Hardy* 1743. Poinçons de province : K fleuronné de la ville de Bordeaux.
Fait en 1743.
Argent doré. (Collection Spitzer).

1330. Calice.
La coupe est en vermeil, le fût à balustre portant des petites têtes d'anges. Palmes à jour sur le pied, et armoiries.
L'inscription suivante est gravée sous le pied :
« Ce calice a esté donné à la chapelle Sainct-Gatien de la Vallée par Jean
» Desclles escuier sieur du lieu patron d'icelle l'an 1645. » *Pater Ave.*
(Église de Mesnil-Amand, canton de Gevray, Manche).

1331. Calice à coupe unie; ornements sur le balustre. Feuilles d'acanthe sur le pied. Croix gravée sur la bordure de la base. Sur le pied les armes de la famille de Boutron.
Poinçons de province. Provient de l'ancienne chapelle du château de Baugesière.
(Fin du XVIIe siècle).
(M. le baron de Mesnard).

1332. Calice et sa patène en vermeil. Le calice est orné de canaux tournants sur le pied et de godrons tournants sur le fût et sur le bas de la coupe. Aux armes de l'archevêque d'Osmont : « de gueules au vol d'hermine. »
Fait en 1739, lettre Z. sous Robin, sous-fermier 1738-1744. (M. Bouquet).

1333. Aiguière portant au col une guirlande de roses se rattachant à un écusson en forme de cœur et, sur le milieu de la panse, des ornements rocaille au centre desquels se trouve un cartouche. Sur le couvercle est jetée une rose. Le pied est à contours.
Faite de 1750 à 1760. Poinçons de province. (M. Guiraud).

1334. Aiguière en forme de casque, sur un pied à nœud, dans le style de Berain. Culot garni de pilastres sous une frise gravée. Une autre frise est gravée sous le bord. Masque d'homme barbu sous le bec. Anse contournée surmontée par une tête de femme.
Faite sous Jacques Prevost 1762-1768. La lettre de l'année est illisible.
(Fin du XVIIe siècle).
(Mme Ve Flandin).

1335. Service de dessert composé de deux cuillers, deux fourchettes, deux couteaux à lame de vermeil, deux couteaux à lame d'acier. La poignée des couverts à filet est ornée d'une couronne de laurier : le plat de tiges de fleurs enfilées, amortis par une feuille de vigne et une grappe de raisin. Manches des couteaux à section elliptique, à culot orné de feuilles de laurier,

ORFÉVRERIE. 215

ornés de rosaces, de grandes feuilles d'acanthe et de fleurs enfilées comprises entre des filets sur chaque plat.
Vermeil.
Faits en 1787, lettre P avec le millésime en creux ; sous Clavel (1780-1789).
Ancienne collection Séchan. (M. Eugène Boucher).

1336. Deux cuillers à café. (XVIIe siècle).
Le manche en spatule est amorti par un bouton et se prolonge en côte sur le culleron.
Aux armes des Blondel de Rye « de gueules en sautoir d'argent chargé de cinq mouchetures d'hermine ». (M. Ev. Blondel, Paris).

1337. Cuiller à sucre.
Cuilleron ovale repercé. Décoration de perles et de feuilles d'acanthe.
Faite en 1781, lettre R. ; sous Henri Clavel (1780-1789). Poinçon de décharge : une tête de femme. (M. Dongé).

1338. Grande cuiller à potage.
Tige à filets avec rubans. A l'attache du manche, des ondes.
Faite en 1748, lettre G.; sous l'Échaudel (1744-1750). Poinçon de décharge : une tête d'aigle. (M. Dongé).

1339. Cuiller à ragoût.
Cuilleron ovale. Rinceaux sur la spatule. Deux filets sur le manche.
Faite en 1759, lettre S.; sous Eloi Brichard (1756-1762). (M. Dongé).

1340. Deux petites cuillers.
Écussons gravés sur les manches. (M. Blondel).

1341. Cinq couverts. Modèles variés à bordure, à coquille, à médaillon, à palme et à rocaille.
Faits de 1760 à 1785. (M. Dongé).

1342. Cafetière à côtes torses.
Bec très large et couvert, panse très large, cul-de-lampe et armoiries sous le goulot.
Faite vers 1755-1760. Poinçons de province. (M. le baron de Mesnard).

1343. Cafetière en platine faite au marteau et ciselée par Janety en 1786, suivant une inscription gravée. Il est à remarquer que le platine a été introduit en France vers 1740. Au centre de cette pièce, un bandeau avec des rinceaux gravés. Pieds unis. L'anse en chêne s'attache au milieu de deux tournesols.
(M. Dongé).

1344. Petite cafetière ornée de godrons sur le couvercle et sur le bord. Anse à enroulement. Bec à canaux.
Faite en 1737, lettre V.; sous Hubert Louvet (1732-1738). (M. Dongé).

1345. Cinq cloches à plats. La première cloche de forme ronde porte sur le sommet des attributs romains, casques à panache, bouclier portant la foudre, drapeaux, faisceaux de licteurs, etc., etc. Ce trophée repose sur des godrons Au bas de la pièce un rang de feuilles et une torsade en relief.
Deux autres cloches de même décor. Sur le sommet de la première un enfant joue avec un oiseau auprès d'une cage entr'ouverte. Sur le sommet de la seconde un enfant assis auprès d'une hotte.
Deux autres cloches ovales de même décor. L'une a, au sommet, un chien courant tandis que deux perdrix se cachent dans le feuillage. L'autre, un chien tenant entre ses pattes un héron.
M. Germain Bapst a vu à Saint-Petersbourg, à la cour de Russie, un service complet du même modèle que ces deux pièces. Il est marqué Turin 1782. Les registres du palais mentionnent que ce service a été acheté en 1797, à Mittau, au comte de Provence. (Louis XVIII, on le sait, s'était réfugié quelque temps dans cette ville où il a vendu son argenterie. Ce service avait dû être offert à sa femme Marie-Joséphine de Savoie qu'il avait épousée en 1777).
Les cinq pièces exposées ne portent ni poinçon ni date. (M. Spitzer).

XVIIe ET XVIIIe SIÈCLES.

1346. **Deux seaux** à rafraîchir à huit pans et à anses. A la partie supérieure des ornements alternent des têtes romaines dans des cartouches. Au-dessous des anses, deux mascarons portant le soleil de Louis XIV. Autour de la pièce, des compartiments contenant des ornements quadrillés et deux compartiments avec des écussons unis ayant des personnages pour supports. Le bas et le pied sont ornés de feuilles. (M. Spitzer).

1347. **Deux seaux** à rafraîchir à fond ovoïde sur un pied, munis chacun de deux anses composées de deux serpents qui se combinent avec la chevelure d'un masque féminin qui leur sert d'attache inférieure. La queue des serpents s'enroule autour de la bordure d'une frise composée de serpents enlacés autour de rosaces.
Sur le filet du pied est gravée l'inscription : « *Auguste F. Orfèvre du Roi à Paris 1789.*
Fait en 1789, lettre P avec le millésime en creux, sous Henri Clavel, régisseur général. (M. A. Barre).

1348. **Deux réchauds** et leurs plateaux ciselés à moulures et à godrons. Les couvercles sont ornés de deux sujets de chasse ; griffon rapportant un héron, et braque arrêtant une perdrix. (XVIIIe siècle). (M. Spitzer).

1349. **Deux saucières** rocaille à anses recourbées en volute accompagnées de leurs plateaux à bords contournés avec agrafes.
Faites en 1753 lettre M.; sous Julien Berthe sous-fermier (1750-1756). (Mme Helft).

1350. **Saucière** remarquable comme force de métal. Elle est à deux anses en volutes s'attachant au milieu de la pièce. Plateau à quatre griffes.
Faite en 1764, lettre Z ; sous Jean-Jacques Prevost adjudicataire général du droit de marque (1762-1744). Poinçon de décharge : une tête de braque. (M. Dongé).

1351. **Sucrier** à panse renflée, à cannelures courbes, porté sur trois pieds, et muni de deux anses. Couvercle à cannelures courbes ayant un figue (?) pour bouton.
Fait en 1752, lettre M ; sous Julien Berthe sous-fermier (1750-1756). (Mme Ve Flandin).

1352. **Sucrier** à panse renflée, couverte de cannelures torses, à gorge sous le bord, portée sur trois pieds, et munie de deux anses feuillagées. Couvercle à cannelures torses, ayant une branche de grenade pour bouton.
Fait en 1762, lettre X ; sous Eloi Brichard, sous-fermier. (Mme Ve Flandin).

1353. **Salière double**, dite *bout de table*, à mufles de lions avec guirlandes de roses et pieds en pattes de lion. Pour poignée un petit vase à anse avec guirlandes de roses. Un écusson réunit les deux salières. Intérieur en verre bleu.
Faite en 1783, lettre U ; sous Clavel régisseur-général (1780-1789). (M. le baron de Mesnard).

1354. **Huilier** de forme ovale avec ses bouchons et porte-bouchons.
Au centre de la terrasse des feuilles de laurier en forme de 8 servent de poignée. De chaque côté, au centre, des armoiries dans des cartouches servant de pieds Aux extrémités deux pieds cannelés. Anses formées par des branches et feuilles de laurier. Les galeries sont à jour et ornées de pampres et de raisins.
Fait en 1777, lettre N ; sous J. B. Fouache, régisseur pour le compte du roi (1774-1780). (Mme Boin).

1355. **Moutardier** en forme d'urne dont le couvercle porte comme bouton une pomme de pin. Anses à enroulements. Des guirlandes de roses supportent un un médaillon avec armoiries. Le pied est orné de feuilles d'acanthe.
Ce moutardier repose sur une terrasse avec guirlandes formées par des tors de lauriers.
Fait en 1783, lettre U ; sous Henri Clavel, régisseur général du droit de marque (1780-1789). (M. le baron de Mesnard).

ORFÉVRERIE. 217

1356. Boite à épices, de forme oblongue, à deux compartiments à charnières et à couvercles. Des ornements champlevés décorent la panse et le couvercle.
Poinçons de province. Faite de 1710 à 1715. (M. Samary).

1357. Deux vases à anses recourbées. Sur le corps, des canaux droits et un tore de lauriers. — Mêmes ornements au pied.
Faits en 1785, lettre P, avec le millésime en creux ; sous Henri Clavel régisseur général (1780-17.9). (M. Falkemberg).

1358. Théière à anse en ébène. Le bouton du couvercle sort d'un soleil, le pied est orné de godrons. Les théières de cette époque sont très rares.
Faite en 1723, lettre F ; sous Charles Cordier, chargé de la régie des Fermes générales unies (1722-1726). (M. le baron de Mesnard).

1359. Paire de flambeaux. Le haut du panache orné d'ondes et de guirlandes de laurier. Au pied de belles agrafes. Binet orné de feuilles d'acanthe.
Faite par François Thomas Germain. Lettre S, 1758 ; sous Eloi Brichard sous fermier du droit de marque (octobre 1756 à octobre 1762). Différent : une toison. Poinçon de décharge : une tête de femme. Sur la bobèche, poinçon de décharge des menus objets : une herse. (M. Paul Eudel).

1360. Paire de flambeaux à six pans. Le fût a la forme d'une gaîne. Au sommet une coquille et un pendentif. La base repose sur un triangle à pans coupés. La cloche ornée de canaux droits se termine par des agrafes rocaille. La base est à contours.
Faite en 1738, lettre X ; sous Hubert Laurent, sous-fermier (1732-1738).
(M. Valpinçon).

✗ **1361. Paire de flambeaux.** Sur les quatre faces de la tige des ornements en forme de trèfles s'échappent d'une coquille ; le panache repose sur une toile à filets et à agrafes. Sur la doucine de la cloche, des écailles et un rang d'oves. La base est à contours ; le binet présente des ornements se rapportant à ceux de la base.
Faite en 1745, lettre D ; sous Antoine L'Echaudel (1744-1750). Poinçon de décharge, un lévrier courant. (M. Dongé).

✗ **1362. Paire de petits flambeaux de jeu.** Fût et cloche à canaux tournants. Binet à agrafes. Sur le bas de la cloche, des coquilles.
Faite en 1756, lettre L ; sous Eloi Brichard (1756-1762). (M. Dongé).

1363. Paire de flambeaux dont la tige à quatre faces offre un rang d'ornements en forme de trèfles allongés s'échappant d'une coquille. Le panache repose sur une toile à filets et à agrafes. Sur la doucine de la cloche, des écailles et un rang d'oves. La base est à contours. Le binet présente des ornemente se rapportant à ceux de la base.
Faits en 1740, lettre Z ; sous Robin, fermier (1738-1744). (M. Perdreau).

1364. Paire de flambeaux à quatre pans. Le binet, entouré d'oves, sort d'une corolle. Le fût est orné d'une coquille d'où s'échappent des requins allongés. La cloche à canaux droits se termine par un entourage d'oves. Le pied est à contours.
Faite en 1740, lettre A ; sous Robin, sous-fermier (1738-1744).
(Mme veuve Flandin).

1365. Paire de flambeaux portant une coquille sur le binet, un ornement rocaille sur le fût, et des canaux tournants sur la cloche.
Faite en 1743, lettre B ; sous Robin, sous-fermier (1738-1744). (M. Valpinçon).

1366. Paire de flambeaux à pans ciselés, ornés de feuilles d'acanthe, de perles, de tors de lauriers.
Poinçons étrangers. (M. Diéterle).

1367. **Deux flambeaux** décorés de guirlandes de roses très fines au sommet du panache. Palmettes sur le bas. Pied avec six agrafes variées. Binet rocaille. Bobèche à trois agrafes.

Faits sous Julien Berthe, sous-fermier (1750-1756). Lettre P, 1755, par Louis-Thomas Leiendrick, élève de Thomas Germain ; différent : une colonne.
(M. Olivier).

1368. **Paire de flambeaux** couverts d'ornements rocaille. Le binet se rattache au fût et le fût à la cloche par des S très enroulés.

Faite en 1745, lettre E ; sous Antoine L'Echaudel (1744-1750).
(M. Falkemberg).

1369. **Une paire de flambeaux à six pans.** Le binet est orné d'oves Des feuilles et des coquilles alternent au sommet du panache. Sur la cloche un lambrequin, des filets avec huit agrafes et un rang d'oves.

Faits en 1736, lettre T ; sous Hubert Louvet (1732-1736). (M. Perdreau).

1370. **Une paire de flambeaux** à bases à huit pans, autour desquelles court un rang d'oves Le fût se termine par un anneau orné de lambrequins. Au sommet du panache, des têtes romaines d'hommes et de femmes sont ciselés dans des médaillons ovales. Le binet sort d'un calice de feuilles.

Faits en 1728, lettre L, sous Jacques Cottin, sous-fermier (1726-1732).
(M. Boncreux).

1371. **Paire de flambeaux** à balustre triangulaire. Au sommet du fût, des têtes de femme en ronde bosse. Sur les trois côtes du panache, des ornements en relief. Sur la cloche, un lambrequin et à la base un rang d'ornements.
(M. Spitzer).

1372. **Paire de flambeaux** en argent doré, à bases contournées. Têtes ornées de collerettes au sommet de la tige à six pans terminée par un support triangulaire. Le binet et la cloche portent des ornements rocaille en relief. Autour de la base, un rang d'oves et de listels à rubans.

Faits en 1738, lettre X ; sous Hubert Louvet, sous-fermier (1732-1738).
(Mme Boin).

1373. **Paire de candelabres** à trois lumières. Les girandoles, en forme de branchages contournés, partent d'une tige portant comme mascarons quatre têtes de chiens. Le binet est à canaux droits. Le balustre cannelé porte des guirlandes de lauriers. Le pied est entouré d'un tore de lauriers.

Faits en 1785, lettre P avec le millésime ; sous Henri Clavel (1780-1789).
(Me Hauck).

1374. **Paire de candelabres** à deux lumières à bases contournées, couverts de rameaux rocaille en relief, sur les branches, le fut et la cloche. La tige a trois faces contournées en relief. Les binets présentent des ornements en rapport avec ceux de la base.

Faits en 1768, lettre D ; sous Jean-Jacques Prevost, adjudicataire général du droit de marque (1762-1744), par François Joubert. Poinçon de maître F. J. Différent, un cœur. Poinçon de décharge, une tête de braque.
(M. Dongé).

1375. **Deux compotiers et leur couvercle.** Le couvercle, surmonté d'une rose, est décoré d'ornements gravés. Le corps est formé par quatre pieds à enroulement se terminant par une feuille d'acanthe entre lesquels se trouvent des guirlandes de fleurs attachées à des rubans. Sur le plateau à anses sont gravées des guirlandes de fleurs. Au centre, des armoiries.

Faits en 1784, lettre U ; sous Henri Clavel (1780-1789). (M. Helft).

1376. **Soucoupe porte-tasse en vermeil,** avec châssis. Le plateau creux est décoré de guirlandes gravées. La galerie porte une frise de rinceaux ajourés et ciselés dans la masse.

Faite en 1784, lettre P, avec le millésime en creux ; sous Henri Clavel, régisseur général (1780-1789). (M. Bouquet).

ORFÉVRERIE. 219

1377. **Hausse-col** représentant une mêlée d'hommes d'armes à cheval.
(C¹ du XVIIᵉ siècle).
Cette pièce porte la lettre R, avec une couronne fermée qui indique la fabrication parisienne. Elle a dû être faite au commencement du dix-septième siècle.
(M. Dongé).

1378. **Soupière** ovale et son plateau. Sur le sommet du couvercle, une grenade entrouverte avec des feuilles. Bords ornés d'oves. Anses formées de feuilles se repliant sur elles-mêmes comme des coquilles.
Le plateau à contours est garni d'un rang d'oves sur le bord.
Plaqué Pomponne. (M. Bouquet).

1379. **Deux soupières** rondes avec leur double fond. Comme bouton, un chien de chasse tenant un lièvre sous ses pattes. Couvercle décoré de canaux droits. Anses formées de branchages. Pieds à volutes sur haut d'une feuille d'acanthe.
Le marli du plateau est à canaux droits. Moulures et rubans sur le bord avec quatre agrafes formées par des feuilles repliées.
Faites en 1787, lettre P avec le millésime en creux ; sous Henri Clavel, régisseur-général (1780-1789). (Mᵐᵉ Boin).

1380. **Petite soupière** et son plateau. Le bouton du couvercle représente une fraise sortant de feuilles d'acanthe. Godrons et ornements gravés. Sur la panse, s'attachent deux anses recourbées et, autour, court un ornement gravé. Le plateau est gravé sur le marli.
Faite en 1785, lettre P avec le millésime 85 ; sous Henri Clavel (1780-1789).
(M. Bouquet).

1381. **Soupière** ovale avec son double fond. Larges pieds à volutes. Anses formées de branchages.
Le couvercle est surmonté d'un enfant conduisant un dauphin.
Faite en 1764, lettre Z ; sous Jean-Jacques Prevost, par Antoine-Jean de Villeclair. Poinçon de décharge : une tête de braque. (Dongé)

1382. **Deux soupières** de forme ovale avec double fond en vermeil. Sur le couvercle, un aigle posé sur un tronc d'arbre. Sur la panse, des armoiries timbrées d'une couronne de marquis, de style Louis XV et ajoutés depuis la confection de la pièce. Anses formées d'une branche de chêne. Pieds décorés de feuillage et se terminant en volute.
Le plateau à contours entouré de filets est orné de canaux droits ciselés sur le marli.
Faites en 1786 et en 1787, lettre P avec le millésime gravé en creux ; sous Henri Clavel, régisseur-général du droit de marque (1780-1789).
(Mᵐᵉ Boin).

1383. **Deux soupières** à double fond en vermeil. Le bouton du couvercle s'appuie sur des feuilles d'acanthe. Il est terminé par un fruit. Autour de la soupière, un tore de lauriers, embrassant la croupe des guirlandes de feuilles de chêne réunis en deux pendentifs. Des têtes de béliers forment les anses. Le fond est à godrons sur lesquels s'attachent quatre pieds composés d'une feuille d'acanthe se terminant en volute.
Les deux plateaux sont ronds, légèrement creux et à ombilic. Ils sont entourés d'un tore de lauriers. Anses formées par des feuilles d'acanthe enroulées. Ils reposent sur quatre boules.
Lettres M 1776 et N 1777. Faites sous Jean-Baptiste Fouache, régisseur du droit de marque pour le compte du roi (1774-1780) ; par R. S. Auguste ; différent : une palme. (M. Michel Ephrussi).

1384. **Soupière** de forme ovale avec double fond. Sur le couvercle est jetée une grenade ouverte, autour un listel à rubans et des rosaces en relief.
La panse est décorée de feuilles d'acanthe. Les pieds contournés sortent de larges feuilles.
Autour du plateau, où court un listel à rubans, quatre rosaces se détachent en relief. Les armoiries sont gravées sur la croupe et sur le plateau.
Faite en 1763, lettre Y ; sous Jean Jacques Prévost, adjudicateur général au droit de marque (1762-1763). (M. Doistau).

XVIIᵉ ET XVIIIᵉ SIÈCLES.

1385. Petite marmite ou pot à crème avec une anse. Le couvercle porte un anneau. Pieds fourchus.
Faite en 1777, lettre N; sous J.-B. Fouache, régisseur pour le compte du roi.
(M. Falkemberg).

1386. Ecuelle et son plateau. Une fraise pour bouton. Tore de lauriers autour du couvercle et du plateau.
Faite en 1788, lettre P avec le millésime en creux ; sous Henri Clavel, régisseur général (1780-1789). (M. Dieterle).

1387. Écuelle en vermeil à deux oreilles ornées de coquille, écailles et tournesol. Le couvercle décoré d'ornements gravés et d'un listel à rubans, est surmonté d'un fruit. Son plateau à contours porte six agrafes rocaille.
Faite en 1740, lettre A; sous Robin (1738-1744). (M. Jacob).

1388. Écuelle avec plateau.
Couvercle décoré d'ornements champlevés sur amoli. Ecusson sur le couvercle. Les oreilles sont décorées d'ornements et de palmettes dans le goût de Boule.
Faite en 1716, lettre Y; sous Florent Sollier, par Antoine de Saint Nicolas.
Cette pièce est accompagnée d'un plateau à bords festonnés et repoussés à côtes.
Fait en 1787 sous Clavel. (M. Valpinçon).

1389. Écuelle avec son plateau.
Sur le couvercle, un bouton grainé, dont les feuilles formant rosace se détachent des godrons du couvercle. Le tour du couvercle orné de lauriers en tracé maté, bordure à filets. Les anses avec volutes agrementés de feuilles et de fleurons. Bord voluté en tracé maté, pied à filets.
Le plateau est orné de rinceaux fleuronnés.
Faite en 1785, lettre P, avec le millésime en creux; sous Henri Clavel, régisseur général (1780 à 1789). (M. Buquet).

1390. Écuelle avec plateau.
Une anse en forme de branchage est attachée au couvercle qui est travaillé au repoussé, et porte deux écussons, armoiries en relief.
Faite en 1755, lettre O; sous Julien Berthe, sous fermier (1750-1756).
Le plateau à bords contournés, est décoré d'ornements et de feuilles gravées.
Faite en 1769, lettre F; sous Julien Alaterre, adjudicataire général (1768-1744)
(Mᵐᵉ Bernard).

1391. Écuelle.
Les deux oreilles portent des dauphins. Sur le couvercle des ornements ciselés, sur le boulon du couvercle une tête de femme est ciselée en relief.
Poinçons de province. (M. Ridel).

1392. Pot-à-eau et sa cuvette.
Pot à panse ovoïde garnie de pilastres de deux motifs sur son culot porté sur un pied en doucine à petits godrons. Lambrequins gravés sous le bord. Goulot formé par un masque de femme à draperie, coiffé de plumes. Anse formée d'une cariatyde à buste de femme terminée en gaîne. Couvercle à poucier et à bouton plat, gravé d'une zone de ferrures entrelacées.
Cuvette allongée, droite sur les côtés, courbe à ses extrémités, qui y sont rattachées par deux contre-courbes. Bord formé d'un filet et d'un feston de petits godrons. Marly gravé de ferrures enlacées, interrompues par les médailles, sur chacun des axes.
Fait en 1718, lettre B ; sous Etienne de Bourges, fermier des droits de la marque (1717-1722). (Mᵐᵉ Vᵉ Flandin).

1393. Deux petits pots en forme d'urne. Sur la panse, des guirlandes gravées. Au pied des palmes jetées sur des filets.
Faits en 1764, lettre Z; sous Jean-Jacques Prévost, adjudicataire général (1762-1768). (M. le baron de Mesnard).

ORFÉVRERIE

1394. Quatre jattes à crême.
La première, à pans coupés et à large côtes. Bords pris dans la masse. Poinçons de province. Faite vers 1770.
La seconde : bords à contours et à godrons.
Faite en 1762-1763, lettre Y ; sous Éloi Brichard, sous-fermier (1756-1762).
Les deux autres à contours, bords à filets, intérieur à côtes. Poinçons de province. Faites vers 1770. (M. Dongé).

1395. Douze gobelets à liqueurs accompagnés d'un plateau. Sur les gobelets, dont les pieds sont ornés de godrons, des rinceaux gravés. Les bords du plateau sont à filets. Dans l'intérieur sont gravés des ornements.
Faits en 1784, sous Henry Clavel régisseur général (1780-1789). (M. Dongé).

1396. Pelle à gâteaux ; rinceaux repercés à jour ; manche en ébène.
Faite en 1784, lettre P avec le millésime en creux; sous Henry Clavel (1780-1789).
Poinçons de décharge : deux serpents enlacés. (M. Dongé).

1397. Boîte à brosses oblongue à contours ouvrant à charnière. La boîte et le couvercle sont à moulures sans ornements.
Faite en 1746, lettre E ; sous Antoine L'Echaudel, fermier (1744-1750).
(M. le baron de Mesnard).

1398. Boîte à poudre à contours. Le couvercle est bordé d'un listel à rubans, sur le corps des guirlandes s'attachent à des consoles.
Faite en 1751, lettre K ; sous Julien Berthe sous-fermier (1750-1756).
(M. le baron de Mesnard).

1399. Deux petites boîtes à poudre à contours portant à leur base des canaux droits.
Faites en 1746, lettre E ; sous Antoine L'Echaudel, fermier (1744-1750).
(M. le baron de Mesnard).

1400. Deux boîtes à poudre. Couvercle orné d'un rang de perles et de faisceaux. Sur le milieu du corps sont attachées des guirlandes de feuilles de laurier. En bas, ornements champlevés dans des compartiments creux.
Faites, l'une en 1779, lettre Q, sous Fouache ; et l'autre, en 1781, lettre R, sous Clavel, par François Joubert. (M. Aucoc).

1401. Boîte à brosses oblongue à contours. La boîte et le couvercle décorés de guirlandes de feuilles de laurier gravées. Autour du couvercle et du pied de la boîte court un faisceau de moulures, attaché par de petites feuilles d'ornement faisant agrafes.
Faite par François Joubert en 1763, lettre Y; sous J. J. Prevost, adjudicataire général du droit de marque (1762-1768). (M. Aucoc).

1402. Écritoire à pans coupés, à châssis et à anses. Il est garni de son encrier et de sa boîte à poudre accompagnés de leurs bouchons. Il est décoré d'arabesques travaillées au repoussé. Les quatre pieds formés de cariatides de femmes en ronde bosse et à enroulement.
Il porte cette inscription : *Donné en 1670 à la famille de Bonneville par Armand de Béthune, évêque du Puy, neveu du duc de Sully,* qui doit contenir une erreur de date car elle ne s'accorde pas avec celle de la pièce
Fait en 1722, lettre F ; sous Charles Cordier chargé de la régie des fermes générales unies (1722-1726). (Mlle Grandjean).

1403. Collection d'environ trois cents cachets, statuettes, étuis et instruments en argent des époques Louis XIV, Louis XV et Louis XVI. (XVIIIe siècle).
Cette collection est destinée par son propriétaire au musée de Cluny après la clôture de l'exposition rétrospective. (M. Vial).

BIJOUX.

1404. Coffret du voile de Saint-Gauzelin. (C¹ du XVIIᵉ siècle).
Coffret rectangulaire, à couvercle en demi cylindrique surbaissé, en écaille blonde garnie d'argent.
La garniture se compose de trois charnières, douze écoinçons, deux cornières, une serrure à bossage ovale et une poignée en argent découpé et gravé.
« Un petit coffre d'écaille de tortue où est aussi le voil du calice de Saint-Gauzelin ». *Inventaire du trésor de la Cathédrale de Nancy, en 1734.*
(Cathédrale de Nancy).

1405. Trois médaillons de forme ovale en or ciselé et repoussé par Pierre Michel, 1777. Ils représentent des luttes d'enfants, des paysages, des satyres et des bacchantes. Les cadres sont en argent ciselé à feuilles de laurier.
(XVIIIᵉ siècle).
(M. Ch. Mannheim).

1406. Châtelaine en agathe, montée sur or dans le style Louis XV.
(XVIIIᵉ siècle).
(M. Falkenberg).

1407. Croix émaillée, ornée de pierres de couleur; ornements dans le style Louis XIV.
(XVIIIᵉ siècle).
(Mᵐᵉ Lanet).

1408. Petite Épingle en émail, fond gros bleu ornée de roses.
(XVIIIᵉ siècle).
(M. Falkenberg).

1409. Bague marquise, en émail gros bleu ornée de brillants et renfermant une petite montre.
(XVIIIᵉ siècle).
(Mlle Grandjean).

1410. Bracelet en pierres de couleur, composé d'enroulements avec bouquets de fleurs au centre.
(XVIIIᵉ siècle).
(Mᵐᵉ Lanet).

1411. Petit cachet en or formé par un buste de nègre habillé en costume militaire et orné d'une intaille gravée.
(XVIIIᵉ siècle).
(M. Falkenberg).

1412. Collection de soixante-quatorze pièces : pendants d'oreille, colliers, agrafes, épingles, croix et pendeloques en or et en argent décorés de pierres fines.
(XVIIᵉ et XVIIIᵉ siècles).
(Mᵐᵉ la marquise de Chaponay-Courval).

1413. Collection de bijoux des époques Louis XIV, Louis XV et Louis XVI, parmi lesquels : une parure complète comprenant aigrette, collier et boucles d'oreilles et de corsage montés en roses, une croix en rose, plusieurs paires de boucles d'oreilles en perles fines, roses et pierres de couleur, deux pommes de canne en or et fer damasquiné, deux boucles de souliers, un éventail, une bonbonnière en écaille blonde piquée d'or, avec miniature, et une médaille en or montée en broche.
(XVIIᵉ et XVIIIᵉ siècles).
(Mᵐᵉ Maillet du Boullay).

1414. Croix, colliers, boucles d'oreilles, cœurs, Saint-Esprit, en or, argent, garnis de strass et de pierres de couleur.
(XVIIIᵉ siècle).
(M. Lefrançois).

1415. Boîte de forme carrée en nacre avec applications d'animaux et d'insectes en relief, monture en or. Le couvercle est orné d'une peinture sur émail représentant un repas champêtre.
(XVIIIᵉ siècle).
(Mᵐᵉ Helft).

BIJOUX. 223

1416. **Boite en or** ciselé de forme ovale représentant des sujets de chasse.
(XVIIIe siècle).
(Mme Besnard).

1417. **Boite en or** de forme contournée. Le couvercle représente un monument d'architecture avec des personnages allégoriques. (XVIIIe siècle).
(Mme Besnard).

1418. **Boite** en or ciselé de forme oblongue avec médaillon central orné de fleurs et d'attributs. (XVIIIe siècle).
(M. Lailler).

1419. **Boite** en or ciselé de forme oblongue ornée de six médaillons peints en grisailles. (XVIIIe siècle).
(M. Decloux).

1420. **Petite boîte hexagone** en agathe arborisée montée en or dans le style Louis XV. (XVIIIe siècle).
(M. Diéterle).

1421. **Petit étui** en or ciselé à médaillons de fleurs et d'oiseaux. (XVIIIe siècle).
(M. Diéterle).

1422. **Petit étui** en jaspe sanguin monté en or et orné de petites figures de femmes sculptées en relief. (XVIIIe siècle).
(M. Decloux).

1423. **Tabatière** de forme oblongue en corne, représentant le port et la ville de Rouen. (XVIIIe siècle).
(M. Chevarrier).

1424. **Bonbonnière** de forme ronde en or ciselé, ornée du portrait du roi Louis XV.
(XVIIIe siècle).
(M. Colmet d'Aage).

1425. **Bonbonnière** en or ciselé, plaquée d'aventurine. (XVIIIe siècle). Époque Louis XVI.
(M. Decloux).

COLLECTION DE M. LE MARQUIS DE THUISY.

1426. **Boite** en or émaillé, fond rouge, ornée sur le dessus d'une miniature de Van Blarenberghe, représentant Catherine II assistant à la translation du rocher de la statue de Pierre-le-Grand, sur le pont Isaac à Pétersbourg.

1427. **Grande boîte ronde** en or de couleur ciselé, ornée sur le couvercle d'une miniature de Van Blarenberghe, représentant un sujet pastoral.

1428. **Boite ronde** en écaille, ornée sur le couvercle d'une miniature de Van Blarenberghe, représentant une vue de château.

1429. **Boite ronde** en vernis de Martin, à raies multicolores, ornée sur toutes ses faces de fixés par Van Blarenberghe; celui du dessus représente le théâtre de Bourgogne, à Versailles.

1430. **Boite oblongue** en or de couleur ciselé, émaillé en plein, ornée sur toutes ses faces de scènes pastorales d'après A. Watteau.

1431. **Petite boîte ovale** en or émaillé en plein, dont le médaillon du couverte représente en grisaille une scène d'après A. Watteau.

1432. **Boite rectangulaire** en or de couleur ciselé, ornée sur le couvercle d'un émail qui représente une scène villageoise.

1433. **Boite ronde** en or émaillé bleu ardoise, ornée sur le couvercle d'un émail de Petitot, représentant Louis XIV.

1434. **Boite ovale** en or émaillé de couleur rubis, ornée sur le couvercle d'un émail de Petitot, représentant la reine Marie-Thérèse, femme de Louis XIV.

1435. **Boîte ronde** en or guilloché, entourée d'un cordon émaillé en bleu et ornée sur le couvercle d'un émail de Petitot, représentant le duc de Bourgogne.

1436. **Boîte rectangulaire** en or de couleur ciselé, ornée sur le couvercle d'un émail de Petitot, représentant le duc d'Anjou.

1437. **Boîte ovale** en or, émaillé à fond bleu, ornée sur le couvercle d'un émail de Petitot, représentant Gaston d'Orléans.

1438. **Boîte ronde** en or émaillé, fond orangé, ornée sur le couvercle d'un émail de Petitot, représentant Mlle de la Vallière.

1439. **Boîte rectangulaire** à pans coupés en or, émaillé à fond gris; le couvercle et le dessous formés de plaques d'agathe orientale; celle du couvercle ornée d'un émail de Bordier, représentant Louis XIV.

1440. **Très petite boîte** en or émaillé à fond rouge et ornée de petits rubis, contenant quatre jetons d'or.

1441. **Petite boîte ronde** en vernis de Martin à raies noires sur fond d'or, ornée sur le couvercle d'un émail, représentant Charles XII, roi de Suède.

1442. **Boîte ronde** en écaille noire, ornée sur le couvercle d'un émail, représentant le duc d'Ayen.

1443. **Boîte ronde** en écaille noire, cerclée d'or, découpé à jour et ornée sur le couvercle d'un émail, représentant un grand personnage du temps de Louis XIV.

1444. **Boîte ronde** en écaille noire cerclée d'or de couleur, le dessus est orné d'un émail, représentant un sujet mythologique.

1445. **Boîte ronde** en écaille brune cerclée d'or de couleur, ornée sur le couvercle d'une miniature, représentant Louis XVII.

1446. **Boîte ronde** en écaille noire, cerclée d'or de couleur, ornée du portrait de Dumont, peint par lui-même.

1447. **Boîte ovale** en or de couleur ciselé, ornée sur le couvercle d'une miniature de Hall, représentant une grande dame du temps de Louis XVI.

1448. **Boîte ronde** en écaille noire cerclée d'or ciselé, portant sur le couvercle une miniature de Hall, représentant une femme de la famille du peintre.

1449. **Boîte ovale** en écaille noire, montée en or ciselé, portant sur le couvercle une miniature, représentant une grande dame de l'époque Louis XV.

1450. **Boîte** en vernis de Martin à fond quadrillé mordoré, ornée sur le couvercle d'une miniature, représentant une grande dame du temps de Louis XVI.

1451. **Boîte ovale** en écaille noire cerclée d'or, portant sur le couvercle une miniature, représentant une grande dame du temps de Louis XV.

1452. **Carnet de bal** en ivoire cerclé et ornementé d'or ciselé, portant sur une de ses faces le portrait de Louis XVI, daté de 1783, peint en miniature par Siccardi.

1453. **Boîte ronde** en écaille noire cerclée d'or, ornée sur le couvercle du portrait de Louis XVIII, daté de 1815 par Siccardi.

1454. **Boîte rectangulaire** en écaille noire, ornée sur le couvercle d'une miniature représentant Sully, montée dans un cadre d'or ciselé.

1455. **Boîte ovale** en vernis de Martin à fond rayé multicolore, cerclée d'or et ornée sur le couvercle d'une miniature représentant Louis XV.

1456. **Boîte ronde** en ivoire cerclée d'or portant sur le couvercle une miniature représentant l'Empereur Joseph II d'Autriche.

1457. **Boîte ronde** en écaille brune portant sur le couvercle une miniature cerclée d'or émaillé représentant le pape Pie VI.

BIJOUX.

1458. **Petite boîte** en ivoire portant sur le couvercle une miniature représentant Henri IV et Sully.

1459. **Petite boîte** en or ciselé, cerclée d'émail bleu, ornée sur le couvercle d'une miniature par de Lioux de Savignac représentant une vue du golfe de Naples.

1460. **Boîte ronde** en écaille noire portant sur le couvercle une miniature par de Lioux de Savignac représentant une fête dans un parc.

1461. **Boîte ronde** en vernis de Martin à fond d'or, portant sur le couvercle cerclé d'or une miniature représentant une revue des gardes françaises à Versailles.

1462. **Boîte rectangulaire** en écaille brune ciselée montée de vermeil, portant sur le couvercle une miniature représentant un cortège royal.

1463. **Carnet de bal** en ivoire monté d'or, orné sur ses deux faces de miniatures représentant des vues d'Italie.

1464. **Boîte à mouches** en écaille noire garnie de ses accessoires, ornée sur le couvercle d'une miniature représentant la place Louis XV, en 1770.

1465. **Boîte à cage** à pans coupés en lapis lazzuli montée en or ciselé, et portant sur les deux faces des fixés représentant des scènes champêtres. — La boîte est signée Vachette à Paris.

1466. **Boîte ronde** en vernis de Martin à fond d'or et cerclée d'or représentant des groupes d'amours.

1467. **Boîte ronde** en vernis de Martin fond vert d'eau, représentant, sur le couvercle, l'*Enlèvement d'Europe*.

1468. **Boîte ovale** en vernis de Martin cerclée d'or ajouré représentant sur toutes ses faces des paysages d'après Téniers.

1469. **Boîte ronde** en vernis de Martin à rubans bleu vert et or, ornée sur le couvercle d'une miniature représentant une femme de l'époque Louis XV.

1470. **Boîte ronde** en écaille brune cerclée d'or, portant sur le couvercle un vernis de Martin représentant une scène d'après Téniers.

1471. **Boîte ronde** en vernis de Martin représentant des scènes burlesques.

1472. **Boîte ronde** montée d'or, en vernis de Martin à fond d'or, représentant des sujets mythologiques.

1473. **Tabatière rectangulaire** en vernis de Martin, montée d'or ajouré, représentant sur toutes ses faces des sujets de chasse.

1474. **Boîte ronde** en vernis de Martin à fond rouge ornée sur le couvercle d'un fixé représentant une scène de *Mesmérisme*.

1475. **Boîte ronde** en vernis de Martin à fond d'or, cerclée d'or, ornée sur le couvercle d'une miniature champêtre.

1476. **Boîte ronde** en vernis.

1477. **Étui** en vernis de Martin à fond d'or monté en or décoré d'oiseaux.

1478. **Étui** en vernis de Martin à fond d'or semé de mouches.

1479. **Étui** en vernis de Martin à fond bronzé orné d'Amours.

1480. **Étui** en vernis de Martin monté d'or à raies bleues et or de métal.

1481. **Boîte rectangulaire** en or, de couleurs, du temps de la Régence, représentant sur toutes ses faces et en relief des scènes galantes ou pastorales.

1482. **Boîte rectangulaire** en or, de couleurs, représentant en relief des motifs d'architecture.

XVIIe ET XVIIIe SIÈCLES.

1483. **Boîte à cage** en jaspe sanguin, montée en or ajouré du temps de la régence et ornée sur le couvercle d'un camée dur du XVIe siècle représentant un guerrier romain.

1484. **Boîte ovale** en prime d'améthiste incrustée d'or et de burgau représentant sur toutes ses faces des sujets chinois. La monture en or est ornée de pierres précieuses.

1485. **Boîte ovale** de jaspe sanguin montée d'or ajouré et décorée sur toutes ses faces de mosaïques en matières précieuses.

1486. **Boîte rectangulaire** en jaspe brun, montée d'or de couleur ciselé, décorée sur toutes ses faces d'or et de burgau, représentant des sujets chinois.

1487. **Boîte** en prime d'améthiste montée d'or de couleur ciselé et décorée de matières précieuses représentant, en relief, des fleurs et des fruits.

1488. **Boîte rectangulaire** à pans coupés en mosaïque de Neubert, décorée sur le couvercle d'un camée de lapis-lazuli représentant un empereur romain.

1489. **Boîte ovale** en jaspe brun avec ornements gravés et garniture d'or ornée de pierres précieuses.

1490. **Boîte de forme contournée** en prime d'améthiste montée d'or et ornée sur le couvercle d'ornements rocaille en or ajouré et repoussé.

1491. **Boîte à cage** en ambre montée d'or de couleur ornée sur le couvercle d'un émail représentant un sujet d'après A. Watteau.

1492. **Petite boîte** en lapis-lazuli de Perse montée d'or.

1493. **Drageoir** d'améthiste monté d'or.

1494. **Petite boîte ovale** en cristal de roche avec monture en or de couleur ciselé.

1495. **Boîte rectangulaire** en cristal de roche taillé à facettes montée d'argent ciselé et doré.

1496. **Boîte ronde** en jaspe sanguin montée d'or ; le couvercle est orné d'une ancienne mosaïque de Rome d'après un tableau italien.

1497. **Boîte rectangulaire** en écaille brune montée en or ; le couvercle est orné d'une ancienne mosaïque de Rome représentant un paysage.

1498. **Boîte ronde** en vernis de Martin à rubans, montée d'or ; le couvercle est orné d'une ancienne mosaïque de Rome représentant le Colysée.

1499. **Boîte ronde** en olivier pétrifié, montée d'or ciselé, le dessus et le dessous sont ornés par deux anciennes mosaïques de Florence représentant des vases étrusques.

1500. **Boîte ovale** en écaille noire montée d'argent doré, portant sur le couvercle un motif en argent ciselé en relief d'après Bérain.

1501. **Boîte de forme contournée** en nacre, montée d'or et ornée sur toutes ses faces d'ornements rocaille en or ciselé et repoussé.

1502. **Boîte rectangulaire** en nacre, montée d'or ciselé : toutes les faces sont ornées de sujets chinois en relief d'or ciselé et découpé, de matières précieuses et de burgau. Travail du temps de la Régence.

1503. **Drageoir** or et nacre, avec des cartouches d'or de couleur ciselé et ajouré.

1504. **Boîte** de forme rectangulaire en nacre, montée d'argent doré et ornée sur toutes ses faces de sujets chinois, or et burgau en relief.

1505. **Boîte ronde** en nacre, montée d'or et ornée sur le couvercle de sujets d'après Bérain en or en relief ciselé et émaillé.

1506. **Boîte à cage** à deux tabacs en burgau, montée d'or ciselé et ornée sur toutes ses faces de burgau.

1507. **Boîte rectangulaire** montée d'or ciselé formée de plaques de nacre sculptée, représentant des sujets galants ; celle du dessous portant les armes de France gravées.

1508. **Boîte rectangulaire** en nacre, montée d'argent doré, gravée sur le couver- et les côtés et représentant des marines.

1509. **Petite boîte ovale** en or, à rubans de burgau, montée d'or ciselé et ornée sur le couvercle d'une miniature représentant un sujet galant.

1510. **Boîte à cage** en or de couleur ciselé, ornée de deux plaquettes en écaille noire piquée d'or. Travail du temps de la Régence.

1511. **Drageoir** en écaille blonde, le couvercle garni d'ornements en or découpé et à reliefs représentant Junon sur un char de burgau.

1512. **Boîte** de forme contournée, en écaille blonde, le couvercle orné de sujets en or découpé représentant le *Sacrifice d'Abraham*.

1513. **Boîte ronde** en écaille blonde, lamée et montée d'or ciselé.

1514. **Boîte ronde** en écaille noire, ornée sur le couvercle d'un camée antique sur sardoine orientale.

1515. **Boîte ronde** en écaille guillochée, incrustée d'or ciselé et ornée sur le couvercle d'un médaillon en or ciselé et repoussé.

1516. **Boîte à mouches**, en ivoire, montée d'or ciselé, garnie de ses accessoires et ornée sur le couvercle d'une grisaille.

1517. **Boîte** en argent doré, figurant un chien. Le dessous orné d'une plaque en argent finement ciselé.

1518. **Boîte ovale** en acier, montée d'argent doré ; le couvercle et le dessous ornés de plaques en bronze ciselé et doré.

1519. **Boîte rectangulaire** en émail, montée d'or, ornée sur toutes ses faces de sujets mythologiques d'après A. Watteau.

1520. **Boîte rectangulaire** en émail, montée d'or et ornée sur toutes ses faces et à l'intérieur de sujets d'après A. Watteau.

1521. **Boîte rectangulaire** en émail de Saxe, montée en argent doré, représentant sur toutes ses faces des sujets chinois.

1522. **Boîte ronde** en émail de Battersea, représentant des scènes et des attributs de la franc-maçonnerie.

1523. **Petite boîte** en émail du temps de Louis XIII.

1524. **Boîte ovale** en porcelaine tendre de Vincennes, montée d'or ciselé, fond gris bleu, portant sur toutes ses faces des sujets de chasse et, à l'intérieur, un sujet galant.

1525. **Boîte rectangulaire** en porcelaine tendre de Sèvres, montée d'or, incrustée sur le couvercle et les côtes de marcassite taillée à têtes de clou ; l'intérieur orné d'une fine peinture d'après A. Watteau.

1526. **Grande boîte** en écaille cerclée d'or ; le couvercle est formé d'une plaque en porcelaine tendre de Sèvres représentant une corbeille de fleurs. (Signé Gouffé).

1527. **Boîte** en forme de tabouret, montée d'or, en porcelaine tendre de Sèvres, ornée de fleurs polychrômes ou en camaïeu, et d'ornements dorés.

1528. **Boîte** en porcelaine tendre de Sèvres ; fond bleu turquoise avec médaillons de fleurs polychrômes.

XVIIᵉ ET XVIIIᵉ SIÈCLES.

1529. **Drageoir** en porcelaine tendre de Vincennes, orné à l'intérieur et à l'extérieur d'insectes et de sujets chinois ou dans le genre d'A. Watteau.

1530. **Boîte ronde** en porcelaine tendre de Chantilly, à fond quadrillé avec réserves, ornées de fleurs japonaises sur le couvercle et le dessous.

1531. **Boîte ronde** en porcelaine tendre de Saint-Cloud, à ornements de branchages polychrômes.

1532. **Boîte ronde** en porcelaine tendre de Capo di Monte, décorée de sujets gracieux : sous le couvercle, Cléopâtre.

1533. **Boîte ronde** en porcelaine tendre de Capo di Monte, représentant sur et sous le couvercle des sujets Pompéïens en grisaille et sur le dessous une vue du Vésuve.

1534. **Boîte** en porcelaine tendre de Chelsea, montée d'or ciselé représentant un sujet mythologique : le dessous formé d'une plaque en sardoine.

1535. **Grande boîte rectangulaire** de porcelaine tendre, semée de fleurs polychrômes.

1536. **Boîte ovale** en porcelaine de Nymphenbourg, ornée de reliefs; le médaillon du couvercle, en biscuit, représente un électeur du Saint Empire.

1537. **Boîte haute** de forme ovale, montée d'or ciselé, ornée de pierres précieuses, en ancienne porcelaine de Saxe, fond bleu quadrillé ; dans les réserves, des paysages.

1538. **Grande boîte ronde** en ancienne porcelaine de Saxe ornée de fleurs, à l'intérieur du couvercle, un sujet galant.

1539. **Boîte rectangulaire** en ancienne porcelaine de Saxe, montée d'or, fond quadrillé à réserves ornées de fleurs ; sous le couvercle, un paysage.

1540. **Boîte rectangulaire** en ancienne porcelaine de Saxe, décorée à l'intérieur et à l'extérieur de scènes militaires.

1541. **Boîte ovale** en ancienne porcelaine de Saxe, montée d'or, décorée de marines.

1542. **Petite boîte** de forme ovale, en ancienne porcelaine de Saxe, montée d'or ciselé, ornée de fleurs à l'extérieur et d'un sujet dans le genre d'A. Watteau à l'intérieur.

1543. **Boîte ovale** en ancienne porcelaine de Saxe, ornée de rocailles et de sujets galants à l'extérieur et à l'intérieur.

1544. **Boîte rectangulaire** en ancienne porcelaine de Saxe, fond blanc quadrillé semé de fleurs, sous le couvercle, un vase de fleurs que becquette un oiseau.

1545. **Boîte ronde** en ancienne faïence de Marseille, avec médaillons à sujets gracieux, le couvercle en verre gravé sur dorure.

COLLECTION DE M. JOSSE

1546. **Boîte oblongue** en or émaillé en plein et en réserve sur fond gravé. Le dessus représente Apollon et les Muses et le pourtour des scènes ou des figures mythologiques. Chacun des sujets est encadré de fleurs et de feuillages émaillés en couleurs. Le bec est formé d'une branche de fleurs exécutée en diamants.
Époque Louis XV.

1547. **Boîte oblongue** en or émaillé en plein et en réserve sur fond gravé. Elle présente sur toutes ses faces des scènes et des figures mythologiques la plupart se rapportant à l'histoire de Diane. Chacun des sujets est encadré d'ornements rocaille émaillés bleu transparent ainsi que par des fleurs polychrômes.
Époque Louis XV.

BIJOUX.   229

1548. **Boîte oblongue** en or émaillé en plein à sujets familiers et scènes d'intérieurs d'après Greuze, bordés d'ornements gravés.
Époque Louis XV.

1549. **Grande boîte ovale** en or de couleur, ciselée, à sujets militaires en relief encadrés d'ornements rocaille et de feuillages, qui se détachent en relief sur un fond ciselé à queue de paon.
Époque Louis XV.

1550. **Boîte ovale** en or de couleur ciselé, à médaillons, marines et paysages en bas-relief, encadrés d'ornements rocaille.
Époque Louis XV.

1551. **Grande boîte oblongue,** à cage, en or de couleur ciselé à ornements, fleurs et cariatides d'hommes aux angles. Chacune de ses faces présente une mosaïque en relief exécutée à l'aide de coquilles de nuances variées qui se détachent sur un fond de lapis-lazuli de Perse et qui représente des monuments en ruine, des statues et des personnages dans diverses attitudes.
Époque Louis XV.

1552. **Boîte oblongue** en or ciselé, à compartiments de fleurs encadrés d'ornements rocaille. Elle est enrichie de six panneaux peints sur émail et qui représentent des paysages avec chutes d'eau, des villageois et des animaux.
Époque Louis XV.

1553. **Boîte ovale** en cristal de roche, taillée à cuvette et montée à charnière, en or émaillé à fond bleu, médaillons rosaces en grisaille et festons de feuillages rapportés en or ciselé en relief.
Époque Louis XV.

1554. **Boîte ronde** ouvrant à charnière, en or gravé à entrelacs de feuillages et enrichie de filets et de rubans émaillés bleu. Elle présente dans toutes ses parties des peintures sur émail rapportées et qui offrent des groupes de figures, des attributs et des jeux d'enfants.
Époque Louis XVI.

1555. **Grande boîte ovale** en or guilloché émaillé vert clair avec encadrements d'émail blanc et de points rouges et enrichie de cordons, de festons, de pilastres et d'ornements variés exécutés en diamants. Sur le dessus de la boîte, une peinture sur émail de forme ovale qui représente en grisaille sur fond rose une scène d'intérieur dans le goût de Greuze.
Époque Louis XVI.

1556. **Boîte ovale** en or émaillé blanc opalin, enrichie de cordons, de feuillages, de montants et de rosaces ciselés en relief et rehaussés d'émaux imitant des pierres précieuses. Le dessus est orné d'un médaillon ovale peint sur émail qui représente un sujet tiré de l'histoire romaine.
Époque Louis XVI.

1557. **Boîte ovale** en or de couleur, ciselée à médaillons, groupes de nymphes et d'amours en bas-relief, reliés et encadrés d'ornements et de festons de laurier. Cette boîte est enrichie de cordons émaillés en couleurs simulant des tores de laurier et le bec ainsi que le couvercle sont formés de branches de fleurs, de rubans et d'encadrement exécutés en diamants.
Époque Louis XVI.

1558. **Boîte oblongue** à angles coupés, montée à cage en or ciselé, rehaussée de bandes d'émail bleu et enrichie de festons de feuillages en relief et émaillés vert. Chacune de ses faces est occupée par un repoussé sur or représentant des nymphes nues et des Amours dans des paysages, placé sous glace.
Époque Louis XVI.

1559. **Boîte oblongue** à angles coupés, à cage, en or ciselé à festons de vigne en relief et émaillés en couleurs. Le fond et le pourtour sont garnis de panneaux

de laque usé du Japon et le dessus est occupé par une miniature sur vélin attribuée à *Van Blarenberghe* qui représente une nombreuse réunion de promeneurs et de carosses.
Époque Louis XVI.

1560. **Boîte de même forme**, à cage en or de couleur, ciselé. Elle présente sur toutes ses faces des miniatures sur vélin par *Van Blarenberghe* qui représentent des vues d'une des villes maritimes importantes de France.
Époque Louis XVI.

1561. **Boîte ovale** ouvrant à charnière, à cage en or de couleur ciselé à festons de feuillages, pilastres et ornements. Elle est garnie de six miniatures sur vélin attribuées à *Van Blarenberghe* et représentant des vues d'un château royal.
Époque Louis XVI.

1562. **Boîte ovale** ouvrant à charnière et montée à cage en or de couleur ciselé à ornements. Elle est ornée de six miniatures sur vélin par *Van Blarenberghe* qui représentent des scènes d'intérieur dans le goût de Greuze.
Époque Louis XVI.

1563. **Boîte oblongue** à angles coupés, montée à cage, en or de couleur ciselé à ornements, festons de laurier et pilastres ornés. Elle est enrichie de miniatures sur vélin par *Van Blarenberghe* qui représentent des scènes de comédie et des sujets champêtres.
Époque Louis XVI.

1564. **Boîte oblongue et plate** en écaille brune, montée à charnière, en or. Le dessus est orné d'une miniature sur vélin signée *Van Blarenberghe* et qui représente un épisode de la bataille de Fontenoy.

1565. **Boîte ronde** ouvrant à charnière, en or de couleur ciselé à feuilles, festons de laurier et pilastres ornés. Elle est enrichie de six miniatures en grisaille attribuées à *De Gault* qui représentent des jeux d'enfants.
Époque Louis XVI.

1566. **Boîte ovale** ouvrant à charnière, à cage en or de couleur ciselé à festons de laurier et ornements. Elle est garnie de six miniatures par *Charlier* qui représentent des nymphes au bain.
Époque Louis XVI.

1567. **Boîte oblongue** à angles coupés, à cage, en or gravé à ornements et tores de laurier. Elle est ornée sur toutes ses faces de miniatures sur ivoire qui offrent des sujets mythologiques. Celui du couvercle représente l'*Enlèvement d'Europe*.
Époque Louis XVI.

1568. **Boîte oblongue** en écaille brune, montée et doublée en or. Le dessus est orné d'une miniature sur vélin d'après *J. Vernet* et représentant une marine. Cette miniature est montée dans un cadre à réverbère en or.
Époque Louis XVI.

1569. **Boîte oblongue** à angles arrondis en écaille brune montée à charnière, en or. Le dessus est orné d'une miniature qui représente une marine par un temps, agité, d'après *J. Vernet*, et qui est montée dans un cadre à réverbère en or.
Époque Louis XVI.

1570. **Boîte oblongue** en écaille montée à charnière, en or. Le dessus est orné d'une miniature sur vélin qui représente l'entrée d'un port de mer par un temps agité. Cette miniature peut être attribuée à *de Lioux de Savignac* et elle est montée dans un cadre à réverbère en or.
Époque Louis XVI.

1571. **Boîte oblongue** à cage, en or de couleur ciselé à festons de laurier, pilastres et rosaces. Elle offre sur chacune de ses faces une miniature sur vélin qui représente un paysage avec cours d'eau, personnages, habitations et ruines.
Époque Louis XVI.

1572. Boîte oblongue à angles coupés montée à cage, en or ciselé à feuilles et pilastres. Elle offre dans toutes ses parties des miniatures qui représentent des portraits de femmes et des sujets champêtres. Les deux portraits qu décorent le dessus de la boîte sont placés dans des couronnes de fleurs.
Époque Louis XVI.

1573. Boîte ronde en écaille brune, galonnée d'or uni et ornée sur le couverc d'une miniature sur vélin qui représente une réunion dans un parc.

1574. Boîte oblongue en écaille brune, ornée sur chacune de ses faces d'une miniature sur vélin dans le goût de *Le Prince* et qui représente dans des paysages des groupes de personnages costumés à l'orientale, encadrée d'un jonc uni en or.

1575. Boîte ronde en poudre d'écaille grise galonnée d'or. Le dessus est orné d'une peinture sur émail qui représente une nymphe offrant un sacrifice sur l'autel de l'amitié. Ce médaillon est entouré d'un rang de demi perles.
Époque Louis XVI.

1576. Boîte oblongue en écaille brune ornée sur chacune de ses faces d'une miniature sur vélin représentant un sujet champêtre, encadrée d'un jonc d'or.

1577. Boîte ronde en écaille ornée de rosaces d'or et de nacre et galonnée d'or. Le dessus de la boîte est orné d'une miniature dans le goût de *Van Blarenberghe* qui représente une fête champêtre, composition d'un grand nombre de personnages.

1578. Boîte oblongue en agate brune taillée à cuvette et à bâtons rompus à l'extérieur. Elle est montée à charnière, en or avec bec incrusté de roses et elle offre sur un de ses grands côtés une rosace étoilée dont le centre est occupé par un saphir entouré de diamants. Le dessus de la boîte est orné d'une miniature sur vélin qui représente des bateleurs faisant la parade devant de nombreux promeneurs.

1579. Boîte oblongue à cage, en or gravé à branches de fleurs et ornements. Elle est garnie de panneaux en vernis de Martin qui représentent des sujets militaires et des scènes champêtres.
Époque Louis XV.

1580. Boîte ovale en vernis de Martin, montée à charnière, en or. Le dessus présente des jeux d'Amours dans le goût de Boucher et le pourtour des paysages.
Époque Louis XV.

1581. Petite boîte ovale en vernis de Martin, décorée de paysages avec personnages dans le goût de Teniers. Elle est garnie de galons et montée à charnière, en or gravé.
Époque Louis XV.

1582. Petite boîte ovale et plate en vernis de Martin, décorée de sujets champêtres et montée en or gravé.

1583. Boîte oblongue montée à cage, à charnière, en or gravé, garnie de panneaux en vernis de Martin sur fond doré et quadrillé qui représentent des scènes champêtres dans le goût de Watteau.
Époque Louis XVI.

1584. Boîte ovale à cage en or gravé à pilastres et ornements du temps de Louis XVI. Elle est garnie de panneaux peints de sujets champêtres dans le goût de Watteau.

1585. Petite boîte ronde en laque du Japon à décor d'or sur fond noir, montée en or ciselé à festons de laurier. Le dessus est enrichi d'une peinture sur émail en grisaille sur fond rose marbré qui représente des Amours jouant avec une chèvre.
Époque Louis XVI.

1586. **Boîte oblongue** à angles coupés, montée à cage, en or ciselé à ornements. Elle présente sur chacune de ses faces une peinture sur émail qui représente un sujet mythologique dans le goût de *Le Prince*. Les panneaux des angles coupés offrent chacun une caisse de fleurs.
Époque Louis XVI.

1587. **Boîte ovale** montée à cage, en or, ciselée, à pilastres, feuillages et ornements rehaussés d'émaux verts et bleus imitant des pierres précieuses. Cette pièce présente sur chacune de ses faces des compartiments d'agate rosée sertis en or, ainsi que des miniatures en grisaille sur fond de cornaline rouge qui représentent des jeux d'Amours et que l'on peut attribuer à *De Gault*.
Époque Louis XVI.

1588. **Boîte oblongue** montée à cage, en or gravé et ornée sur chacune de ses faces d'un fixé qui représente un paysage avec animaux, groupe de villageois, etc.
Époque Louis XVI.

1589. **Boîte ovale** en or guilloché et émaillé jaune clair, enrichie de cordons et de montants ciselés à feuilles d'eau et pilastres. Cette boîte qui date de l'époque Louis XVI a reçu postérieurement un décor à froid et dans le goût des vernis de Martin qui représente diverses scènes champêtres.

1590. **Boîte à mouches** en poudre d'écaille grise, garnie de galons en or ciselé.
Époque Louis XVI.

1591. **Boîte à mouches** en or guilloché émaillé violet, enrichie de cordons ciselés à feuillages et ornements rehaussés d'émaux verts et rouges.
Époque Louis XVI.

1592. **Navette** en laque pailletée d'or sur fond noir à compartiments contournés incrustés en laque noire à décor de feuillages dorés et bordés d'un filet en or gravé. Elle est doublée de nacre.
Époque Louis XVI.

1593. **Navette** en laque du Japon à fond noir, décorée d'arbustes et de rochers en dorure. Elle est doublée de nacre et bordée de galons d'or.
Époque Louis XVI.

1594. **Aumônière** en velours vert, brodée d'argent et portant au fond les armes de France et de Pologne (Louis XV et Marie Leczinska) timbrées de la couronne royale. (XVIIIe siècle).

1595. **Aumônière** en velours ponceau, brodée d'argent. Elle porte au fond les armes du Dauphin et de Pologne. (XVIIIe siècle).

FERRONNERIE.

1596. **Statue équestre du roi Louis XIV**, exécutée en acier fondu et damasquiné d'or. (XVIIe siècle).
Elle est montée sur un socle en marbre orné de quatre dauphins en bronze ciselé et doré. (M. Doistau).

1597. **Plaque rectangulaire en hauteur.** (XVIIe siècle).
La Mise au tombeau. A gauche : Le corps du Christ assis sur le sépulcre est soutenu par saint Jean. La Magdeleine agenouillée, en avant d'une autre femme tient sa main ; la Vierge se penche les mains jointes. Deux apôtres au fond.
Fer repoussé et ciselé. (M. Le Secq des Tournelles).

1598. **Masque d'homme à traits obliques**, terminé par des feuillages découpés dans un lozange. (XVIIe siècle).
Fer repoussé. (M. Loquet).

FERRONNERIE. 233

1599. **Feuille d'acanthe enroulée.** (XVIIᵉ siècle).
(M. Loquet).

1600. **Heurtoir avec platine.** (XVIIᵉ siècle).
Grande platine irrégulière, à contours symétriques, faite de grandes feuilles d'acanthe découpées, combinées avec un enlacement de filets, encadrant une coquille centrale. Marteau en S fait d'un aigle saisissant dans ses serres le corps d'une jeune fille que termine une gaîne de feuilles portant une boule. (M. Le Secq des Tournelles).

1601. **Serrure** en fer ciselé. La face principale représente un portique à colonnes au milieu duquel se trouve l'entrée de la serrure. Le cache-entrée est orné d'une gerbe de blé entre deux palmes. La clef quadrangulaire est repercée à jour. L'intérieur également repercé est composé de rinceaux au milieu desquels se détache un chiffre entrelacé. (XVIIᵉ siècle).
(M. le comte La Bourmène).

1602. **Serrure** d'appartement en bronze ciselé et doré à ornements rocaille. Le bouton du verrou est formé par un sphynx. (XVIIIᵉ siècle).
(M. Decloux).

1603. **Clef** à pans en fer ciselé et repercé à jour. Elle est ornée de deux mascarons à têtes de lions. (XVIIᵉ siècle).
(M. Giraud).

1604. **Deux clefs.** (XVIIᵉ siècle).
1º Penneton à parties saillantes à l'extrémité, à garde centrale. Canon cylindrique tordu à la partie supérieure. Anneau circulaire encadrant un chiffre formé des doubles lettres D L et S enlacées.
2º Penneton à garde. Canon cylindrique à moulures. Anneau circulaire encadrant un oiseau. (M. Le Secq des Tournelles).

1605. **Petite clef.** (XVIIᵉ siècle).
Penneton à gardes. Canon cylindrique. Poignée en forme de cœur évidé.
(M. Le Secq des Tournelles).

1606. **Petite clef.** (XVIIᵉ siècle).
Penneton à garde en croix. Canon cylindrique. Poignée en forme de lozange combiné avec deux anneaux intérieurs. (M. Le Secq des Tournelles).

1607. **Vitrine** contenant environ soixante-dix clefs en fer ciselé et damasquiné, dont plusieurs à écussons, chiffres enlacés et guirlandes de fleurs.
(XVIIᵉ et XVIIIᵉ siècles).
(M. Le Secq des Tournelles).

1608. **Targette.** (XVIIᵉ siecle).
Platine formée au centre par l'enlacement de deux lanières, entourées de consoles, de feuillages et de palmettes terminales formant des contours irréguliers mais symétriques. Fond à jour, verrou central.
Fer découpé et gravé. (M. Le Secq de Tournelles).

1609. **Targette.** (XVIIᵉ siècle).
Platine dont les contours sont formés par haut et bas par deux consoles en S affrontées et amorties par une palmette. Des lanières découpées rattachées au centre, les traversent. Verrou central entre deux brides lisses, tête cotelée. (M. Le Secq des Tournelles).

1610. **Targette.** (XVIIᵉ siècle).
Platine à côtés irréguliers symétriques, formée d'une partie centrale rectangulaire entre deux écussons amortis par une palmette. Dans l'écusson du haut le chiffre C I L R; dans celui du bas le chiffre A M enlacé.
(M. Loquet).

1611. Deux entrées de serrure. (XVIIe siècle).
1° Écusson ovale bordé et décoré par des lanières enlacées, combinées avec quatre palmettes qui outrepassent les contours.
2° Écusson circulaire. Anneau d'oves encadrant deux mascarons de profil, adossés à l'entrée, fond à jour. (M. Le Secq des Tournelles).

1612. Cadre de miroir. (XVIIe siècle).
Anneau central ovale entouré par un ornement à jour composé latéralement par deux enfants à corps de rinceaux, jouant d'un cornet. Dans le bas une tête ailée d'où naissent des rinceaux. Dans le haut, un écu sous une couronne de marquis. (M. Le Secq des Tournelles).

1613. Collection de clefs dont plusieurs avec écussons aux armes de France, une garniture d'épée à personnages et ornements Louis XV et une poudrière cannelée ornée de trophées d'armes. (XVIIe et XVIIIe siècles).
(M. Doistau).

1614. Collection de drageoirs, de bonbonnières, de cachets, d'étuis, de différents ustensiles de toilette, et de plaques à fond d'or avec combat de cavaliers.
(XVIIe et XVIIIe siècles).
(M. Le Secq des Tournelles).

1615. Grille basse divisée en deux parties séparées par une colonnette à spirales.
(XVIIe siècle).
Les panneaux sont ornés de rinceaux, de mascarons et de bustes de personnages. (M. Doistau).

1616. Petit modèle de balcon à renflement central en fer forgé. Il est orné de rinceaux, d'enroulements et de guirlandes de fleurs. (XVIIIe siècle).
(M. P. Eudel).

1617. Potence en fer forgé portant des traces de dorure. Elle se compose de mascarons et de rinceaux dans lesquels courent des branches de feuillages.
(XVIIIe siècle).
(M Loquet).

ARMES.

1618. Amorçoir. (XVIIe siècle).
Amorçoir annulaire formé par l'enchevêtrement de chiens attaquant deux cerfs. Garniture en argent. (M. le comte La Bourmène).

1619. Petit pistolet à rouet. (XVIIe siècle).
Canon à culasse hexagone et à tonnerre cylindrique gravé d'arabesques et d'un aigle. Monture en cuivre ciselé et gravé, représentant sur la crosse des arabesques et deux seigneurs en costume du commencement du XVIIe siècle, dans le genre de ceux de Callot : une chasse au cerf sur la platine qui se prolonge jusqu'à l'extrémité du canon
L'enveloppe du rouet de la batterie représente deux lions affrontés : les garnitures des ressorts sont faites de rinceaux à jour, et le chien à tête de monstre est également décoré de rinceaux à jour.
Une clef à trois canons servant d'amorçoir, et un moule à balles accompagnent le pistolet. (Mlle Grandjean).

1620. Collection d'environ quatre-vingts épées de cour, dont les poignées sont en fer ciselé et damasquiné d'or, plusieurs en argent, trois en strass, et une ornée de médaillons en Wedgvood. Elles sont accompagnées de plusieurs couteaux de chasse à manches en fer ciselé sur fond d'or.
(XVIIe et XVIIIe siècle).
(M. Doistau).

COUTELLERIE.

1621. **Poignée d'épée** en fer ciselé à fonds dorés et ornés de rinceaux de style Louis XV et de personnages en relief. (XVIIIᵉ siècle).
(M. le comte La Bourmène).

1622. **Batterie de fusil** en fer, incrusté d'or.
(XVIIIᵉ siècle).
(M. Decloux).

COUTELLERIE

1623. **Couteau pointu et fourchette à quatre dents.** (XVIIᵉ siècle).
Manches d'ivoire formés de Termes, l'un d'un homme à deux faces, dont le buste sort d'une gaine de feuillage descendant de deux mascarons, et l'autre, d'une femme. (M. le comte La Bourmène).

1624. **Deux couteaux à lame courbe et à bout arrondi.** (XVIIᵉ siècle).
Manche d'ivoire formé par une figure. 1° Jupiter couronné, vêtu d'une robe et d'une tunique, tenant le sceptre de la main droite, et la foudre de la gauche derrière son dos. Aigle à terre devant lui. — 2° Mercure, coiffé du pétase, vêtu d'une cuirasse, portant un olifant en sautoir, tenant le caducée et les pommes. (M. le comte La Bourmène).

1625. **Couteau à lame courbe et à bout arrondi.** (XVIIᵉ siècle).
Manche d'ivoire formé par une tête de Turc sur une gaîne en torsade.
(M. le comte La Bourmène).

1626. **Couteau à lame courbe et bout arrondi.** (XVIIᵉ siècle).
Manche d'ivoire fait d'un homme en costume militaire, chapeau à plumes, habit à longues basques, ceinture, grosses bottes. Il porte une épée levée de la main droite et, de la gauche abaissée, un chapelet que saisit un enfant.
(M. le comte La Bourmène).

1627. **Couteau.** (XVIIᵉ siècle).
Manche d'ivoire formé par les statues adossées de la Justice, de la Charité et de l'Espérance, surmontées par trois têtes également adossées.
(M. le comte La Bourmène).

1628. **Fourchette.** (XVIIᵉ siècle).
Fourchette à deux pointes d'acier, ayant un fusil pour gaîne. Le manche est formé d'une spirale ponctuée de perles d'argent, ayant pour pommeau une sorte de tour à jour et à créneaux, surmontée d'un gland, le tout en argent.
(M. le comte La Bourmène).

1629. **Couteau de table** à manche d'argent gravé. Travail allemand.
(Cᵗ du XVIIᵉ siècle).
La lame pointue et recourbée est marquée d'un signe. Sur le manche, ajouré à son extrémité, sont gravées la Foi et l'Espérance et deux scènes empruntées au Nouveau Testament (*Saint-Jean*, IV et VII). (Collection Spitzer).

1630. **Fourchette** à manche d'argent gravé. Travail allemand.
(Cᵗ du XVIIᵉ siècle).
La fourchette d'acier est à quatre dents. Sur le manche ajouré à sa partie supérieure sont gravées la Foi et l'Espérance et deux scènes empruntées au Nouveau Testament (*Saint-Jean*, IV et VII). (Collection Spitzer).

1631. **Couteau** à manche d'argent gravé. Travail allemand. (Cᵗ du XVIIᵉ siècle).
La lame est droite et pointue. Sur le manche, ajouré à sa partie supérieure et gravé, on voit la Charité et l'Espérance, Jésus et la Samaritaine, les Noces de Cana. Sur le manche on lit ✝ GRIETKE. MATTHISE. D. 1617.
Accompagne la fourchette précédente. (Collection Spitzer).

1632. Deux Couteaux de table à manche d'argent gravé. (C¹ du XVIIᵉ siècle).
Le manche de forme fuselée est à huit pans et terminé par un bouton en forme de vase. Il est gravé d'arabesques encadrant deux niches sous lesquelles on aperçoit une femme nue tenant un sceptre et l'enfant prodigue gardant les pourceaux. Lame recourbée frappée d'un poinçon en forme de coupe.
(Collection Spitzer).

1633. Couteau à manche d'argent gravé. (C¹ du XVIIᵉ siècle).
Le couteau recourbé est terminé par un manche en forme de gaîne faisant corps avec lui, découpé à son extrémité. Sur ce manche sont rapportées deux plaques d'argent gravé de sujets placés sous des arcades ou dans des cartouches entourées de chimères et de vases de fleurs. D'un côté on voit une Bonne Foi et un cœur, un château et une figure de l'Abondance ; de l'autre, deux mains soutenant un cœur couronné, Ève offrant une pomme à Adam, et une femme personnifiant l'Espérance. Sur la lame un poinçon composé de deux croissants adossés.
(Collection Spitzer).

1634. Trois couteaux à dessert dont deux à lames d'argent doré. Manches en nacre incrustée d'or. (XVIIIᵉ siècle).
(M. Ducloux).

SCEAUX.

1635. Deux médaillons représentant les épreuves des sceaux de la reine Marie-Antoinette. (XVIIIᵉ siècle).
Cadres en cuivre doré. (M Decloux).

TERRE CUITE.

1636. Statuette. (XVIIᵉ siècle).
Saint-Augustin ; — esquisse signée sur le socle P. Puget. (Musée d'Aix).

1637. Tête d'enfant. (XVIIIᵉ siècle).
(M. G. Dreyfus).

1638. Buste de femme, signé : Mᵐᵉ Victoire Martin, âgée de 18 ans, par J. B. S. M. 1750. (XVIIIᵉ siècle).
(M. Rodolphe Kann).

1639. Buste de femme, coiffée d'un casque. (XVIIIᵉ siècle).
Cette œuvre, quoique ne portant pas de signature, peut être attribuée au même artiste que la précédente. (M. Rodolphe Kann).

1640. Tête d'enfant, montée sur socle en marbre blanc. (XVIIIᵉ siècle).
(M. Bianchi).

1641. Groupe allégorique. (XVIIIᵉ siècle).
Esquisse signée : *Pajou*, 1789. (M. Lefrançois).

1642. Buste de femme, signé : *Le Comte Fec*, 1779. (XVIIIᵉ siècle).
(M. le prince d'Arenberg).

1643. Buste de femme, signé : *Roland fils*, octobre, 1788. (XVIIIᵉ siècle).
(M. J. Ephrussi).

1644. Buste, portrait de Madame Récamier, par Marin. (XVIIIᵉ siècle).
(M. Bischoffsheim).

HORLOGERIE.

1645. Groupe composé d'un satyre et d'une nymphe couchée. Signé : *Clodion*, 1764. (XVIII⁰ siècle).
(M. Beurdeley).

1646. Groupe, composé d'une nymphe, d'un satyre et d'un Amour. Signé : *Clodion*, 1765. (XVIII⁰ siècle).
(M. Beurdeley).

1647. Deux groupes, de forme oblongue, montés sur des terrasses en marbre gris. (XVIII⁰ siècle).
Ils représentent deux médaillons, homme et femme, soutenus par de jeunes tritons. Un seul est signé : *Clodion*, mais ils sont tous deux incontestablement de la même main. (M. Josse).

1648. Deux sphinx, représentant des animaux couchés, se terminant par des têtes de femme. (XVIII⁰ siècle).
(M. Séligmann).

1649. Deux personnages mythologiques. — Signés Falconnet, 1756.
(XVIII⁰ siècle).
(M. Baron).

1650. Collection de cinquante-sept médaillons et de quatre moules de J.-B. Nini.
(M. Maurice de Grièges).

HORLOGERIE.

1651. Pendule en marqueterie de cuivre sur écaille brune. (XVII⁰ siècle).
Le dôme est surmonté d'une statuette de Jupiter, au-dessous de laquelle se détache un chiffre entrelacé.
Les côtés sont ornés de cariatides de femmes. Au centre, un groupe représentant la toilette de Vénus. Les angles du socle se terminent par des têtes d'hommes et de femmes. (M. Seligmann).

1652. Pendule en marqueterie de cuivre sur écaille brune, surmontée d'une statuette de Minerve. (XVII⁰ siècle).
Les côtés sont ornés de cariatides de femmes. Les pieds se terminent par des têtes de satyres et le socle par des têtes de bélier. (M. Perdreau).

1653. Pendule et son socle en bois de rose, ornée de bronzes ciselés à rinceaux et à bouquets de fleurs. (XVIII⁰ siècle).
Sur le devant, une figure de Minerve entourée de branches de laurier. Sur les côtés, des ornements se terminent par des têtes de dragons.
Au-dessus du cadran se trouve une tête d'homme en forme de mascaron, surmontée d'une figure de l'Amour. (M. Maillet du Boullay).

1654. Régulateur en bois de violette, orné de bronzes ciselés et dorés à rinceaux et guirlandes de fleurs. (XVIII⁰ siècle).
Mouvements de Lepaute à Paris. (M. le comte Pillet-will))

1655. Régulateur en bois de violette et bois de rose, orné de bronze ciselés et dorés. (XVIII⁰ siècle).
Mouvements de Lepaute à Paris. (M. Lessart).

1656. Pendule et son socle en bronze ciselé et doré. (XVII⁰ siècle).
Sur les côtés se détachent deux têtes de lions. Le mouvement de Etsurch est surmonté d'une figure d'enfant.
Le socle est orné de deux supports à feuilles d'acanthe au milieu desquelles se détache un médaillon. (M. Bischoffsheim).

1657. Pendule en bronze ciselé et doré, ornée d'une figure de femme lisant. (XVIIIe siècle).
Le cadran signé : *Courvoisier, à Paris*, est entouré d'une guirlande de laurier.
(M. Spitzer).

1658. Pendule en bronze ciselé et doré, ornée d'une figure de Minerve en ancienne porcelaine de Saxe. (XVIIIe siècle).
Le cadran signé : *Cansărd, horloger du Roi, suivant la cour*, est entouré de rinceaux rocaille et de guirlandes de fleurs surmontées d'un vase.
(M. Stettiner).

1659. Pendule de bronze doré à sujet allégorique. (XVIIIe siècle).
La figure principale représente l'Abondance. Pieds à griffe de lion.
Cadran signé : *Guydamons, à Paris*. (M. Ch. Mannheim).

1660. Pendule en bronze ciselé et doré en forme de vase. (XVIII siècle).
Les côtés sont ornés de têtes de satyres surmontées de serpents enroulés et de guirlandes de fleurs. (M Spitzer).

1661. Pendule en bronze ciselé et doré sur socle en marbre blanc.
(XVIIIe siècle).
Le cadran signé : *Lepaute de Belle Fontaine, à Paris*, est supporté par deux figures allégoriques et surmonté d'une guirlande de fleurs, retenue par un nœud de ruban. (M. Vail).

1662. Pendule en bronze ciselé et doré sur socle en marbre gris, ornée de moulures et de guirlandes de fleurs. (XVIIIe siècle).
Le sujet à trois personnages, représente Diane et Endymion.
Le cadran signé : *de Manière, à Paris*, est surmonté d'une figure de l'Amour.
(M. Spitzer).

1663. Pendule en bronze ciselé et doré représentant la toilette de Vénus.
(XVIIIe siècle).
Le cadran porte la signature de : *Henry Voisin*.
(Mme la comtesse d'Yvon).

1664. Pendule en bronze ciselé et doré de forme carrée. (XVIIIe siècle).
Elle est ornée sur les côtés de deux cornes d'abondance accompagnées de deux têtes de satyres et surmontée d'un vase supporté par des pieds de biche.
Socle en marbre blanc, et cadran signé : *de Roque, à Paris*.
(M. Spitzer).

1665. Pendule en bronze ciselé et doré sur socle en marbre blanc, orné de bas-reliefs. (XVIIIe siècle).
Le sujet principal représente Vénus et l'Amour.
Le cadran est signé : *F. L. Godon, R. de Camara de S. M. C.*
(M. Spitzer).

1666. Pendule en bronze ciselé et doré à cadran soutenu par des volutes ornées de guirlandes de fleurs et de branches de laurier. (XVIIIe siècle).
Elle est terminée par un trophée, représentant les attributs de la Guerre et de l'Amour, entourés de rubans et de branches de chêne.
Le cadran est signé : *C. Mathieu, à Paris*. (M. le vicomte d'Harcourt).

1667. Pendule en bronze ciselé et doré à sujets de personnages, Vénus et l'Amour.
(XVIIIe siècle).
Le cadran est surmonté d'une couronne et d'un carquois. Le socle en marbre blanc est orné de feuillages et d'oiseaux. (Mme la comtesse d'Yvon).

1668. Pendule en bronze ciselé et doré, représentant une femme lisant et s'appuyant sur un cadran surmonté d'un globe terrestre. (XVIIIe siècle).
(M. Seligmann).

1669. **Pendule** en bronze ciselé et doré en forme de puits ; les montants à feuilles d'acanthe sont terminés par des têtes d'aigle. La base est ornée d'une balustrade reliée par des chaînettes. (XVIIIe siècle).
(Mme la Vicomtesse d'Onsembray).

1670. **Pendule** en bronze, ciselé et doré en forme de gaîne, à la base de laquelle se trouve une tête d'homme surmontée du globe terrestre. (XVIIIe siècle).
Le cadran, signé : *Pierre Le Roy, à Paris* est entouré d'une guirlande de fleurs et surmonté d'un vase à anses formées par des têtes de bélier.
(M. Spitzer)

1671. **Pendule** en bronze, ciselé et doré, orné d'un groupe de deux figures, la Guerre et la Victoire. (XVIIIe siècle).
Le cadran repose sur un trophée d'armes et est surmonté d'un vase à cadran tournant, représentant les signes du zodiaque.
(Conservatoire des Arts et Métiers)

1672. **Pendule** en marbre de forme ronde, ornée de guirlandes de fleurs en bronze ciselé et doré. (XVIIIe siècle).
Elle est surmontée d'une figure de femme s'appuyant sur un vase à cadran tournant, entourée de strass. (M. Ch. Mannheim).

1673. **Pendule** en marbre et bronze doré, sujet allégorique. Au centre, un vase de fleurs. Socle avec bas-reliefs à personnages. (XVIIIe siècle),
Cadran, signé : *Debelle, horloger.* (M. Ch. Mannheim).

1674. **Pendule** forme borne en marbre blanc, ornée de bronzes ciselés et dorés. A droite et à gauche deux cornes d'abondance renversées. (XVIIIe siècle).
Le cadran, signé : *Hoguet, à Paris* est surmonté d'un trophée entouré d une guirlande de fleurs. (M. Olivier).

1675. **Pendule** de forme ovoïde en marbre blanc à personnages. Frise en bronze ciselé et doré. (XVIIIe siècle.)
Le cadran, signé : *Codon*, est entouré d'une guirlande de fleurs.
(M. Spitzer).

1676. **Pendule** en marbre blanc surmontée d'un groupe représentant Vénus et l'Amour. Moulures en bronze ciselé et doré. (XVIIIe siècle).
Le cadran, signé : *Ch. Dutertre, à Paris* est entouré d'une guirlande de lauriers. (Mme la Comtesse d'Yvon).

1677. **Pendule** en marbre blanc, surmontée d'un groupe de deux personnages appuyés sur un rocher. Le socle est orné de rinceaux et de guirlandes de fruits. (XVIIIe siècle).
Le cadran est signé : *Revel, au Palais Royal.* (M. Mannheim.)

1678. **Petite pendule** en forme de fût de colonne en cuivre ciselé, ornée de guirlandes de lauriers. (XVIIIe siècle).
(M. Dumoulin).

1679. **Cartel** en bronze ciselé et doré, composé de rinceaux rocailles et de guirlandes de fleurs, surmonté d'une figure de Diane chasseresse.
(XVIIIe siècle).
(M. Beer).

1680. **Petite montre** à double boîte, ornée d'une peinture en émail.
(XVIIIe siècle).
(M. Decloux).

1681. **Petite montre** en or avec cadran et boîtier entouré de demi perles fines. Le fond est orné d'une peinture sur émail à sujet mythologique.
(XVIIIe siècle.)
(M. Olivier).

XVIIᵉ ET XVIIIᵉ SIÈCLES.

1682. **Montre** en or ciselé à rinceaux et à personnages Elle porte la date de 1709 Au centre, un aigle surmonté d'un soleil avec la devise : *Rien de bas ne mareste*. (XVIIIᵉ siècle).
(M. Olivier).

1683. **Montre** à double boîtier d'or et à répétition. Le boîtier intérieur, gravé d'un fleuron sur le fond est orné de rinceaux à jour sur le bord. Le boîtier extérieur, représente, sur le fond, Véturie et les femmes romaines aux genoux de Coriolan, en personnages en relief dans un encadrement de style rocaille. L'anneau qui encadre le verre, lorsqu'il est fermé, est orné de rocailles en partie repercées à jour. (Deuxième moitié du XVIIIᵉ siècle).
Le mouvement est signé : *Terrot Thuiller, Genève*. (M. Evariste Blondel).

1684. **Montre d'or.** Le fond guilloché est décoré au centre d'un vase, sur lequel posent deux colombes entourées d'une guirlande de fleurs, incrustées de perles de rubis et d'émeraudes. Une couronne semblable entoure le fond.
(Fin du XVIIIᵉ siècle).
(M. Evariste Blondel).

1685. **Petite boussole** en argent gravé, renfermée dans sa gaîne.
(XVIIIᵉ siècle).
(M. Montillot).

MOBILIER.

1686. **Meuble à deux corps** en bois d'ébène sculpté et gravé, monté sur socle à colonnes. L'intérieur est en marqueterie de bois de couleur, d'ivoire et d'écaille. (XVIIᵉ siècle).
Epoque Louis XIII. (Musée de Poitiers)).

1687. **Commode** de forme contournée en bois de violette et bois de rose, ornée de bronzes ciselés et dorés. Les ornements de style rocaille sont composés de rinceaux et de guirlandes de fleurs. (XVIIIᵉ siècle).
(M. Josse).

1688. **Commode** de forme contournée en bois de violette, ornée de bronzes ciselés et dorés. (XVIIIᵉ siècle).
Poignées et chutes à guirlandes de fleurs. (M. le Comte Pillet-Will).

1689. **Commode** de forme contournée à deux tiroirs en bois de violette incrusté de bois de rose ; ornements en bronze ciselé et doré à rinceaux terminés par des têtes de dragons. (XVIIIᵉ siècle).
(M. Josse).

1690. **Petite Commode** de forme contournée à deux tiroirs en ancienne laque de Chine noire et or, les chutes, les entrées de serrure et les poignées sont ornées de bronzes ciselés et dorés de forme rocaille. (XVIIIᵉ siècle).
(M. Maillet du Boullay).

1691. **Commode** en bois de rose et citronnier, ornée de bronzes ciselés et dorés, entrées de serrures et chutes à guirlandes de fleurs. (XVIIIᵉ siècle).
(M. Fould).

1692. **Bureau plat,** de forme contournée en bois de violette. Les trois tiroirs et les pieds sont ornés de bronzes ciselés et dorés à rinceaux et ornements de style rocaille. (Ville de Soissons).

1693. **Grand Bureau plat,** à trois tiroirs, de forme contournée, en bois de rose orné de bronzes ciselés et dorés. Les chutes sont formées par des figures de femmes. Aux deux extrémités se trouvent deux têtes encadrées de rinceaux rocaille. (XVIIIᵉ siècle).
(M. le Comte Pillet-Will).

MOBILIER.

1694. Grand Bureau plat, à cinq tiroirs en bois de rose monté en bronze ciselé et doré. Les quatres angles sont ornés de chutes à feuilles d'acanthe.
(XVIIIᵉ siècle)·
(M. le Vicomte d'Harcourt).

1695. Bureau à dos d'âne, de forme contournée en bois de rose, orné de bronzes ciselés et dorés à rinceaux et guirlandes de fleurs. (XVIIIᵉ siècle).
(M. Josse).

1696. Bureau à dos d'âne en marqueterie de bois de rose et de palissandre à médaillons, représentant des personnages, des oiseaux et des paysages dans le goût chinois. (XVIIIᵉ siècle).
(M. Montvallat).

1697. Bureau à cylindre de forme contournée en bois de violette à incrustations de bois de rose. Ornements en bronze ciselé et doré à rinceaux et guirlandes de fleurs. (XVIIIᵉ siècle).
(M. Josse).

1698. Petite Table bureau à deux corps et à tablettes en bois de citronnier plaqué de bois de rose. Ornements en bronze ciselé et doré dans le style Louis XVI. (XVIIIᵉ siècle).
(Mᵐᵉ Pillaut).

1699. Pupitre en bois sculpté, orné d'une fleur de lys entourée de rinceaux et de guirlandes de style Louis XIV. (XVIIIᵉ siècle).
(M. Decloux).

1700. Meuble d'encoignure à deux corps en bois de rose ornés de bronzes ciselés et dorés. Le corps du bas à panneaux pleins est orné de personnages allégoriques placés sous des dais. Le corps du haut vitré est divisé en deux parties, séparées par une colonne cannelée à chapiteau corinthien.
(XVIIᵉ siècle).
(M. Ch. Mannheim).

1701. Console en bois sculpté. Les quatre pieds sont ornés sur leur face de mascarons à têtes d'hommes. Au centre se détache une tête de dieu marin entourée de rinceaux et de guirlandes de fleurs. (XVIIIᵉ siècle).
Chêne naturel. (M. Cartier).

1702. Console en bois sculpté et doré composé de branches autour desqu'elles viennent s'enrouler des guirlandes de feuillages et de fleurs. Les pieds de devant sont ornés de têtes de dragons et d'ornements rocaille. (XVIIIᵉ siecle).
(M. Perdreau).

1703. Coffret en bois sculpté, à rinceaux et animaux. Genre de Bagard de Nancy.
(XVIIIᵉ siècle)·
(Mᵐᵉ Lanet).

1704. Petit coffret en bois sculpté orné de fleurs et de rinceaux. Genre de Bagard de Nancy. (XVIIIᵉ siècle).
(Mᵐᵉ Lanet).

1705. Boîte ronde en bois sculpté orné de fleurs et de rinceaux. Genre de Bagard de Nancy. (XVIIIᵉ siècle).
(Mᵐᵉ Lanet).

1706. Petit modèle de fauteuil orné de coquilles, rinceaux et ornements rocaille. (XVIIIᵉ siècle).
Bois de noyer canné. (Mlle Bernard).

1707. Deux fauteuils en bois sculpté et doré recouverts en ancienne tapisserie de Beauvais représentant des scènes pastorales entourées de guirlandes de fleurs.
(XVIIIᵉ siècle).
(Mᵐᵉ la Baronne N. de Rothschild).

XVIIᵉ ET XVIIIᵉ SIÈCLES.

1708. **Six fauteuils** en bois sculpté et doré recouverts en ancienne tapisserie de Beauvais. Ils sont ornés de médaillons de fleurs se détachant en blanc sur un fond marron. (XVIIIᵉ siècle).
(M. Bouland).

1709. **Chaise** en bois sculpté, noyer naturel, recouverte en satin crême sur lequel se détachent des ornements brodés en soie de couleurs. Tout autour du dossier court une guirlande de fleurs et de feuillage. (VVIIIᵉ siècle).
(M. Colomiès).

1710. **Écran** en bois sculpté, noyer naturel, orné au centre d'un panneau en tapisserie au petit point. Suzanne et les vieillards sur un fond de paysage.
(XVIIᵉ siècle).
(M. de la Forest).

1711. **Écran** en ancienne tapisserie des Gobelins, représentant un coq et une poule entourés de rinceaux et de fleurs se détachant sur un fond crême. Monture en bois sculpté et doré. (XVIIIᵉ siècle).
(M. Guiraud).

1712. **Écran** en ancienne tapisserie des Gobelins représentant Pomone placée sous un dais entouré de rinceaux et de guirlandes de fleurs. Dessin dans le goût de Bérain. Monture en bois sculpté et doré. (XVIIIᵉ siècle).
(M. Ch. Mannheim).

1713. **Écran** en ancienne tapisserie des Gobelins, représentant une bergère endormie avec fond de paysage entouré d'une guirlandes de fleurs. Monture en bois sculpté et doré à volutes, rinceaux et bouquets de fleurs. (XVIIIᵉ siècle).
(Mᵐᵉ la Comtesse d'Yvon).

1714. **Rouet** en bois d'acajou. Moulures en bronze ciselé et doré. Attribué à l'ébéniste Jacob. (XVIIᵉ siècle).
(M. Langlois).

1715. **Paire de flambeaux**, en bronze ciselé et doré à rinceaux. Cariatides et lambrequins. (XVIIIᵉ siècle).
(M. Ch. Mannheim).

1716. **Paire de flambeaux**, en bronze ciselé et doré à ornements, composés de rinceaux et de feuilles d'acanthe. (XVIIᵉ siecle).
(M. Olivier).

1717. **Paire de flambeaux**, en bronze ciselé et doré à rinceaux, feuilles d'acanthe et ornements rocailles. (XVIIIᵉ siècle).
(Mlle Grandjean).

1718. **Paire de flambeaux**, en bronze ciselé et doré, à ornements composés de feuilles d'acanthe et de marguerites. (XVIIIᵉ siècle).
(M. Ch. Mannheim).

1719. **Paire de candélabres à trois lumières**, en bronze ciselé et doré, ornées de guirlandes de fleurs et supportées par deux statuettes de femme.
(XVIIIᵉ siècle).
(Mᵐᵉ la Comtesse d'Yvon).

1720. **Paire de candélabres de forme triangulaire**, en bronze ciselé et doré. Les bras sont supportés par trois figures de femmes nues, se terminant en rinceaux soutenus par des pieds de biches. (XVIIIᵉ siècle).
(M. Spitzer).

1721. **Paire de candélabres à deux lumières**, en bronze ciselé et doré. Les branches ornées de feuilles d'acanthe sont supportées par deux figures de jeunes satyres. (XVIIIᵉ siècle).
(Mᵐᵉ la Comtesse d'Yvon).

1722. **Paire de candélabres à trois lumières**, en bronze ciselé et doré. Les branches sont supportées par des figures de faunes et de faunesses montées sur socles en marbre blanc ornés de guirlandes de fruits. (XVIIIᵉ siècle).
(M. Spitzer).

MOBILIER. 243

1723. **Paire de girandoles à quatre lumières,** en bronze ciselé et doré. Les branches sont soutenues par quatre figures de femmes montées sur des socles en marbre blanc ornés de bas-reliefs et de feuilles de laurier.
(XVIIIe siècle).
(M. le Comte de Ganay).

1724. **Garniture composée d'une pendule et de deux flambeaux,** en bronze ciselé et doré. Le cadran et les tiges des flambeaux sont supportés par des lions et ornés de guirlandes de fleurs exécutées en acier. Au centre des trois pièces sont enchâssés trois médaillons de personnages en émail. Le cadran signé *Vanderst à Bruxelles* est surmonté d'un vase et d'une couronne royale.
(XVIIIe siècle).
(Mme la Comtesse d'Yvon).

1725. **Paire de candélabres à six lumières,** en bronze ciselé et doré à guirlandes de fleurs et de fruits. Les branches sont supportées par des figures de femmes. Les socles en marbre gris sont ornés de bronzes ciselés et dorés.
(XVIIIe siècle).
(M. Spitzer).

1726. **Applique,** en bronze ciselé et doré représentant les attributs de la Guerre entourés d'un faisceau de drapeaux.
(XVIIIe siècle).
(M. Decloux).

1727. **Paire d'appliques,** à trois lumières en bronze, ciselé et doré.
(XVIIIe siècle).

Les bras sont reliés par une draperie. La base est ornée de feuilles d'acanthe et de laurier. Le sommet se termine par des vases à flammes.
(M. Perdreau).

1728. **Quatre appliques,** en bronze ciselé et doré à trois lumières, ornées de rinceaux, d'enroulements et de guirlandes de fleurs.
(XVIIIe siècle).
(M. Panis).

1729. **Paire d'appliques,** à deux lumières en bronze ciselé et doré.
(XVIIIe siècle).

Les bras sont supportés par deux figures de femmes se terminant en gaînes ornés de feuilles d'acanthe.
(Mlle Grandjean).

1730. **Paire d'appliques,** à trois lumières en bronze ciselé et doré forme vases autour desquels s'enroulent des rinceaux composés de feuilles de vignes et de guirlandes de fleurs.
(XVIIIe siècle).
(M. Beer).

1731. **Paire de chenets,** en bronze ciselé et doré de forme quadrangulaire, ornés de mascarons et de médaillons à têtes de satyres.
(XVIIe siècle).
(M. Robin Gogué).

1732. **Paire de chenets,** en bronze ciselé et doré, représentant deux chiens assis sur des terrasses ornées d'un baldaquin.
XVIIe siècle).
(M. Perdreau).

1733. **Paire de chenets,** en bronze ciselé et doré à base triangulaire.
(XVIIe siècle).

Ils sont surmontés de vases et montés sur des socles ornés de médaillons à têtes de personnages entourées de guirlandes de fleurs.
(M. Helft.).

1734. **Paire de chenets,** en bronze ciselé et doré.
(XVIIIe siècle).

Ils sont ornés de vases en forme de lyres, accompagnés de têtes de faunes et de guirlandes de fleurs. Terrasses à rinceaux et têtes de lion.
(M. Spitzer).

1735. **Paire de chenets,** en bronze ciselé et doré.
(XVIIIe siècle)

Au centre se trouve un vase de fleurs orné de deux têtes de satyres et monté sur rinceaux composés de fleurs et de fruits.
(M. Spitzer).

XVIIᵉ ET XVIIIᵉ SIÈCLES

1736. **Paire de chenets,** en bronze ciselé et doré représentant des sphinx à têtes de femme, supportant des corbeilles de fleurs. (XVIIIᵉ siècle).
(M. Stettiner.).

1737. **Paire de chenets,** en bronze ciselé et doré, forme vases, ornés de guirlandes de laurier. (XVIIIᵉ siècle).
(M. Spitzer).

1738. **Paire de chenets,** en bronze ciselé et doré, à volutes ornées de feuilles d'acanthe, terminées d'un côté par une figure d'enfant accroupi et de l'autre par un vase à flammes. (XVIIIᵉ siècle).
(M. Dreyfus).

1739. **Paire de chenets,** en bronze ciselé et doré, à rinceaux se détachant sur fond noir et ornés d'une flamme à chaque extrémité. (XVIIIᵉ siècle).
(Mlle Grandjean).

1740. **Paire de vases** formant girandoles à trois lumières en bronze ciselé et doré. (XVIIIᵉ siècle).
Les anses sont ornées de têtes de femmes et les socles sont terminés par quatre pieds de biche. (M. le Prince d'Arenberg).

1741. **Paire de vases** à couvercles en porphyre rouge montés en bronze ciselé et doré. (XVIIIᵉ siècle).
Les anses sont formées par des têtes de femmes reliées par des branches de vignes. (M. Spitzer).

1742. **Paire de vases** à couvercles en porphyre montés en bronze ciselé et doré. (XVIIIᵉ siècle).
Les anses sont formées par des rinceaux et des guirlandes de feuilles de vignes.
(M. Spitzer).

1743. **Paire de vases** en marbre gros vert, montés en bronze ciselé et doré. (XVIIIᵉ siècle).
Les anses sont formées par des mascarons à têtes d'hommes, et les piédouches ornés de feuilles de laurier. (M. Vial).

1744. **Paire de vases** à couvercles en marbre, montés en bronze ciselé et doré. (XVIIIᵉ siècle).
Les anses sont formées par des têtes de lions et les boutons des couvercles par des pommes de pin. (M. Spitzer).

1745. **Paire de vases** à couvercles en marbre montés en bronze ciselé et doré. (XVIIIᵉ siècle).
Les anses sont formées par des figures d'enfants, avec ornements composés de guirlandes de fleurs. (M. Spitzer).

1746. **Vase en marbre** de forme ovoïde monté en bronze ciselé et doré, à rinceaux de style rocaille. (XVIIIᵉ siècle).
Le bouton du couvercle est formé par une branche de fruits.
(M. le Comte Pillet-Will)

1747. **Paire de vases** en bronze, ciselé et doré. (XVIIIᵉ siècle).
Les anses sont formées par des figures d'enfants séparées par quatre cornes d'abondance, au milieu desquelles se détachent deux figures de femmes. Socles en marbre blanc. (M. Spitzer).

1748. **Paire de vases** de forme ovoïde en spath fluor, montés sur piédouches, garniture en bronze ciselé et doré. (XVIIIᵉ siècle).
Les anses sont formées par des têtes de béliers, séparées par des masques d'hommes en forme de mascarons. (M. le Prince d'Arenberg).

1749. **Paire de potiches** à couvercles, en ancienne porcelaine de Chine, fond blanc à dessins de fleurs. Monture en bronze ciselé et doré.
(XVIIIᵉ siècle).
(M. Perdreau).

MOBILIER.

1750. **Garniture de trois pièces** en ancien céladon vert d'eau, montée en bronze ciselé et doré. (XVIII° siècle).

La pièce du milieu est ornée de rinceaux et de grappes de fruits, se terminant par un bouton. Les deux autres, en forme de buires à anses, sont ornées de rinceaux et de branches de fleurs. (M. Spitzer).

1751. **Vase**, en forme de cornet, en ancien craquelé de la Chine, orné de branches d'arbres, se détachant en bleu sur fond blanc. Gorge et piédouche en bronze ciselé et doré. (XVIII° siècle). (M. Spitzer).

1752. **Deux vases** cache-pots en ancienne porcelaine de Chine, de la famille verte. Monture en bronze ciselé et doré. (XVII° siècle).

Les anses sont formées par deux cariatides de femmes. (M. le Vicomte d'Harcourt).

1753. **Deux vases** de forme ovoïde en ancienne porcelaine de Chine à ornements blancs sur fond bleu. (XVIII° siècle).

Monture en bronze ciselé et doré à oves et guirlandes de laurier. (M. le Prince d'Arenberg).

1754. **Vase brûle-parfums** à couvercle, de forme ovoïde, en porcelaine de Chine bleu turquoise, monté en bronze ciselé et doré. (XVIII° siècle).

Il est supporté par deux oiseaux de même matière reposant sur une terrasse également en bronze, entourée de branches et de guirlandes de fleurs. (Mme la Baronne N. de Rothschild).

1755. **Paire de vases** à couvercles de forme hexagonale en ancienne porcelaine bleu turquoise à feuillages en relief. (XVIII° siècle).

La monture en bronze ciselé et doré se compose de moulures à jour, accompagnées de guirlandes de fleurs et de fruits. (M. Maurice Kann).

1756. **Paire de vases** en ancienne porcelaine fond bleu montés en bronze ciselé et doré. (XVIII° siècle).

Les anses formées par des têtes de satyres sont reliées par des guirlandes de laurier, au milieu desquelles se détachent deux têtes de lions. (M. Spitzer).

1757. **Vase** en forme de tulipe, en ancienne porcelaine gros bleu. (XVIII° siècle).

Monture en bronze ciselé et doré. Les anses sont formées par des figures d'enfants posées sur des volutes d'acanthe. La gorge est ornée de deux têtes de bouc avec pendentifs de fruits.

Pied quadrangulaire en marbre blanc. (M. Spitzer).

1758. **Vase** à couvercle en porcelaine fond blanc, décoré de bouquets de fleurs et monté en bronze ciselé et doré. (XVIII° siècle).

Les anses sont formées par deux cariatides de femmes. (M. Spitzer).

1759. **Pomme de rampe d'escalier** de forme triangulaire en bronze ciselé doré, ornée de mascarons, volutes, rocailles et guirlandes de fleurs. (XVIII° siècle). (M. Montvallat).

1760. **Glace bizeautée** avec cadre en cuivre doré et estampé, ornements à entrelacs, fleurs et feuillages. (XVIII° siècle). (M. Perdreau).

1761. **Miroir** en bois sculpté et doré, glace bizeautée, moulures ornées de rinceaux et de guirlandes de fleurs. (XVII° siècle). (M. Diéterle).

246   XVIIᵉ ET XVIIIᵉ SIÈCLES.

1762. Grand miroir en bois sculpté et doré, à rinceaux et guirlandes de fleurs.
(XVIIIᵉ siècle).
Le fronton est orné d'un chiffre entrelacé surmonté d'une couronne de comte et soutenu par deux Amours. (M. Vaillant, à Aix).

1763. Trois cadres en bois sculpté et doré renfermant deux feuilles de calendrier, Juin et Juillet sous le titre de : La nouvelle Flore et l'Amant de Zéphyre ; le troisième cadre renferme deux culs-de-lampes, gravés par C. Eisen pour les *Baisers de Dorat*. (Fin du XVIIIᵉ siècle).
(M. Decloux).

1764. Petite applique en bois sculpté à jour, ornée au centre d'un chiffre entrelacé entouré de rinceaux et de fleurs dans le style de Louis XIV.
(Cᵗ du XVIIIᵉ siècle).
Travail attribué à Bagard de Nancy. (Mᵐᵉ Lanet).

1765. Cadre formant vitrine en acajou, orné de moulures en bronze ciselé et doré.
(XVIIIᵉ siècle).
Au fronton, un écusson fleurdelisé, surmonté de la couronne royale, soutenue par deux Amours. (M. Stettiner).

ÉMAUX.

Jacques I. Laudin.

1766. Deux cadres contenant vingt émaux en couleurs, représentant des sujets de l'Histoire Sainte. (XVIIᵉ siècle).
Ils sont signés « Laudin, émailleur au faulbour de magnine, Limoges ».
(Eglise de Saint-Remy, à Reims).

1767. Coupe hexagone à bords lobés et à anses. (XVIIᵉ siècle).
Au fond l'Amour sur un lion. *Omnia vencit Amor*.
Grisaille sur fond noir, signée I. L.
Bords ornés de tulipes sur fond blanc. Revers, un paysage polychrôme.
Sous les lobes des oiseaux et des fleurons polychrômes sur paillon à tiges d'or sur fond noir. (Musée de Gueret).

1768. Deux tasses avec soucoupes et un sucrier à couvercle en émail de Limoges.
(XVIIᵉ siècle).
Les peintures représentent des personnages historiques, parmi lesquels on remarque la figure de la Pucelle d'Orléans. (M. Ch. Mannheim).

1769. Plaque représentant un sujet de sainteté. (XVIIᵉ siècle).
Signée : *J. Laudin*. (M. P. Eudel).

FAIENCE

FAIENCE DE LYON.

(FIN DU XVIᵉ SIÈCLE).

1770. Vase ovoïde à col cylindrique bas et à couvercle offrant en couleurs, à l'imitation des faïences italiennes, sur fond bleu ondé, le dieu Neptune debout entre un guerrier monté sur un dromadaire et un autre guerrier qui tombe d'un éléphant ; sur la partie supérieure de la panse et sur le couvercle, tritons et monstres marins. (M. du Sartel)

1771. **Vase** faisant pendant au précédent et offrant les mêmes sujets, avec la déesse Amphitrite en plus. (M. du Sartel).

FAIENCE DE NEVERS
(XVIIᵉ SIÈCLE).

1772. **Buste de la Vierge,** la tête couverte d'un voile émaillé bleu, vêtue d'une tunique à rinceaux en relief émaillés bleu sur fond jaune avec bandes simulant les orfrois. (M. Antiq).

1773. **Buste sur piédouche** quadrilatéral d'homme vêtu à l'antique, et émaillé au naturel; grandeur demi-nature. (M. du Sartel).

1774. **Buste de femme** vêtue à l'antique, et faisant pendant au précédent. (M. du Sartel).

1775. **Grande potiche couverte,** à panse ovoïde décorée sur fond bleu dans le goût persan, de bouquets de fleurs, oiseaux et papillons séparés par deux zônes de rinceaux émaillés blanc. (M. Leroux).

1776. **Grande fontaine** formée d'un vase à corps cylindrique sur piédouche bas, et couvercle surmonté d'un bouton en forme de gland. Le corps limité par deux moulures saillantes, est décoré en couleurs dans le goût italien, d'un côté d'un paysage avec maisons et cours d'eau où s'abreuvent le cheval d'un soldat et d'autres animaux; sur l'autre côté, tritons et dieu marin; trois mascarons à têtes d'hommes servent d'anses et de goulot; feuillages sur le piédouche, le culot et le couvercle. (M. le Comte de Ganay).

1777. **Grande vasque ovale** à deux anses formées de grotesques à corps humain, ornée sur le pourtour inférieur d'une zône de godrons en relief et décorée sur fond bleu dans le goût persan, à l'intérieur et à l'extérieur, de feuilles, de rinceaux, de gerbes de fleurs et d'oiseaux émaillés blanc avec rehauts de jaune clair. (M. Caillot).

1778. **Grande vasque ovale** munie de deux anses en forme de têtes d'aigles et reposant sur quatre pieds simulant les serres de ces oiseaux; le pourtour, décoré en couleurs à l'imitation des faïences italiennes, porte deux médaillons médians de satyres et bacchants, reliés par quatre groupes de dieux marins et de dauphins; dans le fond de la vasque : Diane surprise par Actéon. (M. du Sartel).

1779. **Vase ovoïde** sur piédouche en forme de gorge, décoré sur fond gros bleu dans le goût persan, de bouquets de fleurs et d'oiseaux émaillés blanc orangé et jaune. (M. du Sartel).

1780. **Vase ovoïde** sur piédouche bas, décoré sur fond bleu dans le goût persan, de tiges fleuries et d'oiseaux émaillés blanc, orangé et jaune. (M. du Sartel).

1781. **Vase piriforme** à col légèrement évasé, décoré dans le goût persan, sur fond bleu, d'oiseaux posés sur des branchages émaillés blanc. (M. du Sartel).

1782. **Vase ovoïde** décoré, sur fond jaune, de rameaux fleuris et de papillons émaillés blanc et bleu. (M. Ploquin).

1783. **Vase cylindro-conique à couvercle** décoré en couleurs dans le goût italien, de tritons et d'un dieu marin monté sur un hippocampe; le fond est formé par les flots de la mer et par des rochers. Monture de cuivre doré au col et à la base. (M. du Sartel).

1784. **Vase** analogue et faisant pendant au précédent, décoré de deux Amours à califourchon sur des monstres marins. (M. du Sartel).

1785. **Grande aiguière** émaillée gros bleu, à anse en forme de torsade et à panse unie ornée d'un mascaron à tête de bélier en haut relief. (M. Leroux).

XVIIᵉ ET XVIIIᵉ SIÈCLES.

1786. Grande aiguière décorée sur fond gros bleu, dans le goût persan, de fleurettes, rinceaux et oiseaux émaillés blanc ; l'anse est formée de deux serpents enroulés en forme de torsade ; des feuillages, des serpents et un mascaron à tête d'homme en relief ornent la panse et le culot qui est posé sur le piédouche au moyen de quatre têtes d'hommes en ronde bosse. Couvercle en étain.
(M. Leroux).

1787. Grande aiguière identique à la précédente et lui faisant pendant.
(M. Leroux).

1788. Grande aiguière à panse ovoïde, col cylindrique à bec et à anse torsade, décorée sur fond bleu dans le goût persan, d'oiseaux et de gerbes de fleurs émaillés blanc, orangé et jaune. (M. Laniel).

1789. Aiguière à panse ovoïde, sur piédouche en doucine et à anse en S, décorée sur fond jaune de branches fleuries émaillées blanc et bleu ; le bec du goulot est orné d'une tête de chérubin. (M. G. Le Breton).

1790. Grande aiguière à panse ovoïde, à col épanoui, à l'imitation d'une feuille et à anse torsade, décorée en camaïeu bleu rehaussé de violet, sur chaque face de la panse, d'un médaillon lobé contenant un paysage animé, et sur le culot, le piédouche et le col, de feuillages : la partie supérieure de la panse porte un mascaron tête de bélier en relief. (M. Leroux).

1791. Grande aiguière à anse formée d'un dragon émaillé au naturel, décorée en couleurs dans le goût italien, sur la panse, de deux médaillons lobés contenant des bacchants et bacchantes et d'un mascaron tête de bélier en relief tenant un anneau. Le col est divisé par des moulures saillantes en deux zônes de paysages et d'Amours sur fond bleu ondé et s'épanouit à l'imitation d'une feuille ; le piédouche est orné de canards, de dauphins et de feuillages comme le haut de la panse. (M. Gérard).

1792. Grande aiguière faisant pendant à la précédente et n'en différant que par les médaillons de la panse qui contiennent des satyres. (M. Gérard).

1793. Pot-à-eau à panse sphérique, col cylindro-conique et anse en S, décoré sur fond jaune de tiges fleuries émaillées blanc et bleu. (M. Guérin).

1794. Pot-à-eau à panse ovoïde surmontée d'un large col cylindrique à bec et munie d'une anse torsade, décoré dans le goût italien sur fond bleu d'Amours jouant avec des cygnes au milieu de roseaux ; le col est limité par deux filets émaillés jaune. (Mᵐᵉ la Comtesse d'Yvon).

1795. Gourde plate, munie de deux anneaux latéraux, décorée dans le goût persan, sur fond bleu d'oiseaux et rameaux émaillés blanc et orangé. (M. Guérin).

1796. Gourde munie de deux anneaux latéraux, décorée sur fond bleu dans le goût persan de bouquets de fleurs émaillés blanc, orange et jaune.
(Mᵐᵉ la Comtesse d'Yvon).

1797. Gourde plate, à deux anneaux latéraux, décorée, dans le goût persan, sur fond bleu, de rinceaux, de tiges fleuries et d'oiseaux émaillés, blanc et jaune.
(M. Guérin).

1798. Gourde plate, munie de deux anneaux latéraux et d'un goulot à bec, décorée, sur fond bleu dans le goût persan, de rameaux, de feuillages et d'oiseaux émaillés, blanc, orange et jaune ; petit bouquet sur le col. (M. Guérin).

1799. Gourde plate, à deux anneaux latéraux, décorée, en bleu sur fond jaune, sur chaque face, d'un médaillon lobé représentant, l'un : Vénus couvrant d'un manteau l'Amour endormi, l'autre : Vénus lançant les flèches de l'Amour ; branches fleuries sur le col et entre les médaillons.
(Mᵐᵉ la Comtesse d'Yvon).

1800. Gourde plate, à quatre anneaux latéraux, décorée en camaïeu vert, rehaussé en jaune d'oiseaux et de bouquets de fleurs et d'une zone de rinceaux verts à fond jaune placée à la naissance du col. (M. Guérin).

FAIENCE DE NEVERS.

1801. **Gourde** à panse renflée et à quatre anneaux latéraux en torsade décorée à la manière italienne, et en couleurs, de figures de Fleuves sur fond bleu ondé.

1802. **Gourde**, faisant pendant à la précédente, ornée de deux mascarons à têtes de béliers en relief et décorée d'Amours jouant avec des cygnes sur fond bleu ondé. (M. du Sartel).

1803. **Gourde**, décorée dans le goût italien, sur chacune de ses faces, d'un médaillon lobé contenant : l'un, une scène rustique de faunes et faunesses, l'autre, des faunes et bergers : le col est orné de rinceaux jaunes sur fond bleu et les anses placées au-dessus de pendentifs de fruits en relief soutenues par deux mascarons à têtes de bélier.

1804. **Gourde**, faisant pendant à la précédente et décorée de même de deux médaillons à sujets de chasse. (M. Laniel)

1805. **Bouteille** à corps sphérique et à col conique légèrement évasé avec renflement à sa naissance, décorée dans le goût italien, de satyres musiciens et de monstres marins, sur fond bleu ondé. (M. Leroux).

1806. **Bouteille** à panse sphérique et à col légèrement évasé et renflé, décorée en couleurs, dans le goût italien : sur le col, de paysages et sur la panse de faunes, faunesses, tritons et centaures musiciens, et de monstres marins dont l'un porte un Amour tenant une corbeille de fruits, le tout sur fond bleu imitant la mer. (M. Maillet du Boullay).

1807. **Bouteille** à panse conique et à col cylindrique terminé par un léger renflement décorée dans le goût persan sur fond bleu de tiges fleuries, d'insectes et d'oiseaux émaillés blanc. (M. Guérin).

1808. **Gargoulette**, munie d'une anse double accostée de deux anses latérales en torsade, décorée sur fond bleu, dans le goût persan, d'oiseaux et de fleurettes émaillés blanc et jaune. (M. Gasnault).

1809. **Hanap** cylindrique sur piédouche bas, muni d'un couvercle et d'une anse à angles droits, décoré en couleurs : d'un côté, d'une figure de Ste-Madeleine et de l'autre, de St-Augustin, debout, tenant un cœur. (M. Guérin).

1810. **Grand plat**, décoré, en couleurs, à la manière italienne : au fond, Mercure tuant Argus ; sur le marli, quatre réserves lobées à paysages et cours d'eau reliés par des Amours et des grotesques sur fond bleu. (M. du Sartel).

1811. **Grand plat**, décoré, en couleurs, dans le goût italien. Au fond Persée délivrant Andromède avec deux sources en premier plan, et sur le marli, des rinceaux grotesques et animaux en jaune sur fond bleu. (M. du Sartel).

1812. **Plat**, décoré dans le goût persan sur fond gros bleu, d'oiseaux et de bouquets de fleurs émaillés blanc, orangé et jaune. (M. Antiq).

1813. **Grand plat**, à imbrications d'émail blanc sur fond gros bleu, décoré dans le goût persan d'un paysage à quatre personnages et sur le marli de quatre compartiments de fleurs alternant avec autant de quadrillés.

1814. **Grand plat**, décoré à la manière persane sur fond bleu, d'un paysage à personnages émaillé blanc occupant tout le fond et le marli.

1815. **Assiette**, décorée en couleurs, dans le goût italien, d'un Amour monté sur un cygne au milieu d'un paysage. (M. Antiq).

1816. **Assiette**, faisant pendant à la précédente : Vénus embrassant l'Amour ; paysage avec cours d'eau. (M. Antiq).

1817. **Assiette**, décorée en couleurs dans le goût italien, Vénus couvrant d'un manteau l'Amour endormi. (M. du Sartel).

1818. **Légumier**, circulaire, à anses torses, sur piédouche profilé en doucine, et à couvercle surmonté d'un bouton sphérique, décoré dans le goût persan sur fond bleu, de rinceaux de bouquets de fleurs et d'oiseaux émaillés blanc, orangé et jaune. (M. Leroux).

XVIIe ET XVIIIe SIÈCLES.

(XVIIIe SIÈCLE)

1819. **Assiette** décorée en couleurs d'un bouquet de fleurs sur lesquelles sont posés deux oiseaux. (M. du Sartel).

1820. **Gourde** munie de quatre anneaux latéraux, décorée sur fond blanc violacé : d'un côté, d'Amours près d'une corbeille de fruits, de l'autre d'un cavalier au galop, en bleu rehaussé de vert ; monture du col en étain. (M. Antiq).

FAIENCE DE ROUEN

(XVIIe SIÈCLE)

1821. **Potiche non couverte à panse ovoïde**, à décor de lambrequins en camaïeu bleu. (Collection Spitzer).

1822. **Grande potiche couverte à panse ovoïde** sur piédouche conique bas et avec renflement à la naissance du col, décorée en bleu et rouille de deux lambrequins d'où naissent des motifs de rinceaux. (Collection Spitzer).

1823. **Deux cornets cylindriques** à col légèrement évasé décoré en camaïeu bleu de deux rangées de lambrequins à fleurs et coquilles.
(Collection Spitzer).

1824. **Deux vases rouleau** à col légèrement évasé, décoré en camaïeu bleu avec trait dessiné en bistre, d'une zone médiane de rinceaux, accompagnée en haut et en bas d'une ceinture de lambrequins. (M. Caillot).

1825. **Deux petits vases balustre à huit pans**, à couvercle simulant des flammes et accosté de deux anses, à décor en bleu et rouille : sur une des faces un écu en camaïeu bleu, timbré d'une couronne de comte, et supporté par deux lions ; les autres faces présentent des corbeilles de fleurs et des quadrillés. (M. Girandeau).

1826. **Vase balustre à couvercle** sur piédouche à profil de doucine et à décor bleu et rouille de deux rangs de cartouches quadrillés alternant avec des pendentifs quadrillés ou à coquilles entourés de guirlandes. (M. Antiq).

1827. **Grand vase à panse ovoïde** sur piédouche profilé en talon et à deux anses formées de serpents, décoré en couleurs : sur la face antérieure de la panse, un écu « de gueules avec deux clefs d'argent posées en sautoir accompagnées en chef d'une fleur de lys de même, » timbré d'une couronne de marquis avec la crosse et la mitre d'évêque posées en pal à dextre et à senestre ; tout alentour et sur la face postérieure, lambrequins à coquilles et quadrillés et guirlandes de fleurs et fruits. (Mme la Comtesse d'Yvon).

1828. **Grande fontaine d'applique couverte**, à décor polychrôme : sur la panse un double écu d'alliance aux armes de Bauquemart entouré d'une guirlande de fleurs et d'insectes ; le piédouche, l'amortissement et le couvercle sont ornés de réserves quadrillées sur un fond bleu à palmettes ; le goulot s'échappe de la bouche d'un mascaron à tête humaine en relief et de chaque côté de la figure est un autre mascaron analogue surmontant deux larges bandes bleues à bouquets de fleurs. (M. Lefrançois.).

1829. **Grand plat** à décor bleu, orangé et jaune clair : au fond une rosace à centre lobé formée de rinceaux dont les rayons sont composés de filets bleus alternant avec des épis et dont le tour est orné de quadrillés de même couleur sur fond orangé ; fond bleu ; centre bleu décoré de deux Amours émaillés jaune ; au marli, même fond qu'au médaillon central, avec des amours assis sur des tonnelets alternant avec des mascarons à tête humaine émaillés jaune. (Mme la Baronne Lambert).

FAIENCE DE ROUEN.   251

1830. **Grand plat creux** à décor bleu, jaune clair et orangé. Même décor que le numéro précédent sauf que le sujet central est retourné.
(M. Maillet du Boullay).

1831. **Grand plateau rectangulaire** à décor bleu, rouille et jaune d'ocre : au centre un groupe de neuf amours musiciens en réserve modelés en bleu, sur un fond d'ocre jaune clair à rinceaux noirs, limité par une bordure de lambrequins à contours bleus et à fond de quadrillés rouille ; cette bordure est entourée d'une bande de fleurs rouille à fond bleu longeant le marli qui est émaillé en ocre jaune foncé avec rinceaux noirs. (M. Josse).

1832. **Grand plat** à décor bleu, rouille et jaune d'ocre : au centre, rosace à bords lobés contenant sur fond jaune six Amours jouant, en réserve modelés en bleu, au milieu de rinceaux dessinés en noir; à la chute et au marli, bordure de lambrequins alternativement à fleurs et à quadrillés d'où pendent des guirlandes de fleurs. (M. Laniel).

1833. **Grand plat creux** à décor bleu et jaune d'ocre : au centre un médaillon à bords lobés orné de rinceaux, lambrequins et Amours dessinés en noir sur fond jaune d'ocre ; ce médaillon est compris dans une couronne concentrique de rinceaux bleus à mascarons ; le marli porte une décoration de rinceaux avec Amours et mascarons en noir sur fond d'ocre jaune. (M. Antiq).

1834. **Sucrière** composée d'un vase balustre à couvercle en forme de dôme repercé à jour, décoré en bleu, jaune ocre et rouille de zônes de rinceaux et de quadrillés sur fonds alternativement bleu et jaune d'ocre (M. Laniel).

1835. **Sucrière,** formée d'un vase à panse sphérique surbaissée et à couvercle en dôme renflé à la base, décorée en bleu, rouille et jaune d'ocre, de trois zônes alternativement à fonds jaunes d'ocre et bleus ornées de quadrillés et rinceaux noirs et rouille. (M. Antiq).

1836. **Grand plat** à décor polychrôme : au fond, les quatre saisons sous les traits de deux femmes, d'un jeune homme et d'un vieillard dans un paysage, l'Eté étant assis sur un dragon ; dans le ciel, le char du Soleil ; le marli à fond bleu est chargé de fleurs et de feuilles en couleurs. (M. Laniel).

1837. **Grand plat** à six lobes aux armes de Mgr. Toussaint de Forbin, cardinal de Janson qui sont : « d'or, au chevron d'azur accompagné de trois têtes de léopard de sable ».
Sur les bords, large décor rayonnant.
Mgr. de Janson a été promu au cardinalat en 1690, et nommé commandeur de l'ordre du Saint-Esprit en 1689.
Le plat ne portant que le chapeau d'évêque et l'armoirie étant entourée du cordon du Saint-Esprit, la date certaine du plat doit être l'année 1689.
(M. Leroux).

1838. **Grand plateau rectangulaire,** présentant, en couleurs, Venus accompagnée de l'Amour et de ses compagnes aux forges de Vulcain, scène à onze personnages ; les bords relevés sont ornés d'une bande de fleurs et de fruits sur fond bleu interrompue par les réserves contenant des armes. (M. Spitzer).

1839. **Grand plat creux** à décor rayonnant en bleu et rouille, composé, au centre, d'une corbeille de fleurs dans une couronne de palmettes et quadrillés d'où naissent huit rayons de fleurs et de quadrillés, séparant autant de compartiments de corbeilles et guirlandes de fleurs. (Mme la Comtesse d'Yvon).

1840. **Plateau rectangulaire** à décor bleu et rouille : rosace centrale à huit lobes d'où partent les motifs à fonds pointillés qui rejoignent la bordure formée de lambrequins à fleurs, quadrillés et cornes d'abondance ; les bords relevés sont ornés de réserves de quadrillés sur fond de fleurs. (M. Spitzer).

1841. **Grand plat** à décor bleu et rouille : au centre une corbeille de fleurs reposant sur un motif de rinceaux ; sur le marli et à la chute, une bordure de lambrequins alternativement à quadrillés et à fleurs d'où naissent de fines guirlandes de palmettes. (M. Antiq).

1842. Grand plateau rectangulaire à décor bleu et rouille : au centre, en camaïeu bleu, un double écu d'alliance timbré d'une couronne de comte et tenu par deux lévriers ; les bords relevés sont décorés d'une bande de fleurs et palmettes d'où naissent, sur le pourtour du fond du plateau, des guirlandes et des lambrequins à quadrillés. (M. Laniel).

1843. Grand plat à décor bleu et rouille : au fond, large rosace à huit lobes quadrillés terminés par des lambrequins à quadrillés et des pendentifs de fleurs : sur le marli, bordure de palmettes à fond bleu interrompue par des réserves quadrillées. (M. Gérard).

1844. Plat creux ovale décoré en camaïeu bleu d'une rivière où se baigne une femme dont deux Amours tiennent les vêtements ; bordure d'entrelacs à palmettes. (M. Girardeau).

1845. Assiette, décorée, en camaïeu bleu : au fond trois personnages en costume Louis XIV dans un paysage, sur le marli des pendentifs de palmettes. (M. Ploquin).

1846. Assiette à décor en camaïeu bleu : sur le marli et à la chute, ceinture de lambrequins alternant avec des guirlandes de fleurs ; au centre, l'écu des Potcrat timbré d'une couronne de marquis et ayant pour tenants deux lions. (M. Laniel).

1847. Assiette à décor de camaïeu bleu : au marli et à la chute, bordure de lambrequins d'où s'échappent des guirlandes chargées de fruits : au fond, un double écu d'alliance timbré d'une couronne de marquis, ayant pour tenants deux lévriers. (M. Laniel).

1848. Assiette décorée en bleu et rouille : au centre un personnage chinois assis près d'un arbuste, sur le marli, une bordure de lambrequins quadrillés terminés par des pendentifs de feuillages. (M. Guérin).

1849. Assiette à décor bleu et rouille : au fond, un oiseau dans une rosace rayonnante de fleurs ; au marli, bordure étroite de lambrequins à fleurs. (M. Antiq).

1850. Assiette à décor bleu et rouille : au centre, une corbeille fleurie ; au marli et à la chute, une bordure de lambrequins alternativement à quadrillés et à coquilles terminés en fleurs et en épis. (M. Papillon).

1851. Assiette à décor bleu et rouille : au centre, un cygne ; au marli, bordure de quadrillés sur lesquels reposent des corbeilles de fleurs. (M. Papillon).

1852. Assiette à décor bleu et rouille, au centre, une corbeille fleurie ; au marli, lambrequins et guirlandes de fleurs. (M. Antiq).

1853. Assiette à décor bleu et rouille : au centre, un personnage chinois debout ; au marli, bordure de lambrequins à quadrillés. (M. Papillon).

1854. Assiette décorée en bleu et rouille, au centre, d'un vase de fleurs et, sur le marli, d'une ceinture de lambrequins avec guirlandes de fleurs. (M. Antiq).

1855. Assiette décorée dans le goût chinois et en couleurs d'une scène familière à trois personnages dans un paysage ; bordure étroite de quadrillés sur fond jaune, alternant avec des réserves à palmettes rouille. (M. Laniel).

1856. Assiette décorée au centre de trois Amours jouant avec les dauphins, et sur le marli d'un large filet de rinceaux noirs sur fond jaune d'ocre, alternant avec huit petites réserves de palmettes rouille. (M. Ploquin).

1857. Assiette à décor polychrôme : au centre, un panier fleuri ; marli à lambrequins de guirlandes de fleurs, interrompus par quatre médaillons lobés à corbeilles de fleurs. (M. Antiq).

FAIENCE DE ROUEN.   253

1858. **Assiette** à décor bleu, rouille et jaune d'ocre; au marli, bordure jaune à rinceaux dessinés en noir ; au centre rosace à fond jaune, contenant un double écu d'alliance, l'un « d'or à la quinte feuille de gueule, l'autre écartelé au un et trois de gueules à la croix d'argent, au deux et quatre d'argent à l'alérion de sable, » timbré d'une couronne de marquis, ayant comme tenants deux lions.
(M. Gérard).

1859. **Assiette** à décor bleu et jaune d'ocre ; au centre une rosace à sept lobes quadrillés émaillés noir ; sur le marli, médaillons ovales de quadrillages, alternant avec des compartiments de rinceaux sur fond jaune d'ocre.
(M. Laniel).

1860. **Assiette** à décor bleu et jaune d'ocre : au centre deux Amours musiciens en bleu, dans une rosace à fond jaune, au milieu de rinceaux et quadrillés dessinés en noir ; au marli, bordure de quadrillés noirs alternant avec des médaillons ovales de rinceaux, sur fond jaune.
(M. Laniel).

1861. **Assiette** à décor bleu et jaune clair : rosace centrale à huit lobes rayonnants de quadrillés noirs sur fond jaune ; au marli médaillons de forme allongée alternant avec des compartiments de rinceaux émaillés noirs sur fond jaune.
(M. Antiq).

1862. **Assiette** décorée au centre d'un Amour assis, et sur le marli d'un large filet de rinceaux noirs sur un fond jaune clair, alternant avec huit petites réserves à palmettes rouille.
(M Laniel).

1863. **Pot** à panse ovoïde, à col cylindrique bas décoré sur fond bleu de bouquets de fleurs et de quadrillés en couleurs.
Monture et couvercle d'étain.
(M. de Sartel).

1864. **Pot** cylindrique à couvercle, décoré en camaïeu bleu de trois compartiments de lambrequins à pendentifs de fleurs, séparés par des bandes verticales de fleurs à fond bleu ; décor rayonnant à palmettes sur le couvercle.
(M. Laniel).

1865. **Pot** à crème à anse et à couvercle décoré en bleu, rouille, jaune et vert de guirlandes de fleurs alternant avec des quadrillés et des lambrequins.
(M. Antiq).

1866. **Petit hanap** en forme de casque décoré en camaïeu bleu, d'un mascaron à tête humaine sous le bec et de lambrequins.
(M. Antiq).

1867. **Hanap** en forme de casque décoré en camaïeu bleu, sous le bec d'un mascaron à tête humaine, sur le culot, de godrons en réserve alternant avec des palmettes émaillées en bleu et sur la panse d'un écu timbré d'une couronne de marquis et de lambrequins.
(M. Giraudeau).

1868. **Deux hanaps** en forme de casque à anse à angles droits, décoré en bleu et rouille: sur le bord, des lambrequins, sous le bec, un mascaron à tête d'homme, au milieu de feuillages rouille à fond bleu ; sur le culot, des godrons à palmettes alternant avec les pendentifs de fleurettes.
(M. A. Gérard).

1869. **Hanap** en forme de casque et à anse à angles droits, décoré en bleu et rouille d'une scène familière chinoise et de lambrequins : le bec porte un mascaron à tête d'homme, et le culot est orné de godrons alternant avec des rinceaux réservés en blanc sur fond bleu rehaussé de rouille.
(M. Chabrières-Arlès).

1870. **Sucrière** formée d'un vase en balustre sur piédouche en talon à gorge décorée en bleu et jaune d'ocre de rinceaux, dessinés en noir reliant quatre mascarons à têtes de satyres.
Garniture d'étain.
(M. Antiq).

1871. **Sucrière** de la même forme décorée en bleu et rouille de pendentifs et guirlandes de feuillages ; gorge d'étain.
(M. Antiq).

254   XVIIᵉ ET XVIIIᵉ SIÈCLES.

1872. **Sucrière** composée d'un vase balustre, à couvercle en forme de dôme repercé à jour et à culot godronné, décorée en bleu et rouille de lambrequins alternant avec des pendentifs de fleurs. (M. Papillon).

1873. **Sucrière** composée d'un vase balustre à couvercle en forme de dôme repercé à jour, décoré en bleu et rouille de lambrequins et pendentifs de fleurs sur le corps du vase, de motifs simulant un feuillage en camaïeu bleu avec quelques rehauts de rouille sur le couvercle : le culot est orné de faux godrons bleus et rouille alternativement. (M. Papillon).

1874. **Compotier** octogone décoré en couleurs d'un paysage à insectes et à trois personnages à l'imitation des porcelaines de Chine. (M. Papillon).

1875. **Bannette** octogone ; le fond en camaïeu bleu représente la toilette d'Amphitrite, scène à nombreux personnages ; le marli porte une couronne bleue et rouille de feuillages à fleurs et à fruits. (M. Antiq).

1876. **Bannette** octogone décorée en couleurs, dans le goût chinois, d'une scène familière à quatre personnages dans un paysage avec kiosque ; étroite bordure de fleurs sur fond bleu. (M. Antiq).

1877. **Boîte à fard** à huit pans, couverte à décor bleu et rouille de quadrillés et fleurs : sur le couvercle, rosace à huit lobes réservés sur fond bleu chargé de fleurs rouille. (M. Laniel).

1878. **Boîte à épices trilobée** à couvercle : décor bleu et rouille de bandes de feuillages à fond bleu encadrant des corbeilles de fleurs. (M. Papillon).

1879. **Chauffe-main** en forme de cœur à fond bleu et feuillages rouille.
(M. Antiq).

(XVIIIᵉ SIÈCLE).

1880. **Grand Plat creux** orné au centre, en couleurs, d'une caricature de violoneux, et, sur le pourtour intérieur, d'une large bande à fond bleu de quatre singes et de quatre mascarons à têtes d'homme tenant des grelots, limitant des guirlandes d'instruments de musique, de fruits, de livres et d'attributs, d'amour et de chasse. (M. E. Girandeau).

1881. **Plat à bords festonnés** décoré en couleurs : marli, six cartouches de quadrillés reliés par des lambrequins d'où naissent des guirlandes de fleurs descendant sur la chute ; au centre deux écus accolés d'alliance timbrés d'une couronne de marquis, l'un « d'azur au chevron d'argent accompagné d'une étoile d'or et de trois palmettes de même, au chef de gueules chargé de trois couronnes d'or, qui est de Paillot », l'autre « de gueules au chevron d'or accompagné de trois étoiles de même qui est de Poterat ». (M. Antiq).

1882. **Grand Plateau rectangulaire** à décor polychrome : au fond, Vénus châtiant l'Amour, au milieu d'un paysage, dans un encadrement de motifs variés : oiseaux, corne d'abondances, papillons, vases à fleurs, rocaille à coquilles, encadrant deux médaillons à personnages de la fable et cartouche portant les mots : NUL AMOUR SANS PEINE, NULLE RONCE SANS ÉPINE.
(M. G. Le Breton).

1883. **Plat** à décor polychrome : au fond, un dragon près d'une rivière avec oiseaux et insectes ; sur le marli, carquois d'où sortent des fleurs, insectes et tiges fleuries. (M. Lefrançois).

1884. **Assiette à bords festonnés** portant au centre un chiffre surmonté d'une couronne de fleurs en camaïeu bleu et, sur la chute et le marli, six pendentifs en couleurs à quadrillés alternant avec des coquilles et prenant naissance dans une bordure rocaille à fond pointillé. (M. Antiq).

1885. **Assiette à bords contournés** présentant au centre en camaïeu bleu une femme jouant de la guitare auprès d'un homme assis, au milieu d'une couronne de fleurs et de motifs rocaille en couleurs ; le marli porte également une couronne de feuilles et de fleurs. (M. Antiq).

1886. **Assiette à bords contournés** ; décor polychrome de personnage chinois dans un paysage avec tiges fleuries, insectes et oiseaux. (M. Antiq).

1887. **Assiette à bords festonnés** à décor polychrome, entre deux branches fleuries et deux oiseaux, d'un double écu d'alliance, l'un « d'azur au chef de gueules, l'autre d'azur aux trois fleurs de lis d'argent chargé d'une barre de même », timbré d'une couronne de marquis. (M. Antiq).

1888. **Assiette à bords festonnés** à décor polychrome ; au fond, un cygne entouré de roseaux et au-dessus duquel vole une libellule ; au marli, une couronne de fleurs des champs. (M. Antiq).

1889. **Assiette creuse à bords festonnés** à décor polychrome : au centre, un cartouche accosté de deux oiseaux simulant une armoirie, sur le marli et sur la chute, huit compartiments rayonnants contenant chacun un oiseau. (M. Antiq).

1890. **Assiette** à bords festonnés à décor polychrome : au fond, paysage maritime à six personnages vêtus à l'orientale ; au marli, trois roses, et six réserves quadrillées à fond vert limitées par un motif de feuillages rocaille en carmin.
Atelier de Levasseur. (Mme Gille).

1891. **Grand Compotier** à décor polychrome : au fond, la Moisson sous les traits d'une femme accompagnée d'Amours ; sur le bord intérieur, quatre réserves ovales de gerbes de blé sur fond quadrillé chargé de fleurettes à cinq pétales. (M. Laniel).

1892. **Gourde** à couvercle vissé, munie latéralement de deux anneaux et deux mascarons à têtes de lions, décorée en couleurs sur chaque face d'une scène pastorale à deux personnages ; le reste de la pièce est orné de quadrillés et de pendentifs de fleurs. (M. Girardeau).

1893. **Gourde** analogue à la précédente et lui faisant pendant. (M. Girardeau).

1894. **Petit Pichet** à panse ovoïde et à col cylindrique, avec anse en S, décor bleu et rouille de compartiments de guirlandes et de corbeilles de fleurs séparés par des bandes de palmettes sur fond bleu : à la base de la panse, l'inscription : POUR LE PETIT THOMAS DU COUDRAY. 1725. (M. Antiq).

1895. **Sucrière sphérique** sur petit piédouche à profil de doucine, décorée en couleurs de deux doubles bouquets de fleurs et de fruits avec motifs rocaille, alternant avec des oiseaux. (M. Antiq).

1896. **Petit Pot cylindrique** couvert, à pommade : décor de fleurettes en couleurs sur fond bleu. (M. Antiq).

1897. **Petit chauffe-mains**, en forme de livre, orné de rinceaux réservés en blanc sur fond bleu. (M. Antiq).

1898. **Livre-chauffe-mains**, décoré en couleurs sur les plats de motifs de ferronnerie à coquille réservés sur fond quadrillé : la tranche porte la date 1748. (M. Laniel.)

1899. **Porte-montre**, composé d'une boîte verticale à parois latérales contournées, munie d'un trou à la partie supérieure, terminée en haut et en bas par une coquille et supportée par deux lions couchés : décor en couleurs des quatre Saisons sous la forme d'un vieillard étendu et de trois femmes demi-nues et assises, dans un encadrement de grotesques et de motifs rocaille. (M. Leroux).

1900. **Râpe à tabac**, terminée par une coquille, décorée en couleurs de deux personnages en costume chinois au milieu d'arbustes et de tiges fleuries. (M. Antiq).

XVIIᵉ ET XVIIIᵉ SIÈCLES.

FAIENCE DE SINCENY.

(XVIIIᵉ SIÈCLE)

1901. Pichet à anse en S décoré en couleurs, à sa partie antérieure, de deux compartiments superposés séparés par des motifs rocaille, contenant l'un un cavalier en costume Louis XV, l'autre un écu « d'azur à l'arbre arraché d'or » timbré d'une couronne de comte et tenu par deux hommes sauvages ; les deux côtés de la panse sont ornés chacun d'un faisceau d'instruments de musique.
(M. Antiq).

1902. Mortier et son pilon, à décor polychrôme de lambrequins de fleurs.
(M. du Sartel).

FAIENCE DE MOUSTIERS.

(XVIIIᵉ SIÈCLE).

1903. Grand plateau de milieu de table à pans contournés, décoré en camaïeu bleu, au centre d'un compartiment contenant le char d'Amphitrite et, tout alentour, de grotesques d'après Bérain, avec deux écus accolés d'alliance : l'un, de Lorraine, l'autre, d'argent aux trois chevrons de gueules, timbré d'une couronne de duc avec le manteau ducal ; sur les pans, décor de lambrequins
(M. Girardeau).

1904. Grand plat ovale, décoré en camaïeu bleu ; au fond, lambrequins à personnages et quadrillés, avec cartouche central à sujet mythologique, dans le goût de Bérain ; au marli, bordure de lambrequins. (M. du Sartel).

1905. Grand plat ovale, décoré en camaïeu bleu : au fond, sujet de chasse, d'après Tempesta, et la signature : *G. Viry F. à Moustiers chez Clerissy.* Sur le marli, bordure de griffons et de mascarons à têtes de lion reliant les médaillons contenant des chiens, cerfs et renards. (M. Antiq).

1906. Plat à barbe, à décor polychrôme : au fond, le char d'Amphitrite : au-dessus de la déesse, des Amours portent une draperie avec le mot, *Victoria* ; des tritons tiennent des drapeaux à inscriptions triomphales en l'honneur du roi Louis XV ; au marli, trois cartouches contenant des prisonnières enchaînées, Mercure et Apollon, reliés par des guirlandes de fleurs surmontées d'Amours portant des attributs de la victoire. (M. du Sartel).

1907. Fontaine d'applique, et son bassin : la fontaine terminée par deux moulures saillantes est ornée de trois mascarons à têtes humaines dont l'un sert de goulot ; sur la panse, médaillon ovale à scène galante en couleurs, entouré d'une couronne et de guirlande de fleurs ; sur le couvercle, un Amour en ronde bosse. Le bassin présente au fond le Jugement de Pâris et, sur le pourtour extérieur, des guirlandes de fleurs en couleurs. (M. Lange).

1908. Aiguière à anse en torsade, décorée en camaïeu bleu : sur la panse, la Vendange, scène à nombreux personnages ; sous le bec du goulot, un mascaron tête de femme ; sur le pied, lambrequins. (M. Leroux).

1909. Pot-à-eau et sa cuvette, à décor polychrôme : sur la panse un cartouche représentant le char d'Amphitrite entouré de guirlandes et de jets de fleurs : sur le couvercle, un médaillon présentant un Amour ; au fond de la cuvette, le Jugement de Pâris. (M. Ploquin).

1910. Pot cylindrique, à pommade avec son couvercle à décor polychrôme ; sur le couvercle, Orphée charmant les animaux ; sur le pourtour, quatre médaillons rocaille encadrant les quatre Saisons, alternant avec de petits cartouches rocaille à paysages. (Mᵐᵉ Gille).

FAIENCE DE MARSEILLE.

1911. **Légumier,** à anses plates, avec son couvercle ; décor polychrôme : sur le couvercle, un écu timbré d'une couronne de marquis, ayant pour tenants deux aigles ; et trois médaillons ovales entourés de guirlandes de fleurs contenant le char d'Apollon et celui de Neptune ; sur le pourtour, guirlandes de fleurs. (M. Laniel).

1912. **Légumier,** à anses plates, avec son couvercle et un plateau à bords contournés ; le pourtour du légumier et le marli du plateau sont ornés de guirlandes de feuillages en couleur ; sur les anses, deux petits Amours, ainsi que sur le bouton du couvercle ; sur le couvercle, quatre médaillons à sujets mythologiques entourés de couronnes de feuillages et de fleurs. (M. du Sartel).

1913. **Livre chauffe-mains,** décoré en couleurs : sur les plats de deux médaillons ovales à sujets pastoraux et portant sur la tranche les mots : *La vie de notre Saint-Père le Turc*, tome Ier 1787. A. G. (M. Papillon).

FAIENCE DE MARSEILLE
(XVIIe SIÈCLE).

1914. **Plat** décoré en camaïeu bleu rehaussé de manganèse, au fond d'un paysage avec cours d'eau, chiens, personnages et statue de fleuve, et sur le marli de grotesques, d'oiseaux et de fleurs. (M. Laniel).

1915. **Grand Plat** décoré en camaïeu bleu rehaussé de manganèse ; au fond, l'Adoration des rois mages ; sur le marli, des Amours et des grotesques jouant au milieu de feuillages ; le marli porte dans un médaillon l'inscription : *Fait à Marseille chez F. Viry, 1681*. (M. Girardeau).

1916. **Plat** représentant au fond et en couleurs le roi David faisant danser une ronde d'Amours aux sons de sa harpe, et sur le marli, quatre compartiments ovales à personnages chinois reliés par quatre triples médaillons à fleurs sur fond quadrillé, en camaïeu bleu rehaussé de manganèse. (M. du Sartel).

1917. **Grand Plat** décoré en camaïeu bleu et manganèse : Bethsabée au bain avec ses servantes ; le roi avec une terrasse au second plan ; sur le marli, compartiments de fleurs et oiseaux.
Fabrique de Saint-Jean-du-Désert (Marseille). (M. Lange).

(XVIIIe SIÈCLE)

1918. **Flambeau** composé d'une femme vêtue à l'orientale assise près d'un tronc de palmier qui sert de bobèche ; décor polychrome. (M. du Sartel).

1919. **Flambeau** faisant pendant au précédent. (M. du Sartel).

1920. **Pot à eau couvert et sa cuvette** décorés sur fond vert tendre de motifs rocaille en dorure avec jetés de fleurs en couleurs ; sur le couvercle, une rose à ronde bosse ; sous le pied la marque V P (fabrique de la veuve Perrin). (M. Antiq).

1921. **Assiette à bords contournés,** décorée en couleurs d'un bouquet de fleurs et d'une branche de rosier ; sur le marli, « un écu d'or aux deux lions affrontés au naturel tenant un étendard d'azur aux trois fleurs de lys d'or », timbré d'une couronne de duc avec le manteau du col et le collier de l'ordre du Christ de Portugal. (M. du Sartel).

1922. **Assiette à bords dentelés** présentant au centre un médaillon entouré d'une couronne de feuilles et contenant une vue de port de mer en camaïeu rose ; sur le marli, jetés de fleurettes ; bordure bleu et or. (M. Gasnault).

1923. Assiette faisant pendant à la précédente. (M. Gasnault).

1924. Assiette à bords festonnés à fond vert pâle décorée en couleurs ; au fond, une branche de rosier autour de laquelle voltigent trois insectes en dorure ; sur le marli, trois nœuds de rubans roses alternant avec autant de roses. (M. du Sartel).

1925. Soupière couverte et son plateau à décor polychrome : la soupière, de forme cylindrique à bords contournés et munie de deux anses rocaille, est ornée sur le pourtour de deux paysages avec ruines et bestiaux, le couvercle, surmonté de coquilles en ronde bosse, porte deux paysages où se voient des soldats au bivouac et des paysans ; sur le plateau, scène de pêche.
(Mme veuve Flandin).

1926. Soupière faisant pendant à la précédente : sur le couvercle, une branche de fruits en ronde bosse. (Mme veuve Flandin).

FAIENCE DE BORDEAUX
(XVIIIe SIÈCLE).

1927. Assiette à décor polychrome.

Au centre, un écu « d'azur au chevron de sable accompagné en chef de deux étoiles d'argent et en pointe leur croissant de même, » timbré d'une couronne de marquis, qui est Molé (1730) ; au marli, réserves de fleurettes sur fond gros bleu à fleurs. (Atelier de Jean Hustin). (M. Ploquin).

FAIENCE DE LILLE
(XVIIIe SIÈCLE).

1928. Assiette à bords contournés et à décor polychrome : au fond, couronne rocaille d'où se détachent deux Amours tenant une banderolle avec les mots : *Maître Daligné* ; sur le marli, bouquets de fleurs et insectes. Au revers, dans un cartouche rocaille, la marque : *Lille, 1767*. (M. A. Gérard).

FAIENCE DE LORRAINE
(XVIIIe SIÈCLE).

1929. Pot-à-eau cylindro-conique à base ornée de canaux, et à large goulot, accompagné de sa cuvette ovale, décoré de réserves de fruits et oiseaux en camaïeu carmin entourées d'encadrements de feuillages en dorure, sur fond bleu empois à filets dorés. (Fin du XVIIIe siècle).
(Mme Gille).

FAIENCE DE NIEDERWILLER
(XVIIIe SIÈCLE).

1930. Plateau rectangulaire émaillé à l'imitation du bois, présentant, au fond, un trompe-œil à paysage maritime en couleurs. (M. Ploquin).

1931. Pendule d'applique avec son socle ornée de médaillons à guirlandes de fleurs entourés de filets blancs et or, se détachant en couleur sur fond blanc.
(M. Lefrançois).

FAIENCE DE SCEAUX
(XVIIIe SIÈCLE).

1932. Vase couvert à panse ovoïde godronnée à la base et à deux anses simulant des feuillages ; bouquets de fleurs polychrômes, et quadrillés carmin, au col ; sur le couvercle, une rose en relief. (M. Wemberg).

PORCELAINE DE SAINT-CLOUD.

1933. Vase couvert de forme oblongue ; anses à têtes de bélier surmontées de cornes d'abondance entourées de guirlandes ; sur le pourtour, quadrillé rose contenant des bluets ; sur le culot, bouquets de fleurs polychrômes.
(M. Weimberg).

1934. Pot-à-eau à anse et couvercle orné d'un médaillon ovale contenant des Amours jouant avec des oiseaux en camaïeu bleu et filets d'or. (M. du Sartel).

1935. Pot-à-eau couvert et sa cuvette à bords festonnés ; la panse du pot-à-eau est décorée d'un groupe de quatre Amours jouant avec des oiseaux en camaïeu rose ; une ceinture de hachures orne le bas de la panse et le bord du col ; au fond de la cuvette, scène galante en camaïeu rose, au milieu de bouquets de fleurs polychrômes. (Mme la Comtesse d'Yvon).

1936. Jardinière oblongue, à bords festonnés, décorée en couleurs : sur une face, cartouche rocaille contenant quatre Amours jouant avec des oiseaux ; une double guirlande de fleurs relie le cartouche aux extrémités ; sur l'autre face, trois bouquets de fleurs. (Mme Gille).

1937. Jardinière en forme d'éventail décorée en couleurs, sur une face, d'une scène d'intérieur comprise entre deux ressauts ; le reste du pourtour est orné de bouquets de fleurs et d'oiseaux. (M. du Sartel).

1938. Deux porte-bouquets appliques, de forme semi-cylindrique décorés de paysages maritimes en couleur dans trois compartiments séparés par deux pilastres cannelés. (M. Ploquin).

PORCELAINE

PORCELAINE TENDRE DE SAINT-CLOUD.

1939. Figurine d'enfant nu, couché sur une draperie. Cette pièce n'est pas décorée. (M. Léon Fould).

1940. Deux petits vases couverts, forme dite *pot-pourri*, reposant sur des terrasses avec troncs d'arbres entourés de branches fleuries rapportées en relief et décorées en couleurs. (M. Gasnault).

1941. Brûle-parfums, formé d'une grenade reliée à la terrasse à l'aide de feuillages et s'appuyant sur un tronc d'arbre, le tout décoré au naturel. Le couvercle formé d'une fleur en ronde bosse est rattaché à la pièce à l'aide d'une monture en cuivre gravé et doré. Socle rocaille en bronze ciselé et doré du temps de Louis XV.

1942. Brûle-parfums. analogue à celui qui précède.
Le socle se compose de branchages de feuilles et de fleurs en cuivre doré.
(M. du Sartel).

1943. Ecritoire, formée d'une figurine de négrillon assis près d'un vase surbaissé dont la panse est couverte de fleurs en relief. La figurine est vêtue d'une robe couverte de fleurs polychrômes et de rinceaux dorés. Le vase est décoré en camaïeu bleu et la terrasse est émaillée au naturel.
Une monture de cuivre doré destinée à recevoir le godet est placée sur la gorge du vase. (M. Léon Fould).

1944. Pot-à-crème, de forme arrondie à une anse et à couvercle surmonté d'un bouton.
Décor polychrôme à sujets familiers chinois et arbustes rehaussés de dorure.
(M. A Gérard).

1945. Tasse sans anse, de forme arrondie, avec sous-coupe garnie au fond d'une gorge dans laquelle vient se placer la base de la tasse
Les deux pièces sont décorées de fleurs et d'oiseaux polychrômes de style chinois.
Marque : St.-C. en rouge avec la lettre T (initiale du directeur Trou) en entre-deux et en dehors. (M. A. Beurdeley).

1946. Deux petits Cache-pot cylindriques à anses formées de mascarons à têtes humaines en relief, ornés, en couleurs et en or, de personnages et de paysages chinois. (M. le Marquis de Thuisy).

PORCELAINE TENDRE DE CHANTILLY.

1947. Statuette de jeune chinois accroupi et souriant. Vêtement à fond vert décoré de rosaces à feuillages rouges entourés d'arabesques noires rehaussées de dorure, ainsi que divers caractères. Socle de rocaille en bronze ciselé et doré.
(M. du Sartel).

1948. Statuette, jeune chinois accroupi les jambes croisées. Son vêtement est couvert de fleurettes polychrômes. (M. Léon Fould).

1949. Statuette de chinois à demi agenouillé ; les bras étendus et les mains ouvertes. Sa culotte est émaillée vert uni et sa veste est couverte d'oiseaux, de fleurs et d'ornements polychrômes. (M. Léon Fould).

1950. Statuette de chinois à demi agenouillé ; son vêtement est couvert de fleurs et d'animaux en couleurs. (M. A. Beurdeley).

1951. Poussah accroupi, la tête renversée en arrière et les regards tournés vers le ciel. Il tient entre ses jambes la partie inférieure d'une sphère dont le cercle ouvrant à charnière est en cuivre doré. A l'intérieur de la sphère est un encrier. Le vêtement est couvert de branches fleuries polychrômes et la terrasse est décorée au naturel. Son col est garni d'une collerette en cuivre gravé et doré et la pièce est montée sur un socle en bronze ciselé et doré.
(M. Alfred André).

1952. Petit vase, forme dite *pot-pourri*.
La partie supérieure de la panse présente cinq ouvertures circulaires bordées de couronnes de feuillages en relief. Décor de fleurs polychrômes, au pourtour de la panse et couronnes de fleurs sur fond pointillé formant galons au pourtour du piédouche et du couvercle ; ce dernier a une graine pour bouton.
Marque : un cor de chasse en rouge. (M. A. Gérard).

1953. Deux groupes formés chacun d'un petit vase ovoïde à côtes et à couvercle découpé à jour et surmonté d'une fleur. Près du vase et sur la même terrasse un tigre rampant la gueule ouverte.
Le vase est décoré de bouquets de fleurs polychrômes de style chinois, le tigre et la terrasse sont décorés au naturel ; sur cette dernière, quelques fleurs en haut relief. (M. A. Gérard).

1954. Petit Pot-à-eau et sa cuvette.
Pot à côtes et à couvercle bombé relié à l'anse à l'aide d'une charnière en argent. Bouquets de fleurs, oiseaux voltigeant et insectes polychrômes de style chinois.
Cuvette en forme de feuille circulaire à bords festonnés rehaussés de vert. Au fond, même décor que sur la pièce principale.
Marque : un cor de chasse en rouge, au pinceau. (M. Gasnault).

1955. Pot cylindrique arrondi à sa base. Il présente dans son pourtour deux branches de fleurs en haut relief à décor polychrôme.
Marque : un cor de chasse en rouge, au pinceau. (M. du Sartel).

1956. Petit vase couvert, de forme surbaissée, à deux anses formées par des têtes saillantes surmontées de plumes. La panse, ainsi que le couvercle percé de trous, sont couverts de branches de fleurs rapportées en relief et réservées en blanc sur le fond jaune semé de fleurettes polychrômes. (M. Alfred André).

PORCELAINE DE CHANTILLY.

1957. **Sucrier** couvert à huit pans évidés et rentrants. Chacun des évidements de la pièce et du couvercle présente un papillon peint en bleu, rouge et vert, de style chinois. Le couvercle a un œillet pour bouton.
Marque : un cor de chasse en rouge, au pinceau. (M. le Marquis de Thuisy).

1958. **Écritoire** de forme oblongue et à contours dont la partie antérieure forme cuvette. Elle présente deux cavités dont l'une destinée à recevoir un godet est couverte par une demi-grenade. L'autre est occupée par le poudrier qui a une forme analogue, mais qui est percé de trous dans sa partie supérieure. Entre les deux fruits se dresse un bougeoir garni en argent.
Décor polychrôme de style chinois composé de fleurs, de papillons et d'insectes.
Cette pièce est accompagnée d'un couteau et d'un poinçon à manches de porcelaine et de décor analogue et d'un étui à cire en argent ciselé en partie et formant cachet.
Marque : un cor de chasse en bleu. (M. du Sartel).

1959. **Boîte** cylindrique à couvercle légèrement bombé.
Décor polychrôme de style chinois à fleurs, arbustes, animaux et oiseaux. A l'extérieur et à l'intérieur du couvercle, groupes d'enfants chinois dans des paysages.
Monture en argent. (M. Laniel).

1960. **Boîte** à pourtour profilé et à couvercle plat. Décor polychrôme de style chinois à paysages et groupes familiers.
Monture en argent. (M. du Sartel).

1961. **Assiette** à bords festonnés, décorée au fond d'un médaillon circulaire qui renferme une chasse au sanglier en décor polychrome. Le fond de la pièce est couvert de quadrilles ornés, exécutés en bleu Au pourtour du médaillon principal sont six réserves quadrilobées.
Marque : un cor de chasse en bleu au pinceau avec la lettre R au-dessous.
(M. le Marquis de Thuisy).

1962. **Assiette** à bords festonnés :
Elle est couverte de quadrillés et de rosaces bleus avec points d'or au centre et à l'intersection des rosaces.
Au centre, médaillon circulaire et au pourtour six réserves contournées, renfermant des paysages et des oiseaux polychromes et encadrés de feuillages et d'ornements dorés. Au bord, dents de loup dorées.
Marque : un cor de chasse en bleu. (M. du Sartel).

1963. **Assiette** analogue à celle qui précède. Le médaillon central et les réserves du pourtour renferment des bouquets et des branches de fleurs polychromes.
(M. du Sartel).

1964. **Assiette** à bords festonnés, décor en camaïeu bleu. Au fond, le chiffre du duc de Ponthièvre surmonté de la couronne ducale. Au marli, guirlandes de fleurs et pendentifs retenus par des rubans.
Marque : un cor de chasse en bleu, au pinceau et l'inscription : *Villers-Cotterets*.
(M. A. Gérard).

1965. **Petit Seau** à deux anses enroulées et à coquilles.
Sur une des faces de la panse, les armes des Bourbon-Condé dans un écusson surmonté d'une couronne princière. Décor bleu.
Marque : un cor de chasse en bleu et la lettre R. (M. A. Gérard).

1966. **Salière** à trois places de forme oblongue. La cavité centrale est couverte d'une coquille et les cavités des extrémités sont à pans et bordées de godrons.
Les godets à pans et à gorge présentent des fleurs et des oiseaux de style chinois. L'entre-deux offre sur sa face, un paysage dans deux motifs en relief et à enroulements. Décor polychrôme.
Marque : un cor de chasse en rouge. (M. A. Gérard).

1967. **Deux Moutardiers** en forme de baril à anse composée de branchages et de feuillages et accompagnés chacun d'un petit plateau à bords festonnés.
Décor polychrôme de style chinois dit *aux perdrix*.
Marque : un cor de chasse en rouge. (M. du Sartel).

PORCELAINE TENDRE DE MENNECY

1968. Deux Statuettes : 1. Paysan assis sur un tertre, vêtu d'une culotte jaune rayée de carmin et d'une veste ornée de fleurettes et à rayures violettes. Son chien tacheté de noir est assis près de lui.
2. Paysanne assise sur un tertre. Elle est vêtue d'une robe à jupe rayée de violet et à corsage à fond jaune semé de fleurettes polychrômes. Un mouton est couché près d'elle. (M. du Sartel).

1969. Figurine d'enfant chinois accroupi vêtu d'une houppelande à décor polychrôme de style chinois avec manches jaunes pointillées de rouge et pantalon émaillé de vert. Il porte sur son épaule droite deux lapins retenus par un cordon rouge.
Marque : D. V. en bleu. (M. Léon Fould).

1970. Groupe de deux figurines d'enfants assis sur un tertre. Jeune fille jouant du tambourin et jeune garçon jouant de la basse. Décor polychrôme. (M. du Sartel).

1971. Groupe de deux figures. Jeune garçon assis sur un tertre et jouant de la flûte ; derrière lui, et lui tournant le dos, une jeune fille assise sur un tronc d'arbre et jouant de la vielle. Décor polychrôme. (M. du Sartel).

1972. Petit groupe : enfant à califourchon sur un chien et tenant une corbeille ovale. Décor polychrôme. Marque : D. V. en creux sur la terrasse.
(M. du Sartel).

1973. Vase ouvrant, de forme sphérique surbaissée sur piédouche et à gorge mobile d'où s'échappe un jet de branchages fleuris en ronde bosse retombant en festons au pourtour de la panse.
Le vase est décoré de jetés de fleurs polychrômes et de festons de fleurs rapportées en ronde bosse, également polychrômes. Il repose sur un socle rocaille en bronze doré. (M. du Sartel).

1974. Vase en forme de balustre à côtes et à deux anses rocaille. Décor polychrôme à bouquets de fleurs. Haut et bas, hachures et ornements en camaïeu vert. (M. Alfred André).

1975. Deux vases porte-fleurs en forme de balustre quadrilobé et à gorge évasée. Décor polychrôme à oiseaux dans des paysages. Filet bleu au bord supérieur et filet doré à la base. Marque : A. D. V. en creux.
(M. Alfred André).

1976. Deux vide-poches formés chacun d'une coupe contournée à ornement rocaille en relief près de laquelle est assis, d'une part, un singe, d'autre part, une guenon.
Les animaux sont couverts de vêtements à décor polychrôme. Les coupes sont décorées à l'intérieur de fleurs en couleurs et à l'extérieur d'ornements émaillés bleu et carmin. (M. Léon Fould).

1977. Pot-à-eau en forme de balustre à côtes, avec couvercle bombé surmonté d'une fleur et relié à l'anse à l'aide d'une monture d'argent.
Décor de festons de fleurs polychrômes suspendus à des nœuds de rubans carmin et bleu encadrant à leur partie inférieure des médaillons ovales qui renferment des bustes de femmes.
La cuvette oblongue à côtes, à bords festonnés et à petites cannelures bordées de hachures bleues, présente à son centre, dans un médaillon ovale, l'entrée d'un port de mer et, au pourtour, des festons de fleurs polychrômes retenus par des rubans roses et bleus.
Marque D. V. en creux. (Mme P. Gille).

PORCELAINE DE MENNECY.

1978. Pot à pommade de forme cylindrique et à couvercle surmonté d'un fruit. Il est décoré de paysages en camaïeu carmin encadrés de couronnes de fleurs et de feuillages émaillés jaune et vert avec bouquets de fleurs polychrômes dans les entre-deux.
Marque : D. V. en creux. (M. le Marquis de Thuisy).

1979. Boite formée d'un groupe de deux figures, dont les vêtements sont décorés de fleurs et d'ornements polychrômes.
Le couvercle relié à la pièce à l'aide d'une monture en argent, est décoré de fleurs. Le bouquet extérieur est gaufré en relief. (M. du Sartel).

1980. Petite boite formée d'une figurine de paysan accroupi. Il tient un verre de la main droite et un flacon de la gauche. Il est vêtu d'une veste rose et coiffé d'un bonnet de coton réservé en blanc.
Le couvercle de la boîte relié à la pièce à l'aide d'une monture à charnière en argent doré,est décoré de fleurs polychrômes. Le bouquet extérieur est gaufré en relief. (M. du Sartel).

1981. Théière à panse ovoïde ; décor polychrôme représentant des paysages avec figures de paysans. L'anse, le goulot et le couvercle sont rehaussés d'ornements bleus.
Marque : D. V. en creux. (M. Watelin).

1982. Tasse de forme arrondie à côtes, à bords festonnés et à anse surmontée d'un dragon en ronde bosse émaillé vert. Décor polychrôme à fleurs et oiseaux de style chinois.
Marque : D. V. en bleu au pinceau. (M. Gasnault).

1983. Écuelle ronde à deux anses, avec plateau à bords festonnés. Décor polychrôme à oiseaux dans des paysages. Les anses et l'attache du couvercle sont formées de branches de fruits.
Marque D. V. en creux. (M. du Sartel).

1984. Écuelle de même forme que la précédente, décorée d'Amours sur des nuages et d'oiseaux voltigeant, le tout en couleur.
Marque : D. V. en creux. (M. du Sartel).

1985. Deux Sucriers ronds à collerette festonnée, couvercle surmonté d'un bouton formé de trois fleurs et de feuillages et plateaux ronds à bords festonnés. Décor polychrôme composé de larges bouquets et de jetés de fleurs polychrômes. Chacun est accompagné d'une cuiller à sucre dont l'une est rehaussée de couleurs. (M. Guérin).

1986. Deux seaux à deux anses formées de mascarons saillants à têtes de femmes. Décor polychrôme de style chinois à figures de cavaliers dont les montures se présentent dans des attitudes variées.
Ces pièces portent la marque D. V. au pinceau et tracée au violet. Elles offrent une grande analogie avec les produits de l'ancienne fabrique de Chantilly.
(M. Laniel).

1987. Salière à trois places et à trois lobes (modèle de Sèvres), avec anse triple formée de branchages en arceaux reliés par un ruban bordé de filets blancs. Chacun des lobes est décoré d'une figurine d'amour sur des nuages en camaïeu carmin. Haut et bas, filets bleus avec attaches dorées et bords dorés.
La marque D. V. en creux est couverte par la couche d'émail.
(M. du Sartel).

1988. Salière en forme de panier ovale, gaufrée à l'imitation de la vannerie, à une anse surélevée à torsade reliée à la pièce à l'aide de fleurettes et de rubans. Le pourtour du panier et la plaque intérieure sont décorés de jetées de fleurs polychrômes.
Marque : D. V. en creux. (M. A. Beurdeley).

PORCELAINE TENDRE DE SCEAUX.

1989. **Tasse** de forme conique renversée, à une anse, avec soucoupe. Décor d'Amours sur des nuages en camaïeu rose;bords dorés.
Marque : S. X. en creux. (M. Alfred André).

1990. **Assiette.** Marli à bords festonnés et à compartiments gaufrés à grains d'orge. Au fond, groupe de deux Amours sur des nuages, en camaïeu rose. Au marli, et dans les entre-deux des parties gaufrées, hachures brun clair et bande bleue.
Marque : S. X. en creux. (M. Alfred André).

PORCELAINE TENDRE DE VINCENNES.

1991. **Petit vase,** en forme de balustre, dont le pied est entouré de coquilles gaufrées en relief, dont les anses doubles et dorées s'échappent de quatre branches de fleurs en ronde bosse et décorées en couleur.
La panse décorée de bouquets de fleurs et de hachures exécutées en dorure.
Lettre A (1753). (M. P. Gasnault).

1992. **Theière** à panse ovoïde, décorée à sa base d'une marine avec personnages en avant d'une ville, le tout en couleurs. Sur le goulot à pans, arabesques en camaïeu carmin.
L'anse est reliée au couvercle à l'aide d'une monture à charnière en argent doré. Marque au point en violet au pinceau, en partie effacée.
(M. le Marquis de Thuisy).

1993. **Beurrier ovale,** avec couvercle surmonté d'une attache à double branche, et plateau. Fond bleu à réserves d'oiseaux polychrômes voltigeant, encadrées d'ornements et de fleurs dorés.
Marque au point. (M. du Sartel).

PORCELAINE TENDRE DE SÈVRES.

1994. **Épagneul** couché, grandeur nature, décoré au naturel, le col entouré d'un ruban bleu avec grelot doré. Il repose sur une base quadrangulaire décorée à l'imitation du marbre.
Socle à angles coupés en marqueterie de bois à rosaces, garni de festons, de feuilles de chêne et d'ornements en bronze ciselé et doré. La gorge porte le mot en relief: *Fidélité*. (Mme la Baronne Nathaniel de Rothschild).

1995. **Deux vases** à panse ovoïde et à couvercle bombé, fond bleu turquoise à réserves circulaires renfermant chacune une branche de roses polychromes encadrée d'une couronne de feuillages dorés.
Monture en bronze ciselé et doré composée d'un piédouche à canaux creux en spirale. d'une gorge ajourée reliant sa panse au couvercle et de deux anses à rinceaux auxquelles se rattachent des festons de fleurs qui contournent la panse.
Époque Louis XVI. (Mlle Grandjean).

1996. **Petit vase,** forme litron, à deux anses et à couvercle surmonté d'une fleur formant bouton. Fond bleu turquoise et double médaillon polychrôme représentant des amours sur des nuages dans le goût de F. Boucher. Ces médaillons, ainsi que ceux du couvercle, qui représentent des attributs divers, sont encadrées de fleurs et d'ornements divers.
Monture en bronze ciselé et doré qui se compose d'un piédouche, d'un culot et d'une gorge découpée à jour. (Mlle Grandjean).

1997. **Vase ovoïde** à deux anses surélevées et arrondies retombant sur la panse et terminées par des groupes de feuilles de laurier dorées. Fond vert rehaussé de riches ornements et de fleurs dorés.

Sur la face principale, médaillon ovale représentant un groupe de trois personnages dont un officier des gardes françaises et deux orientaux, dans un port de mer. Sur la face opposée, le médaillon renferme trois couronnes de fleurs et de feuillages enlacées et suspendues à un nœud de ruban violet.
Epoque Louis XV. (M. A. Beurdeley).

1998. **Vase piriforme renversé,** à côtes, légèrement aplati, avec couvercle, enrichi, ainsi que la gorge du vase, d'ornements découpés à jour et surmonté d'un groupe de fleurs en ronde bosse. La panse du vase est cantonnée de deux anses enroulées, réservées en blanc et rehaussées de dorure.
Ce vase, émaillé rose Pompadour est décoré d'ornements de feuillages émaillés vert, bordés de détails dorés et présente sur chacune des faces de la panse un médaillon en hauteur qui représente, l'un une scène familière dans le goût de Téniers, et l'autre un bouquet de fleurs polychromes. Les deux réserves du piédouche renferment également des bouquets de fleurs polychromes.
Lettre G (1758).
Ce vase peut être considéré comme une des pièces les mieux réussies qui soient sorties de la manufacture de Sèvres. (Mlle Grandjean).

1999. **Deux vases** en forme de balustre à pans, le bord supérieur festonné, et à deux anses feuillagées. décor d'arabesques, d'ornements et d'arceaux à fond rose bordés de brun et rehaussés de détails et de quadrillés dorés. Les diverses parties de ce décor sont reliées par des festons de fleurs qui se détachent en couleurs sur le fond blanc.
Lettre E (1757). Le décor par Levé père. (Mlle Grandjean).

2000. **Deux vases** de même forme que ceux qui précedent mais un peu plus petits. Le fond gros bleu, caillouté d'or, est rehaussé de bandes d'ornements et de festons de feuillages émaillés vert et rehaussés de dorures.
Les deux faces présentent des réserves qui renferment des festons de fleurs polychromes.
Epoque Louis XV. (Mlle Grandjean).

2001. **Vase,** forme dite tulipe ; fond vert pomme, à deux médaillons contournés, renfermant chacun des Amours sur des nuages, en couleur, encadrés de riches ornements et de fleurs dorés.
Lettre E (1757). (M. Stettiner).

2002. **Deux pots à pommade,** de forme cylindrique, à couvercle surmonté d'une fleur. Fond gros bleu avec médaillons polychromes d'oiseaux voltigeant encadrés d'ornements dorés. (M. Léon Fould).

2003. **Cassolette** à parfums en forme d'œuf: fond bleu turquoise bordé de dorure et de festons de fleurs polychromes. Monture à charnière en or gravé.
Epoque Louis XV. (M. Josse).

2004. **Cassolette,** de même forme, fond gros bleu, marbré de dorure à l'imitation du lapis-lazzuli.
Monture à charnière en or gravé.
Epoque Louis XV. (M. Josse).

2005. **Navette** décorée sur ses deux faces d'Amours, dans le goût de Boucher, en couleurs sur blanc. Ces sujets sont encadrés de fleurs et d'ornements qui se détachent en dorure sur fond bleu turquoise.
Epoque Louis XVI. (M. Josse.)

2006. **Ecritoire** de forme contournée, à trois places. Fond bleu turquoise à large réserve à la partie supérieure du pourtour décorée de palmettes, de coquilles, de festons de fleurs et d'ornements. Ces derniers sont reliés par des traverses horizontales qui supportent chacune un oiseau. Décor polychrome. Les godets, les trois pieds en rocaille et la poignée formant bougeoir sont en bronze doré.
Epoque Louis XVI. (M. G. Laran).

2007. **Jardinière,** en forme de bac conique, à deux anses. Fond vert pomme avec bandes haut et bas contournant la pièce et réservées en blanc, la bande supérieure se rattachant aux anses. Sur chacune des faces de la panse, réserve de fruits et de fleurs polychrômes encadrée de fleurs et d'ornements dorés qui servent de limite au fond vert.
Le décor par Tandart.
Époque Louis XV. (Mlle Grandjean).

2008. **Jardinière,** forme dite éventail, avec socle mobile dont la gorge est découpée à jour.
Fond bleu turquoise rehaussé d'ornements très délicats dorés.
Sur la face principale du vase et du socle, médaillon de paysage polychrôme avec personnages. Sur la face opposée, corbeille de fleurs suspendue à un nœud de ruban rosé ; filet brun autour duquel s'enlacent des festons de fleurettes. Sur les faces latérales, encadrements analogues à ceux des cartouches et bouquets de fleurs suspendus à des rubans jaunes.
Lettre H. (1760). Le décor par Bulidon. (M. A. Beurdeley).

2009. **Jardinière,** oblongue à contours, et à deux anses ornementales, reposant sur quatre pieds bas à enroulements. Le fond général est bleu avec quadrillé en dorure et points blancs réservés. Sur la face, festons de fleurs polychrômes suspendus à un ruban violet, palmes de feuilles vertes et ornements dorés. Sur les anses et sur les pieds, détails rosés et fleurs
Au revers, feuillages et fleurs formant couronne.
Époque Louis XV. (M. Stettiner).

2010. **Deux petites Jardinières,** en forme de caisse carrée sur pieds carrés avec graines ovoïdes aux angles supérieurs.
Fond gros bleu relevé de quadrillées et de rosaces dorés et, sur chacune de leurs faces, médaillon quadrilobé bordé d'ornements dorés et renfermant un paysage avec habitations et personnages.
Lettre D (1756). (Mlle Grandjean).

2011. **Garniture de trois jardinières,** forme dite éventail, avec socles mobiles découpés à jour. Fond gros bleu rehaussé de festons de fleurs, de rosaces et d'ornements dorés avec réserves décorées, partie de médaillons, encadrant des marines avec personnages, partie de fleurs avec terrasses, le tout en couleurs. (Mme la Comtesse d'Yvon).

2012. **Garniture de trois jardinières,** forme dite éventail, sur socle mobile à ornements découpés à jour.
Décors de rubans verts rehaussés de détails dorés, formant encadrement à des médaillons qui contiennent, sur la face, des Amours sur des nuages dans le goût de Boucher et. sur les côtés, des trophées d'instruments de jardinage et de fleurs suspendus à des rubans bleus, le tout en couleurs.
Lettre D (1756). (M. le Baron Gustave de Rothschild).

2013. **Petit plateau** carré, à bord oblique évasé composé de rinceaux et de fleurons découpés à jour. Fond bleu d'eau rehaussé d'ornements dorés entourant un médaillon circulaire représentant une scène familière, à l'entrée d'un cabaret, dans le goût de Téniers, décor polychrôme.
Époque Louis XV. (Mme la Baronne Nathaniel de Rothschild).

2014. **Petit plateau** carré à bord évasé composé d'ornements découpés à jour.
Au fond, médaillon carré renfermant une peinture polychrôme par Morin, qui représente une marine : au premier plan, trois pêcheurs qui exécutent une manœuvre de force. Au pourtour, ornements dorés qui se détachent sur un fond vert pomme.
Époque Louis XV. (Mlle Grandjean).

2015. **Plateau** à contours et à bord découpé à jour composé de palmettes et d'ornements. Parties émaillées rose pompadour et rehaussées d'ornements dorés. Dans l'entre-deux des festons de fleurs se détachent en couleurs sur fond blanc.
Lettre F (1758). (Mlle Grandjean).

PORCELAINE DE SÈVRES.

2016. **Petit plateau** carré à bords évasés. Fond vert pomme sur lequel se détachent des ornements et des palmettes émaillés gros bleu et bordés de dorure.
Au centre, réserve circulaire renfermant un bouquet de fleurs qui se détache en couleurs sur fond blanc.
Lettre F (1758). Le décor par Taillandier.   (Mlle Grandjean).

2017. **Petit plateau** oblong à contours. Au fond, groupe de fruits et de fleurs polychromes et bord à fond vert rehaussé d'ornements et de feuillages dorés.
Lettre L (1763).   (M. Léon Fould).

2018. **Plateau** losangé à deux anses ; bords en bâtons rompus et fleurons découpés à jour. Les fleurons sont décorés en bleu, en carmin et en jaune verdâtre. Les bâtons à fond rose sont quadrillés et pointillés de bleu.
Le pourtour du fond présente des couronnes de feuillages qui renferment des quadrillés or et bleu sur fond rose et bleu alternés. Ces rosaces sont reliées entr'elles à l'aide d'ornements dorés et de festons de feuillages verts.
Lettre M (1764).   (Mme la Baronne Nathaniel de Rothschild).

2019. **Plateau** oblong à contours et bords bleus. médaillons d'Amours sur des nuages encadrés de dorure, de festons de fleurs et de couronnes de laurier. Aux extrémités, corbeilles de fleurs et, au centre, un chiffre supposé être celui de Mme Du Barry, et composé des lettres D en dorure, et B en fleurs.
Lettre S (1770).   (Mme la Comtesse d'Yvon).

2020. **Plateau** de même forme et portant le même chiffre au centre. Le pourtour présente des urnes de fleurs reliées par des festons de fleurs, le tout en couleurs avec rehauts de dorure.
Epoque Louis XV.   (Mme la Comtesse d'Yvon).

2021. **Thé**, dit *solitaire*, composé d'un plateau en forme de losange à bord relevé et festonné, d'une théière à panse ovoïde, d'un sucrier avec couvercle surmonté d'une fleur, d'un pot à lait à trois pieds et à anse formée de branches fleuries et d'une tasse arrondie à anse, avec soucoupe.
Le décor se compose de bouquets de fleurs polychromes placés dans des médaillons circonscrits par des filets dorés et reliés par des compartiments couverts de triangles alternativement bleus et blancs. Le fond du plateau présente un bouquet de fleurs et de fruits.
Lettre E (1757). Le décor par Tanvart.   (M. du Sartel).

2022. **Thé**, dit *solitaire*, composé d'un plateau rectangulaire bordé de rinceaux et fleurons découpés à jour. d'une tasse arrondie à anse double enlacée, avec soucoupe, d'un sucrier dont le couvercle est surmonté d'une fleur, et d'un pot à lait dont l'anse et les trois pieds sont formés de branchages fleuris.
Fond rosé à œils de perdrix bleus et semés de réserves renfermant des pensées polychromes et bordées de couronnes de feuillages dorés.
Les rinceaux du bord du plateau sont bleu turquoise avec œils de perdrix bleu et les fleurons sont décorés en carmin.
Lettre P. (1767). Le décor par Thévenet, père.   (M. Stettiner).

2023. **Tête-à-tête** composé d'un plateau ovale à contours et à deux anses, d'un sucrier dont le couvercle est surmonté d'un fruit, d'un pot à lait à trois pieds et deux tasses cylindriques à anse, avec soucoupe.
Fond gros bleu à œils de perdrix carmin bordés de dorure et médaillons renfermant des animaux dans des paysages, le tout en couleurs.
Lettre N (1765). Le décor par Chapuis aîné.   (M. du Sartel).

2024. **Petit déjeuner** solitaire, composé d'un plateau oblong et à contour, d'une tasse cylindrique à une anse et d'un sucrier arrondi à sa base et sans couvercle.

Décor polychrome à coquilles, quadrillés, ornements variés et festons de feuillages dans lesquels le bleu, le vert, le rose et la dorure dominent.
Lettre L (1763).   (Mlle Grandjean).

XVIIᵉ ET XVIIIᵉ SIÈCLES.

2025. Déjeuner dit *Solitaire*, composé d'un plateau oblong à contours, d'une tasse de forme arrondie avec soucoupe, d'un sucrier dont le couvercle est surmonté d'une fleur et d'un pot à lait à anse et à trois pieds formés de branchages.
Fond bleu de roi rehaussé de couronnes de feuilles de chêne dorées servant d'encadement à des médaillons polychrômes qui renferment des paysages et des oiseaux. Le plateau présente de plus quatre réserves de fleurs.
Lettre Q (1768). (M. Watelin).

2026. Déjeuner dit *Solitaire*, composé d'un plateau rectangulaire avec bord oblique découpé à jour, d'une tasse de forme arrondie à anse avec soucoupe et d'un sucrier dont le couvercle est surmonté d'une fleur.
Le fond rose est marbré de bleu et d'or, les réserves présentent des paysages et des oiseaux. Le corps du sucrier a deux médaillons, les autres pièces n'en ont qu'un.
Lettre I (1761). (Mlle Grandjean).

2027. Déjeuner dit *Solitaire*, composé d'un plateau oblong à lobes et à deux anses, d'une tasse arrondie à une anse avec soucoupe, d'un sucrier sans couvercle et d'un pot à lait à anse et à trois pieds formés de branchages fleuris et rehaussés de dorure.
Il est décoré de bouquets et de festons de fleurs polychrômes et enrichi de bandes roses enlacées et bordées de filets dorés.
Lettre E (1757). (Mlle Grandjean).

2028. Sucrier ovale à couvercle surmonté d'une double branche enlacée.
Fond gros bleu, rehaussé de hachures d'or formant encadrement à huit réserves qui renferment des paysages et des oiseaux.
Lettre G (1759). Le décor par Evans. (Mlle Grandjean).

2029. Seau à rafraîchir à deux anses enroulées et à coquilles réservées en blanc avec rehauts de dorure.
Fond bleu turquoise avec deux réserves trilobées, renfermant de larges bouquets de fleurs et de fruits polychrômes, encadrés d'ornements de fleurs dorés.
Lettre H (1760). Les ors par Chauvaux, père. (Mlle Grandjean).

2030. Pot à lait à une anse et à trois pieds formés de branchages. Fond gros bleu caillouté d'or avec médaillon : Amour jouant de la lyre dans un paysage en camaïeu carmin.
Lettre U (1772). Le décor par Buteux père. (M. A. Beurdeley).

2031. Pot à lait à anse et à trois pieds, formés de branchages fleuris.
Il présente deux zônes de roses reliées par des rinceaux de feuillages polychrômes. Sur sa face et dans l'entre-deux des zônes, le chiffre D B exécuté en or et en fleurs polychrômes. Ce chiffre est supposé être celui de Mᵐᵉ du Barry.
Époque Louis XV. (Mᵐᵉ la Comtesse d'Yvon).

2032. Petit pot à lait à anse et à trois pieds, formés de branchages fleuris. Décor à compartiments verts et gros bleu alternant, bordés d'ornements dorés. Sur la face, une réserve renfermant un paysage avec oiseau en décor polychrôme.
Lettre I (1761). (M. Léon Fould).

2033. Petit pot à lait en forme de broc à une anse, décoré de quadrillés vert pomme, bordés de filets et de points d'or avec entre-deux à fond blanc, occupés par des petits bouquets de fleurs polychrômes. Sur sa face, une réserve de forme contournée renfermant un paysage avec oiseau.
Lettre F (1758). (Mlle Grandjean).

2034. Pot à lait à trois pieds et à anse formée de branchages ; le bord supérieur festonné.
Fond bleu turquoise avec rehauts de dorure et médaillon renfermant une corbeille de fleurs polychrômes suspendue à un nœud de ruban vert.
Époque Louis XV. (Mlle Grandjean).

PORCELAINE DE SÈVRES.

2035. Pot à lait de même forme.
Fond bleu à œils de perdrix dorés et semé de fleurs polychrômes. Haut et bas couronnés de fleurettes exécutées en or.
Époque Louis XV. (Mlle Grandjean).

2036. Pot à eau à anse et à bord supérieur festonné rehaussés de dorure. Il est couvert de festons de fleurs polychrômes enlacés. Sur la face, un bouquet suspendu à un ruban violet.
Époque Louis XV. (Mlle Grandjean).

2037. Pot à eau et cuvette.
Pot de forme contournée à une anse, à panse aplatie et à goulot et col festonnés. Cuvette oblongue à bords festonnés et à ornements et fleurs gaufrés en relief. Le fond vert de ces deux pièces est bordé de hachures d'or et forme encadrement à des réserves de fleurs et de fruits qui se détachent en couleurs sur le fond blanc général. Le fond intérieur de la cuvette présente des rayons verts bordés d'or qui se lient aux ornements verts du pourtour.
Marque dorée. Lettre D (1756). (Mlle Grandjean).

2038. Petit pot à eau couvert avec plateau ovale à lobes. Fond bleu turquoise et médaillons à bouquets de fleurs polychrômes encadrés de fleurs et d'ornements en dorure.
Le couvercle du pot est relié à l'anse à l aide d'une monture à charnière en vermeil. (M. le Comte de Greffulhe).

2039. Broc à anse double enlacée et à bord supérieur festonné. Décor d'un médaillon de paysage en camaïeu bleu, avec figure d'enfant dont les chairs sont teintées au naturel. Ce médaillon est placé dans un encadrement exécuté en dorure et composé d'ornements rocaille de fleurs et d'oiseaux.
Le fond est semé de bouquets de fleurs en camaïeu bleu.
Lettre B (1754). Le décor par Dodin. (M. A. Beurdeley).

2040. Tasse, de forme dite *litron*, à anse; couvercle surmonté d'une fleur et soucoupe à trois cavités formées de coquilles.
Décor polychrôme de vases ou cornets bleus avec bandeaux bruns rehaussés de dorure et reliés entre eux par des rinceaux de feuillages dorés et de fleurs polychrômes.
Époque Louis XV. (M. A. Beurdeley).

2041. Petite tasse de forme arrondie avec soucoupe; fond bleu de Roi et médaillons d'oiseaux polychrômes voltigeant, encadrés d'ornements et de fleurs en dorure.
Au bord, dent de loup dorée.
Époque Louis XV. (M. Léon Fould).

2042. Tasse mignonnette de forme arrondie à anse avec soucoupe : fond bleu turquoise à médaillons d'oiseaux voltigeant, encadrés de fleurs et d'ornements dorés.
Époque Louis XV. (M. Léon Fould).

2043. Vase à panse droite, culot godronné, gorge bordée d'une moulure ornée, piédouche orné d'un tore de laurier, couvercle surmonté d'une boule et anses carrées garnies de festons de laurier.
Fond bleu de Roi relevé de filets et de détails dorés. Sur sa face principale, cartouche rectangulaire représentant en décor polychrôme Vénus nue couchée sur un lit de repos garni de draperies jaunes, bleu violacé et blanches. Un Amour assis à ses pieds lui présente une couronne de roses. A gauche, fond de paysage.
Le cartouche opposé présente un bouquet de fleurs.
Époque Louis XV. (M. Silvy).

2044. Vase en forme de balustre surbaissé, à panse quadrilobée et sur pieds à enroulements dont les ramures viennent former des encadrements saillants aux médaillons de la panse. La gorge du vase et le couvercle sont découpés à jour, et le bouton du couvercle est formé de quelques fleurs en ronde bosse et dorées. Un des médaillons représente deux enfants dans un paysage ; les trois autres offrent des attributs champêtres suspendus à des nœuds de rubans roses. Toute cette partie du décor est polychrôme. Les pieds et les ornements saillants sont émaillés vert avec rehauts de dorure. Epoque Louis XV. (M. Spitzer).

2045. Deux petits vases, forme dite *Médicis*. Décor au pourtour de la panse, de paysages polychrômes avec figures, et rehauts de filets dorés. La marque a été effacée. Epoque Louis XV. (M. Stettiner).

2046. Petite tasse cylindrique à une anse avec soucoupe, fond rose marbré de bleu et d'or : médaillons polychrômes d'oiseaux dans des paysages. Epoque Louis XV. (Mme Watelin)

2047. Grande tasse de forme arrondie avec soucoupe, décorée d'ornements bleu turquoise rappelant la forme d'un point d'interrogation, et bordés d'ornements dorés.
Les entre deux sont occupés par des bouquets de fleurs polychrômes. Epoque Louis XV. Le décor par Taillandier. (M. Léon Fould).

2048. Tasse de forme arrondie à anse double avec soucoupe de même décor que le plateau n° 2018 et paraissant provenir du même service. (M. du Sartel).

2049. Sucrier de forme arrondie à sa base et à couvercle surmonté d'une fleur, de même décor que les deux pièces n° 2018 et 2048 et paraissant provenir du même service. (M. Léon Fould).

2050. Tasse de forme arrondie à deux anses avec soucoupe.
Fond rose et réserves de bouquets de fleurs polychrômes. Au pourtour des réserves à filets dorés et aux bords supérieurs des dents de loup également dorées. (M. Léon Fould).

2051. Grande tasse cylindrique à une anse : fond bleu de Vincennes et double médaillon d'Amours sur des nuages en camaïeu carmin encadrés de feuillages et des fleurs exécutés en dorure. Bord supérieur à dents de loup dorées. Lettre A. (1753). (Mlle Grandjean)

2052. Tasse mignonnette, de forme arrondie, à une anse, avec soucoupe : fond turquoise pointillé d'or ; médaillons d'Amours sur des nuages et de trophées d'attributs de l'Amour, en décor polychrôme, encadrées d'ornements et de fleurs dorés. Lettre A (1753). (Mme Brenot).

2053. Tasse de même forme, décor polychrôme composé d'une zone de fleurons roses et bleus reliés par des festons de fleurs et de feuillages, sur fond pointillé d'or. Au-dessous de cette zone, festons de feuillages verts. Lettre Q (1768). (Mme Brenot).

2054. Tasse mignonnette de forme cylindrique avec soucoupe, fond gris bleu, décorée de zones et de montants à émaux en relief sur or imitant les pierres précieuses. Époque Louis XVI. (Mme Brenot).

2055. Petite tasse de forme arrondie, à deux anses ornées, à couvercle surmonté d'une fleur avec soucoupe.
Fond bleu de Vincennes et médaillons d'oiseaux voltigeant dans des paysages, encadrés d'ornements et de fleurs dorés. Epoque Louis XV. (M. le Marquis de Thuisy).

2056. Sucrier de forme conique renversée, avec couvercle surmonté d'une fleur Fond bleu de Vincennes et médaillons de paysages en camaïeu rose encadré de fleurs et d'ornements dorés. Lettre B (1754). (M. le Marquis de Thuisy).

2057. Tasse forme conique renversée dite litron, à une anse, accompagnée de sa soucoupe.
Environ la moitié de la surface est couverte d'émail bleu turquoise rehaussé de festons de fleurs et bordé d'ornements feuillagés en dorure. L'autre moitié présente des branches fleuries qui se détachent en couleurs sur fond blanc. Lettre C (1755). (Mlle Grandjean).

PORCELAINE DE SÈVRES.

2058. Tasse de forme arrondie, à anse, et sa soucoupe. Décor de bandes vert pomme enveloppées de feuillages dorés avec festons de fleurs polychrômes dans les entredeux. Lettre D (1756). (M. Léon Fould).

2059. Petite tasse cylindrique à une anse et sa soucoupe ; décor polychrôme composé d'une zône de bouquets de roses et de feuillages placée entre deux motifs d'ornements à fond bleu bordés de dorures et à œils de perdrix carmin sur fond doré. Lettre D (1756). (Mme Watelin).

2060. Tasse cylindrique, à anse, et sa soucoupe. Fond bleu turquoise avec réserves de fleurs polychrômes encadrées d'ornements dorés se développant sur le fond. Lettre F. (1758). (M. du Sartel).

2061. Tasse cylindrique, à une anse, et sa soucoupe de forme arrondie. Fond bleu d'eau et médaillons de scènes villageoises dans le goût de Téniers, encadrés d'ornements et de fleurs dorés. Lettre H (1760).
(Mme la Baronne Nathaniel de Rothschild).

2062. Petite tasse de forme arrondie, à deux anses, et sa soucoupe : décor de festons de feuillages verts et or enlacés formant couronnes avec fleurons dorés au centre. Epoque Louis XV. (Mme Brenot).

2063. Tasse mignonnette de forme arrondie, à anse, et sa soucoupe : fond bleu de Roi et médaillons d'oiseaux dans des paysages en couleurs. Dents et couronnes d'ornements dorés. (Mme Brenot).

2064. Petite tasse de forme arrondie, à une anse, et sa soucoupe : fond vert pomme et médaillons d'oiseaux polychrômes voltigeant dans des couronnes de fleurs exécutées en dorure. Lettre D (1756). (Mme Brenot).

2065. Tasse forme conique renversée, dite litron, à une anse double enlacée, et sa soucoupe creuse qui la transforme en tasse *trembleuse*.
Décor, haut et bas, de larges feuilles à fond rose rehaussées de hachures blanches et dorées. Dans les entre-deux des festons de fleurs polychrômes. Epoque Louis XV. (Mlle Grandjean).

2066. Tasse et soucoupe de même forme. Décor de larges virgules contournées et découpées sur fond vert pomme, bordées de dorure : dans les entre-deux branches de fleurs polychrômes. Lettre I (1761). (Mlle Grandjean).

2067. Tasse et soucoupe de même forme. Fond bleu de roi et médaillons de jeux d'amours dans des paysages polychrômes reliés par des entrelacs de feuillages en dorure. Lettre U (1773). Les peintures par Hilhen, la dorure par Chauvau, père. (Mlle Grandjean).

2068. Petite tasse de forme arrondie, à anse et sa soucoupe ; décor polychrôme. Au bord, compartiments rosés à œils de perdrix bordés d'ornements dorés. Au-dessous, rinceaux bleu et or reliés par des fleurons à fond carmin et hachures dorées servant d'attaches à des retombées de fleurs. Lettre I (1761).
(M. Léon Fould).

2069. Grande tasse cylindrique à une anse, et sa soucoupe octogone et à angles rentrants. Fond rose marbré de bleu et d'or. Sur la tasse et au fond de la soucoupe médaillons de fleurs et de fruits polychrômes. Lettre I (1761). (M. Stettiner).

2070. Tasse mignonnette sans anse de forme évasée, et sa soucoupe, décorée de couronnes de fleurs en camaïeu bleu enroulées autour de branchages. Lettre I (1761). (Mme Brenot).

2071. Tasse mignonnette de forme cylindrique, à anse, et sa soucoupe : fond bleu turquoise avec réserves ovales renfermant des branches de fleurs polychrômes encadrées de filets et de festons de feuillages dorés. Lettres C C (1779). (Mme Brenot).

2072. Grande tasse cylindrique, à anse, et sa soucoupe. Fond gros bleu à œils de de perdrix d'or et carmin et médaillons d'Amours sur des nuages en camaïeu carmin encadrés de dorure. Lettre M (1764). (M. A. Beurdeley).

XVIIᵉ ET XVIIIᵉ SIÈCLES.

2073. Tasse cylindrique légèrement arrondie à sa face, et sa soucoupe.
Décor de quadrillés bleus avec points d'or dans les vides et branches de fleurs en dorure venant former encadrements à des médaillons d'Amours sur des nuages en couleurs (l'un sur la tasse, l'autre dans la soucoupe) Epoque Louis XV. (M. A. Beurdeley).

2074. Tasse, dite *trembleuse*.
Fond gros bleu et médaillons renfermant en décor polychrôme des couronnes de fleurs suspendues à des nœuds de rubans violets Ces médaillons ainsi que les bords des deux pièces sont rehaussés d'ornements dorés. Lettre M (1764).
Le décor par Thévenet père. (M. Léon Fould).

2075. Tasse cylindrique à anse, et sa soucoupe, fond bleu de Roi rehaussé de quadrillés et d'ornements en dorure avec médaillons de jeux d'enfants en décor polychrôme.
Lettre M. (1764). (M. Stettiner).

2076. Tasse de forme arrondie, à une anse, et sa soucoupe. Fond bleu de Roi avec bordures d'ornements et palmes dorées.
Sur chaque pièce, un médaillon renfermant une marine polychrôme par Morin. Lettre M. (1765).
Cette tasse est accompagnée d'un petit plateau carré à bord oblique composé d'ornements découpés à jour et qui présente un décor analogue. Au fond, dans un cartouche carré groupe de trois pêcheurs relevant un filet.
Lettre M (1765). Le médaillon par Morin. (Mlle Grandjean).

2077. Grande tasse cylindrique à anse, et sa soucoupe. Le fond est semé d'œils de perdrix et de pois dorés. Sur la tasse, médaillon ovale et polychrôme présentant un sujet champêtre à deux personnages dans le gout de Boucher. La soucoupe offre un sujet analogue dans un médaillon rond.
Lettre O (1766). (M. A. Beurdeley).

2078. Petite tasse cylindrique à anse, et sa soucoupe. Le fond est décoré à l'imitation de queue de paon avec rehauts de dorure. Sur chaque pièce un médaillon polychrôme. Sur la tasse un trophée des attributs de l'Amour et sur la soucoupe une corbeille de fruits suspendue à un ruban carmin.
Lettre P (1767). Le décor par Buteux père. (M. Watelin).

2079. Tasse cylindrique, à une anse, et sa soucoupe, décorée de rosaces à fond bleu et détails dorés. Au pourtour, roses et festons de laurier polychrômes.
Lettre P (1767). (M. Watelin).

2080. Tasse de même forme. Haut et bas, bordures à fond rose découpées en arcade et rehaussées de dorure. Dans l'entre-deux, deux filets bleus horizontaux reliés par des festons de feuillages dorés et des bouquets de fleurs polychrômes.
Epoque Louis XVI. (M. Watelin).

2081. Tasse cylindrique, à anse, et sa soucoupe. Fond bleu de roi avec couronne d'ornements dorés. Sur la tasse, médaillon ovale renfermant en décor polychrôme, un Amour dans un paysage. Il tient un glaive de la main droite et a près de lui les attributs de la royauté ainsi qu'un livre ouvert qui porte les noms : *Atrée et Thieste*.
La soucoupe présente dans un médaillon un paysage ainsi que les attributs de l'Amour.
Lettre T (1771). Le décor par Dodin. (M. Stettiner).

2082. Tasse cylindrique, à anse, et sa soucoupe. Fond rose à œils de perdrix bleus et pois d'or au centre. Sur la tasse, dans un médaillon ovale encadré d'un filet doré, un trophée d'armes polychrome. Au fond de la soucoupe, un trophée d'attributs de chasse.
Lettre T. (1771). (M. le Marquis de Thuisy).

2083. **Grande tasse,** forme dite *litron*, à deux anses, et sa soucoupe. Décor polychrôme à médaillons, de sujets militaires encadrés de larges filets dorés et reliés par des entrelacs de feuillages aussi dorés.
Epoque Louis XVI. (M. le Marquis de Thuisy).

2084. **Tasse mignonnette** de forme arrondie à une anse, et sa soucoupe. Décor polychrôme à paysages et oiseaux.
Epoque Louis XV. (Mme Brenot).

2085. **Tasse mignonnette** de même forme décorée de couronnes de laurier autour desquelles s'enlacent des festons de fleurs polychrômes.
Lettre V (1772). (Mme Brenot).

2086. **Tasse mignonnette** de forme arrondie, à bords évasés et à anse, et sa soucoupe. Décor polychrôme à couronne de feuillages et festons de fleurs. Dent de loup dorée au bord.
Lettre U (1772). (Mme Brenot).

2087. **Tasse mignonnette** de forme cylindrique, à anse, et sa soucoupe, décorée de médaillons de paysages polychromes placés entre deux zônes de bâtons rompus bleus avec œils de perdrix carmin dans les entre-deux et festons dorés.
Epoque Louis XVI. (Mme Brenot).

2088. **Tasse cylindrique,** à une anse, et sa soucoupe. Fond gros bleu rehaussé de branches de chêne dorées et médaillons polychrômes.
Sur la tasse, médaillon renfermant un vase d'où s'échappent des festons de fleurs. Sur la soucoupe, bouquet de fleurs au centre et festons de fleurs au pourtour.
Lettre U (1772). Le décor par Dusolle. Les ors par Le Guay. (M. du Sartel).

2089. **Tasse** de même forme, fond gros bleu couvert de rinceaux fleuris dorés.
Epoque Louis XVI. Les ors par Le Guay. (M. du Sartel).

2090. **Tasse conique renversée,** forme dite *litron*, à une anse, et sa soucoupe Fond bleu de Vincennes marbré de dorure et cartouches d'ornements dorés renfermant des paysages avec oiseaux.
Epoque Louis XV. (M. A. Beurdeley).

2091. **Grande tasse cylindrique,** à une anse, et sa soucoupe : fond bleu de roi avec zône d'ornements et couronne de feuillages dorés.
Sur la tasse, un médaillon ovale, renfermant une bergère assise dans un paysage et accompagnée de moutons. Au fond de la soucoupe, divers ustensiles de ferme dans un paysage, en décor polychrôme.
Lettres C C (1779). Le décor par Chabry. (M. A. Beurdeley).

2092. **Tasse de forme arrondie,** à une anse, et sa soucoupe. Fond bleu de roi rehaussé d'une zône d'ornements et d'une couronne de feuillages dorés. Sur la tasse et au fond de la soucoupe, médaillons de marines avec personnages.
Lettres D D (1780). (Mme la Baronne Nathaniel de Rothschild).

2093. **Tasse de forme arrondie,** et sa soucoupe : fond bleu de roi rehaussé d'une zône d'ornements et d'une couronne de feuillages dorés. Sur la tasse et au fond de la soucoupe, médaillons de scènes maritimes avec personnages en décor polychrôme.
Lettre D D (1780). Le décor par Chabry, la dorure par Le Guay.
(Mme la Baronne Nathaniel de Rothschild).

2094. **Tasse cylindrique,** à anse, et sa soucoupe fond bleu de roi rehaussé de filets dorés et d'émaux saillants sur or imitant des pierres précieuses.
Dans le haut, couronne d'œillets rouges et de feuillages verts entre deux rangs de perles blanches. Dans le bas, triple rang de perles d'émail variées de nuances.
Lettres G G (1783). Marque du décorateur H. P. (Prevost).
(M. A. Beurdeley).

XVIIᵉ ET XVIIIᵉ SIÈCLES.

2095. Petite tasse cylindrique, à anse, et sa soucoupe : fond gros bleu semé d'émaux saillants rouges sur or imitant des pierres précieuses, et au bord, d'un rang de points saillants d'émail blanc.
Epoque Louis XVI. Les ors par Le Guay. (M. Watelin).

2096. Grande Tasse cylindrique, à anse, et sa soucoupe. Fond gros bleu couvert de de diverses zônes d'ornements de feuillages exécutés en dorure.
Epoque Louis XVI. Les ors par Le Guay. (M. du Sartel).

2097. Grande Tasse cylindrique, à anse, et sa soucoupe. Fond gros bleu avec zônes d'ornements dorés et médaillons de paysages avec personnages, décorés en couleurs.
Epoque Louis XVI. Le décor par Bouchet. (M. du Sartel).

2098. Écuelle ronde à deux anses doubles enlacées, avec couvercle surmonté d'une branche de laurier, et plateau à bords festonnés.
Le décor se compose d'une zône de compartiments symétriques à fond brun, quadrillés et bordés de feuillages dorés avec rosaces variées de dessins et de nuances dans les entre-deux. Au-dessous de cette zône sont des festons de feuillage. Le bord et le fond du plateau ainsi que la partie supérieure du couvercle sont cailloutés d'or sur fond bleu.
Epoque Louis XV. (M. du Sartel).

2099. Écuelle ronde à deux anses doubles enlacées, couvercle surmonté d'une branche de laurier formant attache, et plateau à bords festonnés. Fond bleu de Vincennes, médaillons de paysages avec oiseaux en décor polychrôme et encadrement des médaillons formés de rocailles et de fleurs en dorure.
Lettre A (1753). Le décor par Evans. (M. Watelin).

2100. Écuelle ronde à deux anses de deux branches de laurier, et plateau oblong à bords festonnés.
Fond vert et sur chacune des parties composant la pièce, deux réserves oblongues de fleurs et de fruits polychrômes encadrées de fleurs et d'ornements en dorure.
Lettre H (1760). Le décor par Pierre aîné. (Mlle Grandjean).

2101. Écuelle ronde à deux anses, avec couvercle surmonté d'une branche de laurier et plateau à bords festonnés. Décor à bandes ondulées bleu, rose et brun, alternées et bordées de filets dorés. Dans les entre-deux, des festons de feuillages en couleurs et or.
Lettre M (1764). (M. Léon Fould).

2102. Écuelle ronde à deux anses doubles enlacées, avec couvercle surmonté d'une branche de laurier, et plateau à bords festonnés. Décor polychrôme composé d'un jeté de fleurs et de couronnes de roses qui se détachent sur un fond bleu clair circonscrit par deux filets bruns autour desquels s'enroulent des rubans dorés.
Lettre Z (1776). Le décor par Choisy. (M. du Sartel).

2103. Écuelle ronde à deux anses doubles, avec couvercle surmonté d'une branche de laurier et plateau ovale à bords festonnés.
Fond gros bleu : décor imitant les joyaux composé de médaillons émaillés sur or imitant l'agate arborisée, de rosaces, de festons et de rangs de perles d'émail imitant l'opale et le rubis.
Lettre D D (1788). Le décor par Le Gay. (M. A. Beurdeley).

2104. Assiette à bords festonnés, décorée de rubans bleu turquoise formant arceaux, d'où s'échappent des festons de fleurs bordée au marli d'œils de perdrix dorés, offrant au fond, en décor polychrôme, un bouquet composé de fleurs et d'une grappe de raisin.
Epoque Louis XV. (M. Stettiner).

2105. Assiette à bords festonnés. Au fond, le chiffre de Mᵐᵉ du Barry, composé de la lettre D, exécutée en dorure et de la lettre B, formée de fleurs et de feuillages polychrômes.

PORCELAINE DE SÈVRES. 275

Le marli présente en décor polychrome trois médaillons ovales en largeur surmontés de festons de fleurs qui renferment chacun une figurine d'Amour. Trois corbeilles de fleurs occupent les entre-deux des médaillons dont ils sont séparés par des couronnes de feuilles de laurier.
Le bord bleu est dentelé d'or. (M. Stettiner).

2106. Assiette à bords festonnés. Au centre, dans une couronne formée d'une branche de feuilles et de glands de chêne, le chiffre P. L. R. des ducs de Rohan. Le marli bleu turquoise à ornements gaufrés en relief, présente trois réserves qui renferment des paysages avec oiseaux en couleurs, reliés par des festons de feuillages de chêne et des ornements en dorure.
Epoque Louis XV. (M. Stettiner).

2107. Assiette à bords festonnés et gaufrés. Décor polychrome. Au fond, deux oiseaux voltigeant. Le marli à fond gros bleu présente trois réserves de fleurs encadrées d'ornements et de fleurs dorés. (M. du Sartel).

2108. Assiette à bords festonnés. Le marli à fond rose présente trois réserves de fleurs polychrômes, encadrées d'ornements dorés et elle offre à son centre un bouquet de fleurs en couleurs sur fond blanc.
Epoque Louis XV. (M. du Sartel).

2109. Assiette à bords festonnés et ornements gaufrés en relief. Le marli à fond vert pomme présente trois réserves encadrées de fleurs et d'ornements dorés et qui renferment des oiseaux dans des paysages polychromes ainsi que le bouquet de fleurs du centre.
Epoque Louis XV. (M. du Sartel).

2110. Assiette analogue à celle précède. Les réserves du marli sont reliées par des ornements et des fleurs exécutés en dorure et elle offre au fond un groupe de fruits et de fleurs polychromes.
Epoque Louis XV. (M. du Sartel).

2111. Assiette à bords festonnés et ornements gaufrés en relief au marli. Au fond, bouquets de fleurs polychrômes. Le marli à fond bleu turquoise présente trois réserves encadrées de fleurs et d'ornements dorés qui renferment des oiseaux dans des paysages.
Lettre F (1758). (M. du Sartel).

2112. Assiette à bords festonnés et à décor gaufré en relief, dit *feuille de choux*, à hachures bleues et or. Au fond, trophée d'attributs de jardinage : compartiments au marli reliés par des guirlandes de fleurs, renfermant chacun des bouquets de fleurs, le tout en couleurs.
Lettre N (1765). Le décor par Bouillat et Buteux père. (M. Stettiner).

2113. Assiette de même modèle que celle qui précède. Au fond, en décor polychrôme, un groupe de deux enfants dans un paysage dans le goût de Boucher.
Lettre F (1758). Le décor par Vieillard. (M. Stettiner).

2114. Assiette à marli vert, semé d'œils de perdrix carmin avec pois dorés au centre. Au fond, large bouquet de fleurs en décor polychrome.
Marquée *Sèvres* en bleu. (M. Stettiner).

2115. Assiette analogue à celle qui précède, mais à bords festonnés. Au fond et en décor polychrôme, paysage avec oiseau perché sur un arbuste.
Au revers l'inscription : *le Guay bleu des Indes*. Lettres PP (1791).
(M. du Sartel).

2116. Soupière ronde et son plateau : soupière à deux anses ornées se rattachant aux quatre pieds ornés de même et rehaussés de dorures, avec couvercle surmonté d'une branche d'artichaut. Plateau oblong à deux anses ornées de coquilles et d'enroulements.
Décor de médaillons ovales qui renferment des bouquets de fleurs polychrômes et qui sont encadrés de perles longues simulées. Ces médaillons sont reliés entr'eux par des zônes de feuillages, de fleurs et de perles, dont partie se détache sur fond brun et partie sur fond blanc, avec rehauts d'ornements dorés dans les entre-deux. La branche d'artichaut qui forme le bouton du couvercle est dorée.
Lettres GG (1783). Le décor par La Roche. (M. du Sartel).

2117. Saucière oblongue à deux anses doubles enlacées. Fond gros bleu à quatre réserves de fleurs polychrômes encadrées de fleurs et d'ornements dorés.
Lettre I (1761). Les fleurs, par Noël. (Mlle Grandjean).

2118. Deux salières à trois places et à anse triple formée de branchages reliés par des rubans avec nœud au-dessus. Le pourtour, fond bleu turquoise, offre trois médaillons à décor polychrôme qui représentent des oiseaux dans des paysages et qui sont encadrés de festons de fleurs dorés. L'anse à fond blanc est relevée de filets dorés.
Epoque Louis XV. (Mlle Grandjean).

2119. Deux salières oblongues et à contours, modèle *bateau*, décorées de fleurs et de hachures en camaïeu carmin.
Lettre E (1757). (M. Léon Fould).

2120. Moutardier, avec couvercle à gorge ayant une boule comme bouton, et plateau adhérent. Décor de médaillons de paysages polychrômes, sur fond à œils de perdrix bleu turquoise et quadrillés carmin avec œils de perdrix à fond jaune aux lignes de jonction.
Lettre G (1759). (M. Léon Fould).

2121. Petite Corbeille quadrilobée, évasée à sa partie supérieure et à arceaux et fleurons gaufrés en relief à l'extérieur, simulant l'osier.
Fond vert pomme avec réserves à fond blanc bordées de dorure.
Epoque Louis XV. (Mlle Grandjean).

2122. Jatte à fruits de forme cylindrique dont le pourtour et le fond sont percés de trous et d'ornements. Rehauts de bleu et de dorure et chiffre composé des lettres D. B. (Du Barry ?) exécuté à l'aide de fleurettes polychrômes.
(M. le Marquis de Thuisy).

2123. Plaque ronde présentant au centre un paysage traversé par un cours d'eau. Au pourtour, spécimen de diverses nuances devant former une palette de peintre Décor polychrôme.
Au revers le nom de *Vieillard*, peintre de la manufacture de Sèvres.
Dans un cadre en cuivre doré. (M. A. André).

PORCELAINE DURE DE SÈVRES.

2124. Écuelle ronde à deux anses ornées et couvercle surmonté d'un bouton formé d'une grenade et de feuillages. Fond bleu, médaillons de marines encadrées de festons de fleurs en décor polychrôme avec rehauts d'ornements dorés.
Les anses et le bouton du couvercle sont également dorés.
La marque composée des deux L enlacées, est surmontée de la couronne royale sur bleu.
Époque Louis XVI. (Mme la Baronne A. Thénard).

BISCUIT DE SÈVRES.

2125. Groupe commémoratif de la naissance du Dauphin.
La reine Marie-Antoinette à demi nue et assise sur un groupe de dauphins, tient le Dauphin de ses deux mains. L'enfant royal est complètement nu et s'appuie seulement sur une draperie fleurdelisée. Socle cylindrique en porcelaine de Sèvres émaillé gros bleu et estampé de filets dorés.
Époque Louis XVI. (M. F. Bischoffsheim).

2126. Deux Médaillons ronds offrant au bas-relief des scènes familières dont les figures sont réservées en blanc sur fond bleu.
Les encadrements en poudre d'écaille gris bleuté présentent au pourtour des festons de fleurs en bas-relief et dorés.
Époque Louis XVI. (M. L. Decloux).

PORCELAINE dite A LA REINE.

2127. Vase à panse ovoïde, à gorge découpée à jour, anses de mascarons à têtes chimériques et couvercle surmonté d'une pomme de pin.
La plinthe carrée du piédouche, la panse du vase et le couvercle sont marbrés de bleu et de dorure. Le piédouche le culot et la gorge du vase, le bord et le bouton du couvercle sont rehaussés d'ornements et de feuillages dorés. Les anses sont dorées en plein. Marque dorée.
Époque Louis XVI. (Mme la Comtesse d'Yvon).

PORCELAINE DE CHINE A DÉCOR FRANÇAIS.

2128. Tasse de forme campanulée, à décor d'ornements en bleu. Cette pièce a reçu en France, à l'époque de la Régence, un décor en relief doré à froid, dans le goût de Bérain, à cariatides, dais, rinceaux et ornements variés.
(M. Léon Fould).

MINIATURES ET ÉVENTAILS.

2129. Boîte ronde en écaille, ornée d'un portrait de femme en costume de l'époque Louis XIV, attribué à Petitot. (XVIIIe siècle).
(Musée de Châteauroux).

2130. Miniature représentant le portrait de M. d'Angivillers, conseiller du roi, directeur général des arts, peint par Weyler en 1780. Cadre en bronze ciselé et doré. (XVIIIe siècle).
(M. Decloux).

2131. Miniature ovale ; tête d'enfant dans un cadre en cuivre, ciselé et doré. (XVIIIe siècle)
(M. Decloux).

2132. Miniature ; portrait d'homme renfermé dans un cadre Louis XVI, monté en roses. (XVIIIe siècle).
(M. Decloux).

2133. Miniature ; portrait de femme en costume du temps de Louis XVI.
(XVIIIe siècle).
(M. Laurent).

2134. Miniature ovale ; portrait de femme assise en costume du temps de Louis XVI. Fond de paysage. Cadre en bois sculpté. (XVIIIe siècle).
(M. Decloux).

2135. Portrait de femme en costume du XVIIIe siècle ; miniature sur vélin, montée dans un cadre ovale en argent, enrichi de roses et d'émeraudes.
(XVIIIe siècle).
(M. Cartier).

2136. Portrait de Nicolas Mouchet, miniaturiste, élève de Greuze, né en 1750, mort en 1814. Cadre en bronze doré. (XVIIIe siècle).
(M. Decloux).

2137. Miniature ronde, représentant le portrait de Boissy d'Anglas, signé : *Dumont fils, l'an troisième.* (XVIIIe siècle).
(Mme Helft).

2138. Miniature ovale, représentant le portrait du fils de Prudhon ; attribué à son père. (XVIIIe siècle).
(M. Decloux).

XVIIᵉ ET XVIIIᵉ SIÈCLES.

2139. Cadre en bronze ciselé et doré renfermant six médaillons en grisailles représentant des portraits de la famille d'Orléans. (XVIIIᵉ siècle).
(M. Decloux).

2140. Éventail peint sur ivoire représentant un sujet allégorique composé de nombreux personnages réunis dans un palais et ayant trait au mariage de Marie-Thérèse, archiduchesse d'Autriche avec le roi Louis XIV. A gauche, dans un nuage, on voit les armes de France et d'Autriche. Fond de paysage.
(XVIIᵉ siècle).
(Mlle Juliette de Rothschild).

2141. Éventail du temps de Louis XV. (XVIIIᵉ siècle).
Sur la feuille, scène pastorale : bergers, musiciens, enfants dansant ; monture en nacre rehaussée d'or et de couleurs présentant des médaillons rocaille contenant des amours, des sujets de bergerie ou des fruits et oiseaux.
Au revers de la feuille, autre scène champêtre. (Mᵐᵉ C. Mannheim).

2142. Éventail du temps de Louis XV. (XVIIIᵉ siècle).
La feuille est décorée d'une peinture représentant les jardins d'Armide. Les branches en nacre rehaussée d'or offrent trois médaillons rocaille contenant l'un, le temple de l'Hyménée, les deux autres, des scènes de bergerie.
(Mᵐᵉ C. Mannheim).

2143. Éventail du temps de Louis XV. (XVIIIᵉ siècle).
La feuille est ornée d'une peinture représentant l'apparition de Vénus au berger Pâris ; en haut, dans le lointain, l'Olympe ; en bas à droite, trois femmes se parant de roses.
Les branches en nacre rehaussée de dorure présentent par leur juxtaposition trois médaillons contournés de motifs rocaille, contenant l'un, au milieu, une scène de bergerie, les deux autres deux Amours.
(Mᵐᵉ C. Mannheim).

2144. Éventail du temps de Louis XV. (XVIIIᵉ siècle).
La feuille offre une scène galante tirée du *Roland furieux*, de l'Arioste : Angélique assise près de Médor qui trace avec une flèche sur un tronc d'arbre, les mots : Angélique et Mé.... ; à droite, le piédestal d'un vase porte l'inscription : Vive Angélique et Médor.
La monture en nacre rehaussée d'or et de couleurs présente un médaillon irrégulier à sujet de chasse, ainsi que des Amours, des insectes et des papillons.
Autre sujet galant et autre sujet de chasse sur le revers de la feuille et de la monture.
(Mᵐᵉ C. Mannheim).

2145. Éventail du temps de Louis XV. (XVIIIᵉ siècle).
Sur la feuille, Apollon accompagné de Clio, Uranie et Euterpe ; au second plan, sur un nuage, la Renommée. Sur la monture de nacre rehaussée d'or, trois médaillons irréguliers à scènes de bergerie, séparés par de petits médaillons ovales contenant des bustes de femmes, des Amours, des fleurettes etc., reliés par des guirlandes de rubans.
Au revers, le temple d'Apollon. (Mᵐᵉ C. Mannheim).

2146. Éventail du temps de Louis XV. (XVIIIᵉ siècle).
La feuille offre sept compartiments oblongs à scènes galantes séparés par six médaillons circulaires contenant chacun un personnage, berger ou bergère.
La monture en nacre rehaussée d'or présente trois médaillons rocaille à personnages et Amours. Sur le revers de la feuille, scène de bergerie à deux personnages. (Mlle Mannheim).

2147. Éventail. Monture de nacre ciselée et en partie dorée de deux tons, représentant *Le Soleil sur son char*, accompagné de génies dans des cartouches rococo.
La feuille représente *Neptune sur son char*, accompagné de Néréides. A gauche, deux hommes ailés, dont un armé de la foudre, sont renversés sur des rochers. (Milieu du XVIIIᵉ siècle).
Ecole d'A. Coypel.
(M. A. Martel).

2148. **Éventail** avec peintures en camaïeu rouge. A droite et à gauche, deux sujets dans des encadrements, l'un représente un paysage, l'autre une carte de géographie. La monture est en nacre incrustée d'or à personnages en ornements rocailles. (XVIIIe siècle).
(Mme Doistau).

2149. **Éventail** orné d'une peinture représentant des pastorales sur fond de paysage. Les branches en nacre sont rehaussées de dorures représentant sept médaillons à personnages dont deux reposent sur des vases de style rocaille.
(XVIIIe siècle).
(Mme Besnard).

INSTRUMENTS DE MUSIQUE.

2150. **Harpe** en bois sculpté et doré, ornée de peintures et de guirlandes de fleurs s'enroulant sur une tige de palmier. (XVIIIe siècle).
(M. Samary).

2151. **Harpe** en bois sculpté et doré, ornée de peintures représentant des paysages et des guirlandes de fleurs s'enroulant sur une tige de palmier.
(XVIIIe siècle).
(M. Doistau).

2152. **Petite vielle** en forme de pochette ornée de sculptures représentant des têtes entourées de rinceaux de style Louis XIV. (XVIIIe siècle).
(M. P. Eudel).

2153. **Musette** en ivoire montée en argent. Les soufflets en velours marron sont ornés d'un galon d'argent à jour. La ceinture est fermée par une boucle en strass de l'époque Louis XV. (XVIIIe siècle).
(M. P. Eudel).

RELIURE.

2154. **Couverture de livre** en cuivre doré et repoussé à ornements de rinceaux et de guirlandes de fleurs. Au centre, se détachent deux écussons sur lesquels sont gravés des aigles. (XVIIIe siècle).
(M. Vidal).

2155. **Porte-feuille** en maroquin vert doré au petit fer. La serrure est ciselé et gravé représente les attributs de la Peinture surmontés d'un chiffre entrelacé. Au dessous se trouve le nom de « Monsieur Carmontel au Palais Royal. » (XVIIIe siècle).
(M. Cobletz).

TAPISSERIE

PAR M. MAILLET DU BOULLAY.

2156. **Panneau.** *La mort de Méléagre ?* (Gobelins. - C^t du XVIIIe siècle).
Deux femmes et deux Amours portent le corps d'un jeune homme. Fond de paysage. Brodure de grotesques sur fond jaune. (M. Sassiron).

2157. **Panneau.** (Gobelins. - XVIIe siècle).
Une scène tirée de l'histoire Romaine sur fond de paysage.
Bordure à rinceaux, trophée d'armes et guirlandes de fleurs.
(M. Lowengard).

2158. **Panneau** des *Belles chasses.* (Gobelins. - XVIIe siècle).
Une chasse. Bordures de fleurs et de fruits ; celle du bas est exécutée en camaïeu jaune et ornée de tritons. Dans la bordure du haut se détache dans un cartouche le signe de l'écrevisse.
Signée : *Mosin.* (M. De La Forest et Mans).

2159. Écran tissé d'argent. (Gobelins. - XVIIe siècle).
Le sujet représente un Amour monté sur un char traîné par des colombes entourées d'attributs pasturaux, et se détachant sur un fond blanc quadrillé.
(M. Maillet de Boullay).

2160. Panneau de l'*Histoire de Don Quichotte*. (Gobelins. - XVIIIe siècle).
Fond jaune à dessin ton sur ton sur lequel se détachent deux médaillons en couleur séparés par la figure de *Sancho* en grisaille et entourés de guirlandes de fleurs. (M. Bischoffsheim).

2161. Panneau d'entre-fenêtres appartenant à la tenture de l'*Histoire de Don Quichotte*. (Gobelins. - XVIIIe siècle).
Il représente un vase de fleurs posé sur une console, se détachant en couleurs sur un fond jaune à deux tons. (Mme veuve Flandin).

2162. Panneau de l'*Histoire de Jason*. (Gobelins. - XVIIIe siècle).
La vengeance de Médée brûlant Corinthe et poignardant les deux fils de Jason.
Bordure imitant un cadre en bois doré, au-dessus duquel se trouve un écusson aux armes de France. (Mobilier National).

2163. Panneau de l'*Histoire de Jason*. (Gobelins. - XVIIIe siècle).
Le mariage de Jason et de la fille du roi de Corinthe. Composition d'un grand nombre de figures.
Bordure imitant un cadre en bois doré au-dessus duquel se trouve un écusson aux armes de France. (Mobilier National).

2164. Panneau. (Gobelins. - XVIIIe siècle).
Portrait d'une jeune fille en costume Louis XVI avec corsage orné de fleurs, et nœud de rubans dans les cheveux. (M. Doistau).

2165. Panneau. — *Mars.* (Beauvais. - XVIIe siècle).
La statue de Mars sous un dais en avant d'un groupe de guerriers combattants, dans une enceinte de cariatides réunies par des guirlandes de fleurs.
Dessin de Bérain. (M. Martin Le Roy).

2166. Panneau. — *Apollon.* (Beauvais. - XVIIe siècle)
La statue d'*Apollon* sous un dais en avant d'un groupe de musiciens dans une enceinte de cariatides reliées par des guirlandes de fleurs.
Dessin de Bérain. (M. Martin Le Roy).

2167. Deux panneaux. (Beauvais. - XVIIIe siècle).
Ils représentent des animaux et des oiseaux sur fonds de paysage.
Les bordures sont ornées de rinceaux de bouquets de fleurs et de guirlandes de fruits, se détachant en couleurs sur fond noir.
(M. De la Forest et Mans).

2168. Panneau. (Beauvais. - XVIIIe siècle).
Le Gouter d'après François Boucher ; personnages assis dans un paysage.
Bordure à palmes imitant le bois doré. (M. G. Le Breton).

2169. Panneau d'ornement d'après Bérain. (Beauvais. - XVIIe siècle).
Un concert de musiciens sous un portique, entouré d'ornements à cartouches et guirlandes de fleurs sur un fond brun-clair. Bordure à rinceaux se détachant en rouge sur un fond bleu. (M. De la Forest et Mans).

2170. Panneau d'ornement d'après Bérain. (Beauvais. - XVIIe siècle).
Un groupe de danseurs sous un portique entouré d'ornements à cartouches et guirlandes de fleurs sur un fond brun-clair. Bordure à rinceaux se détachant en rouge sur un fond bleu. (M. De la Forest et Mans).

BRODERIES ET TISSUS.

2171. Panneau d'ornement d'après Bérain. (Beauvais. - XVIIᵉ siècle).
Une danseuse sous un portique de cariatides et guirlandes de fleurs sur fond brun clair. Bordure à rinceaux se détachant en rouge sur fond bleu.
(M. Lowengard).

2172. Panneau d'ornement d'après Bérain. (Beauvais. - XVIIᵉ siècle).
Une scène de combat d'animaux sous un portique. Ornements à cariatides et guirlandes de fleurs sur fond brun clair. Bordure à rinceaux se détachant en rouge sur fond bleu. (M. Lowengard).

2173. Deux portières. (Beauvais. - XVIIᵉ siècle).
Vase d'or à deux anses, d'où s'échappe un bouquet de pavots sous un arc de treillage d'où pendent des guirlandes de fleurs. Une touffe de pavots pousse aux pieds de chaque montant de l'arc. A droite de l'un des panneaux et à gauche de l'autre, amorce d'une arcade de treillage sur laquelle pose un vase de fleurs. Fond jaune. (Mᵐᵉ la Vicomtesse Lepic).

2174. Quatre panneaux. (Aubusson. - XVIIIᵉ siècle).
Scènes pastorales dans le genre de François Boucher.

1ᵉʳ *L'escarpolette*. Au centre, une jeune fille assise sur une escarpolette accrochée à des arbres, mue par deux jeunes gens. A droite, une femme assise avec deux enfants. A gauche, un marchand d'oublies les fait tirer à une petite fille, et à deux femmes. Animaux aux premiers plans, fond de paysage. Dans le bas l'inscription en blanc :
B. M. A. LIONARD OBI.

2ᵉ *Le lavoir*. A gauche, une femme lavant du linge dans la vasque d'une fontaine et des bergères gardant des moutons. A droite, deux chasseurs près d'un ruisseau tombant de rochers. Ruines et paysages au fond.

3ᵉ *Chasse au filet*. Des enfants sous un abri de paille fixé à des arbres jouent avec des oiseaux et surveillent un filet tendu à gauche. Fond de fabriques et de paysage.

4ᵉ *Bergers*. Un berger assis à gauche joue du flageolet. Une bergère est assise auprès de lui. Fond de paysage. (M. Herpin).

2175. Panneau ovale en ancienne tapisserie de la Savonnerie, représentant le portrait de Blaise Pascal. (XVIIIᵉ siècle).
(M. Lefrançois).

2176. Panneau à deux personnages, exécuté en tapisserie de la Savonnerie. Cadre en bois sculpté. (XVIIIᵉ siècle).
(Mᵐᵉ veuve Flandin).

BRODERIES ET TISSUS.

2177. Portière, broderie au petit point carré. (XVIIᵉ siècle).
Le sujet principal est l'enlèvement d'Europe sur un fond de paysage.
La bordure est ornée de personnages, de fleurons, d'oiseaux se détachant sur un fond noir. (M. Degrand).

2178. Panneau, broderie au petit point carré, à rinceaux et bouquets de fleurs. Au centre un médaillon représentant sur fond de paysage l'enlèvement d'Europe. (XVIIᵉ siècle).
(Mᵐᵉ la Comtesse d'Yvon).

2179. Panneau, broderie au petit point carré, en soie, laine et argent, à rinceaux et guirlandes de fleurs. Au centre se trouve un médaillon d'animaux et d'oiseaux se détachant sur un fond de paysage. (XVIIᵉ siècle).
(Mᵐᵉ la Comtesse d'Yvon)

XVIIᵉ ET XVIIIᵉ SIÈCLES.

2180. Vitrine contenant différentes étoffes, un tapis en satin brodé représentant Apollon sur son char, une bande brodée d'or et de soies de couleurs sur fond crème, une toque en velours, deux sachets, deux paires de gants avec broderies d'or et d'argent. (XVIIᵉ siècle).
(M. Spitzer).

2181. Petit sac en étoffe noire tissée d'or et d'argent, orné de rinceaux au milieu desquels se détache un chiffre surmonté d'une couronne de comte.
(XVIIᵉ siècle).
(Mlle C. Mannheim).

2182. Petit sac en étoffe marron tissée d'or et d'argent. (XVIIᵉ siècle).
Il est orné au centre d'un chiffre entrelacé, surmonté d'une couronne de comte avec deux lions en supports. (Mlle C. Mannheim).

2183. Panneau de forme oblongue, orné de fleurs et d'enroulements brodés en or sur fond de satin crème. (XVIIIᵉ siècle).
Au centre se trouve un médaillon, représentant une fontaine avec des syrènes se détachant sur un fond de paysage. (Mᵐᵉ Vᵉ Flandin).

2184. Devant d'autel de forme oblongue, orné de fleurs et d'enroulements brodés en soie et or sur fond d'argent. (XVIIIᵉ siècle).
(Mᵐᵉ Vᵉ Flandin).

2185. Aumônière du temps de Louis XV, en velours de soie ponceau tissé et brodé d'or au plumetis, présentant un écu « de gueules à la Foi d'or tenant une corne d'abondance de même, au chef de France ancien, » timbré d'une couronne de comte et supporté par deux lions d'or. (XVIIIᵉ siècle).
(Mlle C. Mannheim).

2186. Aumônière du temps de Louis XV, en velours de soie vert, tissé et brodé d'or au plumetis, aux armes de la ville de Paris ; derrière l'écu, deux étendards semés de France et deux étendards de gueules passés en sautoir.
(XVIIIᵉ siècle).
(Mlle C. Mannheim).

2187. Aumônière du temps de Louis XV, en velours de soie rouge tissé et brodé d'or au plumetis, aux armes de France et de Pologne timbrés de la couronne royale sous un pavillon d'or. (XVIIIᵉ siècle).
(Mlle C. Mannheim).

2188. Aumônière analogue à celle qui précède, mais plus petite.
(XVIIIᵉ siècle).
(Mlle C. Mannheim).

2189. Bourse du temps de Louis XV, en soie violette tissée d'or et d'argent, portant sur une face un écusson armorié, timbré d'une couronne ducale et supporté par deux lions, et sur l'autre un monogramme dans un cartouche supporté également par deux lions. (XVIIIᵉ siècle).
(Mlle C. Mannheim).

2190. Bourse du temps de Louis XV, en soie noire tissée d'or et d'argent, portant sur une face le même écusson que la précédente, mais plus petit et entouré de rinceaux et sur l'autre un monogramme au milieu de rinceaux.
(XVIIIᵉ siècle).
(Mlle C. Mannheim).

2191. Collection d'étoffes de soie, fabriquées au XVIIIᵉ siècle sur les dessins de Philippe de La Salle et autres artistes de cette époque, dans la manufacture de Camille Pernon.

Vitrine de gauche.

Lampas broché, fond Dauphine cramoisi. Dessin dit *des Perdrix*, de Philippe de La Salle (Epoque Louis XVI).

BRODERIES ET TISSUS.

Lampas broché, fond cannetillé crême. Dessin dit du *Panier fleuri et rubans bleus* de Philippe de La Salle (Époque Louis XVI).

Lampas broché à petits médaillons, représentant les *Fables de La Fontaine*, fond satin ciel et deux gris (Époque Louis XVI).

Lampas broché, fond satin rouge. Dessin dit *de la Cage*, de Philippe de La Salle (Époque Louis XVI).

Un Panneau Lampas, fond satin bleu avec médaillon Chinois. Dessin dit *des Astronomes*, de Philippe de La Salle (Époque Louis XV).

Dauphine fond vert avec fleurs et bandes de fourrure, de velours de plusieurs nuances (Époque Louis XV).

Rideau lampas broché soie et chenille, fond satin blanc. Étoffe fabriquée par C. Pernon sur les dessins de Philippe de La Salle, pour la chambre de la reine Marie-Antoinette. Cette étoffe fut offerte à la reine par la ville de Lyon à l'avènement de Louis XVI. Dessin à quatre médaillons de motifs différents entourés de feuilles de roseau et de fleurs.

Un Rideau fond *Gros de Tours* crême. Dessin à motifs des Saisons avec bordure et coins brodés.

Tissus genre des Gobelins. Dessin dit *de la branche de Corail*, de Philippe de La Salle (Époque Louis XV, fabriqué pour la Russie).

Un Médaillon sur fond bleu. *Le Jardinier*, de Philippe de La Salle (Époque Louis XVI).

Deux Lambrequins lampas broché allant avec le rideau des Saisons.

Un Gilet Louis XV motifs brochés « La Vieille et les deux Amants ».

Un Gilet Louis XV velours miniature « Les Joueurs de Boules ».

Bordure velours noir brodé de fleurs de couleurs.

Un Coussin brodé « Les Fables de La Fontaine » motifs entourés de fleurs au cordonnet. Dessin de Philippe de La Salle (Époque Louis XVI).

Un Médaillon broché sur fond satin blanc. Paons et faisans dans une couronne de roses.

Broderie sur fond satin crême à paysages et sujets avec personnages et animaux (Époque Louis XVI).

Vitrine de droite.

Lampas broché avec chenille, fond satin blanc, Aigle et Etendards. Dessin de Philippe de La Salle ; fabriqué pour la Russie (Époque Louis XV).

Lampas fond satin blanc : Corbeille et fleurs : trois verts et rose (Époque Louis XV).

Velours chiné en 110 c/m. de largeur, fond crême. Les Fleurs, dessin de Philippe de la Salle, (Époque Louis XV).

Lampas, fond vénitienne crême. Dessin dit *de la corbeille*, de Philippe de La Salle (Fin Louis XV).

Lampas, fond cannelé pékin crême. Dessin de bouquets reliés avec des Plumes d'Argus (Époque Louis XV).

Lampas tissé en 130 c/m. de largeur (pièce unique). Dessin de bouquets de roses encadrés de rubans formant losange, de Philippe de La Salle (Époque Louis XVI).

Panneau, broderie cordonnet sur serge crême. Dessin draperies et carquois (Fin Louis XVI).

Fragment. Un bouquet de roses sur fond cannetillé crême (Louis XV).

Deux Fragments de bordures, sens vertical. Lampas broché fond crême, Paniers fleuris et bouquets.

Un Fragment lampas broché. Dessin dit *de la Fougère* (Époque Louis XVI).

Lampas broché, fond satin cramoisi. Dessin dit *des Colombes* avec fleurs et guirlandes de volubilis, de Philippe de La Salle (Époque Louis XVI).

Lampas broché, fond Gros de Tours bleu. Le Voyage à Cythère (Louis XV).

Un petit panneau, broderie chenille et cordonnet. Roses, couronne impériale et fleurs de pommier. Type de la broderie Lyonnaise au XVIIIᵉ siècle. Dessin de Philippe de La Salle.
Un Fragment de broderie au crochet.
Lambequin lampas broché allant avec le rideau des Saisons.
Un corsage de robe, étoffe Dauphine rayée ; — époque Louis XV.
Un corsage de robe Directoire, satin rayé rose et ciment.
Bordure brochée, fond satin maïs. Raisins et Eglantines. Dessin de Philippe de La Salle (Epoque Louis XVI).
Lampas. Dessin genre Boucher, enfants jouant, brochés en grisaille ; — époque Louis XV.
Velours de Gênes, Fleurs et Plumes de Paon. Dessin de Philippe de La Salle (Fin Louis XV).
Robe, fond taffetas maïs à bouquet de fleurs ; — époque Louis XV.
Robe, fond ottoman vert à fleurs et à plumes, broche cordonnet et chenille ; — époque Louis XV.
Bordure taffetas crême brochée de fleurs et rubans bleus, talons-baguettes en camaïeu bleu.
Lampas broché, dessin avec vase de fleurs et médaillon grec sur fond sergé crême (Fin de l'époque Louis XVI).
Trois Bordures velours miniature, impression sur chaîne (Epoque Louis XVI).

(MM. Chatel et V. Tassinari, successeurs de Camille Pernon, à Lyon.)

2192. Une bacchante. Velours tinté et imprimé sur chaîne. Cadre en bronze doré de l'époque Louis XVI. (XVIIIᵉ siècle).

(M. Giraud à Lyon).

MINISTÈRE DE L'INSTRUCTION PUBLIQUE ET DES BEAUX-ARTS.

Direction des Beaux-Arts.

EXPOSITION DES ARCHIVES

DE LA

COMMISSION DES MONUMENTS HISTORIQUES

MONUMENTS MÉGALITHIQUES

(PHOTOGRAPHIES)

Carte des monuments mégalithiques des communes de Carnac, la Trinité, Crach, Erdeven, Locmariaquer, Saint-Pierre et Quiberon, à $0^m,0005$ p. m., dressée par M. Danyel-Beaupré, agent-voyer à Auray.

1. **Département du Morbihan.**

    A. — *Commune de Carnac* :

    Alignements du Ménec. — Vues prises de la tête et de la queue des alignements — Panorama général.
    Alignements de Kermario. — Panorama général.
    Alignements de Kerlescan. — Panorama général.
    Tumulus-dolmen du Mont Saint-Michel.
    Tumulus-dolmen de Kerlescan.
    Tumulus surmonté d'un menhir du Moustoir-Carnac.
    Tumulus à trois dolmens du Mané-Kérioned.
    Dolmen de Keriaval.
    Dolmens de Tréguelchier.

    B. — *Commune de Plouharnel* :

    Tumulus à trois dolmens de Rundossec.
    Alignement du vieux moulin.
    Alignement de Sainte-Barbe.
    Dolmen de Kergavad.
    Dolmen de Crucuno.
    Cromlech de Crucuno.

    C. — *Commune d'Erdeven* :

    Alignement de Kerserho.
    Dolmen du Mané-Groh.

D. — Commune de Locmariaquer :

Tumulus avec dolmen du Mané-Lud
Dolmen des Marchands.
Dolmen du Mané-Rutual.
Dolmen de Kerverès.
Grand Menhir.

2. Département de la Loire-Inférieure.

Tumulus avec dolmens de Pornic.
Dolmen trilithe de Saint-Nazaire.
Menhir de la Vacherie, à Donges.

(Photographies exécutées par M. Mieusement).

3. Département de la Corse.

A. — Commune de Sartène :

Dolmen de Fontanaccia.
Menhirs de la Pila.
Menhirs du Rizzanese.

B. — Commune de Belvedere-Campo-Moro :

Dolmens de Capo di Luogo.
Menhirs de Capo di Luogo.

C. — Commune de Grossa :

Dolmens de Vaccil-Vecchio.
Menhirs de Vaccil-Vecchio.

D. — Commune de Santa-Pietro-di-Tenda :

Dolmen de Monte-Rivinco.

E. — Commune de Viggianello :

Dolmen de Condutto.

F. — Commune de Sallacaro :

Dolmen du Taravo.
Blocs du Taravo.
(Photographies exécutées par M. Adrien de Mortillet, chargé d'une mission en Corse).

ALGÉRIE

4. Département de Constantine.

Dolmens de Roknia.
Dolmens de Kreneg.
Dolmen de Cheraïa.
Dolmens de Bou-Nouara.
Dolmen de Sigus.
Dolmen de Tamalous.

5. **Département d'Alger.**
   Dolmens de Guyotville.
   (Photographies exécutées par M. Adrien de Mortillet, chargé d'une mission en Algérie).

ARCHITECTURE DE L'ANTIQUITÉ

6. **Amphithéâtre d'Arles** (Bouches-du-Rhône) :
   1. Vue perspective. — 2. Coupe, partie de la façade restaurée.
   (Dessins de feu Ch. Questel).
7. **Théâtre d'Arles** (Bouches-du-Rhône).
   1. Partie de la face sud. — 2. Vue générale, détails. (Dessins de feu Ch. Questel).
8. **Théâtre d'Orange** (Vaucluse).
   1. Plan, à 0^{m}001 par met. — 2. Façade latérale, à 0^{m}015 par mèt. — 3. Façade principale. — 4. Coupe sur le proscenium. (Dessins de feu Caristie).
9. **Temple d'Auguste et de Livie, à Vienne** (Isère).
   1. Façade principale. — 2. Façade latérale. (Dessin de feu Ch. Questel).
10. **Thermes et Nymphée de Nîmes** (Gard).
    1. Plan, coupe, détails. — 2. Étude de la construction.
    (Dessins de M. A. Simil).
11. **Pont du Gard, à Remoulins** (Gard).
    Vue perspective. (Dessin de M. Laisné).
12. **Pont Flavien, à Saint-Chamas** (Bouches-du-Rhône).
    1. Plan, façade de l'arc vers Saint-Chamas. — 2. Elévation longitudinale.
    (Dessins de M. Révoil).
13. **Temple de Mercure, au sommet du Puy-de-Dôme.**
    Vue perspective générale des fouilles. (Dessin de feu Bruyerre).
14. **Temple de la Maison-Basse, à Vernègues** (Bouches-du-Rhône).
    1. Plan. — 2. Face latérale, détails. (Dessins de M. Formigé).
15. **Porte Saint-Marcel, à Die** (Drôme).
    Plan, élévation, détails. (Dessin de M. Manguin).
16. **Ruines romaines d'Herbord, près Sanxay** (Vienne).
    Thermes, état actuel, vue perspective. (Dessin de M. Formigé).
17. **Mausolée des Rois de Mauritanie, dit Tombeau de la Chrétienne,** à Marengo (Départ. d'Alger).
    1. Élévation générale extérieure. — 2. Plan, coupe, détails.
    (Dessins de M. Bourmancé).

MONUMENTS HISTORIQUES.

MOYEN-AGE, RENAISSANCE ET TEMPS MODERNES.

ARCHITECTURE RELIGIEUSE.

18. Église de Germigny-des Prés (Loiret).
1. Plan, vue perspective générale, abside, face latérale, coupes longitudinale et transversale. — 2. Abside, vue intérieure, état actuel et restauration.
(IX⁰ siècle. — Dessins de M. J. Lisch).

19. Église de l'ancienne Abbaye de Saint-Martin d'Ainay, à Lyon (Rhône).
1. Façade principale, coupe longitudinale. — 2. Façade latérale, abside.
(IX-XI⁰ siècle. — Dessins de feu Ch. Questel).

20. Église Saint-Pierre, à Vienne (Isère).
Façade occidentale, porche précédant l'église, Chapelle Notre-Dame.
(XI-XII⁰ siècle. — Dessin de feu Ch. Questel).

21. Cathédrale du Puy (Haute-Loire).
1. Vantaux en bois des portes de droite et de gauche de la façade occidentale.
(XI⁰ siècle. — Dessins de M. Petitgrand).

22. Église des Aix d'Angillon (Cher).
1. Plan, élévation de la façade latérale, coupes longitudinale et transversale, détails.
(XII⁰ siècle. — Dessins de M. G. Darcy).

23. Tour Saint-Aubin, à Angers (Maine-et-Loire).
Plan, élévation, coupe.
(XII⁰ siècle. — Dessin de M. Raulin).

24. Église d'Aregno (Corse).
Plan, coupes longitudinale et transversale, élévation des façades principale et et latérale, abside, détails.
(XII⁰ siècle. — Dessin de M. Albert Ballu).

25. Église de Beaulieu (Corrèze).
1. Plan. — 2. Façade latérale sud. — 3. Coupe longitudinale. — 4. Abside, coupes transversales sur la nef et sur le transept.
(XII⁰ siècle. — Dessins de M. A. de Baudot).

26. Église Saint-Nicolas-Saint-Laumer, à Blois (Loir-et-Cher).
1. Plan. — 2. Élévation de la façade nord. — 3. Coupe longitudinale. — 4. Coupe transversale, détails.
(XII⁰ siècle. — Dessins de M. A. de Baudot).

27. Église de Bois-Sainte-Marie (Saône-et-Loire).
Plan, façade principale et latérale, coupes longitudinale et transversale.
(XII⁰ siècle. — Dessin de feu E. Millet)

28. Église de Bury (Oise).
Plan, vue perspective de l'abside et du transsept; façade nord, coupe transversale, détails.
(XII⁰ siècle. — Dessin de M. P. Selmersheim).

29. Église de la Trinité (ancienne Abbaye aux Dames), **à Caen** (Calvados).
1. Plan. — 2. Coupe longitudinale. — 3. Coupe transversale sur le transsept sud. — 4. Détail de la partie supérieure de la nef au sud.
(XII⁰ siècle. — Dessins de feu V. Ruprich-Robert).

30. Chapelle sépulcrale de Chambon (Puy-de-Dôme).
Plan, façade latérale sud, coupe, détails.
(XII⁰ siècle. — Dessin de feu Bruyerre).

ARCHITECTURE RELIGIEUSE.   289

31. Église de l'ancienne abbaye de Charroux (Vienne).
Plans, élévation et coupe de la tour.   (XIIe siècle. — Dessin de M. Formigé).

32. Église de Châteauneuf (Saône-et-Loire).
1. Plan général, face latérale coupes longitudinale et transversale. — 2. Plan de l'église, façade principale, abside.
(XIIe siècle. — Dessin de feu E. Millet).

33. Église de Chatel-Montagne (Allier).
1. Plan, façade occidentale, coupe transversale. — 2. Façade latérale, avant et après restauration, coupe longitudinale.
(XIe et XIIe siècle. — Dessin de feu Eugène Millet).

34. Église de Couflans-Sainte-Honorine (Seine-et-Oise).
Plan, coupe sur le cœur, coupe longitudinale, élévation du clocher. — Tombeau de Jean de Montmorency.   (XIIe siècle. — Dessin de M. Formigé).

35. Église de Conques (Aveyron).
1. Plan. — 2. Façade méridionale. — 3. Coupe longitudinale. — 4. Statue de sainte Foy en or repoussé, Xe siècle.
(XIIe siècle. — Dessins de M. Formigé).

36. Église de Coustouges (Pyrénées-Orientales).
1. Plan, coupe transversale, détail des pentures de la porte et de l'arcature du clocher. — 2. Façade latérale ; portail sous le porche, élévation et coupe.
(XIIe siècle. — Dessins de M. Formigé).

37. Église d'Eymoutiers (Haute-Vienne).
1. — Plan, coupes longitudinale et transversale. — 2. Façade latérale, élévation et coupe du clocher.   (XIIe siècle. — Dessins de M. Chaîne).

38. Église du Grand-Brassac (Dordogne).
1. Plans des divers étages. — 2. Façades principale et latérale. — 3. Coupes longitudinale et transversale.   (XIIe siècle. — Dessins de M. H. Rapine).

39. Église d'Isômes (Haute-Marne).
Plan, façades occidentale, latérale et absidale, coupe longitudinale.
(XIIe siècle. — Dessin de M. Émile Bœswillwald).

40. Église de Lescure (Tarn).
1. Plan, façades principale et latérale, coupes longitudinale et transversale. — 2. Détails du portail.   (XIIe siècle. — Dessins de M. Laffillée).

41. Église Saint-Ours à Loches, (Indre-et-Loire).
1. Plan. — 2. Façade latérale. — 3. Coupe longitudinale.
(XIIe siècle. — Dessins de M. A. de Baudot).

42. Église Notre-Dame, à Melun (Seine-et-Marne).
Plan, coupe, élévation, détails. (X^e XIIe XIIIe siècle. — Dessin de M. Bérard).

43. Cloître de l'ancienne abbaye de Montmajour (Bouches-du-Rhône).
Plans, coupe, état actuel et restauration.
(XIIe siècle. — Dessin de M. H. Révoil).

44. Église de Morienval (Oise).
1. Plans, coupes longitudinales avant et après la restauration, détails. — 2. Façade occidentale, abside, état actuel et restauré. — 3. Façade latérale, id.
(XIIe siècle. — Dessins de M. Émile Boeswilwald).

45. Église de Nesles (Seine-et-Oise).
Plan, vue perspective de la façade principale ; façade latérale, coupe longitudinale.
(XIIe siècle. — Dessin de M. Danjoy).

46. Église d'Orcival (Puy-de-Dôme).
   1. Plan du rez-de-chaussée. — 2. Plan de la crypte, façade principale, coupe transversale sur la nef, détails. — 3. Abside, coupe transversale sur le transsept. — 4. Face latérale sud. — 5. Coupe longitudinale. — 6. Détail des pentures des portes. (XII⁰ siècle. — Dessins de feu Bruyerre.)

47. Église de Paray-le-Monial (Saône-et-Loire).
   1. Façade latérale. — 2. Coupe longitudinale.
   (XII⁰ siècle. — Dessin de feu E. Millet.)

48. Église de Parthenay-le-Vieux (Deux-Sèvres).
   1. Plan. — 2. Façade occidentale. — 3. Abside, façade latérale. — 4. Coupes longitudinale et transversale. (XII⁰ siècle. — Dessins de M. Déverin.)

49. Église de Notre-Dame-la-Grande, à Poitiers (Vienne).
   1. Plan. — 2. Façade latérale. — 3. Façade occidentale. — 4. Coupe transversale, détails. (XII⁰ siècle. — Dessins de M. Formigi.)

50. Chapelle Sainte-Claire, au Puy (Haute-Loire).
   Plan, façade principale, façade latérale, coupes longitudinale et transversale.
   (XII⁰ siècle. — Dessin de M. Petitgrand.)

51. Église de Ryes (Calvados).
   1. Plan, coupe transversale sur le chœur, vue perspective intérieure du chœur. — 2. Coupe longitudinale. (XII⁰ siècle. — Dessins de M. de la Rocque.)

52. Église de Saint-Amand-de-Coly (Dordogne).
   1. Vue perspective générale, état actuel. — 2. Plans. — 3. Coupe longitudinale et coupe transversale sur la nef. (XII⁰ siècle. — Dessins de M. A. de Baudot.)

53. Église de Saint-Léonard (Haute-Vienne).
   1. Plan de l'Eglise. — 2. Plan du clocher à divers étages, coupe sur le clocher et sur la nef. — 3. Abside et élévation du clocher.
   (XII⁰ siècle. — Dessins de M. Werlé.)

54. Église de Saint-Nectaire (Puy-de-Dôme).
   1. Plan. — 2. Face latérale sud. — 3. Abside. — 4. Coupe longitudinale. — 5. Coupe transversale, détails, plan à la hauteur du triforium.
   (XII⁰ siècle. — Dessins de feu Bruyerre.)

55. Église de Saint-Paul-Trois-Châteaux (Drôme).
   1. Plan, abside. — 2. Façades principale et latérale, détails. — 3. Coupes longitudinale et transversale. (XII⁰ siècle. — Dessins de feu Ch. Questel.)

56. Église de Royat (Puy-de-Dôme).
   1. Plans, détails de la rose de l'abside. — 2. Face latérale sud. — 3. Coupes longitudinale et transversale, façades principale et latérale détails.
   (XII⁰ siècle. — Dessins de feu Bruyerre.)

57. Église de Saint-Laurent-en-Brionnais (Saône-et-Loire).
   Plan, face latérale, abside, coupes longitudinale et transversale, détails.
   (XII⁰ siècle. — Dessin de M. Selmersheim.)

58. Église de Saint-Saturnin (Puy-de-Dôme).
   1. Plan, 2. Face latérale sud, coupe longitudinale. 3. Coupe transversale, abside. 4. Plans de la crypte et des combles, façade occidentale, vue générale extérieure, détails. (XII⁰ siècle. — Dessins de feu Bruyerre.)

59. Église de la Souterraine (Creuse).
   1. Plan général. — 2. Plan de la crypte, élévation de la façade, coupes transversales. — 3. Coupe longitudinale. (XII⁰ siècle. — Dessins de feu Abadie.)

ARCHITECTURE RELIGIEUSE.   291

60. Église de Surgères (Charente-Inférieure).
 Plan, élévation de la façade occidentale.
  (XIIe siècle. — Dessin de M. J. Lisch.)
61. Église de Thines (Ardèche).
 Façade principale, abside, coupe longitudinale.
  (XIIe siècle. — Dessin de feu Laval).
62. Église Saint-Philibert, à Tournus (Saône-et-Loire).
 1. Plan. — 2. Coupe longitudinale. — 3. Coupes transversales, détails.
  (XIIe siècle. — Dessins de feu Ch. Questel).
63. Églises de Tracy-le-Val et de Saint-Waast de Longmont (Oise).
 Plans, vues perspectives, détails. (XIIe siècle. — Dessins de M. Gion).
64. Église de Vignory (Haute-Marne).
 1. Plan, coupes longitudinale et transversale. — 2. Vue perspective extérieure, façade occidentale, détails.
  (XIIe siècle. — Dessins de M. Émile Boeswillwald).
65. Église Notre-Dame, à Châlons-sur-Marne (Marne).
 Élévation extérieure, coupe longitudinale et transversale d'une travée.
  (XIIe-XIIIe siècle. — Dessin de M. Ch. Génuys).
66. Église de Chamalières (Haute-Loire).
 1. Plan, détails des sculptures de la porte et des peintures du chœur. — 2. Abside, façade latérale sud. — 3. Façade occidentale, coupe longitudinale et coupe transversale sur le transsept et la nef.
  (XIIe-XIIIe siècle. — Dessins de M. Petitgrand).
67. Église collégiale de Champeaux (Seine et Marne).
 Plan, élévation, coupes longitudinale et transversale, détails.
  (XIIe-XIIIe siècle. — Dessin de feu Garrez).
68. Église d'Évron (Mayenne).
 1. Plan. — 2. Façade latérale. — 3. Coupes longitudinale et transversale.
  (XIIe-XIIIe siècle. — Dessins de M. A. de Baudot).
69. Église de Montataire (Oise).
 Coupes sur la nef et le chœur, détails.
  (XIIe-XIIIe siècle. — Dessin de feu E. Duthoit).
70. Église de Montierender (Haute-Marne).
 1. Plan. — 2. Façade latérale. — 3. Coupe longitudinale, coupes transversales sur la nef et le chœur, détails.
  (Fin du XIIe siècle. — Dessins de M. E. Bœswillwald).
71. Ancienne Cathédrale de Nebbio, à Saint-Florent (Corse).
 Plan, élévation de la façade principale, vue perspective générale.
  (XIIe-XIIIe siècle. — Dessin de M. Émile Boeswillwald).
72. Église d'Orbais (Marne).
 Plan, façades occidendale et latérale, coupe longitudinale, rose du transsept.
  (XIIe-XIIIe siècle. — Dessin de feu M. E. Millet).
73. Église Saint-Julien-le-Pauvre, à Paris.
 Plan, vue perspective, abside, coupe longitudinale, détails.
  (XIIe-XIIIe siècle. — Dessin de M. P. Selmersheim).
74. Église Notre-Dame, à Senlis (Oise).
 1. Façade occidentale. — 2. Coupe longitudinale. — 3. Coupe transversale.
  (XIIe-XIIIe siècle. — Dessin de feu E. Duthoit).

75. Église d'Angicourt (Seine-et-Oise).
   1. Plan et détails. — 2. Façades occidentale et méridionale. — 3. Coupes longitudinale et transversale, voûtes de la nef.
   (XIIIe siècle. — Dessins de M. V. Petitgrand).

76. Église d'Appoigny (Yonne).
   Projet de restauration, face latérale, coupe longitudinale.
   (XIIIe siècle. — Dessin de M. Paul Boeswillwald).

77. Chapelle du Séminaire de Bayeux (Calvados).
   1. Plans, vue perspective, abside, coupes longitudinale et transversale. — 2. Vue perspective intérieure de l'abside, détails.
   (XIIIe siècle. — Dessins de M. A. de Baudot).

78. Église de Bernières (Calvados).
   Plan, coupes longitudinale et transversale ; élévation latérale, porche.
   (XIIIe siècle. — Dessins de feu V. Ruprich-Robert).

79. Église de Blécourt (Haute-Marne).
   1. Plan, coupe longitudinale, détails. — 2. Façades occidentale et septentrionale.
   (XIIIe siècle. — Dessin de M. Émile Boeswillwald).

80. Église de Candes (Indre-et-Loire).
   1. Plan. — 2. Façade occidentale. — 3. Façade latérale.
   (XIIIe-XIVe-XVe siècle. — Dessins de M. Déverin).

81. Église Saint-Martin, à Clamecy (Nièvre).
   1. Plan. — 2. Coupes longitudinale et transversale ; coupes sur le bas-côté nord et sur le collestival du chœur. — 3. Abside, détail du triforium.
   (XIIIe-XVe siècle. — Dessins de M. Sainte-Anne-Louzier).

82. Église de Gallardon (Eure-et-Loir).
   1. Plan. — 2. Coupe transversale, abside. — 3. Coupe longitudinale. — 4. Plan des combles ; détail des lambris, pierre tombale.
   (XIIIe siècle. — Dessins de M. Petitgrand).

83. Église de Langrune (Calvados).
   1. Plan, travée de la nef ; plan, coupe, élévation du clocher. — 2. Projet de restauration de la flèche.   (XIIIe siècle. — Dessins de M. de la Rocque).

84. Église Notre-Dame, à Laon (Aisne).
   Façade occidentale.   (XIIIe siècle. — Dessin de M. Émile Boeswillwald).

85. Église de Mogneville (Oise).
   Élévation et coupe du clocher.   (XIIIe siècle. — Dessin de feu M. E. Duthoit).

86. Église de Mouzon (Ardennes).
   1. Plan. — 2. Face latérale sud. — 3. Coupe longitudinale ; plan à la hauteur du triforium. — 4. Façade occidentale, état avant et après la restauration. — 5. Coupe transversale sur les transsepts et la nef ; détails.
   (XIIIe et XVe siècle. — Dessins de M. Émile Boeswillwald).

87. Église de Rieux (Marne).
   Plan, façade latérale de l'abside, avant et après la restauration, coupe longitudinale, vue du chœur.   (XIIIe siècle. — Dessin de feu E. Millet).

88. Église de Saint-Émilion (Gironde).
   Vue perspective générale de l'Église et de ses abords.
   (XIIe-XIIIe-XIVe siècle. — Dessin de M. Paul Gout).

89. Sainte Chapelle de Saint-Germer (Oise).
   Vue latérale avant et après la restauration.
   (XIIIe siècle. — Dessin de M. Émile Boeswillwald).

ARCHITECTURE RELIGIEUSE. 293

90. Église de Saint-Jean-aux-Bois (Oise).
1. Plan, vues perspectives sur les façades occidentale, latérale et absidale. — 2. Élévation des façades occidentale et latérale ; coupes transversale et longitudinale. — 3. Détails, verrières, tombeau.
(XIII⁰ siècle. — Dessins de Max Mimey).

91. Église de Saint-Leu-d'Esserent (Oise).
Plan, portail et face méridionale, coupes longitudinale et transversale, détails.
(XII⁰-XIII⁰ siècle. — Dessin de M. P. Selmersheim).

92. Église de Thiverval (Seine-et-Oise).
1. Plan et coupe transversale de l'église ; plan et élévation du clocher. — 2. Façade occidentale et latérale, coupe longitudinale.
(XIII⁰ siècle. — Dessins de M. A. de Baudot).

93. Église de Tour (Calvados).
1. Plan, vue perspective latérale ; plan et élévation de l'abside ; élévation intérieure du chœur. — 2. Vue perspective intérieure du chœur.
(XIII⁰ siècle. — Dessins de M. A. de Baudot).

94. Église Saint-Urbain, à Troyes (Aube).
Plan, élévation, détails de l'abside.
(XIII⁰ siècle. — Dessins de M. P. Selmersheim).

95. Église de Vernouillet (Seine-et-Oise).
Plan, face latérale, clocher, abside, coupe longitudinale.
(XIII⁰ siècle. — Dessin de M. Fr. Boudin).

96. Église Saint-Nazaire, à Béziers (Hérault).
1. Plan de l'église et du cloître. — 2. Façade principale. — 3. Façade latérale. — 4. Coupe longitudinale. — 5. Coupe transversale.
(XIV⁰ siècle. — Dessins de M. Laisné).

97. Jubé de l'Église de l'ancienne abbaye de la Trinité, à Fécamp (Seine-Inférieure). — Restitution.
1. Plan. — 2. Élévation sur la nef. — 3. Face latérale, coupe transversale. — 4. Fragments principaux formant les éléments de la restitution. — 5. Vue perspective du jubé restitué.
(Fin du XIV⁰ siècle. — Dessins de M. Louis Sauvageot).

98. Église de l'Isle d'Alby (Tarn).
1. Plan, façades occidentale et latérale. — 2. Vue perspective.
(XIV⁰ siècle. — Dessins de M. Paul Gout).

99. Église de Saint-Sulpice de Favières (Seine-et-Oise).
1. Plan. — 2. Façade occidentale. — 3. Façade latérale. — 4. Coupe longitudinale. — 5. Coupe transversale.
(XIV⁰ siècle. — Dessins de M. J. Lisch).

100. Église du Taur, à Toulouse (Haute-Garonne).
1. Plan, coupe transversale. — 2. Faces principale et coupe longitudinale.
(XIV⁰ siècle. — Dessins de M. A. de Baudot).

101. Chapelle du Château de Vincennes (Seine).
1. Plans au rez-de-chaussée et à la naissance des combles. — 2. Coupes longitudinale et transversale. — 3. Vue perspective de l'état en 1867. — 4. Salle du trésor, élévation. (XIV⁰ siècle. — Dessins de M. Louis Sauvageot).

102. Église d'Avioth (Meuse).
1. Plan, coupe longitudinale, abside. — 2. Vue perspective de la façade ; élévation et coupe de la chapelle sépulcrale.
(XV⁰ siècle. — Dessins de M. Émile Boeswillwald).

103. Église Saint-Fiacre, au Fouet (Morbihan).
Plan et élévation du jubé.   (XV⁰ siècle. — Dessin de M. Lambert).

104. Église de Caudebec-en-Caux (Seine-Inférieure).
1. Restauration de la flèche ; plan, élévation, détails de l'appareil. — 2. Plans à divers niveaux, coupe.
(XV⁰ et XVI⁰ siècle.— Dessins de M. Louis Sauvageot).

105. Église de Cergy (Seine-et-Oise).
Plan, coupe et élévation de la porte.
(XVI⁰ siècle. — Dessin de M. Poussin).

106. Église de la Ferté-Bernard (Sarthe).
1. Plan. — 2. Elévation de la façade latérale. — 3. Coupe longitudinale.
(XVI⁰ siècle. — Dessins de M. Manguin).

107. Chapelle du Château de Fleurigny (Yonne).
Plan, élévation, coupes, détails.
(XVI⁰ siècle. — Dessin de M. Sainte-Anne Louzier).

108. Église Sainte-Catherine, à Honfleur (Calvados).
Plan, coupes, élévations, détails.
(XVI⁰ siècle. — Dessin de feu Eugène Millet et Paul Naples).

109. Cathédrale de Langres (Haute-Marne).
Restauration du carrelage de la chapelle sainte Croix.
(XVI⁰ siècle. — Dessin de feu Paul Naples).

110. Église de Neuvy-Sautour (Yonne).
1. Plan, façade latérale, coupe transversale, détails. — 2. Portails : élévations et coupe restaurées.
(XVI⁰ siècle. — Dessins de M. Sainte-Anne Louzier)

111. Église de Rambercourt-aux-Pots (Meuse).
Plan, façades occidentale et latérale, vue perspective, coupe.
(XVI⁰ siècle. — Dessin de M. Émile Bœswillwald).

112. Croix en lave, à Royat (Puy-de-Dôme).
Elévation, plan, coupe.   (XVI⁰ siècle. — Dessin de feu Bruyerre).

113. Église Saint-Eustache, à Paris (Seine).
Porte de la façade méridionale.   (XVI⁰ siècle. — Dessin de M. Paul Gout).

114. Église de Tillières-sur-Avre (Eure).
Plafond du chœur.   (XVI⁰ siècle. — Dessin de M. Lambert).

ARCHITECTURE MILITAIRE.

115. Château de Laval (Mayenne).
Etude du hourd de la tour : plans, coupe, détails, arrachement.
(XII⁰ siècle. — Dessin de M. A. de Baudot).

116. Donjon de Pons (Charente-Inférieure).
Plans, élévation, coupe, vue perspective.
(XII⁰ siècle. — Dessin de M. Moyneau).

117. Tour Bichat (aujourd'hui détruite) **à Paris** restes de l'ancienne commanrie du Temple.
Plan, élévation, coupe.   (Fin du XII⁰ siècle.— Dessin de feu Viollet-le-Duc).

ARCHITECTURE MILITAIRE. 295

118. Château de Coucy (Aisne).
  1. Plan. — 2. Elévation extérieure. — 3.-4. Coupes sur la cour. — 5. Coupe du donjon. — 6. Coupe d'une tour. (XIIIe siècle. — Dessin de M. Bruneau).

119. Bâtiment, dit du Machicoulis, attenant à la cathédrale du Puy (Haute-Loire).
  1. Plans des deux étages, détail perspectif des machicoulis. — 2. Façade extérieure, coupes longitudinales et transversales.
  (XIIe-XIIIe siècle. — Dessins de M. Petitgrand).

120. Pont Valentré, à Cahors (Lot).
  1. Vue générale restaurée. — 2. Tours du pont, plans, coupes, élévations.
  (XIIIe siècle. — Dessins de M. Paul Gout).

121. Mont Saint-Michel (Manche).
  1. Plan. — 2. Coupe longitudinale dans l'axe de l'Eglise. — 3. Elévation sur la face sud. — 4. Face est : détail de la merveille et de l'entrée de l'abbaye ; coupe sur la merveille.
  (XIIe-XIIIe-XIVe-XVe et XVIe siècle. — Dessins de M. Ed. Corroyer).

122. Château de Foix (Ariège).
  1. Plan, élévation sur la face ouest, restauration. — 2. Tour dite de Gaston, restauration. (XIVe siècle. — Dessins de M. Paul Bœswillwald).

123. Château de Mehun-sur-Yèvre (Allier).
  1. Etat actuel, face nord-ouest. — 2. Etat actuel, face sud-est. — 3. Essai de restauration, face nord-ouest. (XIVe siècle. — Dessins de M. Georges Darcy).

124. Porte du Croux, à Nevers (Nièvre).
  Elévation sur les diverses faces, état actuel et restauration.
  (XIVe siècle. — Dessin de feu V. Ruprich-Robert).

125. Château de Pierrefonds (Oise).
  Coupe sur la Cour. (XIVe siècle. — Dessin de feu Viollet-le-Duc).

126. Château de Polignac (Haute-Loire).
  1. Plan. — 2. Vue générale, côtés ouest et nord, porte principale vue extérieurement. — 3. Donjon, face sud, porte principale vue intérieurement. Cheminées. (XIVe siècle. — Dessins de M. Petitgrand).

127. Château de l'Ile Saint-Honorat (Alpes-Maritimes).
  Plan de l'Ile. Vue perspective du Château ; Chapelle Saint-Sauveur, plan, élévation, coupe. (XIVe siècle. — Dessin de feu Ch. Questel).

128. Châteaux de Loches (Indre-et-Loire).
  1. Plan général. — 2. 3. Plans, coupes. — 4. Elévation.
  (XIIe-XIIIe-XIVe siècle. — Dessin de M. Bruneau).

129. Château de Vitré (Ille-et-Vilaine).
  1. Plan, façade ouest. — 2. Tour Saint-Laurent, faces et coupe, restauration. — 3. Face est restaurée.
  (XIe-XIIIe-XIVe-XVIe siècle. — Dessins de M. D. Darcy).

130. Remparts de Guérande (Loire-Inférieure).
  1. Porte Saint-Michel, élévation extérieure, état actuel et restauration. — 2. Elévation intérieure, restauration, plan, coupes.
  (XVe siècle. — Dessins de M. Paul Bœswillwald).

131. Château de Najac (Aveyron).
  1. Plan de l'ensemble et des divers étages. — 2. Arrachement sur le donjon coupe sur la courtine sud. (XVe siècle. — Dessin de feu Benouville).

132. Château de Chinon (Indre-et-Loire).
   1. Plan. Etat actuel. — 2. Elévation sur les faces sud et nord.
   (XIe-XIIIe-XVe siècles. — Dessin de M. Deverin).

133. Château du Grand Pressigny (Indre-et-Loire).
   1. Plan. — 2. Façades et coupes. — 3. Détails.
   (XIIe-XVIe siècle. — Dessins de M. Chaîne).

ARCHITECTURE CIVILE.

134. Hôtel-de-Ville de Saint-Antonin (Tarn-et-Garonne).
   Elévation et détails du beffroi.
   (XIIe siècle. — Dessin de feu Viollet-le-Duc)

135. Passage de l'hôpital, à Pons (Charente-Inférieure).
   Plan, élévation, coupes longitudinale et transversale.
   (XIIe siècle. — Dessin de M. Moyneau).

136. Dépendance de l'ancienne abbaye d'Ourscamp (Oise).
   1. Plan. — 2. Façade orientale. — 3. Façade septentrionale et coupe sur la largeur.   (XIIIe siècle. — Dessin de M. Laisné).

137. Maison dite des musiciens, à Reims (Marne).
   Vue perspective sur la rue ; statues des musiciens.
   (XIIIe siècle. — Dessins de M. Emile Boeswillwald).

138. Maisons anciennes à Cluny (Saône-et-Loire).
   Plans, coupes, élévations.
   (XIIe-XIIIe-XIVe siècle. — Dessins de feu Aymar Verdier).

139. Ancien prieuré de Saint-Martin-des-Champs, à Paris.
   Porte sur le cloître ; plan, coupe, élévation, détails.
   (XIIIe siècle. — Dessin de feu Ch. Bazin).

140. Hôtel Vauluisant, à Provins (Seine-et-Marne).
   Plan, coupe, élévation, détails.   (XIIIe siècle. — Dessin de feu Garrez).

141. Salle Synodale, à Sens (Yonne).
   1. Façade sur la cour, état avant la restauration. — 2. Etat après la restauration.   (XIIIe siècle. — Dessins de feu Viollet-le-Duc).

142. Ancien Hôtel-Dieu de Tonnerre (Yonne).
   1. Plan, vue perspective, état actuel. — 2. Façade latérale, abside, restauration. — 3. Coupes longitudinale et transversale.
   (XIIIe siècle. — Dessins de M. Paul Boeswillwald).

143. Château de Castelnau de Bretenoux (Dordogne).
   1. Plan. 2. Façade principale. 3. Coupe. 4. Chapelle, plan, coupes, détails.
   (XIVe siècle. — Dessins de M. H. Rapine).

144. Hôtel de Ville de Cordes (Tarn).
   Plan, coupe, élévation avant et après restauration.
   (XIVe siècle. — Dessin de M. Paul Gout).

145. Tour de l'ancien hôtel des ducs de Bourgogne, dits de Jean sans Peur, à Paris.
   Plan, élévation, coupe, vue perspective du sommet de l'escalier.
   (Fin du XIVe siècle. — Dessin de M. Bérard).

ARCHITECTURE CIVILE. 297

146. Hôtel-Dieu de Beaune (Côte-d'Or).
1. Plan, coupe transversale sur la cour. — 2. Coupe longitudinale sur la cour. — 3. Façade latérale sur la rue. — 4. Porte sur la rue ; face, profil, détails. — 5. Grande lucarne sur la cour ; face, profil. — 6. Grande salle, coupe transversale, détails.
(XVe siècle. — Dessins de feu Maurice Ouradou).

147. Châtau de Châteaudun (Eure et Loir).
1. Plan du rez-de-Chaussée. — 2. Façade de Longueville restaurée. — 3. Plan et coupe de l'escalier. (XVe siècle. — Dessins de M. D. Devrez).

148. Palais des ducs de Bourgogne, à Dijon (Côte d'Or).
1. Plan d'ensemble des constructions du XIIIe au XIVe siècle. — 2. Plan, coupe, élévation, détails du bâtiment, des cuisines. — 3. Vue perspective intérieure des cuisines, en arrachement. Restitution de la partie orientale du palais du XVe siècle. Face nord, détails de l'escalier.
(XVe siècle. — Dessins de M. Selmersheim).

149. Château de Gien (Loiret).
1. Plan. — 2. Élévation. — 3. Coupe.
(XVe siècle. — Dessins de M. J. Lisch).

150. Château du Moulin, à Lassay (Loir et Cher).
1. Plan, élévation de la façade. 2. Coupe, détails. 3. Vue perspective générale.
(XVe siècle. — Dessins de M. A. de Baudot).

151. Beffroi de Béthune (Pas-de-Calais).
Plan, élévation, coupe. (XVe siècle. — Dessin de M. Danjoy).

152. Palais des ducs de Lorraine, à Nancy (Meuse).
Plan du rez-de-chaussée et du premier étage.
(XVe siècle. — Dessin de M. Emile Bœswillwald).

153. Hôtel de Ville d'Orléans (Loiret).
Plan, coupes, élévations, détails, avant et après la restauration.
(XVe siècle. — Dessin de feu Vaudoyer).

154. Hôtel de Ville de Noyon (Oise).
1. Plans du rez-de-chaussée et du premier étage, restauration. — 2. Façade principale, id. — 3. Façade sur la cour, coupe, id.
(XVe et XVIe siècle. Dessins de M. Selmersheim).

155. Hôtel de Ville d'Amboise (Indre-et-Loire).
1. Plans du rez-de-chaussée et du premier étage. — 2. Elévations sur la Loire et sur la cour. — 3. Elévation sur la rue, coupe, détails.
(XVIe siècle. — Dessins de M. de la Rocque).

156. Hôtel Pincé, à Angers (Maine-et-Loire).
1. Plan. — 2. Face principale restaurée. — 3. Face sur la rue de l'Espine. — 4. Coupe sur l'escalier, détails.
(XVIe siècle. — Dessins de M. Lucien Magne).

157. Hôtel de Ville de Beaugency (Loiret).
Plan, coupe, élévation. (XVIe siècle. — Dessin de feu Vaudoyer).

158. Château de Blois (Loir-et-Cher).
1. Plan du rez-de-chaussée. — 2. Elévation générale de la façade de François 1er. — 3. Elévation d'une partie de la dite façade. — 4. Elévation de l'escalier de François 1er sur la cour. (XVIe siècle. — Dessins de feu F. Duban).

MONUMENTS HISTORIQUES.

159. Palais Granvelle, à Besançon (Doubs).
1. Plan du rez-de-chaussée et du premier étage. — 2. Façades sur la rue et sur la cour, état actuel. — 3. Façade sur la cour, restauration.
(XVIe siècle. — Dessins de M. Bérard).

160. Hôtel de Ville de Compiègne (Oise).
1. Plan, coupe transversale. — 2. Élévation de la façade restaurée.
(XVIe siècle. — Dessins de M. Lafollye).

161. Palais de Justice de Dijon (Côte d'Or).
1. Plan d'ensemble de la première chambre : coupe longitudinale. — 2. Plafond.
(XVIe siècle. — Dessins de M. Juste Lisch).

162. Maison de Saint-Francois de Salles, à Dijon (Côte-d'Or).
1. Plan, coupe, élévation. — 2. Détails.
(XVIe siècle. — Dessins de M. Selmersheim).

163. Hôtel-de-Ville de Dreux (Loir-et-Cher).
Plan, coupe, élévation. (XVIe siècle. — Dessin de M. G. Darcy).

164. Château de Grandchamp (Calvados).
1. Plan, face sur la cour, face postérieure. — 2. Face latérale, détails.
(XVIe siècle. — Dessin de M. Gabriel Ruprich-Robert).

165. Cloître Saint-Sauveur, à Melun (Seine-et-Marne).
Plan, coupe, vue perspective, détails. (XVIe siècle. — Dessin de M. Bérard).

166. Ancien cimetière de Montfort, à Montfort-l'Amaury (Seine-et-Oise).
Plan, coupe, élévation, détails. (XVIe siècle. — Dessin de M. Raulin).

167. Maisons anciennes, à Orléans (Loiret).
1. Plan, face, coupe. détails. — 2. Cheminées.
(XVe siècle. — Dessin de feu Vandoyer).

168. Château de Puyguilhem (Dordogne).
1. Face postérieure. — 2. Coupe.
(XVIe siècle. — Dessin de M. H. Rapine).

169. Ancien Hôtel de la Cour des Comptes, à Rouen (Seine-Inférieure).
Élévation de la façade. (XVIe siècle. — Dessin de M. D. Devrez).

170. Maisons anciennes, à Rouen (Seine-Inférieure).
1. Maison rue de la Grosse-Horloge, rue de la Tuile, rue Malpalu. — 2. Maison rue du Bac ; restes de l'Abbaye de Saint-Amand.
(XVIe siècle. — Dessins de M. D. Devrez).

171. Monument de la Fierte ou de Saint-Romain, à Rouen (Seine-Inférieure).
Plan, coupe, élévation. (XVIe siècle. — Dessin de M. Malençon).

172. Hôtel Bernuy (aujourd'hui Lycée), à Toulouse (Haute-Garonne).
Vue perspective sur la cour. (XVIe siècle. — Dessin de M. A. de Baudot).

173. Manoir Angot, à Varengeville (Seine-Inférieure).
Plan, coupe, élévation du colombier.
(XVIe siècle. — Dessin de M. Malençon).

174. Lisieux (Calvados).
Épi en terre cuite vernissée.
(XVIe siècle. — Dessin de M. Sainte-Anne-Louzier).

ARCHITECTURE ARABE.

175. Château et Moulin de Maisons-sur-Seine (Seine-et-Oise).
Plan, coupe, élévation, vue perspective.
(XVIIᵉ siècle. — Dessin de M. Formigé).

176. Pont des Belles-Fontaines, à Juvisy (Seine-et-Oise).
Plan, coupe, élévation, détail des groupes sculptés surmontant le pont.
(XVIIᵉ siècle. — Dessin de M. Poussin).

177. Ferme de la Valouine, (Seine-Inférieure).
1. Plan, détails. — 2. Façades sur le jardin et sur la cour.
(XVIIᵉ siècle. — Dessins de M. Gabriel Ruprich-Robert).

ARCHITECTURE ARABE.

178. Mosquée de Djadma el Djedid, à Alger.
1. Plan. — 2. Face latérale. — 3. Faces principale et postérieure. — 4. Coupes longitudinale et transversale. — 5. Vue perspective intérieure, porte, détails. — 6. Porte principale, plafond du vestibule. (Dessins de M. Albert Ballu).

179. Mosquée de Sidi-Abder-Rhaman, à Alger.
1. Plan du rez-de-chaussée. — 2. Face principale. — 3. Face latérale. — 4. Coupe sur la mosquée. — 5. Coupe sur la Couba.
(Dessins de M. Albert Ballu)

180. Mosquée de Sidi-Ramdam, à Alger.
Plan, Coupes sur la mosquée et sur le minaret. (Dessin de M. Albert Ballu).

181. Musée d'Alger.
1. Plans du rez-de-chaussée et du premier étage. — 2. Plans du deuxième et du troisième étages ; coupe transversale. — 3. Coupe longitudinale. — 4. Escalier, portes, détails. (Dessins de M. Albert Ballu).

182. Grande Mosquée de Tlemcen, (Département d'Oran).
M'rab. (Dessin de feu E. Duthoit).

183. M'dersa Tachfinia, à Tlemcen (Département d'Oran)
1. Porte. Ensemble restauré (Dessin de M. Danjoy) 2. Arc de la porte état actuel. — 3. Carrelages restaurés. (Dessin de feu E. Duthoit).

184. Mosquée de Sidi-Brahim, à Tlemcen (Département d'Oran).
Coupe transversale. (Dessin de M. Danjoy).

185. Mosquée de Sidi-Bou-Médine, à El Eubbad, près Tlemcen (Département d'Oran).
1. Plan de la Mosquée. — 2. Plan des dépendances. — 3. Arc du Porche, à 0^m20 p. m. — 4. Mosaïque du grand porche. — 5. Ensemble et détails du vantail du grand porche. — 6. Partie supérieure du Minaret. — 7. Porte de la M'dersa. (Dessin de feu E. Duthoit).

186. Monument de Tlemcen. (Département d'Oran).
1. Croquis divers, vues perspectives. — 2. Détails, etc.
(Dessin de feu E. Duthoit).

187. Grande Mosquée de Mansourah (Département d'Oran).
Fragment de Minaret. (Dessin de feu E. Duthoit).

PEINTURES MURALES.

188. Église de Saint-Loup-de-Naud (Seine-et-Marne).
Peinture du Sanctuaire. (XIe siècle. — Dessin de M. Ch. Lameire).

189. Église de Saint-Savin (Vienne).
Peintures de la nef. (Fin du XIe siècle. — Dessin de Gérard Séguin).

190. Église de Saint-Etienne, à Auxerre (Yonne).
Peintures de la crypte. (XIIe siècle. — Dessins de feu Alex. Denuelle).

191. Église de Vic, commune de Nohant (Indre).
Peintures du Chœur. (XIIe siècle. — Dessin de feu E. Brune).

192. Chapelle de Liget (Indre-et-Loire).
Peintures entre les fenêtres du chœur.
(XIIe siècle. — Dessin de Savinien Petit).

193. Église de Saint-Chef (Isère).
Peintures de la Nef. (XIIe siècle. — Dessin de feu Alex. Denuelle).

194. Église Saint-Quiriace, à Provins (Seine-et-Marne).
Peinture de la chapelle absidale.
(Fin du XIIe siècle. — Dessins de feu Alex. Denuelle).

195. Temple Saint-Jean, à Poitiers (Vienne).
Peintures décorant les murs du Temple.
(XIIe-XIIIe siècle. — Dessins de feu Alex. Denuelle).

196. Sainte Chapelle-du-Palais, à Paris.
Fragments de peintures de la chapelle haute.
(XIIIe siècle. — Dessin de M. Emile Bœswillwald).

197. Cathédrale de Bayeux (Calvados).
Peintures de l'armoire du Trésor. (XIIIe siècle. — Dessin de M. A. Simile).

198. Tour Ferrande, à Pernes (Vaucluse).
Peintures de la grande salle. (XIIIe siècle. — Dessin de M. Rivoél).

199. Église Saint-Philibert, à Tournus (Saône-et-Loire).
Peintures de la nef et du chœur.
(XIVe siècle. — Dessin de feu Alex. Denuelle).

200. Cathédrale de Clermont (Puy-de-Dôme).
Peinture. (XIVe siècle. — Dessin d'A. Duvergne).

201. Cathédrale de Bayeux (Calvados).
Peinture de la crypte. (XIVe siècle.— Dessin de M. Laffilée).

202. Palais des Papes, à Avignon (Vaucluse).
Peintures de la voûte de la salle du Consistoire ; — de la Chapelle Saint-Jean ; — de la chapelle Saint-Martial.
(XIVe siècle. — Dessins de feu Alex. Denuelle).

203. Cathédrale Notre-Dame des Doms, à Avignon (Vaucluse).
Peinture du Porche. (XIVe siècle. — Dessin de feu Alex. Denuelle).

204. Chapelle de Villeneuve-lez-Avignon (Vaucluse).
Peintures décorant la paroi du fond et les voûtes.
(XIVe siècle. — Dessins de feu E. Brune).

PEINTURES MURALES. 301

205. Cloître de l'ancienne abbaye d'Abondance (Haute-Savoie).
Peintures des parois intérieures du cloître : L'Annonciation, la Visitation, l'Adoration des Bergers, la fuite en Egypte.
(XIVe siècle. — Dessins de M. Marcel Rouillard).

206. Cathédrale d'Autun (Saône-et-Loire).
Fragment de peinture. (XVe siècle. — Dessin de feu Alex. Denuelle).

207. Chapelle Notre-Dame du Tertre, à Châtelaudren (Côtes-du-Nord).
Peintures des lambris de la voûte du transsept et du chœur.
(XVe siècle. — Dessins de M. Ch. Lameire).

208. Chapelle de l'Hôtel Jacques Cœur, à Bourges (Cher).
Peintures de la voûte. (XVe siècle. — Dessin de feu Alex. Denuelle).

209. Château de Capestang (Hérault).
Peintures du plafond d'une salle. (XVe siècle. — Dessin de M. Feuchère).

210. Chapelle de Kermaria, à Plouha (Côtes-du-Nord).
Peintures au-dessous des fenêtres de la nef.
(Fin du XVe siècle. — Dessins de feu Alex. Denuelle).

211. Château d'Oyron (Deux-Sèvres).
Peintures de la galerie Henri II.
(XVIe siècle. — Dessins de M. Ch. Lameire)

212. Église Saint-Sauveur, au Petit-Andely (Eure).
Peintures du triforium. (XVIe siècle. — Dessins de M. Marcel Rouillard).

213. Église Saint-Séverin, à Paris.
Peinture d'une chapelle absidale.
(XVIe siècle. — Dessin de feu A. Steinheil)

214. Tour Saint-Jacques la Boucherie, à Paris.
Peintures du Porche. (XVIIe siècle. — Dessin de feu Alex. Denuelle).

215. Église Saint-Ouen, à Rouen (Seine-Inférieure).
Peintures trouvées dans la première chapelle du collatéral sud du chœur.
(XVIe siècle. — Dessin de feu Alex. Denuelle).

216. Château de Saint-Germain-en-Laye (Seine-et-Oise).
Peintures de la décoration des voûtes, d'après Simon Vouet.
(XVIIe siècle. — Dessins de MM. Lafollye et Hista).

217. Hôtel Lambert, à Paris.
Peintures d'après Lesueur.
(XVIIe siècle. — Dessins de MM. H^{te} Holfeld et Jules Laurens).

218. Palais Mazarin (aujourd'hui Bibliothèque Nationale), **à Paris.**
Peintures du plafond de la galerie Mazarine.
(XVIIe siècle. — Dessins de Frappaz).

VITRAUX PEINTS.

219. Sainte-Chapelle du Palais, à Paris.
Fac-simile de panneaux, avant la restauration.
(XIIIe siècle. — Dessins de feu A. Steinheil).

220. Cathédrale de Toul (Meurthe-et-Moselle).
Panneaux de la Grande-Rose.
(XVe siècle. — Dessins de M. Albert Bonnot).

221. Église de Saint-Julien-du-Sault (Yonne).
Panneau d'une fenêtre. (XVIe siècle. — Dessin de M. Adolphe Steinheil).

222. Plaque tombale d'un secrétaire de Philippe-le-Bon, duc de Bourgogne, dans l'Église Notre-Dame de Bruges (Belgique). Fragment.
(XVe siècle. — Dessin de M. Hugelin)

223. Carte des monuments historiques de France, indiquant les écoles d'art pendant la première moitié du XIIe siècle, dressée en 1875 par la Commission des monuments historiques.

RESTAURATIONS DE MONUMENTS HISTORIQUES.

Photographies avant et après restauration.

224. Amphithéâtre d'Arles (Bouches-du-Rhône).
Restauration de M. Révoil, 3 photographies.

225. Amphithéâtre de Nîmes (Gard).
Restauration de M. Révoil. — 5 photographies.

226. Pont sur le Gard, à Remoulins (Gard).
Restauration de M. Laisné. — 2 photographies.

227. Temple d'Auguste et de Livie, à Vienne (Isère).
Restauration de feu Constant Dufeux et de M. Daumet. — 4 photographies.

228. Temple Saint-Jean, à Poitiers (Vienne).
Restauration de feu Joly-Leterme. — 2 photographies.

229. Église Saint-Sernin, à Toulouse (Haute-Garonne).
Restauration de feu Viollet-le-Duc. — 6 photographies.

230. Église de Nouaillé (Vienne).
Restauration de M. Formigé. — 2 photographies.

231. Église Saint-Laumer, à Blois (Loir-et-Cher).
Restauration de M. A. de Baudot. — 4 photographies.

232. Église de Saint-Gaudens (Haute-Garonne).
Restauration de M. Lafollye. — 2 photographies.

233. Église Notre-Dame, à Laon (Aisne).
Restauration de M. Émile Bœswillwald. — 6 photographies.

RESTAURATIONS.

234. Église Saint-Urbain, à Troyes (Aube).
Restauration de M. Selmersheim. — 2 photographies.

235. Église Notre-Dame, à Dijon (Côte-d'Or).
Restauration de M. Laisné. — 2 photographies.

236. Église de Vernouillet (Seine-et-Oise).
Restauration de M. de la Rocque. — 2 photographies.

237. Église Saint-Pierre, à Lisieux (Calvados).
Restauration de feu E. Millet et de M. Louzier. — 3 photographies.

238. Église de Selles-sur-Cher (Loir-et-Cher).
Restauration de M. de Baudot. — 4 photographies.

239. Église d'Esnandes (Charente-Inférieure).
Restauration de M. Albert Ballu. — 5 photographies.

240. Église de Caudebec (Seine-Inférieure).
Restauration de M. Sauvageot. — 3 photographies.

241. Église Saint-Maclou, à Pontoise (Oise).
Restauration de M. A. Simil. — 2 photographies.

242. Salle Synodale, à Sens (Yonne).
Restauration de feu Viollet-Le-Duc. — 2 photographies.

243. Hôtel-de-Ville de Clermont (Oise).
Restauration de M. Selmersheim. — 4 photographies.

244. Hôtel-de-Ville de Dreux (Eure-et-Loir).
Restauration de M. Georges Darcy. — 4 photographies.

245. Hôtel-de-Ville de Compiègne (Oise).
Restauration de M. Lafollye. — 2 photographies.

246. Palais ducal de Nancy (Meurthe-et-Moselle).
Restauration de M. Emile Boeswillwald. — 4 photographies.

247. Château de Blois (Loir et Cher).
Restauration de feu F. Duban et de M. A. de Baudot. — 21 photographies.

248. Château d'Amboise (Indre-et-Loire).
Restauration de feu V. Ruprich-Robert. — 5 photographies.

249. Hôtel de Ville d'Amboise (Indre-et-Loire).
Restauration de M. de la Rocque. — 2 photographies.

250. Château de Saint-Germain-en-Laye (Seine-et-Oise).
Restauration de feu Eug. Millet. — 13 photographies.

251. Hôtel-de-Ville de Niort (Deux-Sèvres).
Restauration de M. J. Lisch. — 2 photographies.

252. Hôtel Pincé, à Angers (Maine-et-Loire).
Restauration de M. Lucien Magne. — 6 photographies.

253. Hôtel-de-Ville de la Rochelle (Charente-Inférieure).
Restauration de M. J. Lisch. — 6 photographies.

254. Remparts de la Cité de Carcassonne (Aude).
Restauration de feu Viollet-le-Duc. — 6 photographies.

255. Remparts d'Avignon (Vaucluse).
Restauration de feu Viollet-le-Duc. — 4 photographies.

256. Abbaye du Mont-Saint-Michel (Manche).
Restauration de M. Ed. Corroyer. — 8 photographies.

257. Pont de Valentré, à Cahors (Lot).
Restauration de M. Paul Gout. — 5 photographies.

258. Pont d'Orthez (Basses-Pyrénées).
Restauration de M. Paul Boeswillwald.

259. Château de Mehun-sur-Yèvre (Allier).
Restauration de M. Georges Darcy. — 2 photographies

260. Château de Vitré (Ille-et-Vilaine).
Restauration de M. D. Darcy. — 5 photographies

261. Château de Loches (Indre-et-Loire).
Restauration de M. Bruneau. — 2 photographies.

DIRECTION DES CULTES

ÉDIFICES DIOCÉSAINS ET PAROISSIAUX

CATHÉDRALES

1. **Cathédrale d'Albi.**
   1º Plan général. — 2º Donjon. — 3º Coupe longitudinale. — 4º Coupe transversale
   (Dessins de M. César Daly).

2. **Cathédrale d'Alger.**
   Façade. (Dessin de M. Albert Ballu).

3. **Cathédrale d'Amiens.**
   1º Plan d'ensemble. — 2º Façade. (Dessin de M. Massenot)

4. **Cathédrale d'Amiens.**
   1º Elévation latérale. — 2º Coupe transversale. — 3º Coupe longitudinale.
   (Dessin de M. Rapine).

5. **Cathédrale d'Avignon.**
   Coupe sur le transept. — Façade extérieure du campanile.
   (Dessins de M. Danjoy).

6. **Cathédrale de Bayeux.**
   Plan du chœur : Coupe transversale. — Élévation de l'abside, etc.
   (Dessins de M. Simil).

7. **Cathédrale de Bayonne.**
   1º Façade. — 2º Face Sud et cloître. — 3º Coupe transversale.
   (Dessins de M. Émile Boeswillwald).

8. **Cathédrale de Bourges.**
   1º Travées intérieures et extérieures. — 2º Coupe transversale.
   (Dessins de M. Paul Boeswillwald).

9. **Cathédrale de Clermont.**
   1º Façade. — 2º Coupe, plan d'une tour, etc. (Dessins de M. de Baudot).

10. **Cathédrale de Clermont.**
    Maître-autel. (Dessin de feu Viollet-le-Duc).

11. **Cathédrale de Coutances.**
    Coupe transversale sur la nef et sur le chœur, etc. (Dessin de M. Louzier).

12. **Cathédrale de Gap.**
    1º Plan général. — 2º Façade principale. — 3º Façade latérale. — 4º Coupe transversale. — 5º Coupe longitudinale. (Dessins de M. Laisné).

306   DIRECTION DES CULTES.

13. Cathédrale de Langres.
   Plan d'ensemble, coupe transversale, etc.   (Dessin de M. Selmersheim).

14. Cathédrale de Limoges.
   1º Plan général. — 2º Façade principale. — 3º Façade latérale.
                                                     (Dessins de M. Bailly).

15. Cathédrale de Marseille.
   Coupe intérieure.   (Dessin de feu M. Léon Vaudoyer).

16. Cathédrale de Meaux.
   Travées du chœur. — Plan, coupe transversale, coupe longitudinale.
                                                     (Dessins de M. Chaine).

17. Cathédrale de Moulins.
   Plan général. Plan d'une travée de la nef et des travées droites du chœur. — Coupe, etc.   (Dessin de M. Selmersheim).

18. Cathédrale de Paris.
   1º Façade occidentale. — 2º Façade méridionale. — 3º Abside. — 4º Flèche.
                                                     (Dessins de feu M. Viollet-le-Duc)

19. Cathédrale de Rouen.
   Travées de la nef. — Coupe, etc.   (Dessin de M. Sauvageot).

20. Cathédrale de Séez.
   Etude d'une travée de la nef.   (Dessin de M. Petitgrand).

21. Cathédrale de Sens.
   Plan de deux travées, coupe, etc.   (Dessin de M. Laisné).

22. Cathédrale de Soissons.
   Transept sud.— Plan général.— Plan coupe, etc. (Quatre dessins de M. Corroyer).

23. Cathédrale de Soissons.
   Détail d'une travée de la nef. — Plan, coupe, détail du triforium, etc.
                                                     (Dessin de M. Gout).

24. Cathédrale de Troyes.
   Détail du chœur. — Plan d'une travée du chœur, coupe transversale sur une
      travée droite du chœur, etc.   (Dessin de M. Selmersheim).

ÉVÊCHÉS

25. Évêché de Beauvais.
   1º Plan d'ensemble. — 2º Façade. — 3º Intérieur de la Chapelle.
                                                     (Dessin de M. Vaudremer).

ÉDIFICES PAROISSIAUX

26. Églises d'Apt (Ardèche) **et de Maniague** (Corrèze).
   Plans, façades, coupes, etc.   (Dessin de M. de Baudot).

27. Église d'Escures de Favières (Calvados).
   (Projet). — Plan, coupe, élévation, etc.   (Dessin de M. Louzier).

ÉDIFICES PAROISSIAUX. 307

28. Église de Tréguier (Côtes-du-Nord).
Tombeau de S¹-Yves. (Dessin de M. Devrez).

29. Chapelle de secours de Saint-Martin à Tours (Indre-et-Loire).
1° Plan général. — 2° Façade — 3° Façade latérale. — 4° Façade transversale. —
5° Coupe longitudinale. (Dessins de M. Laloux).

30. Église de Saint-Flovier (Indre-et-Loire).
Plan, coupe, élévation, etc. (Dessin de M. de Baudot).

31. Église de Nougy (Loire).
Plan, coupe, élévation, etc. (Trois dessins ou photographie de M. Corroyer).

32. Église de Bucy Saint-Liphard (Loiret).
Plan, coupe, élévation, etc. (Dessin de M. Dusserre).

33. Église de Rouvres (Loiret).
Plan, coupes, élévation, etc. (Dessin de M. Dusserre).

34. Église de La Roche (Nièvre).
Plan, coupe, élévation, etc. (Deux dessins de M. de Baudot).

35. Église de Louhans (Saône-et-Loire).
1° Plan d'ensemble. — 2° Façade nord. (Dessins de M. Magne).

36. Église Saint-Hilaire, à Rouen.
1° Plan général. — 2° Vue perspective. — 3° Coupe indiquant le mode de construction. (Dessins de M. Sauvageot).

37. Église de Rambouillet (Seine-et-Oise).
Plan d'ensemble, façades, coupes, détails, etc. (Deux dessins de M. de Baudot).

38. Presbytère d'Aubazine (Corrèze).
Plan, façades, coupes, etc. (Dessin de M. Baudot).

PHOTOGRAPHIES

39. Vues photographiques, à raison de deux par édifice, des quatre-vingt-quatre Églises Métropolitaines ou Cathédrales de France.
(Photographies commandées par l'Administration à M. Mieusement)

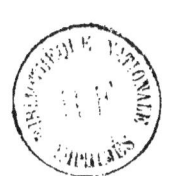

TABLE

Époque Mérovingienne.

	Pages.
Bijoux	1
Ivoire	7

Époque Carolingienne.

Ivoire	9
Orfévrerie et Bijoux	10

Époque du Moyen-Age.

Pierre	14
Marbre	14
Ivoire	15
Bois	21
Bronze	26
Dinanderie	30
Sceaux	34
Médailles	39
Orfévrerie et Bijoux	39
Émaux champlevés limousins	67
Émaux champlevés rhénans	94
Émaux translucides	97
Émaux peints	99
Ferronnerie	99
Coutellerie	107
Terre cuite	109
Céramique	109
Tapisserie	110
Tissus et Broderies	114
Cuir	116
Miniatures et Manuscrits	118
Art arabe	119

Époque de la Renaissance.

Marbre	121
Pierre	121
Ivoire	122
Bois	122
Cire	130
Bronze	130
Médailles	131
Dinanderie	135
Étain	136
Orfévrerie	136
Bijoux	143
Horlogerie	144
Ferronnerie	149
Coutellerie	158
Émaux translucides	159
Émaux peints	160
Monvaerni	160
Les Pénicaud	160
Anonymes K. I. et K. I. P.	166
Les Limosin	167
Les Couly Noylier	172
Pierre Reymond	174
Martin Didier	180
P. Courteys	181
Jean Court et Anonyme I. C.	182
Suzanne de Court	185
Céramique	186
Faïences de Saint-Porchaire	186
Faïences de Bernard Palissy	188
Faïences diverses	195
Terre cuite peinte	196
Grès	196
Verre	196
Tapisserie	196
Broderie	200
Tissus	201
Etoffes	202
Cuir	203
Reliure	206

XVIIe et XVIIIe siècles.

Pierre	209
Marbre	209
Bois	209

TABLE.

	Pages.
Ivoire	210
Bronze	210
Dinanderie	212
Orfèvrerie	213
Bijoux	222
Ferronnerie	232
Armes	234
Coutellerie	235
Sceaux	236
Terre cuite	236
Horlogerie	237
Mobilier	240
Emaux	246

Faïence.
    Faïence de Lyon ... 246
    Faïence de Nevers ... 247
    Faïence de Rouen ... 250
    Faïence de Sinceny ... 256
    Faïence de Moustiers ... 256
    Faïence de Marseille ... 257
    Faïence de Bordeaux ... 258
    Faïence de Lille ... 258
    Faïence de Lorraine ... 258
    Faïence de Niederwiller ... 258
    Faïence de Sceaux ... 258

Porcelaine.
    Porcelaine tendre de Saint-Cloud ... 259
    Porcelaine tendre de Chantilly ... 260
    Porcelaine tendre de Mennecy ... 262
    Porcelaine tendre de Sceaux ... 264
    Porcelaine tendre de Vincennes ... 264
    Porcelaine tendre de Sèvres ... 264
    Porcelaine dure de Sèvres ... 276
    Biscuit de Sèvres ... 276
    Porcelaine dite *à la Reine* ... 277
    Porcelaine de Chine, décor français ... 277

Miniatures et Éventails ... 277
Instruments de Musique ... 279
Reliure ... 279
Tapisserie ... 279
Broderies et Tissus ... 281

Archives de la commission des monuments historiques :
    Monuments mégalithiques ... 285
    Architecture de l'antiquité ... 287

Moyen-âge, renaissance et temps modernes :
    Architecture religieuse ... 288
    Architecture militaire ... 294
    Architecture civile ... 296

TABLE.

	Pages.
Architecture arabe...	299
Peintures murales...	300
Vitraux peints..	302
Restaurations de monuments historiques........................	302
Direction des cultes. — Edifices diocésains et paroissiaux :	
Cathédrales...	305
Evêchés...	306
Edifices paroissiaux...	306
Photographies des quatre vingt-quatre Cathédrales de France......	307
Table...	309

www.ingramcontent.com/pod-product-compliance
Lightning Source LLC
Chambersburg PA
CBHW071332150426
43191CB00007B/717